Theodor Muther

Zur Geschichte der Rechtswissenschaft und der Universitäten in Deutschland

Theodor Muther

Zur Geschichte der Rechtswissenschaft und der Universitäten in Deutschland

ISBN/EAN: 9783743689879

Hergestellt in Europa, USA, Kanada, Australien, Japan

Cover: Foto ©ninafisch / pixelio.de

Weitere Bücher finden Sie auf **www.hansebooks.com**

ZUR GESCHICHTE

DER

RECHTSWISSENSCHAFT

UND DER

UNIVERSITÄTEN IN DEUTSCHLAND.

GESAMMELTE AUFSÄTZE

VON

D. THEODOR MUTHER.

———

JENA

VERLAG VON HERMANN DUFFT.

1876.

VORWORT.

Die in diesem Bande gesammelten Aufsätze sind bereits früher theils in Zeitschriften, theils in anderer Form veröffentlicht worden und verdanken der Aufmerksamkeit nachsichtiger Freunde eine gewisse Berücksichtigung in der neueren juristischen Literatur. Indessen blieb die Verbreitung derselben immerhin eine sehr beschränkte, und es kam öfter vor, dass ich aus Veranlassung des einen oder anderen Citates um meine eigenen Hand-exemplare angegangen wurde, wenn man nach den betreffenden Heften einer bändereichen Zeitschrift vergeblich sich abgemüht hatte. So glaube ich denn nichts über-flüssiges zu thun, wenn ich in vorliegender Sammlung meine Aufsätze allen leicht zugänglich mache und habe mich dazu um so lieber entschlossen, als sich Gelegenheit bot, Manches zu verbessern und zu ergänzen. Ganz unver-ändert ist keiner der Aufsätze geblieben, stellenweise erfolgte völlige Umarbeitung. Wenn unter meinen Beweg-gründen auch der Gedanke sich befand, dass die Aufsätze in dem Zusammenhang, in welchen sie jetzt gebracht sind, ein zwar unvollständiges aber anschauliches und treues Bild von dem Zustand der Jurisprudenz während

der Receptionsepoche bieten würden, so mag das immerhin eine Selbsttäuschung sein, zu welcher die Autor-
eitelkeit mich verführte; wohl aber darf ich hoffen, dass
für Spätere, welche über verwandte Gegenstände arbeiten,
meine Bemühungen nicht ganz ohne Nutzen bleiben, da
sie manche Einzeluntersuchung erleichtern, vielleicht auch
ersparen werden.

Jena im Febr. 1876.

Th. Muther.

Inhalt.

Erster Aufsatz.

Römisches und canonisches Recht im deutschen Mittelalter.

Ausführliches und Eingehendes über den Gegenstand des Aufsatzes findet sich in den trefflichen Werken von Otto Stobbe, Geschichte der deutschen Rechtsquellen, I. Abth. (1860) S. 609 ff.; II. Abth. (1864) S. 9 ff., und Roderich Stintzing, Geschichte der populären Literatur des römisch - canonischen Rechtes in Deutschland (1867). Auch C. A. Schmidt, Die Reception des römischen Rechts in Deutschland (1868), zeichnet sich durch geistreiche Ausführungen und interessante Darstellung aus, wennschon man nicht überall den Ansichten des Verfassers beipflichten kann. Ich habe die genannten Werke in dem Folgenden nicht citirt, da was aus ihnen entnommen ist, bereits allgemein anerkannte Wahrheiten sein dürften und ich bemüht war, mein Thema möglichst selbständig nach eigenen Forschungen zu behandeln. Neuerdings treten zu den obengenannten Werken die nicht minder vortrefflichen Arbeiten von Adolf Stöltzel, Die Entwicklung des gelehrten Richterthums in den deutschen Territorien, 2 Bde. (1872) und W. Modderman, De receptie van het Romeinsche Regt (1874). Letzteres Werk hat übersetzt und mit sehr dankenswerthen Zusätzen hrsg. K. Schulz (1875).

I.

Wer Rügen bereist hat, kennt auch die Insel Hiddensee und hat, wenigstens aus der Ferne, die sandigen Hügel derselben erblickt. Am nordwestlichen Ufer der langgestreckten Insel erhebt sich der kahle Bakenberg oder Dornbusch. Von ihm aus erfreute sich mancher Wanderer der weiten Rundsicht über Land und See, und wer dort war, erinnert sich der in der Nähe befindlichen spärlichen Ruinen, welche als Ueberreste eines aus uralter Zeit stammenden Cisterzienser Klosters im Reisehandbuch verzeichnet sind.

Als dereinst die Grundmauern dieses Klosters errichtet wurden, ereignete sich ein seltsamer Vorfall. Den in voller Arbeit befindlichen Bauleuten näherte sich ein ansehnlicher Zug, in welchem zwei Männer im geistlichen Gewand der Canonici der bischöflichen Kirche zu Röschild die Hauptpersonen waren. Diese traten an den Bau heran, einer von ihnen erhob einen Stein und schleuderte ihn gegen das Mauerwerk. Zugleich wurde eine Urkunde feierlich verlesen, worin geschrieben stand, dass durch den Steinwurf im Namen des Pfarrers zu Schaprode gegen die Fortsetzung des Werkes protestirt werde.

Diese Verwahrung hatte folgenden Anlass. Die Insel Hiddensee gehörte von Alters her zur Parochie von Schaprode, einem grösseren der Insel gegenüber gelegenen Ort auf Rügen. Als nun im Jahre 1296 Wizlaus, Fürst zu Rügen, die Insel Hiddensee den Mönchen von Neuen-Kamp geschenkt hatte und diese ein neues Kloster dortselbst zu gründen unternahmen, fühlte Wulfhard, Dorfpfarrer von Schaprode, sich in seinen Parochialrechten beeinträchtigt. Er gab den beiden Röschilder Canonici Mgr. Olav und Mgr. Florentinus Auftrag, dem Klosterbau gegenüber opus novum zu nunciiren, d. h. eben gegen die Fortsetzung des Baues zu protestiren und den Steinwurf (iactus lapilli) zu vollziehen.

Wie sich später Wulfhard beruhigen liess und gegen eine durch das neue Kloster St. Nicolai ihm lebenslänglich zu zahlende jährliche Rente von $2^1/_2$ Mark in den Fortbau willigte, steht ausführlich zu lesen in der Urkunde vom Jahre 1299 [1]), welcher die eben mitgetheilten Thatsachen

1) Abgedruckt in Höfer, Erhard und Medem, Zeitschr. für Archivkunde. 1. Band (1834) S. 325. — Uebrigens steht unser Fall

entnommen sind; nicht minder finden dort die frommen
Betrachtungen Ausdruck, mit welchen Wulthard die Annahme
der Rente sich versüsste: diene doch die Errichtung des
Klosters zum Frieden seines eigenen Gewissens, da die
schwierige Ueberfahrt über den zwischen Schaprode und der
Insel sich hinziehenden Meeresarm die Seelen der letzteren
nicht selten in grosse Gefahr gebracht habe: viele Kinder
seien ohne Taufe verstorben, viele Erwachsene ohne letzte
Oelung und Beichte erbarmungswürdig dahin gegangen.

Doch unsere Aufmerksamkeit richtet sich auf jenen im
Auftrage Wulfhards vorgenommenen Steinwurf, welcher die
älteste Anwendung einer römischen Rechtsform sein dürfte,
die in so hohem Norden sich nachweisen lässt.

Es ist beachtenswerth, dass die handelnden Personen
unseres Falles Geistliche sind und dass es sich um kirchliche Rechtsverhältnisse handelt. Die römisch-katholischen
Cleriker lebten überall und in allen Gegenden nach dem
Recht der römischen Kirche, zu welchem das römische
Recht des corpus iuris civilis in einem nahen Verhältniss
stand, indem vieles daraus als grundlegend in die canonischen
Satzungen theils wörtlich, theils dem Inhalte nach übergegangen war, während auch im Allgemeinen anerkannt wurde,
dass den römisch-justinianischen Rechtsbüchern die Bedeutung
von ergänzenden und aushelfenden Quellen für das Recht
der Kirche zukomme.

Das Recht des Einspruches gegen eine Bauthätigkeit,
wofür die Juristen den Kunstausdruck operis novi nunciatio
gebrauchen, gehört in seinen Ursprüngen und weiterer Ent-

---

der Anwendung der operis novi nunciatio lapilli iactu nicht vereinzelt.
Eine solche kommt auch vor in dem Streite zwischen dem Domcapitel
und der Stadt Lübeck 1278—1282 und bald darauf am Rhein. Vgl.
W. Schäffner, Das römische Recht in Deutschland während des
12. und 13. Jahrhunderts (1859) S. 64; Steffenhagen, Catalog.
codd. mss. biblioth. Regimontanae Fasc. II n. CCCLXXXIII.

wicklung dem römischen Rechte an, doch haben auch die canonistischen Rechtsquellen darauf bezügliche Bestimmungen. — Der Steinwurf ist eine symbolische Handlung und hatte die Bedeutung, dass die Bauthätigkeit als eine gewaltsam unternommene bezeichnet werden soll, der man sich, wie das Recht erlaubt, unter Anwendung von Gewalt widersetzt. Mit der operis novi nunciatio war er bei den Römern nicht identisch. Allein die mittelalterliche Rechtslehre hatte den in wenigen Stellen des corpus iuris civilis vorkommenden iactus lapilli als Nunciationsact aufgefasst und so ist es denn nicht zu verwundern, wenn in unserem Falle die operis novi nunciatio durch einen Steinwurf vorgenommen wird. Es ist somit missverständliche Anwendung einer römischen Rechtsform, mit der wir es zu thun haben, allein es ergiebt sich doch, dass man eine gewisse Kenntniss des römischen Rechtes sich verschafft und dass man den Willen hatte, dasselbe, so gut man es eben verstand, anzuwenden.

Wahrscheinlich war der Rath, den Steinwurf vorzunehmen, von den beiden Röschilder Canonici ertheilt worden, welche als Stellvertreter des Pfarrers Wulfhard auftreten, vielleicht von Mgr. Florentinus, dessen Name auf italienische Herkunft hindeutet. Es ist in späteren Zeiten nichts Seltenes, dass italienische Rechtsgelehrte und Geschäftsmänner, besonders Notare, die Alpen übersteigen und wesentlich dazu beitragen, in Deutschland, wie überhaupt im Norden, die Kenntniss italienischer Rechts- und Geschäftsformen zu verbreiten.

Man staune nicht, dass die Cleriker ausser der ihnen so nothwendigen Kenntniss des canonischen auch eine gewisse Bekanntschaft mit dem römischen Recht zeigen. Denn es lag in der Natur des Verhältnisses beider Rechte zu einander, dass ein Studium des ersteren, ohne das andere zu berühren, nicht möglich war. Die vielbesprochenen kirchlichen Verbote des Studiums der leges, d. i. des Civilrechts, bezwecken nur der drohenden Verweltlichung des Clerus

dadurch vorzubeugen, dass kirchlichen Personen nicht gestattet
ist, Civilrecht zum Berufsstudium zu wählen, Theologie und
daneben canonisches Recht sollte stets der Hauptgegenstand
ihrer Bemühungen bleiben [1]. Die Versuchung, unter Missachtung kirchlicher Pflichten, sich weltlicher Thätigkeit ganz
hinzugeben, war für den mittelalterlichen Clerus grösser, als
man sich vorstellen mag. Im alleinigen Besitz der lateinischen
Geschäftssprache, ja selbst der Kunst des Schreibens und
Lesens, waren die Geistlichen auch für das weltliche Regiment
unentbehrlich geworden, verlockend stand vor ihnen Ansehen,
Macht, Reichthum und ein ungebunderes Leben, als es in den
Mauern der Klöster oder auf einsamen Pfarrsitz sich führen liess.

    Erst neuerdings sind wir mit dem Lebenslauf eines
deutschen kirchlichen Juristen aus dem 13. Jahrhundert
näher bekannt geworden, der als Repräsentant einer damals
verbreiteten Classe erscheint, so dass es sich wohl lohnt,
ihn näher kennen zu lernen. Die Quelle, welcher wir folgen,
ist ein im Laufe der Jahre 1281—1283 entstandenes lateinisches Gedicht eines ungenannten Verfassers aus Erfurt
(des „Occultus Erfordensis"). Seit langer Zeit vergessen,
wurde dasselbe unlängst von Constantin Höfler in Prag
wieder an's Tageslicht gezogen und dann von Theobald
Fischer unter dem Titel: „Satyrisches Gedicht des ungenannten Erfurters Nicolaus von Bibera" nach den Handschriften trefflich herausgegeben [2]. Der erste Abschnitt des

1) Das ist auch die Auffassung mittelalterlicher Canonisten. Vgl.
z. B. Nicol. de Tudeschis (Panormitanus) in c. Super specula (10) X.
ne clerici vel monachi (3. 50) per tot., besonders n. 17 (Abbatis
Panormitani Commentaria etc. Tom. V. Venetiis 1605. Fol. pp. 229b ff.,
besonders 231b.) Wie leicht umfangreiche Dispensationen von dem
päpstlichen Verbote zu erreichen waren, zeigt der Erlass des Papstes
Martin V. v. 13. Juni 1422 an den deutschen Orden bei Bunge, Liv-,
Esth- u. Curländ. Urkundenbuch (Riga 1867) n. 2608.

2) Im ersten Band der Geschichtsquellen der Provinz Sachsen etc.
Halle 1870. Ich citire nach einem aus dieser Sammlung veranstalteten

Gedichtes enthält eine Art satyrischer Biographie des Juristen Heinrich von Kirchberg von der frühesten Jugend bis zur fertigen Grabschrift.

Die Satyre des Ungenannten ist so geschickt, dass selbst Höfler sich anfänglich täuschen liess und meinte, dem Vertreter der national deutschen Rechtskunde, dem Verfasser des Sachsenspiegels Eike von Repgow trete hier als Zeitgenosse ein bisher völlig unbekannter deutscher Decretalist gegenüber, „ein leuchtender Stern" unter den deutschen Juristen in jener altersgrauen Zeit.

Allein die Sache verhält sich anders: die Heinrich von Kirchberg gezollten Lobpreissungen des Occultus sind bitterer Spott und gerade der Ton des Gedichtes beweist, mit welcher Ungunst damals die öffentliche Meinung in Deutschland Juristen vom Schlage eines Heinrich von Kirchberg ansah[1]).

Heinrich von Kirchberg, aus adligem Stamm, besuchte eine der damals berühmten Schulen in Erfurt, dieser günstig gelegenen und zu hoher Blüthe gelangten Hauptstadt von Thüringen. Der Zeitsitte folgend, begab sich der Jüngling später nach Paris, um scholastische Philosophie und Theologie zu studiren. Nachdem er hier zum Magister der freien Künste promovirt war, reiste er nach Rom und erlangte eine Audienz bei Papst Innocenz IV., welche der Occultus gar launig beschreibt. Der Papst fand Gefallen an dem jungen Deutschen und ertheilte ihm nicht bloss die Würde und Weihe eines päpstlichen Subdiaconus, welche, wie ich nebenbei bemerken will, förderlich war zum Erwerb von Pfründen an Dom- und Collegiatstiftern, sondern auch die Exspectanz auf eine Präbende am Dom zu Naumburg. Doch Heinrich

---

Separatabdruck von „Nicolai de Bibera occulti Erfordensis Carmen Satiricum, herausgegeben von Theobald Fischer."

1) S. unten den zweiten Aufsatz, welcher dieses Thema eingehend ausführt.

fand es gerathen die ihm also eröffnete Laufbahn am päpstlichen Hof nicht weiter zu verfolgen. Er strebte nach Bologna, der berühmtesten Rechtsschule des Mittelalters; dort
wollte er das Recht, besonders das weltliche Recht kennen
lernen, von welchem er wusste, dass es bei Königen und
Fürsten in Ansehen stand. Der Dichter schildert ihn, wie
er mit dem Justinianischen Codex, den drei gewaltigen Vo-
lumina der Digesten, dem Decret und den Decretalen sich
abmüht, doch deutet er an, dass unser Held nicht alle
Theile der Quellen mit gleichem Eifer studirte, dass er vielmehr da, wo es galt Schwierigkeiten zu überwinden, sich zu
helfen wusste, indem er ein damals beliebtes Compendium,
die Summa Ganfredi, zur Hand nahm und demselben blind-
lings folgte. Nichtsdestoweniger bestand er nach längerer
Zeit ein Examen vor den Doctoren der Universität und
erhielt die Licentia, d. i. die Erlaubniss, den Doctorgrad
durch feierliche öffentliche Disputation zu erwerben. Doch
es scheint, als ob Heinrich gerade diese öffentliche Disputation in Bologna gescheut habe, vielleicht weil er Gegnern,
die aus der Zahl seiner Commilitonen ihm zu opponiren
gedachten, nicht gewachsen war. Er verliess die Stadt
heimlich und „floh" nach Padua, wo er an der in viel geringerem Ansehen stehenden Universität und weniger geübten
Opponenten gegenüber die Promotion beendete [1]).

1) Theobald Fischer a. a. O. S. 162 hat mich missverstanden,
wenn er behauptet, ich sei der Meinung, H. v. Kirchberg habe die
Doctorwürde nicht erworben. Vielmehr steht schon in dem ersten Abdruck meiner Abhandlung über den Occultus (in Glaser, Jahrbücher
Bd. XII S. 32 unten u. 33 oben) zu lesen: „Die Worte:
  Hic solito more magno cumulatus honore
  Instruis atque doces
gehen deutlich auf die Annahme des Doctorgrades." Aber freilich habe
ich behauptet, dass die feierliche Promotion nicht zu Bologna, sondern
in Padua erfolgt sei, bei welcher Ansicht ich auch jetzt noch trotz des
Widerspruchs von Fischer verbleibe.

Als Doctor des canonischen Rechtes kehrte Heinrich von Kirchberg nach Deutschland zurück. Der Rath in Erfurt nahm ihn als Rechtsbeistand in seine Dienste. Wundere sich Niemand, dass die gute deutsche Stadt mit deutscher Verfassung, Gesinnung und Gesittung, deren reiches Leben und fröhliches Treiben ein ganzer Gesang des Occultus anschaulich beschreibt, nach einem Kenner des römischen und canonischen Rechtes so begierig verlangte. Weniger die kirchliche, als die staatsrechtliche Unterwerfung unter den Mainzer Krummstab, welche durch kluge, unwandelbare Consequenz der Mainzer Erzbischöfe im Laufe der Jahrhunderte herbeigeführt war, brachte bei dem freiheitsliebenden, auf die uralten Traditionen eines ehedem reichsunmittelbaren Gemeinwesens sich stützenden Geiste der Erfurter Bürgerschaft häufig Conflicte hervor, deren Beseitigung von Mainz auf dem Wege des kirchlichen Processes versucht wurde. Dazu ein ungewöhnlich zahlreicher und wohlhabender Clerus an den vielen Kirchen und Klöstern, eine grosse Menge geistlicher Stiftungen und Beneficien sowie kirchlichen Gutes überhaupt innerhalb des Stadtgebietes, diess Alles musste Rechtsfragen hervorbringen, die nicht allein durch Anwendung der im Ganzen für einfache Verhältnisse zugeschnittenen Sätze des einheimischen deutschen Rechtes sich entscheiden liessen. Vielmehr bedurfte der Erfurter Rath gar sehr eines gewandten Kenners des kirchlichen Rechtes, um in seinen Verhandlungen mit den gelehrten Räthen des Mainzer Kirchenfürsten nicht augenscheinlich im Nachtheil zu stehen.

Gerade damals brannte wieder die Fackel der Zwietracht zwischen der Stadt und dem Erzbischof. Die Erfurter wollten das neugegründete Augustinerkloster nicht dulden und zerstörten dasselbe im Jahre 1273. Zwar wurde eine Sühne zu Stande gebracht und das Kloster bald wieder erbaut, allein der einmal erwachte Geist des Aufruhrs regte sich fort und fort und immer von Neuem erlaubte sich die

Erfurter Bürgerschaft Eingriffe und Schmälerungen der erzbischöflichen Rechte. Tumultuarische Auflehnungen wieder
die Mainzer Obrigkeiten wiederholten sich, ja der Rath stellte
zwei von einer Mainzer Besitzung geraubte Pferde, die vor
der Stadt von den erzbischöflichen Richtern in Beschlag
genommen waren, ohne deren Erlaubniss den Räubern
zurück. Da ging der Erzbischof Werner v. Falkenstein auf
dem Wege des canonischen Processes vor: im Herbste
des Jahres 1279 wurde die unbotmässige Stadt mit dem
Interdict belegt.

Die klangvollen Glocken der ragenden Thürme Erfurts ver-
stummten, die Kirchthüren wurden verriegelt, die an den Glanz
des katholischen Cultus gewöhnte Bevölkerung sah sich ausgeschlossen aus den Tempeln, ausgeschlossen aus der Gemein-
schaft der Gläubigen, fern gehalten von den Heilswohlthaten,
tief fühlte sie die Schwere des auf ihr lastenden Bannes. Da
trat Heinrich v. Kirchberg auf als Helfer. Er appellirte gegen
den Spruch des Erzbischofs nach Rom. Es glückte einst-
weilige und bedingte Aufhebung des Interdictes zu erreichen.
Doch der grössere Theil des Clerus erklärte, die provisorische
Aufhebung des Interdictes sei erschlichen und daher unver-
bindlich, die Priester weigerten sich auch ferner gottes-
dienstliche Handlungen vorzunehmen und, als sie von dem
aufgeregten Volk gewaltsam bedroht wurden, verliessen sie
die Stadt. Unterdessen ging der Process vor einem vom
Papste delegirten Richter, wie es scheint dem Bischof
Friedrich von Merseburg, seinen langsamen Gang in den
schwerfälligen Formen des römisch-canonischen Verfahrens.
Obwohl die Sache der Erfurter trotz jener vorbehältlichen
Aufhebung des Interdictes von Anfang an hoffnungslos stand,
verzögerte Heinrich von Kirchberg nach Sitte schlechter
Advocaten durch wiederholte Appellationen und andere Mittel
den endlichen Austrag, durch scheinbare Erfolge seine
Clienten zu hartnäckiger Ausdauer anreizend, bis schliesslich

das schlimme Ende nicht ausblieb. Das über die Stadt
Erfurt verhängte Interdict wurde bestätigt und durchgeführt.
Trotzig ertrugen dasselbe die Erfurter zwanzig Monate lang.
Doch als nunmehr auch der weltliche Arm eingriff und die
Stadt in Reichsacht verfiel, fingen die Bürger an nachgiebig
zu werden. Sendboten derselben, darunter Heinrich v. Kirchberg, begaben sich an den erzbischöflichen Hof und brachten
einen für die Stadt sehr demüthigenden Vergleich zu Stande,
der am 21. März 1282 vom Erzbischof Werner zu Seligen-
stadt unterzeichnet wurde [1]).

Damit war die Rolle Heinrichs von Kirchberg in Erfurt
ausgespielt, es konnte der Bürgerschaft nicht verborgen
bleiben, dass sie seiner dreisten, ungeschickten Processfüh-
rung die Schande und ihre Schäden zu danken hatte.

Durch diese Erzählung glaube ich überzeugt zu
haben, dass die Stadt Erfurt schon in jener Zeit eines gelehrten Rechtsfreundes bedürftig war. Aber in ähnlicher
Lage befanden sich auch die meisten übrigen Städte des
heiligen römischen Reichs deutscher Nation. Nicht bloss
die einem Bischof unterworfenen, sondern auch die unter
weltlichen Herren stehenden, ja selbst die reichsunmittelbaren Städte kamen so vielfach mit der Kirche und kirchlichen Personen in Streit, dass sie der geistlichen Juristen
nicht entrathen konnten. Leider waren diese meistentheils
Geistesverwandte Heinrichs von Kirchberg. Gründliche
Kenner der ausländischen Rechte waren äusserst selten,
in Deutschland gab es noch keine Rechtsschulen, an
welchen wissenschaftliche Rechtskunde gepflegt wurde. So
kam denn jene Classe der Halbgelehrten zu Bedeutung,

---

1) Ich bin bei obiger Ausführung zum Theil den trefflichen Excursen
Theobald Fischers über Heinrich von Kirchberg (a. a. O. S. 160—172)
und über das Erfurter Interdict (a. a. O. S. 153—158) gefolgt. Die
Chronologie Heinrichs v. Kirchberg anlangend, so werde ich unten im
zweiten Aufsatz auf meine Controverse mit Th. Fischer zurückkommen.

gegen welche der deutsche Volksgeist sich so oft empörte, jene im ganzen Reich herumfahrenden ränkevollen Advocaten, welche ihre auf irgend einer untergeordneten Schule, oder durch vorübergehenden Aufenthalt in Italien, erlangte oberflächliche Kenntniss der ausländischen Rechte dazu benutzten, die anhängigen Processe unsterblich zu machen und neue hinzuzufügen, deren letztes Bestreben nur darauf ging, den Säckel zu füllen, und welchen zur Erreichung dieses Zweckes jedes Mittel genehm war [1].

Zunächst allerdings blieb die Praxis dieser Leute auf die vor das kirchliche Forum gehörigen Sachen und somit der Theorie nach auf Sachen, worin beide Parteien oder die beklagte Partei dem Clerus angehörten, sowie auf kirchliche oder gemischte Rechtsverhältnisse beschränkt. Der letztere Begriff aber war im Laufe der Zeit ungemein ausgedehnt worden, indem nicht nur mit kirchlichen Einrichtungen in irgend welchem Zusammenhang stehende Rechtsverhältnisse (kirchliche Beneficien, Zehntrecht, Verlöbniss und Ehe, Verpflichtung aus Eid und Gelübde u. s. w.) darunter begriffen wurden, sondern überhaupt der Grundsatz zur Anwendung gelangte, dass jede Rechtsverletzung unter dem Gesichtspunkte ihrer Sündlichkeit und der dadurch entstehenden Gefahr für das Seelenheil die Zuständigkeit des geistlichen Richters begründe [2].

So war es denn nichts Seltenes, dass geistliche Richter über Angelegenheiten, die nicht eine Spur von kirchlichem Charakter trugen, zu befinden hatten, insonderheit über rein civilrechtliche, dem Vermögensrecht angehörige Fragen. Schon frühzeitig kam in solchen Fällen das einheimische deutsche Recht mit den Satzungen der ausländischen Quellen in Conflict. Und selbst da, wo etwa die Kirche sich dazu

1) S. unten im zweiten Aufsatz.
2) Vgl. Wetzell, System des Civilprocesses. 2. Aufl. (1865) § 31, S. 306—390.

verstanden hatte, einem germanischen Institute ihre Protection
angedeihen zu lassen, suchten die halbgelehrten Sachwalte
durch allerhand Winkelzüge unter Berufung auf römisches
und canonisches Recht der vollkräftigen Wirksamkeit solcher
Rechtsgeschäfte beizukommen.

Ein curioses, nichts desto weniger lehrreiches Beispiel
entnehme ich dem Occultus [1]).

Es mag im Jahre 1271 gewesen sein, da erschien in
Thüringen eine Gesandtschaft aus Pavia, um von dem Markgrafen Heinrich dem Erlauchten einen Wettiner als König
zu verlangen. Blutig hatte das Geschick der Staufer sich
erfüllt: unter dem Henkerbeil war Conradins jugendliches
Haupt gefallen. Aber noch bestand in Italien eine Ghibel-
linische Partei und richtete ihre Blicke auf Heinrichs Enkel,
den jungen Landgrafen Friedrich von Thüringen, dessen
damals bereits verstorbene Mutter Margaretha, die unglückliche Gattin des Landgrafen Albrechts des Unartigen, eine
Tochter des glorreichen Kaisers Friedrich II. war. — Mark-
graf Heinrich empfing die Pavesen ehrenvoll und übertrug
die Sorge für die Bewirthung und Unterhaltung der Gesandten
Niemand anderem, als dem oftgenannten Heinrich v. Kirchberg, dem Vielgereisten, der italienischer Sitte und Sprache
kundig war. Das war eine gute Gelegenheit, Urbanität zu
beweisen und durch Opulenz der Bewirthung zu glänzen.
Unser Dichter singt von schüsselreichen Schmäusen, welche
Magister Heinrich veranstaltete, von dem süssen Ungarwein,
den er nach der Tafel am traulichen Kamin verabreichen
liess, bald zum Fischfang, bald auf die Hirsch- und Reh-
jagd führte er die Fremden, selbst zur Badestube begleitete
er sie und Abends zum Reigen der Jungfrauen. — Doch
die lustige Zeit nahm ein Ende, die Lombarden zogen ohne
König ab und die wenig erquicklichen grossen Rechnungen

1) vv. 555—649 und dazu Fischer a. a. O. S. 166, 167.

gingen ein. Magister Heinrich vermochte nur einen Theil derselben zu decken, eine grosse Summe, wie es scheint die Gasthofsrechnung, blieb unbezahlt. Da schloss Heinrich mit dem Gläubiger einen ächt deutschrechtlichen Vertrag ab: er verpflichtete sich die Stadt und das Wirthshaus desselben nicht zu verlassen, bevor die ganze Schuld getilgt sei.

Dieser Vertrag fällt unter den Begriff des Einlagers (obstagium), einer milderen Gattung der vertragsmässigen Schuldhaft. Unzählige Urkunden bezeugen, wie beliebt solche Verpflichtungen in dem deutschen Mittelalter und auch noch später waren. Wollte der zum Einlager Verbundene sich dieser Verbindlichkeit entziehen, so konnte er, wie er sich bei seiner Ehre obligirt hatte, nun auch bei seiner Ehre angegriffen werden. Man durfte die That des Wortbrüchigen an Kirchthüren und Rathhäusern, ja unter Umständen an Galgen und Rad anschlagen lassen. Auch die Kirche erkannte derartige Verträge an, selbst wenn sie von Geistlichen eingegangen waren, sie drohte denen, welche sie nicht erfüllen würden, mit der Excommunication[1]).

Das Alles kümmerte den Juristen Heinrich v. Kirchberg wenig: sein Versprechen missachtend, verliess er das Haus und die Stadt des Gläubigers. Dieser klagte nunmehr vor der Synode des Bischofs zu Meissen.

Da erhob sich Heinrich von seinem Sitze und hielt eine fulminante Vertheidigungsrede. Nicht leugnen konnte er den Abschluss des Vertrages, aber er bestritt die bindende Kraft desselben. Ein in das canonische Rechtsbuch übergegangener Satz des römischen Rechts (eine „lex canonizata"), führte er aus, bestimme, dass Verträge von Privatpersonen nicht im Stande seien, Sätze des öffentlichen Rechts zu entkräften (c. 12 X. de foro competenti [2. 2] vgl. Fr. 38 de pactis [2. 14]). Nun habe er, wie bekannt, eine Pfarrei

---

1) Vgl. Stobbe, Drei Abhandlungen (1855) S. 190, 191, 193.

inne und damit die Pflicht, Residenz bei der Kirche zu halten. Diese Pflicht entspringe aus einer dem öffentlichen Recht angehörigen Satzung. Deshalb könne sie durch eine von ihm eingegangene Privatverbindlichkeit nicht alterirt werden, somit sei letztere, soweit sie der Residenzpflicht widerspreche, unkräftig.

Diese auf Stelzen schreitende Logik fand Beifall bei den Vätern der Synode: Heinrich von Kirchberg wurde freigesprochen.

Aehnliche Fälle, wo der sittlichen und Rechts - Ueber- zeugung des deutschen Volkes durch die plumpen Künste und Praktiken verschlagener Rechtsverdreher Hohn gesprochen wurde, sind unzählige vorgekommen. Mitunter brach auch das gequälte Volksgewissen sich Luft in furchtbaren Wuth- ausbrüchen, welche, wie es zu geschehen pflegt, alle Schranken der Mässigung niederwerfend, zu grauenvollen und sündlichen Thaten führten. So erschlugen um 1339 die Halberstädter neben anderen rechtsgelehrten Räthen ihres Bischofs auch einen Mgr. Heinrich, Doctor des canonischen Rechtes[1]) der nicht mit Heinrich von Kirchberg indentisch gewesen sein kann. Letzterer fand seinen Lohn in der beissenden, Satyre des Occultus.

II.

Doch, so seltsam es sich anhören mag, der Volksun- wille, der Hass der Nation richtete sich nicht sowohl gegen die ausländischen Rechte, als wider die verächtlichen Werk- zeuge der Anwendung derselben. Man hat wohl behauptet, die Annahme des römischen und canonischen Rechtes in

---

1) Narratio historica de Alberto Episcopo Halberstadense bei Meibom, Rer. germanicar. Tom. II pag. 383.

Deutschland sei eben durch jene Juristen bewirkt worden, ohne und selbst wider den Willen der Nation. Dieser Anschauung kann ich nicht beitreten, sie leidet an mehrfachem Uebersehen. Was zunächst das canonische Recht anlangt, so hatte dasselbe für die wohlorganisirten kirchlichen Gerichte und die denselben unterworfenen Christen in Deutschland überhaupt nicht die Bedeutung eines recipirten, sondern eines von der kirchlichen Obrigkeit verordneten Rechtes. Ebenso wie man im Allgemeinen die Kirche und deren Haupt verehrte, so achtete das Volk auch das Recht der Kirche, gern erkannte man an, dass das von den weltlichen Gerichten zu Anwendung gebrachte Recht nicht wider die kirchlichen Satzungen verstossen dürfe. Dem römischen Recht aber zollte man schon deshalb Werthschätzung, da man sich gewöhnt hatte, die Kaiser des heiligen römischen Reichs deutscher Nation als Reichs- und Rechtsnachfolger der alten römischen Kaiser, eines Constantin, Valentinian, Justinian, zu betrachten. Kaiser und Fürsten liebten das römische Recht und begünstigten dasselbe wegen der in der Justinianischen Compilation hervortretenden monarchischen Tendenz. Ueberhaupt war die geistige Richtung der Zeit nicht eine freie, sondern überall nach der Stütze von Autoritäten begierige. Und wo konnte man das Recht anlangend, eine gewichtigere Autorität anrufen, als das Gesetz, welches, vor vielen Jahrhunderten von einem „grossen" römischen Kaiser erlassen, in dem damals am meisten bewunderten und nachgeahmten Culturlande Italien in unbestrittener Anwendung war? Man vergesse auch nicht, dass der Begriff „deutsches Recht" dem Mittelalter ein unbekannter blieb. Wohl wusste man von einem Sächsischen Landrecht, einem Schwäbischen, Magdeburger, Lübecker Recht u. s. w. und jeder Stamm, wie jede Stadt, betrachtete das eigene Recht als besonderes Privilegium, auf das man sich etwas zu Gute that, in welchem man gelegentlich, wie z. B. die Magde-

burger anno 1350, „winckele sochte") [1], um sich vor Ein-
griffen der Reichsgewalt zu bergen, dass aber in diesen so
verschiedenartigen Privilegien ein gemeinsames Gut der
deutschen Nation verborgen schlummere, davon hatte Niemand eine Ahnung. Vielleicht würde die Anwendung des
römischen Rechtes in Deutschland schon im 13. und 14. Jahrhundert eine allgemeinere gewesen sein, hätte Kenntniss
desselben sich mehr verbreitet gehabt.

Allein es blieben immer nur Wenige und noch dazu
ausschliesslich Angehörige der Kirche, denen Bildungsmittel
zu Gebote standen. Das Studium der Jurisprudenz, welches
an deutschen Kloster- und Domschulen betrieben wurde,
wollte wenig besagen und erstreckte sich fast bloss auf das
Dictiren eines kurzen Lehrbuches für den kirchlichen Process und unwissenschaftlicher Inhaltsangaben (Summae) der
canonischen Rechtsbücher. Andere Bücher, als diese nach-
und abgeschriebenen Collegienhefte konnten bloss die mit
Glücksgütern reichlich Gesegneten erwerben, denn sie waren
unerschwinglich theuer und — wenigstens die juristischen —
ausserhalb Italiens kein Handelsartikel. Wer daher wissenschaftliche juristische Ausbildung und den Besitz der nothwendigsten Werke für das wissenschaftliche Studium erstrebte,
musste· nach Italien reisen und dort Jahre lang verweilen.
Tausende deutscher Jünglinge und Männer zogen zu diesem
Zweck in die Fremde. Die meisten kehrten als Halbwisser
und Rabulisten von der Art Heinrichs von Kirchberg zurück,
der kleinere Theil bildete· sich zu tüchtigen Kennern des
Rechtes aus; davon blieben die meisten in Rom, wo sie
als Richter oder Sachwalte bei der päpstlichen Curie, besonders für die massenhaft dorthin gelangenden deutschen
Appellationssachen, ein lohnendes Feld der Thätigkeit fanden,

---

1) J a n i c k e, Mittheilungen aus der Magdeburger Schöppen-Chronik
(1865) S. 5.

nur wenige strebten im Vaterland noch weiter wissenschaftlichen Zielen nach[1]).

Das Niveau der wissenschaftlichen Cultur Deutschlands
stand damals äusserst niedrig. Doch es fing schon an sich
im Volke das Bedürfniss nach Bildung zu regen und damit
ging das Verlangen nach den im Ausland bewährten Rechts-
einrichtungen Hand in Hand.

Nach mittelalterlicher Auffassung fiel das gesammte
Schulwesen in den Geschäftsbereich der Kirche. Das „Recht
eine Schule zu halten" (ius scholarum) setzte selbst für
Klöster und Domcapitel eine Concession der kirchlichen
Obrigkeit voraus[2]). Erst seit Beginn des 14. Jahrhunderts

1) Ich erinnere hier bloss an den Glossator des Decretum Gratiani:
Johannes Semeca, Propst zu Halberstadt, † um 1245, und an Leupold
von Bebenburg, des berühmten Bologneser Canonisten Joannes Andreae
Schüler, seit 1352 Bischof zu Bamberg, dessen 1338 geschriebenes Werk:
„Von den Rechten Deutschlands und des römischen Reichs" einen
dauernden Ruhm erlangt hat. Dass der Besuch der ausländischen
insonderheit italienischen Hochschulen von Deutschland aus schon im
Mittelalter ein „massenhafter" gewesen, wird von Manchen in Abrede
genommen. Man muss zugestehen, dass urkundlich die „Massen" nicht
nachweisbar sind. Aber es bleiben historisch feststehende Facta genug,
welche den Schluss auf die im Text aufgestellte Behauptung rechtfertigen.
Vgl. Beilage L.

2) So ertheilte z. B. zu Anfang des 13. Jahrhunderts Erzbischof
Albert zu Magdeburg dem Kloster zum neuen Werk bei Halle das ius
scholarum bei der Kirche auf dem Markte zu Halle. Io. Petri de
Ludewig Reliquiae Mss. Tom. V. (1723) pag. 23. Den 11. März 1395
gestattete Papst Bonifacius IX. dem Rathe zu Leipzig am Nicolaikirchhofe
oder sonst innerhalb der Parochie des h. Nicolaus eine Knabenschule zu
errichten (pro eruditione scolarium in grammatica et aliis primitivis
scientiis ac artibus liberalibus). Vgl. Cod. dipl. Saxon. reg. p. II tom 8
n. 106. Nicht selten wurde das „Schulrecht" Gegenstand kirchlicher
Processe. Das Benedictinerkloster St. Michaelis in Lüneburg processirte
von Anno 1395 bis 1402 gegen das Prämonstratenser-Kloster Heiligenthal
über die von dem letzteren in Lüneburg angelegte Schule. Ausführliches
darüber mit Actenauszügen in Io. Lud. Lev. Gebhardi Dissert.

ist auch von weltlicher Seite das Bestreben bemerkbar, für
den Unterricht etwas zu thun[1]). Hie und da wurde das ius
scholarum Gegenstand erbitterter Kämpfe zwischen dem be-
sitzenden Clerus und den Stadtgemeinden, welche die Errichtung von neuen Schulen in Angriff nahmen[2]). Den

secularis de re litteraria coenobii St. Michaelis in urbe Luneburgica
(1755) pp. 49—55. S. auch Arnold von Weyhe-Eimke, die Aebte
des Klosters St. Michaelis zu Lüneburg (1862) S. 78. 79.

1) Wenigstens sind mir erst seit dieser Zeit auch kaiserliche Privi-
legien, welche das ius scholarum aperiendarum verleihen, aufgestossen.
So 1319, 17. Kal. Febr. Amberg und 1339, 16. Apr. Monac. Diplom
des Kaisers Ludwig, worin dem deutschen Orden das Recht ertheilt wird,
zu Mühlhausen eine Schule zu errichten. 1349 (Isenaci) ertheilte Kaiser
Karl IV. der Stadt Mühlhausen „facultatem erigendi scholam". Dieses
Privileg wurde 1352 Non. Dec. zu Prag confirmirt; cf. Grasshofii
Comment. de originibus atque antiquitatibus S. R. I. liberae civitatis
Mulhusae (1749) p. 71.

2) So z. B. in der Reichsstadt Nordhausen, wo im Jahre 1324 ein
stürmischer Aufruhr ausbrach, gerichtet gegen einen Theil des Rathes
und die Canonici der Stiftskirche zum Heiligenkreuz. Unter den Streit-
punkten, welche die Veranlassung gegeben hatten, tritt besonders hervor
eine Schulfrage. Die Stadt hatte eine neue Schule angelegt, während
das Capitel verlangte, die Bürger sollten den Unterricht ihrer Kinder
allein der Heiligenkreuzschule überlassen. Die Canonici und die ihnen
anhängenden Rathsmitglieder wurden aus der Stadt getrieben, ihre Häuser
zerstört und geplündert, das Stiftsgebäude eingeäschert, die heilige Kreuzkirche profanirt und als Stall benutzt. Matthias, Erzbischof von Mainz,
verhängte nunmehr nach vorgängigem canonischen Process das Interdict.
Da bauten die Nordhäuser sich die neue Kirche zu St. Georg am
Kornmarkt und bewogen einige in der Stadt gebliebene Cleriker in
derselben den Gottesdienst fortzusetzen. Der Erzbischof aber griff zum
weltlichen Schwert. Die Mühlen vor der Stadt wurden niedergebrannt,
die Zufuhr abgeschnitten, jeder Verkehr mit der Aussenwelt gehemmt.
Da endlich wurde die aufrührerische Menge nachgiebig. Unter Vermittlung des Rathes von Erfurt und angesehener Cleriker kam 1326 ein
Vergleich zu Stande, in welchem u. A. bestimmt ist: „dass alle die
Kinder in den Mauern zu Nordhausen, sie sind gross oder klein, die zu
Schule wollen gehen, die sollen gehen zu dem H. Creuz, und von denen
soll man nehmen mässigen Lohn, als von Alters gewest ist . . . , wollen

schlagendsten Beweis aber für das wachgewordene Bildungs-
bedürfniss der deutschen Nation bildet die Gründung einer
ganzen Reihe von gut dotirten Universitäten im Laufe der
zweiten Hälfte des 14. und des 15. Jahrhunderts. [1]) Die
meisten derselben wurden vom Papste auf Ansuchen der
Landesfürsten, Cöln (1388) und Erfurt (1379 und 1389)
auf Betrieb der Stadtobrigkeiten privilegirt. Besonders war
man bestrebt, die Facultäten für canonisches und Civilrecht
gut zu besetzen, um sie zu Pflanzschulen der Rechtswissenschaft zu machen. [2]) Freilich stiess man dabei anfänglich
auf grosse Schwierigkeiten, besonders das römische Recht
anlangend, da tüchtige Lehrer desselben in Deutschland
kaum zu finden waren und die oft versuchte Berufung berühmter italienischer Juristen an den hohen Anforderungen
scheiterte, welche dieselben in Bezug auf Gehalt und An-
nehmlichkeit des äusseren Lebens zu machen gewohnt waren.
Man war sich wohl bewusst, dass man durch Verbreitung
der Kenntniss der ausländischen Rechte einem Culturbe-
dürfniss der Nation diene. Deutlich drückt diess der Bestätigungsbrief des Kaisers Friedrich III. für Tübingen vom
20. Febr. 1484 [3]) aus in den Worten:

---

aber die Bürger eine Schule haben ausser der Stadt, das soll man ihnen
gönnen, und mugen haben ein Meister, und Schulen setzen, wie sie
wollen . . ." Vgl. Historische Nachrichten von der Kayserl. und des
Heil. Röm. Reichs Freyen Stadt Nordhausen (1740) S. 438—446. — Nicht
minder interessant ist der bereits erwähnte vor dem Bischof von Verden
und in weiterer Instanz vor der Curia Romana verhandelte Process zwischen
dem Benedictiner Kloster St. Michaelis in Lüneburg und dem Prämon-
stratenser Kloster Heiligenthal betreffs der von dem letzteren in Lüneburg
unter Beistand des dortigen Stadtrathes angelegten Schule.

1) Vgl. hierzu den 7. Aufsatz.

2) Näheres im 3. Aufsatz.

3) Abgedruckt in A. F. Böks Geschichte der Eberhard-Carls-
Universität zu Tübingen (1774), Beilagen S. 33 ff.

„Dahin aber gipfelt sich vorzüglich die Spitze unseres
Willens und dahin streben wir mit lebhaftem Eifer, dass
die mit unendlicher Mühe und tiefsinniger Arbeit ge-
schaffenen Gesetze und Constitutionen unserer Vorgänger,
der römischen Kaiser, göttlichen Angedenkens, mehr und
mehr den Ohren unserer Unterthanen gewissermassen ein-
getränkt werden, da wir erkennen, dass allein durch den
Gebrauch derselben unser Reich erhalten und vermehrt
werden kann. Denn nur die durch sie gestützte kaiserliche Machtvollkommenheit vermag den zügellosen Sinn
der Unterthanen niederzuhalten und den Bestand des
Reiches zu sichern."

Dabei erinnere ich an die grausen Zustände, welche
in Folge der Anwendung des deutschen Fehderechtes ein-
getreten waren, gegen welche die hin und wieder erlassenen
Gottes- und Landfrieden nur als höchst unzureichende
Mittel sich erwiesen. Verblendet hatten die deutschen Stämme
und deren Fürsten auf Kosten der Reichsgewalt Heil in dem
Erwerb von Sonderrechten und Sonderstellungen gesucht.
Nunmehr gab es wohl „Freiheiten und Privilegia" genug,
aber Niemand war da, der sie recht zu schützen vermochte.
Da griff denn Jeder zum Schwert, um sich selbst zu helfen.
Bei solcher Auflösung der staatlichen Ordnung fand selbstverständlich der Friedbrecher und Räuber am meisten seine
Rechnung. Blutige Kämpfe gewappneter Söldner, lodernde
Gluth brennender Städte und Dörfer, gebrochene Zinnen
ragender Burgen, friedlich dahinziehende Handelsleute mit
ihrem Geleit von frechen Raubgesellen niedergeworfen, dazwischen die unheimlichen Gestalten von Wissenden der
westphälischen Vehme, daraus setzen sich die Bilder zusammen, welche Geschichtsschreiber, Dichter und Maler von
jenen Tagen entwerfen. Goethe's Götz von Berlichingen
schildert mit unsterblichen Zügen, wie in solch' „wüsten
Zeiten der wohldenkende brave Mann allenfalls an die Stelle

des Gesetzes und der ausübenden Gewalt zu treten sich
entschliesst"[1]), aber gerade dadurch schon auf unrechte
Bahn gelangt untergeht. Nicht der Einzelne konnte helfen,
nur durch Aenderung des gesammten Rechtszustandes vermochte man der Unordnung des Faustrechtes Herr zu werden. Diese Ueberzeugung brach sich denn auch bei dem
deutschen Volke Bahn. Man suchte Rettung darin, dass
man dem ausländischen und besonders dem römischen
Rechte weiteren Eingang verschaffte, und gab sich der Hoffnung hin, dass, sobald mit dem geschriebenen ein festes
und strenges zugleich aber auch Allen gemeinsames Recht
erlangt sei, die öffentliche Sicherheit und der Friede wieder
einkehren werde.

Der Einfluss, welchen die Universitäten von Anfang an
auf das deutsche Rechtsleben unbestreitbar ausgeübt haben,
knüpfte sich zunächst an gewisse auf die Gerichtsbarkeit
der Kirche begründete Einrichtungen.

Die kirchlichen Gerichte hatten im Laufe des 14. Jahrhunderts nicht nur ihr früheres Ansehen bewahrt, sondern
an Boden gewonnen. Es wurde als feststehender Gewohn-
heitssatz anerkannt, dass Cleriker in allen, selbst in einfachen Civilsachen, Laien vor das geistliche Forum zu ziehen
befugt seien[2]. Von Seiten der Reichsgewalt, ja der Kirche
selbst, wurden Versuche gemacht, den Uebergriffen Einhalt
zu thun. So hat König Ludwig im Jahr 1323 an die Reichs-
städte Mühlhausen und Nordhausen einen gleichlautenden
Erlass gerichtet, worin es heisst: dem König sei zu Ohren
gekommen, dass die Bürger in vielen Sachen und Fällen

---

1) Goethe, Aus meinem Leben. 3. Th. 12. Buch (Cotta'sche
Ausg. in vierzig Bänden 1840 Bd. 22 S. 107, 108).

2) cf. Ioannis Vrbach Processus iud. (etwa 1405) ex rec.
Th. Muther (1873) cap. VI pag. 23: „Et maxime de consuetudine clerici trahunt laicos ad iudicium ecclesiasticum etiam in
causa civili."

vor das geistliche Forum geladen würden, welche keineswegs dahin gehörten : in Zukunft solle man solchen Ladungen nicht gehorchen und alle Sachen, die nicht rein geistliche seien, vor dem städtischen Richter abmachen [1]). Auf dem Concil in Constanz aber erging aus der Mitte des Clerus an die Caminer, Schweriner und Ratzeburger Diöcesen das Decret, fortan solle wegen blosser Geldschuld kein Laie vor das geistliche Forum gezogen werden [2]). Alles ohne nachhaltigen Erfolg. Es ist von hohem Interesse den seltsamen Wegen nachzugehen, die eingeschlagen wurden, um für weltliche Rechtsstreitigkeiten, auch rein bürgerliche Schuldsachen, canonische Procedur zu gewinnen. Der Grund dieser eigenthümlichen Erscheinung ist darin zu suchen, dass dem kirchlichen Process eine wirksame in Excommunication und Interdict gipfelnde Execution Nachdruck verlieh, welche überall im ganzen Reich, ja so weit die katholische Christenheit reichte, durchführbar war, während die Hülfe des weltlichen Richters sich lahm erwies, sobald man des Verurtheilten oder seines Gutes nicht innerhalb des mitunter winzigen Jurisdictionsgebietes habhaft werden konnte, abgesehen von Anderem, was die richterliche Macht zu einer in vielen Fällen unzureichenden herabdrückte. Compromisse von Laien auf die Entscheidung des kirchlichen Richters kamen daher in Angelegenheiten, wo von beiden Seiten Ansprüche erhoben wurden, häufig vor, oder man einigte sich gleich bei Abschluss des Geschäftes zu Gunsten des Gläubigers auf kirchlichen Process. Vor Allem die bequemste Hand-

---

1) Abgedruckt in Beniam. Christoph. Grasshofii Commentat. de originibus atque antiquitatibus S. R. I. liberae civitatis Mulhusae (1749) pag. 201, 202 und in Historische Nachrichten von der Kaiserl. etc. Stadt Nordhausen S. 216 Not. f.

2) Concil. Constantiense sessio general. XXXI. 30. Mart. 1417 bei H. von der Hardt Constant. Concil. Acta etc. T. IV p. X (1699) p. 1198.

habe, um weltliche Schuldsachen vor den geistlichen Richter zu bringen, boten die von den Päpsten den Universitäten verliehenen sogenannten Conservatoria privilegiorum.

Durch diese Schutzbriefe nämlich ernannte der Papst Bischöfe, oder andere hohe Geistliche, zu Erhaltern der Universitätsgerechtsame und in Verbindung damit zu delegirten päpstlichen Richtern für Rechtsstreitigkeiten der Universitätsangehörigen, welche sämmtlich als Cleriker galten. Diess hatte die Wirkung, dass jeder Universitätsverwandte, wenn er eine Klage anstellen wollte, seinen Gegner, wer dieser auch sein mochte, Cleriker oder Laie, vor den Gerichtsstuhl des Conservator ziehen konnte. Der Satz, dass der Kläger das Gericht des Beklagten anrufen müsse, hatte somit für die Universitätsglieder seine Bedeutung verloren, ihre Schuldner mussten sich, auch wenn sie Laien waren, vor dem Conservator, also einem geistlichen Richter, belangen lassen.

Wie eigenthümlich man nun das Institut der Conservatoren verwerthete, wird folgender Fall verdeutlichen.

Im Jahre 1407 hatte der Leipziger Bürger Time Ustenitz dem Bürger Friedrich Glaser in Hof zwanzig Tonnen Häringe für 85 Schock und 50 alte Meissen'sche Groschen verkauft. Glaser versprach Zahlung in der nächsten Leipziger Ostermesse und verpflichtete sich für den Nichtzahlungsfall alle dem Time daraus etwa erwachsende Schäden, Kosten und Zinsen zu ersetzen. Glaser bezahlte zu Ostern einen Theil der Schuld, blieb aber mit 26 Schock 6 Pfng. in Rückstand. Als dieser Rest auch in der Michaelismesse nicht gezahlt wurde, nahm Time eine gleiche Summe als Darlehn bei dem Leipziger Juden Abraham auf gegen Zinsen von wöchentlich 6 Pfennigen für das Schock. Nach vier Jahren war das Capital nebst den unbezahlt gebliebenen Zinsen auf 300 rhnl. Gulden angewachsen. Time bezahlte diese Summe dem Juden und berechnete nunmehr seine Forderung gegen

Glaser incl. der Schäden u. s. w. auf 331 fl. rhnl. Glaser weigerte die Zahlung. Time aber, anstatt bei dem weltlichen Gericht zu klagen, cedirte die Forderung an den Studenten Friedrich Berbach. Dieser endlich verklagte Glaser bei dem Bischof von Merseburg als Conservator der Doctores, Magistri et Scholares der Universität Leipzig.

Obwohl nun in der Klage gesagt ist, die Cession sei schenkungshalber erfolgt, um Berbach in seinem Studium zu unterstützen, so bleibt es doch nicht zweifelhaft, dass dieselbe nur ein Scheingeschäft war: der Scholar musste zum Gläubiger gestempelt werden, um einen Grund zu haben, den Rechtsstreit vor ein geistliches Forum zu bringen.

Warum? Das lässt sich urkundlich nicht nachweisen. Jedenfalls aber war schon das bequem für den Gläubiger, dass er den Schuldner bei dem in nächster Nähe residirenden Conservator schriftlich belangen konnte und nicht nothwendig hatte, nach Hof zu reisen, um dort die vielleicht auf Schwierig-keiten stossende gerichtliche Verfolgung eines Hofer Bürgers zu betreiben. Unser Fall, den ich einer Leipziger Hand-schrift [1] entnommen habe, steht nicht vereinzelt. Schein-cessionen (cessiones ficticiae) von Forderungen laiischer Gläubiger an Universitätsangehörige zu dem angegebenen Zweck kamen auch ausserhalb Leipzig und zwar so häufig vor, dass man abwehrend einzuschreiten sich veranlasst sah. So verordnen die etwa 1447 redigirten Erfurter Universitäts-Statuten, dass vor den Conservatoren kein Glied der Hoch-schule mit einer ihm cedirten Klage zugelassen werden soll, ausser wenn die Cession ernstlich gemeint und nicht „um den Gerichtsstand zu ändern" vorgenommen sei [2]. Aus Cöln aber wird in einem Erlass des apostolischen Legaten

---

1) Cod. ms. bibl. Vniversit. Lips. 922 Bl. 159.

2) Constitutiones Vniversitatis Studii Erfordensis Rubr. XV n. 4 bei J. C. Motschmann, Erfordia literata. 5. Sammlung (1731) S. 671, 672.

vom Jahre 1449 mitgetheilt, dass es Leute gebe, welche lediglich zu dem Zweck sich immatriculiren liessen, damit sie die von Anderen ihnen durch Scheincessionen übertragenen Forderungen vor den Conservatoren beitreiben könnten. Es wird daher den Conservatoren aufgegeben, dass sie auf keine von einem Universitätsverwandten aus cedirter Forderung eingebrachte Klage Citation verfügen sollen, wenn nicht der Kläger in Gegenwart des Richters und Notars auf die Evangelien schwöre: „dass solche Cession nicht arglistig und simulirt, sondern vielmehr ohne Nebenbestimmungen, einfach und wahrhaftig sei" [1].   .

Ich brauche die Beweise nicht zu mehren, dass der Widerstand des deutschen Volkes gegen die kirchliche Gerichtsbarkeit und die damit verbundene Anwendung der ausländischen Rechte keineswegs so heftig war, wie er mitunter geschildert wird. Vielmehr rief das Volk selbst die geistliche Gewalt und damit die ausländischen Rechte an, weil die Verwirrung des öffentlichen Rechtszustandes dahin gediehen war, dass das weltliche Schwert zu stumpf sich erwies, um ausreichenden Rechtsschutz zu gewähren. Kam es doch auch vor, dass man es zunächst mit Kaiser und Reich versuchte und, wenn die hier erlangte Hülfe unwirksam blieb, an die Kirchengewalt sich wendete.

Die Rostocker verjagten im Jahre 1428 ihre Bürgermeister. Die Vertriebenen riefen den Schutz des Reiches an und erreichten, dass gegen die Stadt Acht und Oberacht erkannt wurde. Allein die mit Vollstreckung derselben beauftragten Fürsten fanden es für gut, sich nicht in die Sache zu mischen. Da klagten die Bürgermeister mit gutem Erfolg bei der Curie. Gegen das päpstliche Urtheil appellirten die

---

1) Einen Auszug der sehr merkwürdigen Urkunde giebt nach den Annal. Vn. Col. III p. 13. sq. F. J. v. Bianco, Die alte Universität Cöln. I. Theil (1855) S. 91 Not. 1.

Bürger ans Baseler Concil. Dieses ernannte einen der berühmtesten deutschen Juristen jener Zeit, den Abt des Michaelisklosters zu Lüneburg, späteren Erzbischof zu Bremen, Balduin
von Wenden, Decretorum doctor, zum iudex delegatus, welcher
die Stadt verurtheilte und, als sie sich nicht fügte, mit dem
Interdict belegte. Zunächst höhnender Trotz der Bürger,
wie dereinst in Erfurt. Aber auch hier liess die Consequenz
der Kirche sich nicht irre machen. Nach ein paar Jahren
erlahmte der städtische Widerstand, 1439 wurde ein Vergleich abgeschlossen, in Folge dessen die vertriebenen Rath-
männer in Amt und Würden wieder eintraten [1]). Beispiele
der Art sind nicht selten. Zu beachten aber ist, dass in
Erfurt dereinst die Bürger nachgegeben hatten, als zum
Interdict die Reichsacht hinzutrat, nunmehr folgte auf die
ohnmächtige Reichsacht das effectvolle Interdict.

Dass bei solchen Zuständen auch das Verhältniss der
gelehrten Juristen sich anders gestaltete, bedarf kaum der
Ausführung. Vom Fürsten, wie vom Bürger wurden sie in
schwierigen Rechtsangelegenheiten angegangen und ihre Ver-
mittelung nachgesucht. Ich widerstehe der Versuchung, ein
Bild von dem Leben und der ruhm- und dankenswerthen
Wirksamkeit des ebengenannten Balduin von Wenden [2]) zu
entwerfen. Doch kann ich nicht unterlassen als vorzüglichen
Juristen noch einen anderen norddeutschen Kirchenfürsten
zu nennen, der durch seine langjährige Wirksamkeit als
Rechtslehrer an verschiedenen Universitäten ein besonderes
Interesse bietet.

Arnold Westphal, geb. 1399 zu Lübeck, wurde bei der

---

1) Ausführlicheres bei Krabbe, die Universität Rostock, I. Theil
(1854) S. 113 ff. Vgl. auch Arnold von Weyhe-Eimke a. a. O. S. 91.

2) Eine Biographie desselben würde ein dankenswerthes Unternehmen
sein. Einstweilen ist nachzusehen Henrici Wolteri Chronica Bremensis
bei Meibom, Rer. germ. T. II pp. 74 ff., J. L. L. Gebhardi Diss.
secularis citata pp. 66 ff., v. Weyhe-Eimke a. a. O. S. 84—92.

Universität Leipzig im Winter 1418/19 inscribirt und dort
1421 zum Bacc. artium promovirt; am 29. Juni desselben
Jahres wurde er unter die Studirenden der Rostocker Universität aufgenommen [1]). Zum Licentiaten des bürgerlichen
Rechtes emporgestiegen, kam er im Winter 1428/29 nach
Erfurt [2]), wo er im Sommer 1430 das Rectorat verwaltete [3]).
1432 wurde er als Abgesandter der Erfurter Hochschule
auf das Baseler Concil verordnet [4]). Dort scheint er in den
wirren Kämpfen der Parteien wenig Befriedigung gefunden
zu haben. Wir finden ihn wieder als Rector der Universität
Leipzig für das Sommersemester 1436 [5]). Er ist unterdessen
auch zum Doctor des canonischen Rechtes promovirt, Inhaber
von Canonicaten zu Lübeck und bei St. Sever in Erfurt geworden, in der Leipziger Juristenfacultät hat er die erste
Stelle, das Ordinariat des canonischen Rechtes, inne [6]), als

1) Die Inscription in der alten Rostocker Originalmatrikel unter dem
Rectorat von Johannes Vos mgr. in artibus et utriusque iuris Bac. im
Monat Juni 1421 lautet: „Arnoldus westual. XXIX ½ Flor.“

2) Die Inscription in der alten Erfurter Matrikel lautet: Arnoldus
Westfal licentiatus in legibus dedit flor. et cursoribus II no(vos grossos).
Ziemlich gleichzeitig scheint von Rostock Joh. Vos nach Erfurt über-
gesiedelt zu sein. Joh. Vos, utr. iur. Doctor, ist im Wintersemester 1428—29
in Rostock Rector, doch tritt im April 1429 für ihn ein Vicerector ein.
In Erfurt aber erfolgte in dem nämlichen Semester und zwar vor derjenigen Westphals eine Inscription „ob reverentiam dm. Doctoris Fossz
ordinarii.“ Ueber Vos vgl. den 3. und den 5. Aufsatz.

3) Erfurter Matrikel, wo sub an. 1430 Phil. et Jacobi als Rector
verzeichnet ist: Honorabilis vir dominus Arnoldus westfal de lubeck in
jure civili licenciatus.

4) Erhard, Geschichte des Wiederaufblühens wissenschaftlicher
Bildung. Bd. I S. 171.

5) Zarncke, Die urkundlichen Quellen zur Geschichte der Universität Leipzig in Abhandl. der philologisch-historischen Classe der königl.
Sächs. Gesellschaft der Wissenschaften. II. Bd. (1857) pag. 586.

6) Conradi Wimpinae Scriptorum insignium centuria ed.
W. Merzdorf (1839) pag. 34. C. F. Hommelii Oratio de ordinariis
Facultatis iuridicae Lips. Ed. II. (1767) pag. 13. (v. Gerber) Die Ordi-

ausgezeichneter Lehrer, als gesuchter Rechtsconsulent ent-
faltete er eine fruchtreiche Wirksamkeit. Aber es zog ihn
zurück nach dem Norden, nach den Gestaden der Ostsee,
wo seine Wiege gestanden hatte. Und so konnte die Rostocker
Universität, welche damals wegen des auf der Stadt lastenden
Interdictes nach Greifswald verlegt war, ihn wieder unter die
ihrigen zählen. Ende April 1443 zog die Universität und
mit ihr Westphal in die Mauern Rostocks wieder ein [1]. Im
darauf folgenden Wintersemester führte Westphal die Scepter
der Universität als Rector [2]. Aber noch während seines
Rectorates ging er ab, vom 28. März 1444 an fungirt für
ihn ein Vicerector [3]. Wahrscheinlich hat er sich schon
damals nach Lübeck begeben, wo ihm das Decanat an der
bischöflichen Kirche übertragen wurde. 1449 fiel auf ihn
die Wahl zum Bischof der Lübecker Diöcese, der Papst
ertheilte die Bestätigung [4]. — Ein guter und kluger Hirte
der ihm anvertrauten Heerde, Wohlthäter der Armen, hülf-
reich bis zur Selbstaufopferung, fromm und einfach im
Wandel, war er von Allen geliebt und geehrt. Auch der
Wissenschaft bewahrte er treue Zuneigung : eine von ihm
gesammelte ausgezeichnete juristische Bibliothek befand sich
noch bis zu Ende des 16. Jahrhunderts auf Schloss Eutin [5].
Seine eigenen juristischen Schriften sind verschollen [6], doch

narien der Juristenfacultät zu Leipzig (Gratulationsschrift zu v. Wächters
fünfzigjährigem Professorenjubiläum 1869) pag. 18.

1) Krabbe a. a. O. S. 129—131.
2) Alte Rostocker Originalmatrikel: Anno domini MCCCCXLIII⁰
dominus Arnoldus westfael decretorum doctor et in Legibus licenciatus.
In die dionisij (9. Oct.) in Rectorem fuit electus et in die Galli (16. Oct.)
publicatus.
3) Alte Rostocker Originalmatrikel.
4) Chronicon Lubecense bei Meibom, Rer. germanicar. T. II
pag. 402.
5) Chronic. Lubecense l. l. Serapeum 1849 S. 55 ff.
6) Wimpina l. c. nennt als solche: Lecturae super Decretalibus.

das Andenken an seine Thätigkeit als praktischer Jurist und
als Staatsmann lebte fort. Zur Abwickelung von Staats-
geschäften, zu Gesandtschaften, zur Schlichtung von Rechtshändeln wurde er gebraucht; dem Herzog Adolf von Schles-
wig-Holstein und dessen Nachfolger, Christian König von
Dänemark, diente er als massgebender Rath [1]); wo eine Differenz
entstand unter den Beherrschern des Nordens, da rief man
ihn als Schiedsrichter an und immer glückte es seinen
Schiedssprüchen, behauptet ein Biograph, den Unfrieden zu
beseitigen [2]). Als ein der Hansa ungelegenes Zerwürfniss
zwischen dem Deutschen Orden und den Preussischen Städten
entstanden war, ging die Stadt Lübeck den Bischof mit der
Bitte an, sich persönlich nach Preussen zu begeben, um den
Streit beizulegen. Arnold Westphal übernahm den Auftrag.
Zu Schiff gelangte er langsam und unter wenig Behagen zum
Ziel, wo er verrichtete, was ihm oblag. Längerem Aufenthalt
in „der grausen Provinz", wie mein Gewährsmann sie nennt,
folgte eine stürmische Rückfahrt. Erschöpft sank der alternde
Mann aufs Krankenlager. Seine volle Gesundheit erlangte
er nicht wieder. Er starb, sagt sein Biograph, an den Folgen
„des Conflictes der Winde mit den Segeln" [3]). Sechszehn

Vol. 1., Consiliorum diversorum Volumen ingens, Orationes plurimae
aliaque plurima, quae eum ingeniose edidisse nemo non suspicatur. —
Ein Responsum Westphals aus dem Jahre 1462 „de valore sententiae
excommunicationis praedicatorum" findet sich in Cod. ms. 18. C. I. der
Greifswalder Kirchenbibliothek St. Nicolai fol. 81ᵇ; eine Lectura super
c. Cum marthe de celebratione misse per egregium doctorem arnoldum
westfal compilata ist in einem in Erfurt um 1438 gesammelten Mis-
cellancodex der Marburger Universitätsbibliothek (C. 5. fol.) enthalten.
Vgl. C. F. Hermann, Catal. codd. biblioth. academ. iatinorum pars
posterior (academisches Einladungsprogramm, Marburgi 1838) p. 8.

1) Chronic. Lubecense l. c.
2) Wimpina l. l.
3) Chronic. Lubecense l. c.

Jahre hatte er den Lübecker Bischofsstuhl inne, sein Todes-
tag ist der 31. Januar 1466 [1].

Welch' anderes Bild bietet diess in redlichem Fleiss,
im Dienste der Wahrheit und des Friedens zurückgelegte
Leben, als das abenteuerliche, schnöde Treiben eines Heinrich von Kirchberg?

Wohl gab es auch jetzt noch halbgelehrte Rechtsverdreher in Menge. Aber daneben war ein solid und gründ-
lich gebildeter Juristenstand in Deutschland erwachsen, dessen
Glieder in angesehenen und selbst hohen Stellungen grossen
Einflusses und, wie ich hinzufügen muss, überwiegend nicht
geringer Popularität sich erfreuten. Dass sie Vertrauen
genossen, beweist der Umstand, dass wichtige Rechtsstreitigkeiten häufig mit Umgehung der ordentlichen Gerichte
ihrer schiedsrichterlichen Entscheidung unterbreitet wurden,
ja es kam schon zu Beginn des 15. Jahrhunderts vor, dass
man für das Verfahren vor weltlichen ungelehrten Schieds-
richtern den schriftlichen canonischen Process verabredete
und dabei bestimmte, in Zweifelsfällen solle das Gutachten
eines oder mehrerer Doctores iuris den Ausschlag geben [2].

Etwas später — seit Anfang der dreissiger Jahre des
15. Jahrhunderts — erscheinen hin und wieder auch bei
den weltlichen Gerichten Deutschlands gelehrte Juristen,
theils als Beistände der Parteien, theils als Rathgeber der
Richter, in weiterer Entwickelung als Gerichtsbeisitzer. Durch
sie wurde allmählich die Einbürgerung der fremden Rechte
auch bei den weltlichen Gerichten angebahnt. Das ging
im Allgemeinen leichter von Statten, als man sich vorstellt,
wenn auch mancher kräftige Widerstand zu überwinden war.
Besonders in Sachsen hatte die alte Ueberlieferung leben-

---

1) Vgl. A. Potthast, Biblioth. histor. medii aevi. Supplement
(1868) pag. 345.

2) Die Beweise für diese Angaben muss ich mir für einen anderen
Ort vorbehalten.

diger sich erhalten, als anderswo, und, da die geschriebenen
Quellen des Sachsenrechts eine feste Position boten, die
man vertheidigen konnte, entspann sich mitunter heisser
Kampf.

. In den Streitigkeiten zwischen Herzog Friedrich und
Herzog Wilhelm zu Sachsen versammelte sich am Montag
nach Aegidi 1447 auf dem steinernen Hause zu Mülhausen
ein Schiedsgericht, zusammengesetzt wie es nach deutscher
Sitte seit alter Zeit üblich war. Zu Gericht sassen Friedrich
und Albrecht, Markgrafen zu Brandenburg, und Ludwig,
Landgraf zu Hessen, mit ihren Räthen, dazu zwanzig Mann,
wovon je zehn jede Partei aus dem Lande der anderen gewählt hatte, als Schöffen. Da wollte der berühmte Jurist
Petrus Knorre, Doctor des canonischen Rechts, Propst zu
Wetzlar und Rath des Herzogs Wilhelm, für seinen Herren
als Vorsprecher (Anwalt) auftreten. Doch der Gegner fragte
nach Urtheil, ob Knorre als geistlicher Mann fähig sei vor
weltlichem Gericht als Vorsprecher zu stehen unter Allega-
tionen „vss dem Sachssinspiegele vnd andern bewerten Rechtsbüchern." Die Schöffen hielten Rath und erkannten : „Es
möchte in Recht nicht gehen, und also ward D. Knorr ver-
leit und verworffen" [1]).

Kaum vierzig Jahre später (1483) errichteten gleich
anderen deutschen Landesherren auch die Sächsischen Fürsten
ein (gemeinsames) Oberhofgericht zu Leipzig und Altenburg,
bei welchem verfassungsmässig der dritte Theil der Urtheiler
aus Doctores iuris bestand [2], die im Verein mit ihren ungelehrten Collegen nach weiteren 50 Jahren erklärten, das
alte „unverständliche Buch des Sachsenspiegels" müsse als
Gesetzbuch abgethan und an seiner Stelle „ein stattlich und

---

1) Hartungi Kammermeisteri Annales Erfurtenses germanici
bei Mencken. Scriptor. III pp. 1194, 1196.
2) Matth. Doeringii Continuatio Chronici Theod. Engelhusii
bei Mencken. III p. 40.

gewiss Landrechtsbuch" erlassen werden, „des sich ein Jeder
zu gebrauchen wisse neben dem Kaiserrecht"[1]).

Weit früher ist Einwirkung der Rechtsdoctoren auf die
kaiserlichen Gerichte wahrnehmbar. Auf der Burg zu Nürnberg sass am 22. März 1431 König Sigismund in eigener
Person zu Gericht, wie seine Vorfahren. Da erschienen zwei
Parteien und verhandelten mit Rede, Antwort und Widerrede;
auch „brief und kuntschaft" wurden verhört; dann sprach
„wohlbedachten Muths" der König das Urtheil

„mit . . gutem rat . . . des reichs geistlicher vnd wernt-
licher Fursten, grauen, herrn, ... ritter und knecht,"
der viel bei ihm im Gericht sassen, Alles wie es seit Jahrhunderten üblich war; nur eine Neuerung fällt uns auf: es
waren auch „lerer in geistlichen vnd keyserlichen rechten"
zugezogen und ihrer Mitwirkung wird in der Sentenz
zwischen derjenigen der Herren und der Ritter ausdrücklich
gedacht [2]).

Ein Urtheil desselben Königs von 1438 in Sachen des
Erzbischofs zu Magdeburg gegen die Stadt Halle, Verletzung
von Privilegien betreffend, gedenkt lediglich der Verhandlungen vor dem Könige und seinen Räthen, worunter mehrere italienische Doctoren sich befinden, und referirt über
einen Processgang, der mit Litiscontestation, Kalumnieneiden
u. s. w. dem römisch-canonischen Process so ähnlich sieht,
wie ein Ei dem anderen [3]).

Diese Verschiedenheit mag darin ihren Grund haben,
dass die Nürnberger Gerichtssitzung offenbar ein königliches
Hofgericht darstellt, während die Magdeburg-Hallesche Streitig-
keit vor dem Kammergericht des Königs anhängig war. Dass

---

1) Vgl. den 10. Aufsatz.

2) Cod. diplomat. Saxoniae regiae Th. II Bd. 8 (Urkundenbuch
der Stadt Leipzig I. Bd. 1868) pp. 119, 120.

3) Jo. Petr. de Ludewig, Reliquiae MSS. T. XI pp. 483 ff.
cf. 473 ff.

aber bei letzterem weit früher als anderswo ausländischer
Process zur Anwendung kam, ist sehr erklärlich, denn es
fungirten als Decernenten und Referenten lediglich die gelehrten Räthe des Königs.

Die äussere Form der kaiserlichen Hofgerichte blieb
bis zur Errichtung des ständigen Reichskammergerichts (1495)
die alte. Noch 1488 besetzte Kaiser Friedrich III. bei dem
Reichsconvent in Mecheln ein Hofgericht mit allen anwesenden geistlichen und weltlichen Fürsten und Grafen des Reichs.
Aber das Urtheil wurde erst gefällt, nachdem vor der Versammlung zwei Doctoren der Rechte über die zu ent-
scheidende Frage:

„ob König Maximilians zur Erledigung aus seiner Ge-
fangenschaft den Flamländern übergebene Verschreibung
gültig sei?“

„nach Inhalt der Rechte“ gegen einander disputirt hatten[1].

Diese Heranziehung von Doctoren an die obersten Ge-
richte des Reichs ist nicht auf eine besondere Vorliebe der
Kaiser zurückzuführen, sondern die öffentliche Stimme, der
Volkswille also, wenn wir uns so ausdrücken wollen, verlangte sie. Der Verfasser einer im Jahre 1442 entstandenen
Flugschrift über die politische Reformation des Reichs fordert
vor Allem ein ständiges (d. h. nicht mit dem kaiserlichen
Hof seinen Sitz wechselndes) kaiserliches Gericht, das mit
Richtern zu besetzen, von denen „eyn Theil synt doctores
yn dene kayser rechten ader geystlichen rechten“[2]. Auf
den Reichstagen aber wiederholen sich seit dem Jahre 1455
immer und immer wieder Anträge der Reichsstände, welche
genau das nämliche Ziel verfolgen[3]. Endlich im Jahre
1495 fand das Verlangen der Nation Befriedigung in Ver-

1) Jo. Ja. Müller, Reichstagstheatrum unter Max I. Bd. I p. 85.
2) S. die bei Hain, Repertor. bibliogr. nro. 5607 aufgeführte Druckschrift und über dieselbe Herschel im Serapeum 1857 p. 280 ff.
3) Harpprecht, Reichsstaatsarchiv S. 80 ff.

Muther, Zur Gesch. d. Rechtswissenschaft.   3

einbarung des ewigen und allgemeinen Landfriedens, verbunden mit Errichtung des ständigen Reichskammergerichts,
der wichtigsten That der Reichsgeschichte, wie Leopold
v. Ranke treffend bemerkt.

Damit gelangte denn auch die gemeinrechtliche Reception der fremden Rechte zu einem gewissen Abschluss:
römisch-canonisches Verfahren wurde bei dem obersten Ge-
richtshof des Reiches eingeführt, das materielle Recht anlangend wurde durch die Praxis angenommen, dass die
römischen und canonischen Rechtsbücher als Aushülfsquellen
dienen sollten, wo die einheimischen Reichs- und die Landes-
rechte nicht ausreichend seien.

So weit nur erkennt auch heutzutage noch die gemeinrechtliche Doctrin die Geltung der fremden Rechte in
Deutschland an. Weiter gingen im 16. und späteren Jahrhunderten viele Landesgesetzgebungen und die Rechtspflege
in den meisten Territorien. Man gab dem ausländischen
Recht principiell den Vorzug vor dem einheimischen und
so kommt es, dass allerdings die Reception jenes zerstörend
auf dieses gewirkt hat.

III.

Wie die Rechtsverhältnisse, in denen der einzelne Mensch
sich befindet, nur eine Seite seines Daseins, seines Lebens
bilden, so auch bei den Völkern. Das Rechtsleben einer
Nation stellt eine Seite des Volkslebens dar. Es ist somit
richtig, wenn man das Recht als etwas Nationales betrachtet,
aber es ist falsch, wenn man nur das Eigenartige, das Selbst-
hervorgebrachte als national ansehen will. Jedes Volk ist
bildungsfähig und gewinnt seine Cultur theils aus dem Schatz,
welchen vergangene Nationen zurückgelassen haben, theils
aus dem Verkehr mit anderen lebenskräftigen Völkern.
Durch die geistige Verarbeitung des fremden Stoffes und

die Verbindung, in welche derselbe mit dem ursprünglich
Eigenen gebracht wird, entsteht ein nationales Gut, nicht minder national, wie das in der Abgeschlossenheit der Vorzeit
Geschaffene. Wer zweifelt daran, dass die deutsche Kunst
und Literatur national sei, wer leugnet, dass Lessing, Goethe,
Schiller nationale Meister sind, trotzdem dass sie das Ge-
heimniss des Schönen in Gedanke und Form den Griechen
abgerungen haben? Vom Recht gilt das Nämliche. Schon
die Römer konnten bei ihrem altnationalen, für die kleinen
und beschränkten Verhältnisse eines Volks von erbange-
sessenen Grundbesitzern zugeschnittenen Recht, dem ius
civile, nicht stehen bleiben. Als der Staat sich vergrösserte
und der Verkehr nach Aussen wuchs, kam die Zeit, wo sie
dasjenige Recht aufnahmen, welches sie als ein auf der
allen Menschen inwohnenden Rechtsidee beruhendes und
daher allen gebildeten Völkern gemeinsames, als ein Recht
der Völker (ius gentium) bezeichnen. Es bleibt die grösste
That des römischen Geistes, dass er aus der Beobachtung
des Verkehres eines grossen Weltreichs, in welchem die
verschiedenartigsten Nationalitäten sich vereinigt fanden, den
Inhalt jenes ius gentium gewann und in meisterhaft metho-
discher Weise juristisch formte, so dass schliesslich von
dem altnationalen ius civile so gut wie nichts übrig blieb.
Dass nun das deutsche Volk, als sein eigenes Recht, sein
ius civile, dem ungemein rasch sich entwickelnden inneren
Leben und dem äusseren Verkehre der Nation zu knapp zu
werden anfing, in der Lage sich befand, das Product jahr-
hundertlanger Arbeit der Römer herüberzunehmen und in
dem Corpus iuris civilis einen Codex des ius gentium und
zugleich ein Muster für die juristische Methode zu gewinnen, war ein Vortheil, kein Nachtheil. Ob eine national
deutsche Jurisprudenz, deren Anfänge sich nicht wegleugnen
lassen, im Stande gewesen sein würde ohne Zurückgehen
auf die antiken Muster ein den neueren Verhältnissen ange-

3*

messenes System des ius gentium zu schaffen, steht dahin, jedenfalls wäre man erst nach langer angestrengter Arbeit zu solchem Ziele gelangt. Doch scheint mir die Frage müssig. So gewiss es ist, dass unser deutsches Volksleben aus germanischen Wurzeln Nahrung zieht, so unbestreitbar bleibt es, dass sein gedeihliches Wachsthum durch das Licht des Christenthumes und die günstige Luft, welche antike Culturelemente ihm zuführte, mächtig gefördert wurde.

Mit der Aufnahme des römischen Rechtes haben wir Deutsche den Anfang gemacht zur Annahme der römischen Disciplin. Auch hierüber hat man geklagt. Der moderne auf jener Disciplin ruhende Staat habe die alten deutschen individuellen Rechte missachtend zu Boden getreten, habe die eigenartige Entwicklung der Einzelnen, wie der Volksstämme unter seine Zuchtruthe genommen, habe aus einem Ziergarten, in welchem die kostbarsten und schönsten Pflanzen frei und ungehindert wuchsen, ein Kohlfeld gemacht. Es ist ein Stück Wahrheit in dieser Klage. Nur hinkt das Bild des Gartens, besser passt: ein Wald. Der wirre, romantische Wald des deutschen Mittelalters wurde nach Annahme der fremden Rechte bedeutend gelichtet und heutzutage steht kaum hie und da noch eine knorrige Eiche als Denkzeichen vergangener Tage. Aber man vergesse nicht, dass der alte Wald manch' dunkles Versteck umschloss, in welchem kleinlicher Absonderungsgeist, Selbstliebe, Missgunst, Widerspenstigkeit, ja auch Habgier den bergenden Winkel fanden, man erinnere sich, dass in dem Wald das Wachsthum der hohen Bäume das Emporkommen der niedrigen verkümmerte, diese zu verkrüppelt durcheinandergewachsenen Gestrüpp herabdrückend, welches durchkreuzt von vermodernden Abfällen und Brüchen jede freie Bewegung hemmte.

Das Recht für unveränderlich zu halten, war von je ein verhängnissvoller Irrthum. Die Culturfortschritte der Völker bedingen Wandlungen im Rechtsleben. Durch Fest-

halten am alten Gesetz kann man die Entwicklung wohl
stören, zur unregelmässigen und daher gefährlichen machen,
nicht aber aufhalten. Ich meine daher, dass wir nicht
darüber schelten dürfen, wenn die Zeit, welche die Erfindung der Buchdruckerkunst ʼbrachte, sich auch dadurch
markirt, dass sich in ihr die grösste Rechtsveränderung
vollzog, von welcher bis jetzt die Geschichte der Nation zu
berichten weiss.

Mit der Umgestaltung des Lebens, welche die Culturfortschritte unserer Tage, vor Allem Eisenbahnen und Tele-
graphen, verursacht haben, geht Hand in Hand eine Bewegung auf dem Rechtsgebiet, deren Ergebniss dereinst
vielleicht noch gewaltiger erscheinen wird, als die Thatsache
der Aufnahme des fremden Rechtes in Deutschland. Hoffen
wir, dass der Neubau von dem Geist der römischen Disciplin, welche unser Eigenthum geworden ist, getragen werde!

Der Occultus Erfordensis und seine Bedeutung für die Geschichte der Jurisprudenz in Deutschland.

C. H ö f l e r hat im Jahre 1861 in den Sitzungsberichten der philosophisch-historischen Classe der kaiserlichen Academie der Wissenschaften 37. Bd. (Wien 1861) S. 163—262 unter dem Titel „Carmen historicum occulti autoris saec. XIII." ein längeres lateinisches Gedicht in leoninischen Hexametern nach einer Handschrift der Prager Universitätsbibliothek veröffentlicht, welches für den Cultur- und insonderheit auch den Rechtshistoriker in mehrfacher Beziehung Interessantes bietet, weshalb einige kurze Notizen über dasselbe hier Platz finden mögen.

Nach Höfler ist das Gedicht um 1282/83 verfasst, „gehört somit zu den Quellen des Rudolfinischen Zeitalters", der „Restaurationsepoche des deutschen Königthums". Genauer ist die Zeitbestimmung von Dr. A. K i r c h - h o f f [1]), welcher 1283, spätestens den Anfang von 1284 als Abfassungszeit des „Carmen historicum" angiebt, während T h e o b a l d F i s c h e r (s. u.) nachzuweisen versucht: „das ganze Gedicht ist im Lauf der drei Jahre 1281 — 1283 entstanden".

---

1) Neue Mittheilungen aus dem Gebiet historisch-antiquarischer Forschungen. Herausgegeben von dem thüringisch-sächsischen Verein etc. 12. Bd. S. 294 ff.

Höfler hat seiner verdienstvollen Publication zwei Nachträge folgen lassen, im 38. Bd. der citirten Sitzungsberichte
(S. 149 — 152) und im 58. Bd. derselben (S. 5 ff.). In
ersterem wird mitgetheilt, dass seit alter Zeit Nicolaus
de Bibera („Claruit Erfordiae sub Rudolpho Imperatore a⁰
1290" Trith.) als Verfasser des Gedichtes angesehen wird,
in dem zweiten giebt Höfler einige Berichtigungen und Nachträge, sowie Collation einer unterdessen aufgefundenen zweiten
Handschrift in der Bibliothek des Domcapitels zu Prag.

Weitere Handschriften befinden sich, wie Höfler berichtet, in Wolfenbüttel, Berlin und Kiel. Kirchhoff bemerkt,
dass die Pergamenthandschrift der königlichen Bibliothek zu
Berlin weit zuverlässiger sei, als die von Höfler zur Ausgabe benutzte.

Uebersehen war, dass eine Handschrift, welche Nicolaus
v. Bibra als Verfasser nennt, in der „Bibliotheca Uffen-
bachiana" sich befand. Ich lasse aus dem gedruckten
Handschriften-Catalog derselben (Bibliotheca Vffenbachiana
msta etc. Hal. 1720 fol. pars III col. 253) die hiervon
handelnde Stelle folgen:

Vol. CLXXXIV. 8t.

Membranaceum initio saec. XV. scriptum Titulum
praefixum hunc habet: Occultus a Magistro de Bibra
compositus, in fine autem a veteri manu haec notata inter
alia leguntur.

Auctor istius libri creditur fuisse Magister Conradus
versificator de Githena (forte Gotha) sicut patet in fine
libri, scilicet non quod M. Nicolaus de Bibra (ut in titulo
dicitur) istum librum composuerit sed illius nomen impo-
suit ad arrogantiam evitandam etc. (Folgen einige Verse
des Gedichtes und Bemerkungen des Herausgebers des
Cataloges über den muthmasslichen Verfasser. Bemerkenswerth ist nur die Notiz: in tegmine liber occultus Erfordensis appellatur.)

Diese Handschrift wieder aufzufinden, gelang auch
Theobald Fischer nicht, bei dessen Forschungen sich
die Existenz einer Kieler Handschrift als trügerisch erwies,
während in Wolfenbüttel zwei, in Wien zwei und in Nicols-
burg ein Manuscript des Buches aufgefunden wurden. Auf
Grund des beträchtlichen Materials von acht vollständigen
Handschriften und vier Fragmenten von solchen hat dann
Theobald Fischer seine kritische Ausgabe des Gedichtes.
bearbeitet, welche nebst vortrefflichen Excursen im 1. Bd.
der Geschichtsquellen der Provinz Sachsen etc. (1870)
abgedruckt sich findet (s. oben S. 5).

Es bestätigt sich, dass das Buch „Occultus Erfordensis"
(scil. poëta) genannt wurde; wohl möglich, dass einzelne
Handschriften neben diesem auf den Verfasser gehenden,
noch den auf den Inhalt bezüglichen Titel „De cavendo
malo" beifügten (Occultus Erfordensis de cavendo malo) [1].
So löst sich am einfachsten die zwiefache Angabe des Titels
bei Trithemius. Auf des Letzteren Zusatz „liber I."
möchte ich kein Gewicht legen, da das Werk nicht in
Bücher, sondern in Distinctionen getheilt und überdem
Tritheim nicht selten in solchen Angaben ungenau ist.

Ueber Nic. de Bibera finde ich auch bei J. C. Motschmann, Erfordia literata (6. Sammlung Sect. II pag. 911 f.)
nichts, was nicht aus Trithemius und Matthias Flacius
entnommen wäre. Gegen Christian Matthiae im Theatr.
hist. p. 970, welcher Bibera „Abbatem Erfordensem" nennt,
polemisirt Motschmann, da bei Tritheim kein Wort davon
zu lesen stehe und Bibera sich nicht „in denen Catalogis
der Aebte, welche in Erfurt gelebet", auffinden lasse. Aus

---

1) Zu v. 908 bemerkt die Glosse: Ad cavendum futurum malum
autor providit m. II. de epitaphio et fecit hos versus. Das Ganze wurde
aber De cavendo malo wohl in dem Sinne genannt, weil der Dichter
seinem Helden die ewigen Strafen seines Treibens eindringlich vor Augen
führt. Vgl. die Glosse zu v. 867.

dem Gedichte selbst entnehmen wir, dass dessen Verfasser
in Padua studirt hat und vier Mal in Rom gewesen ist.
Er lebte in Erfurt und war mit allen dortigen Verhältnissen
wohl vertraut. Verstehe ich den Schluss der etwas anstössigen
Anekdote vv. 1856—1866:

> Quid plus acciderit ibi si quis singula querit
> Prelatum queret cujus michi vestis adheret

richtig, so war er Cleriker und zwar trug er das Kleid
eines Prälaten. · Diess wird nunmehr bestätigt durch das
Ergebniss der Forschungen von Fischer, nach welchem der
in einer Urkunde vom 21. Juli 1279 als Zeuge vorkommende Nicolaus Custos ecclesiae Byberacensis als Verfasser
des Gedichtes zu betrachten ist.

Aus dem Gedicht ist bezüglich der Rechtszustände
Deutschlands in der zweiten Hälfte des 13. Jahrhunderts
viel zu lernen. Diese Zeilen haben nicht den Zweck, dasselbe in dieser Richtung auszunutzen; vielmehr sollen dieselben nur eine Anregung geben, die interessante Quelle
nicht unbeachtet liegen zu lassen.

Schon lange war ich der Ansicht, dass man irrt, wenn
man die Verbreitung der Kenntniss des römischen und des
canonischen Rechtes, sowie die Einwirkung derselben auf
das Rechtsleben in Deutschland während des 13. und 14. Jahrhunderts allzu niedrig anschlägt. Man hat sich gewöhnt,
bei Untersuchungen über „die Reception des römischen
Rechts" die Bedeutung der kirchlichen Gerichte für die
deutschen Rechtszustände ganz zu ignoriren und nur danach
zu fragen, wann zuerst die Leges in den weltlichen Gerichten
Eingang gefunden haben. Darzulegen, wie falsch dies sei,
muss ich mir für einen anderen Ort vorbehalten. Hier nur
die Notiz, dass seit dem 13. Jahrhundert eine recht achtungswerthe Bekanntschaft insonderheit des deutschen Clerus mit
den ausländischen Rechten sich nachweisen lässt, und dass
man irrt, wenn man meint, die Autorschaft aller im Mittel-

alter in Deutschland verbreiteten juristischen Hand- und
Hülfsbücher Franzosen oder Italienern zuschreiben zu müssen.
Neben wahren Kennern der ausländischen Rechte existirten
aber schon damals die „Halbgelehrten", welche S t i n t z i n g [1])
schildert, und gerade hierfür giebt der „Occultus Erfordensis"
einen höchst interessanten Beleg.

Hören wir zunächst H ö f l e r (S. 187):

Die erste Distinction v. 1 — 507 ist deshalb von so
grossem Interesse, weil sie das Leben eines leuchtenden
Sternes unter den deutschen Juristen im Zeitalter der Ab-
fassung des Sachsen- und Schwabenspiegels enthält. Dem
deutschen Juristen im engeren Sinne des Wortes, einem
E y k e v. R e p g o w gegenüber, tritt ein in Paris, Rom,
Padua, Bologna gebildeter Decretalist auf die Schaubühne,
Magister H e i n r i c h G r a f v. K i r c h b e r g. Die juristische
Welt erhält mit einem Male einen Einblick in das Leben
eines ihrer Mitglieder, wie wir durch dasselbe mit der
Kunde einer Schule vertraut werden, welche nur noch
zum Range eines allgemeinen Studiums (studium generale)
erhoben werden durfte, bereits aber mehr als blosse Keime
einer Universität in sich schloss.

Ich kann diesen Worten in so weit beitreten, als auch
ich die Biographie des Magisters Heinrich v. Kirchberg
für die Geschichte der Jurisprudenz in Deutschland höchst
interessant und die in dem Gedicht enthaltenen Notizen über
die Erfurter Schule für bedeutungsvoll erachten muss, obwohl
ich die Hochschätzung, welche Höfler vor Heinrich v. Kirchberg an den Tag legt, keineswegs zu theilen vermag.

Das Gedicht ist nämlich, wie Höfler auch eingesehen
hat, eine Satyre. Mir will es scheinen, als ob Heinrich
v. Kirchberg nicht sowohl als „grosser Jurist", wie als simo-
nistischer Pfründenjäger und habgieriger, rabulistischer Rechts-

---

1) Geschichte der populären Literatur p. XXII. sq.

verdreher gezeichnet werde. Seine juristischen Studien werden
eher als oberflächlich verspottet, wie gepriesen und das Ganze
scheint darauf hinauszugehen, eine ganze Classe von Menschen,
die damals schon Deutschland überfluthete, jene „halbgelehrten" Advocaten und Procuratoren bei den geistlichen Gerichten,
welche gleich einem Alp auf dem volksthümlichen deutschen
Rechtsleben lasteten, zu kennzeichnen.

Bevor ich darauf übergehe, diess zu beweisen, will ich
mittheilen, was von Heinrich v. Kirchberg urkundlich überliefert ist.

Erst nach Höflers Publication des Gedichtes wurde
durch Gersdorff's Cod. diplom. Saxon. reg. (II, 1 pag.
149, 150) eine Urkunde bekannt, die zweifelsohne auf den
Helden des Carmen historicum zu beziehen ist.

Bischof Conrad von Meissen schreibt unter dem
28. Januar 1257 („Actum Misnae in publica synodo") an
den Bischof Vollrad von Halberstadt, dass er gegen
„Magister Gerhardus dictus de Foresto" und gegen
„Magister Hinricus dictus de Kirchberg" die Excommunication verhängt habe, welche er auch in der Halberstädter Diöcese verkünden und beobachten zu lassen bittet.
Die Gründe der Excommunication werden angegeben, doch
bleibt der eigentliche Sachverhalt etwas dunkel. Von den
Angeschuldigten wird gesagt:

heresim reprobatam sectando utpote Novitiani, qui novam
ecclesiam contra Cornelium verum antistitem erigere prae-
sumebat, se ab excommunicationum sententiis in ipsos
per nos auctoritate ordinaria latis, in elusionem ponti-
ficalis dignitatis in nostra synodo vicissim praesumptione
damnabili absolverunt, non attendentes, quod licet aliqui
deum patrem eundem filium eundem spiritum sanctum
nosse dicantur, si tamen sacerdotii ministerium sibi usur-
paverint, quod eis ex officio non competit, scismaticorum
pravitatem hereticam non evadent. Cum igitur in prae-

dictos eo, quod nostram synodum spretis monitionibus nostris turbaverunt et propter alias causas supradictas excommunicationis sententiam tulerimus etc.

Magister Gerhardus de Foresto kommt auch in einer Urkunde aus dem Jahre 1250 vor (Cod. dipl. Sax. reg. II 1 p. 133), aus welcher sich ergiebt, dass derselbe in gewissen Beziehungen zum Meissener Hochstift gestanden hat.

Ferner hat Wegele (Friedrich der Freidige. 1870. S. 391, 395) zwei Urkunden an das Tageslicht gezogen, welche sicheren Anhalt in willkommener Weise gewähren. In der ersten, d. d. Erfurt 17. Nov. 1275, bekennt Magister Henricus de Kirchberg doctor decretorum subdiaconus domini papae, dass er sich mit seinem Eid verpflichtet habe, von Martini 1275 an fünf Jahre lang und in der unmittelbar darauf folgenden Zeit die Rechtshändel der Stadtgemeinde Erfurt — nicht aber auch die der einzelnen Bürger — als Advocat zu fördern. In der anderen, d. d. Mainz 14. Oct. 1282, verspricht Magister Henricus de Kirchberg doctor decretorum vor den geistlichen Richtern des Mainzer Stuhles, dass er ohne Trug und Gefährde alle Schriftstücke zurückgeben werde, durch welche die Stadt Erfurt oder deren Bürger aus irgend einem Grund oder sonstwie von ihm oder an seiner Stelle von einem Anderen belästigt werden könnten, indem er zugleich bedingungslos, fest und aus freiem Willen allen Klagen, Einreden und sonstigen Rechten entsagt, welche ihm etwa gegen die Genannten zustehen sollten oder bisher ihm zuzustehen schienen.

Eine weitere sichere Nachricht von Heinrich v. Kirchberg habe ich nicht beibringen können. Zwar findet sich in Henrici Meibomii Chronicon Marienthalense (Rerum Germanicar. T. III p. 265) ein Henricus Comes Kirchbergius, von dem Folgendes erzählt wird:

Henricus Comes Kirchbergius, eques' auratus citatur in literis fundationis coenobii, quod olim Alberoda,

nunc Reifenstein appellatur, anno MCCLXII. Humana
reliquit anno MCCXC, sepultus in monasterii Ilfeldensis
ambitu cum tali Epitaphio :

Hae sunt in fossâ de Kirchberg nobilis ossa
Henrici comitis, Deus ipsum suscipe mitis.

Allein trotz der eigenthümlichen, mit den Leoninischen
Versen unseres Gedichts Verwandtschaft zeigenden Grabschrift und trotzdem, dass die Zeit genau stimmt, ist der in
Ilefeld begrabene Heinrich v. Kirchberg nicht identisch mit
unserem Helden. Jener nämlich hinterliess nach Meibom
einen Sohn: Otto, dieser dagegen war Cleriker und somit
unverehelicht. Möglich allerdings, dass die Genealogie, welche
für jene Zeiten nicht immer auf sicheren Grundlagen ruht, irrte,
wenn sie Otto v. Kirchberg für einen Sohn Heinrichs v. Kirchberg erklärte ; möglich auch, dass Heinrich v. Kirchberg, welcher,
wie wir aus dem Gedicht wissen und wie auch aus der oben
angezogenen Urkunde hervorzugehen scheint, nur die Weihen
des Subdiaconats erhalten hatte, später unter Aufgeben der
Privilegien des Clerikats in den Laienstand übergetreten war.
Unerhört wäre Letzteres für jene Zeiten nicht: Theodericus
comes („palatinus") de Sommereschenburg et de Grotz,
welcher Ende des 12. und Anfang des 13. Jahrhunderts lebte,
war Canonicus Magdeburgensis, „etiam ad subdiaconatus
gradum promotus"; während er an der Universität Paris
studirte, nahmen auf sein Geheiss seine Leute Theil an einem
Kampfe zwischen Studenten und Bürgern und machten sich
eines Todtschlags schuldig; „pro qua re sua promotione
desperans, clericatum dicitur reiecisse."[1] Indessen helfen
solche Vermuthungen wenig. Vorliegenden Falls entbehren
dieselben nicht nur der Wahrscheinlichkeit, sondern würden
die Schwierigkeiten noch erhöhen.

Ausser bei Meibom finde ich einen Heinrich Kirch-

1) Ludewig, Reliquiae MSS. T. VIII pp. 228, 229.

berg noch bei S t e p h a n A l e x. W ü r d t w e i n, Dioecesis Moguntina in Archidiaconatus distincta, Comment.
XI (1790) p. 34, wo unter den Parochiae, Vicariae et Ca-
pellae Erfordenses auch die ecclesia Matthiae aufgezählt
und berichtet wird:

Ad vicariam b. Mariae Virg. in ecclesia S. Matthiae ex
obitu H e n r i c i K i r c h b e r g inst. fuit Fridericus de
Werna per plebanum ibidem praes.

Bei Ermangelung jeglicher Zeitangabe lässt mit dieser
Notiz sich gar nichts anfangen. Dagegen darf mit ziemlicher
Wahrscheinlichkeit angenommen werden, dass mit unserem
Helden identisch ist der Zeuge Magister Henricus de Kirch-
berg in einer in Kapellendorf am 11. August 1280 von
Aebtissin und Propst des dasigen Klosters ausgestellten Ur-
kunde über einen Vergleich mit Fulda (vgl. A v é m a n n, Herrn
v. Kirchberg. 1747. Dipl. n. 148). Weniger wahrscheinlich, aber
nicht unmöglich, ist die Identität des in einer Urkunde der
Pommerschen Herzoge für das Kloster Dargun vom 1. Febr.
1292 als Zeuge genannten Magister Henricus de Kerkberg
(Mecklenb. Urkundenb. III n. 2153) mit dem unseren.

So können wir denn rücksichtlich der Person des
Heinrich v. Kirchberg wenig Zuverlässiges mittheilen.

Unser Gedicht freilich weiss mehr von ihm und ich
ziehe Einiges davon aus:

> v. 19. Clare vir Henrice qui de clara genitrice
> Et patre preclaro generatus es omine raro
> Te mons ecclesie dat allumpnum philosophiae.

Hierzu bemerkt die Glosse des MS. der Prager Universitätsbibliothek:

Hic incipit autor tractatum de magistro. H e n r i c o d e
K y r c h p e r g.

Unter dem mons ecclesiae ist nicht, wie ich früher
fälschlich annahm, eine Erfurter Schule verstanden, schwerlich aber auch, wie F i s c h e r will, der blosse Geschlechts-

name: Kirchberg, sondern, was aus dem Zusammenhang
der Worte folgt, ein Ortsname: Kirchberg (ob Burg oder
Flecken, bleibt für uns gleichgültig) bietet den Schüler der
Philosophie dar. Den Ort der frühzeitig begonnenen Studien
Heinrichs nennt der Dichter nicht, wahrscheinlich betrachtet
er als selbstverständlich, dass seine Leser an keine andere
Schule denken, als an eine Erfurter. Erfurt aber besass
damals nicht eine Schule, sondern:

> Tot scholas olim reperire fuit, quot clericorum collegia
> et monachorum asceteria (Würdtwein l. l. p. 23.).

Dem widerspricht auch nicht unser Gedicht, welches von
Erfurt sagt (v. 1550):

> — — Ibi sunt puto mille scolares,

worunter recht wohl die scolares der verschiedenen Schulen
verstanden sein können. Ich vermag daher auch nicht, der
Ansicht Höflers, dass in Erfurt eine Art Universität, der
nur „der Rang" eines Studium generale gefehlt, damals bestanden habe, mich anzuschliessen. Doch hatten die Erfurter
Schulen im Mittelalter eine gewisse Berühmtheit, und es
unterliegt keinem Zweifel, dass auch höhere (Facultäts-)
Studien an einzelnen derselben betrieben wurden. So wurde,
wie sich nachweisen lässt, canonisches Recht und Process
gelehrt und zwar von namhaften Lehrern, die zum Theil
auch als juristische Schriftsteller auftraten. Uebersehen
ist bisher eine interessante Notiz über die alten Erfurter
Schulen im Chronicon Engelhusii (bei Leibnitz Scriptor.
T. II p. 1123):

> Anno 1293 facta fuerunt statuta pro scholaribus et Recto-
> ribus Erffordiae per omnia ibi capitula et per judices s.
> sedis moguntinae confirmata: quae merito starent et ser-
> varentur in omni schola.

Daraus ergiebt sich, dass allerdings die verschiedenen
Capitel verschiedene Schulen unterhielten, für welche zwar
gemeinsame Statuten angenommen waren, die aber doch der

selbständigen Stellung und eigenthümlichen corporativen Verfassung eines Studium generale nothwendig entbehren mussten. Demongeachtet scheint die Benennung „Studium Erfordense" üblich gewesen zu sein. Leuoldus Northovius (geb. in Westphalen 1278), der Verfasser des Chronicon Comitum de Marca, erzählt beim Jahre 1294: „Eodem anno transtuli me ad studium in Erford", und bei 1296: „Eodem anno per praedictum Rutgerum (de Altena) dapiferum de Erfordia fui revocatus licet invitus" (Meibom Rer. German. T. I pp. 393, 394). 1308 begab sich Northov „ad studium in Avinione" (ibid. p. 397). Ob es wahr ist, was das Chronicon Engelhusii (p. 1126) angiebt:

> Erffordensi in antiquo studio floruit Nicolaus de Lyra
> (anno 1329 ut ipse scribit super Apocalypsin c. XIII)

lasse ich ununtersucht.

Was auf der von Heinrich von Kirchberg besuchten Schule zu Erfurt gelehrt und gelernt wurde, erzählt der Occultus sehr umständlich.

> v. 31. Ad libros tractus vix umquam verbere tactus
> Que semel audisti quasi corde tenus tenuisti.
> Partes Donati quod adulto stat grave vati
> Scis declinare quod nusquam vis dubitare.
> Et reputas planas scripturas Ovidianas.
> Post hoc nancisci vis ambo volumina Prisci
> Que semel audita legis ut decies repetita;
> Et doctrinalem librum [1]) scis ut Juvenalem
> Qua fuerit vafer nosti Terencius Afer.
> Non est obscurus Oracius [2]) aut tibi durus
> Persius et Plautus satis es ad omnia tantus.
> Virgilii scripta sunt in corde tibi cripta
> Textum Lucani transis ut Maximiani.
> Inde tuum repeti placet almum dogma Boëti
> Dans menti dubie solacia philosophie.

1) Doctrinale Alexandri de Villa Dei.
2) Horatius.

Man erstaunt über die Kenntniss der classischen Literatur, welche hier an den Tag gelegt wird. Und wenn auf der Erfurter Schule wirklich alle erwähnten Autoren jener Zeit gelesen wurden, so darf man nicht mehr so geringschätzig auf den damaligen Bildungsstand in Deutschland herabsehen, wie gewöhnlich geschieht. Allerdings scheint auch bei der Lecture das Hauptgewicht auf die Grammatik gelegt worden zu sein, denn nach Aufzählung der gelesenen Schriften werden besonders Heinrich's Fortschritte in dieser gepriesen.

— — — — — —

> v. 62. Post hec ad loycam versus quid agas ego dicam.
> Florida Parisius que cunctis dat studii jus
> Mox ut te visit tibi praestans singula risit.
> Nectar Aristotelis quod gustat vix homo vilis
> Funditus hausisti plus potans plusque sitisti.
> Quaestio si qua datur que dura gravisque probatur
> Est tibi facta levis, tu solvis enigmata quevis
> Tempore sicque brevi puerilis et immemor evi
> Es factus bis ter ex parte legendo magister.

Für die Kenntniss des Studienganges der damaligen Zeit sehr interessant! Nachdem der junge Mann im Vaterland die nöthigen Sprachkenntnisse erworben, begiebt er sich auf die hohe Schule zu Paris, um Logik zu studiren, d. h. den aristotelisch-philosophischen Cursus durchzumachen. Er wird „bis ter ex parte legendo" (Fischer: legendi?) Magister artium.

Magister Henricus begab sich dann nach Rom. Ergötzlich ist die folgende Erzählung:

> v. 93. Nam te papa videns incepit querere ridens
> Si quisquam sciret qua gente vir iste veniret
> Qui tam prudenter incederet atque decenter?
> Tunc ait Hermannus quem signatus cruce pannus
> Vestit et ad postes pape stat ut terreat hostes:
> Iste placens juvenis pater annis jam duodenis
> Persistit in studio suffultus munere dyo

Huc adit ut sensi de villa Parisiensi.
Est bonus artista sacra curia que facit ista
Venit scrutari sacrosque viros venerari
Te contemplari quia scit bene philosophari.
Est homo Theutonicus divine legis amicus
.Moribus estque Katho perfecto dogmate Plato
Tulius est ore nitet ut Menelaus honore
Preclarus genere nec ut arbitror indiget ere
Sterlingis plena sua turget credo crumena.
Ergo vocare stude tibi iuro per oscula Iude
Hunc faciam talem nec habet Germania qualem.

Der Papst lässt Henricus rufen. Dieser erbittet sich
die Weihe des Subdiaconats (subleviatus). Darauf der Papst:

v. 126. Iuste fecisti quod primum sacra petisti
Exauditus eris quia non bona terrea queris
Sed que de celis exspectat quisque fidelis.
Si prelaturam si magnam preposituram
Sive decanatum vel saltem pontificatum
Vel si prebendam cathedralem queris habendam
Quod petis accipias tibi per tres juro Marias

— — — —

Subleviatus sit honor tibi — —

— — — —

Magister Henricus erhält die erbetene Weihe und zugleich Expectanz auf eine Präbende im Hochstift zu Naumburg. Allein er beschliesst in Italien zu bleiben:

„— — placet in studio michi stare
Donec dote pia me ditet philosophia".

Die Anspielungen des Occultus bleiben hier etwas
dunkel, doch scheint es, als wolle er ausdrücken, dass man
in Naumburg kein grosses Gefallen an dem von der Curie
aufoctroirten Präbenden-Inhaber gehabt und dass dieser
daher auf die ertheilte Expectanz resignirt habe. Auch um
ein Würzburger Canonicat scheint Heinrich ambirt, seine Bemühungen aber dem Widerstand des dortigen Capitels gegenüber wieder aufgegeben zu haben; darauf deuten die Worte:

— — credo quod isti
Nuwenburgenses et verius Herbipolenses

Per maris et terrae iam vellent te loca ferre
Ut dignarere penes ipsos iura docere.

Daher der Occultus:

„Cautius egisti quia discere plus voluisti."

Nunmehr gelangen wir zu dem für Juristen besonders interessanten Theil des Gedichtes. Magister Henricus bezieht die Universität Bologna:

v. 161. Scire volens leges quas nosti condere reges
Leges et jura petis ergo Bononica rura.
Inter collegas ibi cum velut advena degas
Codex, Digestum magnum faciunt tibi festum
Et Decretales sensus Deus aspice quales
Immo Decretum cor et os faciunt tibi letum
Et juris plena distinctio tercia dena
Dat tibi dulce forum de nervis testiculorum.
Si qua vel obscura legis aut contraria jura
Ganfredi certe tibi summa revelat aperte.

Das Herbeiziehen von Dist. XIII c. 2 (Nervi testiculorum Leviathan perplexi sunt: quia suggestionum illius implicatis inventis illigantur, ut plerosque ita peccare faciant, quatenus si fortasse fugere peccatum appetant, hoc sine aliquo peccati laqueo non evadant et culpam faciant, dum vitant ac nequaquam se ab una valeant solvere, nisi in alia consentiant se ligari etc.) beweist deutlich den satyrischen Ton des Gedichtes. Auch die Erwähnung der Summa Ganfredi (Goffredi de Trano) geschieht nicht ohne Ironie. Jene Summa war ein das ganze Mittelalter hindurch beliebtes Compendium des canonischen Rechts, dessen sich nicht sowohl die Gelehrten, welche in den voluminösen Quellen und deren Glossen zu Hause sein mussten, bedienten, als jene „Halbgelehrten", welchen es mehr um übersichtliche und oberflächliche Kenntniss des Rechts zur praktischen Verwerthung zu thun war.

Magister Henricus indessen kam weiter.

Tempore currente plus scis doctore docente
Inter doctores datur ergo licencia — —

4*

Der Canonist, welcher in Bologna zur Promotion zugelassen zu werden wünschte, musste 6 Jahre lang studirt
haben (von Savigny, Geschichte III S. 211). Zwar
konnten aus manchen Gründen Dispensationen erfolgen,
allein wir werden immerhin einen länger andauernden Aufenthalt Magister Heinrichs in Bologna annehmen dürfen.
Aber ohne die Doctorwürde erworben zu haben, was nach
Ertheilung der licencia nur noch einen mit einer Disputation
beginnenden solennen Actus erforderte, verliess unser Held
die Musenstadt — — fliehend, es ist nicht recht ersichtlich
aus welchen Gründen. Vermuthe ich recht, so wird ihm
der versteckte Vorwurf gemacht, er habe aus Furcht vor
einigen Laien, also wohl Legisten, deren widerwärtige Gesinnung gegen ihn er erst nachträglich erkannt, die öffentliche Disputation gescheut, die unter Umständen, da jeder
Scholar das Recht hatte zu opponiren, sehr unangenehm
werden konnte. Henricus wendete sich nach Padua. Der
„Occultus" erzählt, dass er selbst dort mit dem Helden
seines Gedichtes zusammengetroffen sei:

> — — socium camerae tibi me do
> Et sum rimatus quid ibidem sis operatus.

Die Worte:

> Hic solito more magno cumulatus honore
> Instruis atque doces

gehen deutlich auf die Annahme des Doctorgrades [1]).
Dass Henricus auch später noch meistens mit dem
Titel Magister und nur selten als Decretorum doctor auf-
geführt wird, ist nicht auffallend, denn wenigstens in Deutsch-
land führten damals noch die Doctores iuris allgemein den
Magisternamen.

---

1) Das Examen von Bologna wurde in Padua eben so anerkannt,
als ob es hier gehalten worden wäre (von Savigny a. a. O. pag. 288).
So nach den Statuten von 1466, die wohl in dieser Beziehung nur ein
älteres, schon bestehendes Recht aufzeichnen. ·

Die folgenden Verse

> — — dominos in lege feroces
> Vincis versutos in iure facis quasi mutos

glaube ich wieder als ironische ansehen zu dürfen.

In Bologna, wo die berühmte Legistenschule blühte, hatte Magister Henricus nicht den Muth gehabt, öffentlich zu disputiren. In Padua dagegen tritt er den „domini in lege feroces" gegenüber dreist genug auf.

> v. 196. Audivi certe quod quedam questio per te
> Proponebatur que forsan adhuc agitatur
> Inter doctores qui sunt et erunt potiores:
> Titius hunc fundum quadratum sive rotundum
> Dudum possedit nec eum querimonia ledit
> Ex hoc ullius salvum putat esse sibi sus
> Queris an huic det jus prescriptio temporis hujus
> Sic quod eum Seyus vel Stichus avunculus eius
> Non possit petere vel ab hoc fundo remouere.
> Quamlibet in partem declinans sentiet artem
> Hanc ita perplexam tantoque ligamine nexam
> Ut nequeat solvi licet huc illucque revolvi

Der Fall ist mit unverkennbarem Humor erzählt. Er ist wohl so zu verstehen, dass der im langjährigen ruhigen Besitz des fundus befindliche Titius der Vindication des Schweines von Seiten des Eigenthümers desselben dadurch entgehen zu können vermeint, dass er sich auf die Ersitzung (praescriptio longi temporis) des fundus beruft. Indem Magister Henricus die Frage, ob dies angehe? als eine disputable aufstellte, offenbarte er unbewusst seine Ignoranz; darin liegt die Satyre. Trotz Fischers Widerspruch halte ich an Höflers Lesung sus (v. 201) fest. Denn wenn auch die Handschriften anstatt dessen jus haben, so kann doch keinenfalls das Wort eum (suem?) vor Seyus (v. 203) in der Verbindung mit non possit petere auf den Besitzer des Grundstücks bezogen werden; ebensowenig auf den fundus selbst, indem die Worte folgen:

> — — vel (eum) ab hoc fundo removere,

woraus zugleich erhallt, dass von einem Gegenstand die Rede
ist, der sich vom fundus entfernen lässt, folglich von einer
beweglichen Sache. Ueberdem würde Fischers Interpretation
nur einen höchst trivialen und plumpen Sinn ergeben, bei
welchem die Schalkheit der Stelle ganz verloren geht. —

Hec ubi perfecta sunt omnia tanta senecta
Te iubet ire domum — —
Ergo recessisti quidquam nec abinde tulisti
Quod non deberes vel de quo crimen haberes.

Rechnen wir, dass Magister Henricus 12 Jahre studirt
hatte, als er nach Rom kam, dann mehrere Jahre auf den
Aufenthalt in Bologna und Padua, endlich mindestens
8—10 Jahre, bevor er auf die Erfurter Schule kam, so
erhellt, dass derselbe bei seinem Abgange von Padua
25—30 Jahre alt war. Diess ist nun zwar keine eigentliche
„senecta", aber für den, welcher erst eine Lebensstellung zu
erringen hat, immerhin ein hohes Alter, welches ihn zwingt,
die Lehrzeit für geschlossen zu erklären.

Bei der Abreise von Padua führte Magister Henricus
ein schwer bepacktes Pferd mit sich. Der dichterische
Schalk erzählt, man habe ihm nachgesagt, der Sack sei
mit Heu, nicht mit Büchern angefüllt gewesen [1]), jedoch:

— — nullus reor est ita cecus
qui reputet fenum fore juris corpus amenum.

Die nun folgende Erzählung spielt in Erfurt, wie es
scheint nicht unmittelbar nach der Rückkehr des Helden
aus Italien, sondern erst geraume Zeit später. Magister
Heinrich wird als gelehrter Rechtsbeistand der Stadt angenommen, was, wie wir aus der obenerwähnten Urkunde
wissen, November 1275 geschah. Es kam also schon
damals vor, dass man in den fremden Rechten unterrichtete

---

1) Büchererwerb war ein Hauptzweck des Aufenthalts auf Universitäten. Für diese selbst ist der Besitz der libri ein wesentliches Erforderniss. Bei Gründung der deutschen Universitäten taucht bis ins 16. Jahrhundert die Frage immer wieder auf: Woher man die libri nehmen solle.

Männer als protonotarii oder unter ähnlichen Titeln in den
Dienst der Communen nahm, man bedurfte derselben nicht
bloss zur Verabfassung der Urkunden in lateinischer Sprache,
sondern auch in den überaus häufigen Fällen, wo man mit
den geistlichen Gerichten in Collision kam.

> v. 225. Hinc estivales simul et vestes hyemales
> Expensasque bonas et quo tua scripta reponas
> Hospicium celebre quod funditus est sine febre
> Dat tibi commune per singula tempora lune.

Der Occultus erzählt weiter:

> Huc te venisse presul qui veste crucis se
> Induit audivit et te non tardus adivit
> Et propter jura sollemni prepositura
> Te sublimavit sublimatumque locavit
> Ecclesia tali quam Sambia pro kathedrali
> Erexisse datur — —

Höfler versteht diese Worte noch in seiner neuesten
Publication (Neue Beiträge S. 7) von einer „Wirksamkeit in
Samland", er nimmt also, wie es scheint, an, dass Magister
Heinrich sich nach dem Samlande begeben habe. Davon steht
aber in dem Gedichte nichts. Vielmehr sagt der Occultus:

„Auf die Kunde von Magister Heinrichs Ankunft in
Erfurt, begab sich der mit dem Kreuz geschmückte,
d. h. dem deutschen Orden angehörige, Bischof zu ihm
und übertrug ihm die Präpositur."

Der Bischof kam also nach oder war in Erfurt.
Fragt sich, welcher samländische Bischof, denn nur von
einem solchen kann die Rede sein, gemeint ist? Die Errichtung des Domcapitels in Königsberg fällt ins Jahr 1294
unter Bischof Christian, aber erst 1302 erhielten die
canonici die missio in corporalem possessionem cathedralis
ecclesiae in Kunigisberg [1]). Das fällt über die kaum zu

---

1) Scriptores rerum Prussicarum herausgegeben von Hirsch,
Töppen und Strehlke I p. 289. Das erste in Preussen errichtete
Domcapitel war das pomesanische. Unter der Bestätigung der Stiftung

bezweifelnde Zeit der Abfassung unseres Gedichtes hinaus. Also muss es mit der Uebertragung der fraglichen Präpositur an Magister Heinrich wohl eine besondere Bewandtniss haben.

Nun enthalten die Annales Erphordenses (Pertz, Monum. S. T. XVI p. 40 cf. Scriptor. rer. Prussicarum I p. 244) zum Jahr 1253 folgende Notiz:

Hoc anno 3 non. Octobris dedicata est basilica beate Virginis Erphordie ab episcopo Theodorico tribus aliis episcopis cooperantibus, quorum unus erat de ordine Cisterciensium, alter de ordine Minorum, tertius de ordine domus Teutonice.

Der Bischof de ordine domus Teutonice kann kaum ein anderer gewesen sein, als Frater Henricus de Streitberch, welcher 1252 als erster wirklicher Bischof der samländischen Kirche „creatus, confirmatus et consecratus fuit."[1] Es liegt nun nahe daran zu denken, dass der Bischof der neugegründeten Diöcese — erst 1243 war die Eintheilung des Landes Preussen in Diöcesen erfolgt — zur Gründung eines Domcapitels vor Allem eines des canonischen Rechts kundigen Mannes, der das Capitel einrichten und dessen Rechtsverhältnisse ordnen konnte, bedurft und

---

desselben (1285) findet sich ein Frater Henricus, Doctor decretorum. Voigt, Cod. dipl. Prussic. II 12 ff. Aus der Bestätigung der ernannten Domherren durch Bischof Joh. v. Riga ergiebt sich, dass die Einrichtung des Capitels Henrico Doctori decretorum „cum sit iurisperitus" übertragen war. Die Vermuthung Fischers, dass dieser Henricus Doctor decretorum identisch sei mit Henr. v. Kirchberg, scheint mir etwas gewagt. Denn wenn es auch nicht unwahrscheinlich ist, dass letzterer nach dem Ausgang des Erfurter Streits wegen des Interdicts sich anderswohin wendete und sein Zusammenhang mit dem deutschen Orden als erwiesen angenommen werden kann, so ist doch der Name Henricus ein zu häufig vorkommender, als dass man ohne weiteren urkundlichen Anhalt allein auf den Titel Decretorum doctor einen Identitätsbeweis gründen könnte.

1) Scriptores rerum Prussicar. I 288.

deshalb, als er bei seiner Anwesenheit zu Erfurt von dem
aus italienischer Schule hervorgegangenen Juristen Magister
Henricus hörte, diesen angegangen und ihn „propter iura"
zur samländischen Präpositur erhoben habe.

So nahm ich auch früher an, setzte die Ankunft des
Magisters Henricus in Erfurt um 1253, seine Studienzeit zu
Bologna und Padua um 1250, seinen Aufenthalt in Rom
etwa 1245, also unter Papst Innocentius III., seine frühere
Studienzeit ca. 1233 — 1245, seine Geburt um 1225 (1220)
(A. M. Höfler, der Heinrichs Aufenthalt in Rom unter
Papst Gregor IX. [1227—1241] setzt). Für möglich halte
ich diese Combination immer noch, nur darf man dann
nicht zugeben, dass Magister Henricus erst 1275 nach Erfurt
gekommen sei, sondern muss daran festhalten, dass diess
22 Jahre früher geschehen. Nun beweist zwar die Urkunde
von 1275 genau genommen nicht, dass Henricus erst in
diesem Jahre in Erfurt sich angesiedelt, allein es ist doch sehr
unwahrscheinlich, dass er schon lange vor seiner Anstellung
sich dort aufgehalten habe. Daher gebe ich meine ehe-
malige Meinung auf und nehme nunmehr mit Fischer an,
dass der praesul, qui veste crucis se induit, Christian
von Mühlhausen gewesen, der Ende 1275 zum Bischof
von Samland geweiht sich als vertrauter Rath des Landgrafen Albrecht meistens in Thüringen aufhielt und kurz
nach seiner Wahl ebenfalls Veranlassung hatte, die Errichtung
eines Capitels an seiner bischöflichen Kirche in Angriff zu
nehmen.

Der Entschluss, ein Domcapitel in Königsberg (erbaut
1255) zu errichten, war leicht gefasst, der einrichtende
praepositus eben so leicht gefunden, aber es fehlte an noch
einem sehr wesentlichen Erforderniss, ja an dem Unent-
behrlichsten: der Dotation. Diese konnte, wie die oben
angeführten geschichtlichen Daten beweisen, erst weit später
herbeigeschafft werden. Somit war die Ernennung unseres

Magisters Heinrich zum Präpositus, und dessen Bemühen, die
Canonicate zu besetzen, ein eitles Beginnen. Unverkennbar
ist das Behagen, mit welchem der Satyriker in dem Folgenden die spasshafte Geschichte erzählt, wie Magister Henricus,
nicht ohne Gepränge natürlich [1]), Canonicate vertheilt, die
auch solche, welche bereits Pfründen besitzen, ohne der
Simonie sich schuldig zu machen (cor habens mundum
v. 246), annehmen können, die einen Titel geben, aber
Niemandem etwas nützen, weil sie nichts einbringen:

v. 319. Nam lex privata stat in ecclesia memorata
    Si quid forte datur huic qui praesens reputatur
    Absens lucratur duplum ubicunque vagatur.
    Per mare per terras quicunque vagaris et erras
    Non reperire potes quod habet sacra Sambia dotes.
    Ad quodcunque forum res que non est aliorum
    Venerit istorum censetur canonicorum.
    Tales prebende sunt iam vix inveniende.

Ueber die Personen, denen Magister Henricus die pfrün-
denlosen Präbenden conferirte, wäre Manches zu sagen, und
ich komme vielleicht an einem andern Ort auf diesen Punkt
zurück. Aber die Chronologie Heinrichs anlangend, will
ich an dieser Stelle noch bemerken, dass der obenerwähnte
(erste) römische Aufenthalt des Helden etwas später als 1245
zu setzen ist, etwa in die Jahre 1246 bis 1248 und dass
die von Fischer nachgewiesene Sendung desselben an den
Papst mit der Kirchenmusik des Markgrafen H e i n r i c h
d e s E r l a u c h t e n von Meissen, sowie der zweite Aufenthalt in Rom (1253—54) unmittelbar an die Rückkehr
Heinrichs v. Kirchberg ins Vaterland nach vollendeten
Studien sich anzuschliessen scheint. Mit Fischer an eine
zeitweilige Rückkehr Heinrichs ins Vaterland vor dessen
Bologneser Studienzeit und an damalige Uebernahme der
Sendung an den Papst zu denken, scheint mir unthunlich,

---

1) „Signo pulsato fratrum coetuque vocato", d. h. wohl im Convent
der deutschen Ordensniederlassung zu Erfurt.

weil Magister Henricus hierfür damals noch zu jung und unbedeutend gewesen wäre. Fischer wird beirrt durch die Annahme, dass zur Erlangung des Subdiaconats 25jähriges Alter erforderlich gewesen. Es genügte aber hierfür nach altem Kirchenrecht schon das vollendete 20. Lebensjahr. Vgl. can. 4 dist. 75 und die Glosse dazu (wogegen can. 2 dist. 78 als Palea nicht ins Gewicht fällt).

Die Erzählung des Occultus wendet sich nunmehr zur Thätigkeit seines Helden als practischer Jurist:

> v. 327. Fuderat in cives offensa Maguncia dives
> Trux interdictum quod tanquam fulminis ictum
> Vix poterant ferre tocius climata terre.
> His tu succurris juris fortissima turris
> Appellans rite. Sic mota denique lite
> Litera papalis pede non allata sed alis
> Est apportata cujus series tibi grata.

Magister Heinrich diente also den Erfurtern als Anwalt. Das Interdict, von welchem die Rede, kann kaum ein anderes sein, als dasjenige, welches der Erzbischof Wernher von Mainz 1279 [1]) über Erfurt verhängt hatte (Höfler, Carmen p. 185 not. 4). Die „Düringische Chronik" des Johann Rothe (herausgegeben von v. Liliencron S. 453) erzählt davon Folgendes:

— — Dis geschach nach Cristus gebort tusent 277 jar. Dornach qwam bischouf Wernher keyn Erfforte umbe gedregkeniss seyner phaffen unde clostir unde rette mit on, das sie on unbesweret liessen unde sich ir guter nicht underwunden, unde des wolden sie nicht lassen. do thete her sie yn den ban. do beriefen sie sich yres

---

1) Die Dissidien zwischen den Erfurtern und dem Clerus scheinen schon 1273 begonnen zu haben. Die Annales Reinhardsbrunnenses (herausgegeben v. Wegele p. 273) erzählen: Anno domini M.CC.LXXIII. consules et judices Erffordenses cum universitate confregerunt domum fratrum Augustinensium, non permittentes ipsos habitare in Erffordia.

rechten keyn Rome unde treben die phaffen unde monche
uss die on des nicht gestehn wolden. do waren etzliche
unendliche phaffen die bleben mit on dorynne unde
seynten on die touffe yn vier ader yn sechs pharren zu
den ostirn, do sich die andern pharlewte mit begyngen.
obir drey tage worden die touffen stynckénde unde sie
musten yre kynder uff den dorffern touffen. do sie das
gesahin, do berichten si sich zu stunt mit dem bischoufe.

Die Rechtsberufung nach Rom und die Vertreibung
der Cleriker wird auch in dem Carmen historicum erzählt.
Der Occultus scheint zu irren, wenn er von einer richtigen
Appellation spricht. Vielmehr behauptete Magister Henricus
Nichtigkeit der Mainzer Sententia excommunicationis und
erlangte vom Papste ohne Schwierigkeit Ernennung eines
iudex delegatus, um über die Nichtigkeitsklage zu erkennen.
Diese littera commissionis ist es, welche v. 332 als über-
raschend schnell erlangt und anscheinend günstig für die
Erfurter erwähnt wird. Dass es sich um eine Nullitäts-
beschwerde wider das Mainzer Interdict handelte, ergiebt
sich aus der nunmehr von Magister Henricus an den iudex
delegatus gestellten Bitte um absolutio ad cautelam (v. 335 ff.),
d. h. um provisorische Aufhebung des Interdictes während
des Nichtigkeitsprocesses: nur bei einem solchen war
absolutio ad cautelam zulässig und zur Suspension der
Wirkung der angefochtenen Sententia interdicti nöthig (cf. im
Allg. c. 2 in VI. de Sententia excommun. [5 11] von Innocentius IV. nebst der Glosse; Ioh. de Eberhausen zu Urbach's Process, Ausgabe von 1512 fol. 118). Die absolutio
ad cautelam erfolgt, ein Theil des Erfurter Clerus erkennt
dieselbe an und beginnt die gottesdienstlichen Handlungen
wieder; ein anderer Theil, die behauptete Nichtigkeit der
Mainzer Sententia interdicti in Abrede nehmend, glaubt trotz
der absolutio ad cautelam nicht ohne Pflicht- und Gewissens-
verletzung „singen", d. h. Messe halten, zu dürfen. Darauf

werden die Renitenten, weil sie sich weigern die absolutio
ad cautelam zu verkünden, auf Antrag des Magister Henricus
vom iudex delegatus excommunicirt und von den Bürgern
aus der Stadt verjagt. Ohne Verzug strengen aber Jene
und zwar beim (Mainzer) iudex ordinarius eine Spolienklage
wider die Stadt an, Restitution verlangend. Das Folgende
wird sehr unklar. Wie es scheint opponirte die Stadt der
Spolienklage die exceptio excommunicationis. Da aber die
Zurückweisung derselben durch die Mainzer Richter, welche
die fortdauernde Gültigkeit des Interdicts und demgemäss
Ungültigkeit der wider die renitenten Cleriker erlassenen
Excommunication annehmen mussten, vorherzusehen war,
brachte Magister Henricus die Sache wiederum an den Römischen
Stuhl und erlangte eine Verfügung, die er zu seinen Gunsten
auslegte, vielleicht Ueberweisung auch dieses Processes an
den iudex delegatus, welcher über die Gültigkeit des Interdicts zu entscheiden hatte. Aber im Nullitätsprocess hatte
sich bereits die Zunge der Gerechtigkeitswaage wider die Partei
des Magisters Henricus geneigt und deshalb hielt der Advocat
in der päpstlichen Bulle, die er so vortheilhaft für sich auszu-
legen wusste, bereits sein Verhängniss in Händen. Trotz
seiner Prahlereien und auf Aufrechterhaltung des Ansehens
berechneten Rennomistereien erfolgte nach Kurzem das
Urtheil des delegirten Richters, welches die Nichtigkeitsklage zurückwies, also die Gültigkeit der Mainzer Sententia
interdicti anerkannte und demgemäss auch die Spolienklage
der renitenten Cleriker als begründet zuliess. Darauf beziehen sich wohl die schwierigen Worte v. 403 ff., in denen
Magister Heinrich die Erfurter damit tröstet, dass man doch
wenigstens darin siege, dass die renitenten Cleriker sich
dazu hätten verstehen müssen, ihre Sache vor dem iudex
delegatus (nach der Glosse: dem Bischof zu Naumburg)
zu verantworten und dass sie gewiss in die Kosten ver-
urtheilt worden wären, hätten sie das nicht gethan.

Dabei bleibt freilich noch Vieles dunkel, da wir den näheren Zusammenhang nicht kennen. Es scheint, als ob die Zerwürfnisse zwischen dem Clerus und den Bürgern zu ärgerlichen Auftritten geführt und als ob der Tod des Canonicus Thidericus de Rosla (den ich als canonicus ecclesie S. Marie Erfordensis in einer Urkunde · aus dem Jahre 1275 erwähnt finde [Würdtwein, Dioc. Mogunt. XI p. 212]) sowie des praepositus novi operis Guntherus damit im Zusammenhang stehe. Die Stadt Erfurt blieb nach dem Gedichte zwanzig Monate im Bann und verfiel der Reichsacht. Da beschloss man, die Gnade des Erzbischofs nachzusuchen:

> v. 500 Gratia queratur antistitis et moveatur
> Parcere prostratis quod vix fieri puto gratis.
> Cives mittantur qui te (sc. Henrice) consorte fruuntur
> Et perimet totum porrecta pecunia motum. [1]

Doch traf Magister Henricus eine üble Nachrede:

> Sic dicunt aliqui qui nequam sunt et iniqui
> · Quod tu pontifici sub nomine dulcis amici
> Ut fieres dives voluisti tradere cives.
> Hoc non fecisti juro per vulnera Cristi!

Der Dichter macht Magister Henricus weniger Verrätherei als dreiste, ungeschickte Führung der Erfurter Sache zum Vorwurf. Trotzdem dass die Sache der Erfurter von Anfang an hoffnungslos stand, verzögerte Magister Henricus nach Sitte schlechter Advocaten durch wiederholte sehr bedenkliche Rechtsmittel, d. h. Anrufungen des höheren

---

1) Die Annales Reinhardsbrunnenses erzählen: Anno domini M.CC.LXXXII. compositione facta inter dominum archiepiscopum Moguntinensem et cives Erffordenses, dominus abbas montis sancti Petri cum clero civitatis Erffordensis feria quarta post palmas honorifice revocatus est a consulibus et potioribus ejusdem civitatis. Qui etiam pro emenda domino archiepiscopo circa mille marcas argenti puri et clero civitatis pro eorum dampno, quod pene per biennium pertulerant, trecentas marcas etiam puri argenti dederunt.

Richters, den endlichen Austrag, seine Clienten durch die
scheinbaren Erfolge, welche er errang, immer von Neuem
zu hartnäckiger Ausdauer anreizend, bis schliesslich das
traurige Ende nicht ausblieb: die Erfurter mussten um
Gnade flehen und die hoch aufgewachsenen Schäden und
Kosten tragen.

Damit schliesst die erste Distinction.

Eine genauere Untersuchung über das Erfurter Interdict, die Auswanderung des Clerus u. s. w. ist für Jeden,
welcher das Gedicht zu bearbeiten unternimmt, unerlässlich.
Auf die Erfurter Cleriker kommt der Occultus auch zu Anfang der zweiten Distinction zurück. Mir will es nicht
unwahrscheinlich scheinen, als ob gerade den Zerwürfnissen,
welche im Erfurter Clerus durch das Interdict etc. entstanden waren, das Gedicht seinen Ursprung verdankt
(S. darüber jetzt Fischer, S. 19 ff.). Der Dichter hält
zu den Ausgewanderten; aus einer Stelle lässt sich entnehmen, dass er zu den Augustinern besondere Zuneigung
hatte. Wohl möglich also, dass unser Carmen ein Product
des Parteihasses ist, der Missgunst entsprossen, in welche
der Anwalt der Stadt bei denen gekommen war, welche es
mit dem Mainzer Stuhl hielten.

Es würde zu weit führen, wenn wir an dieser Stelle
die Schicksale des Helden des Gedichtes noch weiter verfolgen wollten. Der Occultus beobachtet, wie mir dünkt,
keine chronologische Ordnung. Nachdem er die Erfurter
Katastrophe zu Schluss der ersten Distinction abgehandelt
hat, geht er in eine frühere Zeit (von 1266) zurück, schil-
dernd wie dem Magister Henricus eine ihm in der Meissener
Diöcese verliehene Pfarrei entzogen wurde, weil er nicht
Residenz hielt. Es ist Aufgabe des Historikers, zu untersuchen, wie es sich mit der lombardischen Gesandtschaft,
welche Magister Heinrich im Auftrage des Markgrafen zu
Meissen bewirthete, verhält; über die interessanten Ver-

handlungen wegen der Rechtsansprüche die aus jener Bewirthung wider den Helden des Gedichtes erhoben wurden,
haben wir im ersten Aufsatz (S. 12 ff.) berichtet. Aus eingehender Feststellung des Verhältnisses unseres Magisters Henricus
zu dem Markgrafen von Meissen ergiebt sich vielleicht nicht
bloss besseres Verständniss unseres Gedichtes, sondern auch
Gewinn für die Kenntniss der politischen Geschichte jener
Tage.   Auch die Erzählung von jenem Gebhardus, von
welchem die 5. Distinction handelt und

    ,,Ad nutum cujus stant scripta voluminis hujus",

scheint tiefer liegende Beziehungen zu haben. Magister Gebhardus kommt 1270 als Scholasticus in Naumburg vor
(Cod. dipl. Saxon. reg. II 1 p. 168, 169), von 1272—1285
als Protonotar des Markgrafen Heinrich zu Meissen (ibid.
p. 178, 188, 189 u. öfter), während dieser Zeit und noch
später (1291) wird er auch Decanus Moguntinensis sowie
Canonicus Misnensis genannt. Sein Erfurter Canonicat finde
ich nur im Carmen erwähnt. Er war Jurist und dient
zum Beweise, wie einflussreich rechtsgelehrte Cleriker
jener Zeiten waren. Vielleicht war er der eigentliche Wider-
sacher des Magisters Henricus. Mir fehlt es an dem Berufe zu weiterer Untersuchung in dieser Richtung. Auch
bedarf es für meinen Zweck nicht des Eingehens auf die
Erzählung des Occultus von weiteren Processen und
Rechtshändeln, in denen Magister Henricus als Anwalt
diente. Es genügt, noch einen für Juristen besonders
interessanten Fall dieser Art hervorzuheben: den Streit um
eine Präpositur („novi monasterii", wie die Noten bemerken)
in Würzburg (Dist. II v. 759 ff.):

  v. 762. Auctrix errorum dissensio canonicorum
       Binos elegit sed in hoc pueriliter egit.
       Partibus utrisque puto congruit ut modo quisque
       Provideat citius de rethore qui sapiat jus
       Et vir queratur per quem lis cepta regatur.
       Hoc scio quod preter te nullum contegit ether

Qui melius possit aut cui facundius os sit.
Nam tua vox pura non eructat nisi jura.
Vincere tu nosti succumbere nescius hosti.
Inde triumphasti quociens causas agitasti:
Infirmam partem tu scis firmare per artem.
Aspice quanta fuerunt qui te velud estimo querunt
Ergo festina potabis ibi bona vina.
Dedecus esse putas causas tractare minutas;
Non est immo decus erit ut sis omnibus equus.
Noli tardare jamjam debes equitare
Veste nova tectus in equo celeri pede vectus.
Susciperis lete festina diecula de te
Cunctis illuxit modicum de tempore fluxit
Terminus instabat quo pars adversa putabat
Auxiliante Deo litis gaudere tropheo.
Quid tunc fecisti tu qui tantum studuisti?
Protinus inisti fretus munimine Cristi
Et consedisti velut expediens fore scisti.
Post surrexisti tegmen capitis posuisti
Absque labore super humeros dicens: quia nuper
Istius merita cause non sunt bene trita
Nec discussa satis qui contra nos vice statis
Alterius partis vestris ostendite cartis
Quomodo processum vel quo sit fine recessum;
Nos ostendemus sicut de iure debemus
Immo per jura quod ab ista prepositura
Cedere debetis in qua nil juris habetis.
Hoc ut viderunt alia qui parte steterunt
Nil responderunt quoniam nimis obstupuerunt.

Magister Henricus berief sich, wie kaum zu bezweifeln, auf die bekannte Decretale des Papstes Innocenz III. vom Jahre 1216 (c. 11 X. de probat. [2, 19]), welche für die Ausbildung des schriftlichen Verfahrens epochemachend war. Der Process war, wie es in Deutschland bei geistlichen Gerichten jener Zeit wohl noch zu geschehen pflegte, ohne schriftliche Aufzeichnung der einzelnen Acte geführt worden. Da erscheint im Schlusstermine der Decretist und behauptet: in Ermangelung von Gerichtsacten fehlt dem

ganzen Verfahren die Präsumtion der Legalität (c. 11. X.
cit.: — — nec pro ipsius [iudicis] praesumatur processu,
nisi quatenus in causa legitimis constiterit documentis). Er
verlangt daher, dass letztere von der Gegenpartei durch
Vorlegung von Manualacten bewiesen werde; dann erst
werde seine Partei ihr Recht, wie ihr obliege, ausführen.

Der Sieg war sicher; denn ausreichende Manualacten
fehlten natürlich, wo gar nicht schriftlich procedirt war
Allein es war ein bedenklicher Sieg, zu welchem Magister
Henricus seiner Partei verholfen hatte; er führte zu nichts
Anderem, als dass der wichtige Process noch einmal ver-
handelt werden musste, dass somit die Entscheidung ver-
zögert und die Kosten vermehrt wurden. Deshalb entging
er auch hier nicht üblem Vorwurf:

> v. 799. Dixerunt namque quod partem litis utramque
> Circumvenisses pactumque fidemque dedisses
> Illam sic gerere vel iniquo more fovere
> Donec ab utrisque caperes quod habet dare quisque.

Die Stelle ist somit in der That interessant für die
Geschichte der Einführung des schriftlichen Processes bei
den geistlichen Gerichten in Deutschland. Doch könnte
es nur zu Missverständnissen führen, wenn man dies mit
Höfler so ausdrücken wollte: „Die zweite Distinction zeigt
den grossen Juristen, der sich durch Einführung des
schriftlichen Verfahrens bei seinen Processen auszeichnet."

Die Schilderung des durch das Reich von Termin zu
Termin reitenden Doctors, der überall durch seine Rede-
fertigkeit und rabulistischen Künste die Gegner perplex
macht, passt nicht bloss auf Magister Henricus, sie könnte
Wort für Wort auch auf viele Juristen noch des fünfzehnten
und selbst des sechzehnten Jahrhunderts bezogen und
treffend gefunden werden.

Magister Heinrich v. Kirchberg wird in der Folge
eine Erwähnung in der deutschen Rechtsgeschichte der auf
ihn gedichteten Satyre zu verdanken haben, aber nicht als
grosser Jurist, sondern weil er nunmehr als einer der
frühesten Repräsentanten jener Classe von Menschen erscheint, gegen welche der deutsche Volksgeist sich so oft
empörte, jener im ganzen Reiche herumfahrenden ränkevollen Advocaten, welche ihre geringe Kenntniss der ausländischen Rechte dazu benutzten, die anhängigen Processe
unsterblich zu machen und neue hinzuzufügen, deren letztes
Bestreben nur darauf ging, den Säckel zu füllen und welchen
zur Erreichung dieses Zweckes jedes Mittel genehm war.
Das in Erfurt auf Magister Heinrich verfertigte Pasquill
lautete:

> v. 929. Hic est Henricus decreti doctor iniquus
> Saccus avaricie qui simea philosophie
> Emulus est pacis fons litis iens sine bracis
> Iuris perversor ani cum pollice tersor
> Suppressor veri fur latro peripsima cleri
> Et pater erroris maledictus in omnibus horis.

Die Derbheit dieser überkräftigen Worte wird noch
überboten durch die beissende Schärfe der Satyre des Nicolaus
de Bibera, welche als ein Musterstück ihrer Art gelten kann.

Dass Magister Henricus auch mit einer der Erfurter
Schulen verbunden war, und an derselben das Recht lehrte,
ist nach mehreren Andeutungen des Gedichtes kaum zu
bezweifeln, insonderheit wird als Verfasser des Pasquilles
ein Scholar bezeichnet. Bei Würdtwein, Dioc. Mogunt. XI
p. 212 ff., finden sich einige Urkunden aus den Jahren
1259, 1267, 1293, in welchen ein Magister Henricus,
Rector scholarum ecclesie S. Severi Erford. und plebanus
ecclesie S. Michaelis Erford. vorkommt. Doch ist dieser
schwerlich identisch mit dem Helden des Gedichtes.

Dritter Aufsatz.

Allerlei zu Otto Stobbe's Quellengeschichte des deutschen Rechts.

I.

Die erste Abtheilung von Stobbe's „Geschichte der deutschen Rechtsquellen" (1860) schliesst mit einer Abhandlung über „die Bedeutung der fremden Rechte." Das Resultat derselben ist, „dass trotz des weitverbreiteten Gedankens, dass das römische Recht als Recht der Kaiser überall zur Anwendung kommen müsse, es doch bis zur Mitte des 15. Jahrhunderts nur in sehr beschränkten Kreisen Wurzel fasste und fast nirgends zum Nachtheil des einheimischen Rechts die bestehenden deutschen Grundsätze verdrängte oder ersetzte."

In der später (1864) erschienenen zweiten Abtheilung des Stobbe'schen Werkes wird die Untersuchung über die Reception der fremden Rechte in Deutschland wieder aufgenommen und zunächst dargethan, wie erst in der zweiten Hälfte des 15. Jahrhunderts die Kenntniss des römischen Rechts allgemeiner und so die praktische Anwendung desselben ermöglicht wurde. Seit dem Anfang des 16. Jahrhunderts gewahren wir die fremden Rechte in vielen Theilen Deutschlands in Uebung, besonders seit Mitte jenes Jahrhunderts aber wurden dieselben fast überall auch durch die particuläre Gesetzgebung anerkannt.

Stobbe begründet diese seine Sätze in ausführlicher historischer Darlegung, beginnend mit einer Schilderung des Rechtszustands um die Mitte des 15. Jahrhunderts (S. 1—8). Unzählige particuläre Rechtsquellen, über denen sich nur für die Länder des sächsischen Rechts, angelehnt an den Sachsenspiegel, ein gemeines subsidiäres Recht entwickelt hatte, welches als höheres Recht oberhalb der einzelnen Statutarrechte stand; über alle dem aber noch ein gemeines Reichsrecht mehr der Theorie als der Praxis nach: das römische Recht oder das Kaiserrecht. Dazu wissenschaftliches Unvermögen in hohem Grade. Was Wunder, dass man bei dem steigenden Verkehr, bei der Zunahme der Cultur, der Veränderung der wirthschaftlichen Zustände, der Ausbildung grösserer Territorien sich nach einer festeren und einheitlicheren Gesetzgebung sehnte?

Wir haben dem Bilde, welches Stobbe entwirft, kaum etwas hinzuzufügen. Nicht überall zutreffend ist, wenn behauptet wird, der Anwendung des römischen Rechts in den Gerichten habe der „entschiedene Widerwillen des Volks gegen die aus der Fremde hergeholten Sätze" entgegengestanden (s. oben S. 25), auch bleibt es unerfindlich, womit der viel zu allgemeine Satz bewiesen werden soll, es sei jenes Recht von Männern dargeboten worden, „welche dem Volke längst schon verdächtig waren" (s. oben S. 14. 26. 30. Auf die sogenannte Reformation Kaiser Friedrich's III. wird sich der Verfasser billig nicht stützen können, sie gehört erst dem 16. Jahrhundert an, ist ein von revolutionärem und religiösem Fanatismus eingegebenes, von zweifelhaften Menschen (Rüxner?) herrührendes Machwerk und kann jedenfalls keine andere Bedeutung beanspruchen, als die von lutherischen Prädicanten und entlaufenen Mönchen formulirten Forderungen im Bauernkriege überhaupt, unter denen das Verlangen nach Einführung des jüdischen Nationalrechts anstatt des römischen ein sonderbares Streiflicht auf

die Urtheilsfähigkeit der Agitatoren fallen lässt. Der Hass
gegen die Doctoren, welcher sich zeigt, ist Hass gegen die
weltliche und noch mehr wider die geistliche Obrigkeit
überhaupt. Ebensowenig aber kann sich Stobbe auf die
von ihm (S. 50 Not. 13) angeführten Klagen der bayerischen
und württembergischen Landstände berufen. Diese sind
wesentlich gegen die ausländischen (wohl italienischen)
Räthe und Doctoren gerichtet. Auch sind mittelalterliche
Stände nicht das, was man heutzutage unter dem Ausdruck
„Volk" begreift. Die erwähnten Klagen wider die Fremden
haben sicher eine recht „junkerliche" Tendenz. Und dass
bloss die fremden Doctoren, nicht aber die Doctoren
überhaupt missliebig waren, wird dadurch bewiesen, dass
anderwärts (so z. B. 1487 in Sachsen) gerade die Landstände um Besetzung der Gerichte mit Doctoren bitten
(vgl. Stobbe S. 92) und dass auf Landtagen die Doctoren
zuerst als Abgeordnete der Städte erscheinen (siehe z. B.
Stobbe S. 62 Not. 41), welche doch vorzugsweise die
Aufgabe hatten, das volksthümliche Element zu vertreten.
Auch im Reichstag wurden im Laufe des 15. Jahrhunderts
wiederholte Anträge auf theilweise Besetzung des kaiserlichen
Kammergerichts mit Doctoren gestellt und eine um 1442
verfasste Druckschrift (s. oben S. 33) hebt unter den Vorschlägen, welche für politische Reform des Reichs gemacht
worden, hervor: „das der richter (am Hofgericht) eyn teyl
synt doctores yn dem keyser rechten ader geystlichen
rechten vnd were nutze das eyn ycklicher korefurste yn
des küniges hoff mit synem solde eynen hilden". Werden
hie und da für Schiedsgerichte „Leyen, die nicht Doctores oder Juristen seyndt" verlangt (Stobbe S. 50
Not 12), so hat diess keine andere Bedeutung, als dass
man die Streitigkeiten nicht nach Schärfe der Rechte,
sondern eben von arbitri entschieden haben wollte und
liesse sich daraus höchstens ein Widerwille gegen die An-

wendung des fremden Rechts, nicht aber gegen die Personen entnehmen.

Die Factoren, welche dem Bedürfniss Rechnung tragend den gesammten Rechtszustand Deutschlands seit Mitte des 15. Jahrhunderts vollständig veränderten, sind nach Stobbe „die in immer grösseren Dimensionen vorschreitende Aufnahme des fremden Rechts und die sich umfassendere Aufgaben stellende Gesetzgebung der Landesherren und der Städte". Die Reichsgesetzgebung war zunächst von geringerem Einfluss.

Die Anwendung des römischen Rechts war bedingt durch die nur mittels wissenschaftlichen Studiums zu gewinnende Kenntniss desselben, letztere aber wirkte auch hinwieder auf die Particulargesetzgebungen ein. So ist es denn ganz sachgemäss, wenn Stobbe zunächst von dem „Studium der fremden Rechte" handelt (S. 9—43).

Wir sind für diesen Abschnitt um so dankbarer, als Stobbe der Erste ist, welcher daran geht, die Ergebnisse der von verschiedenen Seiten angestellten Detailforschungen zu einem Gesammtbild zu verarbeiten. Es ist in der That betrübend, wenn man gestehen muss, dass, während wir über den Rechtsunterricht auf den italienischen Universitäten des Mittelalters, sowie über die Personen auch unbedeutenderer italienischer Lehrer und Schriftsteller nach den Forschungen von Sarti und von Savigny genau unterrichtet sind, von den Vertretern der Rechtswissenschaft auf den mittelalterlichen deutschen Universitäten, sehr wenig bekannt ist. Zwar haben Stintzing's Arbeiten („Ueber die Vertretung des römischen Rechts auf den deutschen Universitäten im 14. und 15. Jahrhundert", Beilage zu Ulrich Zasius S. 322—344) und die Geschichtsschreibung einzelner Universitäten in dieser Beziehung ein nicht unbeträchtliches Material zu Tage gefördert, aber es liegt dasselbe zerstreut, ist nicht Allen zugänglich und obendrein wird, wer es nicht

versteht, aus dürftigen und lückenhaften Notizen eine Vorstellung vom Ganzen sich aufzubauen, wenig damit anzu-
fangen wissen. Wenn sich nun auch der Mangel einer zu-
sammenfassenden Darstellung damit entschuldigen liesse, dass
die Detailuntersuchung noch nicht weit genug gediehen sei,
um eine vollständige, nach allen Seiten hin genügende Geschichte der Rechtswissenschaft in Deutschland seit Gründung der deutschen Universitäten zu liefern, so bleibt doch
auch schon der Versuch, die Untersuchungen Anderer und
eigene Forschungen zusammenfassend und übersichtlich zu
verarbeiten, ein höchst löbliches Unternehmen. [1] Stobbe
brachte zur Durchführung desselben ein besonderes Talent
für geschmackvolle compendiarische Darstellung nebst grosser
Gelehrsamkeit mit, und so gelang es denn seinem staunens-
werthen Fleiss, eine recht lesbare und höchst instructive
Schilderung der einschlagenden Verhältnisse zu liefern. Der
Zeitraum, über den er sich zunächst verbreitet, erstreckt
sich von Mitte des 15. bis zur Mitte des 18. Jahrhunderts
(„Dritte Periode" der Stobbe'schen Quellengeschichte), doch
ist die Hauptaufmerksamkeit des Verfassers, wie billig, dem
16. Jahrhundert zugewendet, und tritt daher dieses auch für
den Leser überall in den Vordergrund.

Den Ausgangspunkt bildet die Stiftung der deutschen
Universitäten. „Indessen sehen wir nicht, dass bis zur Mitte
des 15. Jahrhunderts das römische Recht an irgend einer
deutschen Universität constant und ohne Unterbrechung gelehrt worden wäre, wahrscheinlich weil es demselben an Bedeutung für die Praxis fehlte." Die Thatsache, dass es an
tüchtiger Vertretung des römischen Rechts im Laufe des
ganzen 15. Jahrhunderts mangelte, ist im Allgemeinen richtig,

---

[1] Diess gilt auch von der neuesten in dieser Richtung unter-
nommenen Arbeit: Adolf Stölzel, Entwicklung des gelehrten Richterthums in deutschen Territorien (1872) 1. Buch: „Das Rechtsstudium
bis zu Beginne des 17. Jahrhunderts".

doch muss der Schluss, das römische Recht habe der
praktischen Bedeutung entbehrt, mit Vorsicht aufgenommen
werden. Wozu die massenhafte Wanderung jüngerer und
älterer Männer nach Italien, „um unter Leitung der grossen
italienischen Meister in den Geist (?) des Corpus iuris ein-
zudringen", wenn das, was man dort erlernte, für das Leben
als werthlos erachtet worden wäre? Und jene Wanderung
war, wie Stobbe selbst (I S. 626 ff.) nachgewiesen hat,
schon lange vor der Mitte des 15. Jahrhunderts begonnen
worden. Stobbe führt (S. 11 Not. 5) eine Reihe von ausgezeichneten Juristen des 16. Jahrhunderts auf, welche längere
oder kürzere Zeit auf italienischen Universitäten studirt
hatten. Aber er hätte auch in das 15. Jahrhundert zurück-
greifen können. Zwischen Nicolaus Wurm, welcher im
letzten Viertel des 14. Jahrhunderts zu Bologna Johannes
de Lignano als seinen Meister verehrt hatte (Stobbe I
S. 380. 672), und Ulrich Kraft (1484 zu Pavia zum
I. V. D. promovirt, Stobbe II S. 11 Not. 5) lässt sich mancher
gute Deutsche nennen, welcher über die Alpen zog, um mit
dem Doctorhut heimzukehren und den Glanz seiner Würde
wie sein Wissen zur Erlangung öffentlicher Bedeutung nebst
einflussreicher Stellung zu verwerthen. Schon Sixtus Tucher
(studirte zu Pavia und Padua, I. V. D. Bononiensis,·
Rechtslehrer zu Ingolstadt 1487—1496, dann Probst zu
St. Lorenz in Nürnberg, † 1507; Stobbe S. 11 Not. 5)
gehört mehr dem 15. als dem 16. Jahrhundert an; Willi-
bald Pyrkheimer aber erinnert wohl an seinen Vater:
Johannes Pyrkheimer, welcher im Jahre 1465 zu Padua
durch Antonius Rosellus und Angelus de Castro, Promotoren im canonischen Recht, sowie durch Johannes de Prato
und Jo. Baptista de Rosellis, Promotoren im Civilrecht,
zum D. I. V. promovirt worden war (Doctordiplom abgedruckt
in Bilibaldi Pirkheimeri Opp. Francof. 1610 fol. p. 40—41). [1]

1) Vgl. hierzu oben S. 16 und Beilage 1.

Auch die Behauptung Stobbe's, dass die meisten der
Männer, welche in Deutschland „damals" auf den Kathedern
der Juristenfacultäten sassen, „durchaus unbedeutend" gewesen seien, lässt sich nicht so ohne Weiteres unterschreiben
Bezieht man dieselbe auch auf das 16. Jahrhundert, so ist
sie entschieden unrichtig, aber auch von dem 15. Jahrhundert
möchte sich darthun lassen, dass manche deutsche Juristen
um kein Haar weniger bedeutend waren, wie viele Italiener
jener Zeit. Ueberall bewegte man sich in den abgeschmack-
ten Formen einer am Gängelband scholastischer Dialectik
irrgegangenen Wissenschaft, aber die Deutschen wussten sich
doch fast durchgängig von Extravaganzen an Gedankenlosigkeit, Zeit- und Raumverschwendung frei zu halten, wie wir
sie bei berühmten Italienern, z. B. Alexander Tartagnus,
Ludovicus Pontanus u. A., gewahren. Die Italiener hatten
grosses Selbstbewusstsein, gewaltige Schreib- und Zungen-
fertigkeit, sowie ungemeine Gewandtheit, ihre Personen in
den Vordergrund zu stellen und zur Geltung zu bringen,
voraus, die Deutschen waren dagegen natürlicher, einfacher,
kürzer, inhaltsreicher, aber plump und unbeholfen. Wären
übrigens die Leistungen jener Italiener nicht durch Sarti, von
Savigny u. A. in Erinnerung gebracht worden, so würde
. der Ruhm, welchen sie ihrer Zeit besassen, ebenso schlummern,
wie derjenige der Deutschen. Was letztere gearbeitet haben,
liegt grösstentheils vom Staub der Bibliotheken und Archive
bedeckt, selten dass neuerdings Jemand einen Blick darauf
geworfen hat, um schleunigst mit ähnlichem Urtheil, wie
Stobbe, vornehm daran vorbeizugehen.

II.

Ich will, um diese Behauptung nicht · nackt dastehen
zu lassen, die Ordinarien bei der Juristenfacultät Leipzig [1])

---

1) Vgl. „Nachricht von denen Ordinariis . . . der Academie Leipzig"
im „Jurist. Bücher-Saal I (1737) S. 44 ff. — C. F. Hommel, Orat.

im 15. Jahrhundert und einige andere Rechtslehrer derselben Hochschule nachweisen, welche Stobbe grösstentheils unerwähnt gelassen hat.

Die Universität Leipzig ist gegründet 1409. Unter den von Prag übersiedelnden Lehrern befanden sich keine Doctores iuris. Aber schon 1411 (Herbst) wurde ein Doctor iuris utriusque, nämlich Conrad Thus, welcher bis dahin zu Erfurt gelehrt hatte, nach Leipzig gezogen. Er beginnt der Ueberlieferung zufolge die Reihe der Leipziger Ordinarien, im Winter 1424/25 wird er als Mitglied der bayerischen Nation genannt [1] und auch noch im Februar 1429 kommt er urkundlich vor [2]. Gleichzeitig mit ihm lehrte Jacob Radewitz (Rodewicz, Radevitz, Jacobus Jenis) aus Jena. Dieser hatte früher ebenfalls in Erfurt gelesen. Wir besitzen von ihm handschriftlich eine zu Erfurt im Jahre 1407 gehaltene Lectura über die Decretalen Gregors IX. [3] Damals war er Magister in artibus und Baccalarius in iure canonico. So noch 1410 (Sommer) als Erfurter Rector. Aber schon Sommer 1412 finden wir ihn als Decretorum Licenciatus zu Leipzig ebenfalls im Rectorat. Und abermals war er Rector im Winter 1419, unterdessen zum Decretorum doctor emporgestiegen [4]. Das Doctorat aber, wird glaubhaft versichert [5], habe er in Italien erlangt, zugleich

---

de ordinariis facult. iur. Lipsiens. Ed. I Lips. 1763. 4. Ed. II Lips. 1767. 8. — (C. F. v. Gerber) Die Ordinarien der Jur. Fac. Leipzig. (Gratulat.-Schrift zu v. Wächters fünfzigjähr. Professoren-Jubiläum) Leipz. 1869.

1) Zarncke, Statutenbücher p. 157.

2) Zarncke, ebendas. p. 63. Vgl. unten den 5. Aufsatz.

3) Steffenhagen, Catalogus nr. CXXXVII. 1. Zeitschrift für Rechtsgesch. X. 304.

4) Zarncke, Urkundl. Quellen p. 583, 584. Statutenbücher p. 45 n. I.

5) (Wimpinae) Scriptorum insignium . . . centuria. nr. XVII (ed. Merzdorf) p. 31, 32.

mit Nicolaus de Tudeschis (Panormitanus). Er hat
also, selbst schon Universitätslehrer, zwischen 1412 und 1419
(genauer: vom Herbst 1413 bis ins Jahr 1414) italienische
Universitäten besucht. Und es fehlte ihm dort nicht an Anerkennung. Der Promotor, Franciscus Zabarella, nannte Radewitz
und Nicolaus de Tudeschis Leuchten, die er zweien grossen
Nationen, den Deutschen und Italienern, anzünde [1]). Und in
der That hatte Radewitz später nicht bloss als Ordinarius der
Leipziger Juristenfacultät, sondern auch als Staatsmann
Bedeutung. Hervorgehoben werden die Dienste, welche er
Friedrich Markgrafen von Meissen bei Erlangung
des Herzogthums Sachsen und der Kurwürde durch seine
Rathschläge leistete [2]). Radewitz kommt zuletzt 1429 in
Leipziger Universitätsacten vor [3]) und es scheint, als ob er
noch 1431 in der Blüthe seiner Wirksamkeit gestanden
habe [4]). Als Todesjahr wird 1436 angegeben. Wimpina
sagt: „Reliquit nonnihil ingenii sui monumentum, quod in
nostra bibliotheca superextat", darunter: „Consiliorum grande
volumen" und „alia quam plurima, quae partim legens, partim consultans, ingeniose reliquit" [5]).

Aus der Zeit des Ordinariats von Conrad Thus oder
Jacob Radewitz besitzen wir einen interessanten Brief, der
nicht unwichtige Notizen über das juristische Studium an
der Universität Leipzig enthält. Karolus in Vesland,
Canonicus Vpsalensis, hatte im Sommer 1424 eine Studien-
reise angetreten, die über Lübeck, Helmstädt, Halle nach
Leipzig führte. Am 11. Juli dort angekommen, schrieb er

---

1) Wimpina l. l.
2) Wimpina l. l.
3) Zarncke, Statutenbücher p. 63. Es wird da des Conradus
Thus und Jacobus Jenis als abwesender DD. gedacht.
4) Wimpina l. l.
5) Einiges von ihm in Cod. 922 der Leipz. Univ. Bibl. Vgl. die Vorrede zu meiner Ausgabe von Ioannis Vrbach Proc. iud. (1873) p. V sq.

am Tage Jacobi (25. Juli) ausführlich an seinen Mitcanonicus Jacobus Nicolai in Upsala über seine Erlebnisse. Von Leipzig berichtet er, es befinde sich daselbst eine blühende Schule des canonischen Rechts, denn es seien drei Doctoren da. Der Ordinarius lese im zweiten Buch der Decretalen und habe schon vor drei Tagen die Rubrica de sentencia rerum judicatarum (sic) begonnen; ein anderer Doctor, der vor einem Jahr aus Bologna gekommen, habe vor acht Tagen die Clementinen angefangen; diese Vorlesungen höre er; ein Baccalarius lese „in tertio" (wohl libro decretalium). Der Studenten „in iure, qui habent libros in scola" seien zum Mindesten 80, darunter Barone, Ritter, Magistri, Pröbste, Decane, Canoniker und andere kirchliche Personen. Auch während der Hundstage habe man ohne Unterbrechung gelesen. Der Ordinarius lehre Morgens von 5—7 Uhr [1]).

Unser schwedischer Canonicus versteht unter den „drei Doctoren" wohl bloss die angestellten und besoldeten (salariati) Doctoren der Juristenfacultät. Neben T h u s und R a d e w i t z lässt sich für jene Zeit noch nennen J o h a n n e s T y l i c h, Decretorum doctor (um 1393 als canonicus regularis Sti. Mauricii Nuenburgensis in Erfurt immatriculirt, im Winter 1409/10 als baccal. decretor. in Leipzig), welcher zu Ende seiner von 1375—1422 reichenden Annalen (gedruckt in J. F. Schannat, Vindem. literar. Collect. II [1724] p. 74 ff.) sich als „lector ordinarius in studio Lipsiensi" zu erkennen giebt, wie er denn auch in einer ehemals zu Mainz befindlichen im Jahre 1421 geschriebenen Handschrift seines Liber de genealogia Principum Saxoniae seu Misnensium (G u d e n, Cod. dipl. II p. 596. 597) als „Praepositus canonicorum regularium Sti. Mauricii extra muros Nuem-

---

1) Der Brief ist abgedruckt im Göttingischen historischen Magazin herausgegeben v. M e i n e r s und S p i t t l e r. 3. Bd. S 516 ff.

burgenses et novorum iurium (d. i. libri Sexti et Clementinarum)
in studio Liptzensi Lector ordinarius" bezeichnet wird. Schon
1413 war er im Rath des Markgrafen Friedrich v. Meissen.
Abgesehen von den Genannten kommen um diese Zeit
in Leipzig noch vor im Wintersemester 1423/24: G r e g o r
N e b i l d a w, Mr. et Decret. D. [1]); im Winter 1424/25:
Mr. A l b e r t u s V a r r e n t r a p p, D. in decretis und C h r i s t o -
f e r u s d e R o t e n h a h n, D. in decretis [2]). Welcher davon
„venit de Bononia ante annum" lässt sich nicht ermitteln;
vielleicht meint Karolus in Vesland:, Radewitz, sich über
die Zeit von dessen Rückkunft aus Italien im Irrthum be-
findend, oder Gregor Nebildaw, welcher im Winter 1423/24
Rector, also wohl kurz vorher nach Leipzig gekommen war;
jedenfalls aber ist darunter nicht ein in Leipzig lehrender
Italiener zu verstehen, wie Stobbe (I S. 930) anzunehmen scheint.

Als Nachfolger von Jacob Radewitz im Ordinariat wird
genannt A r n o l d W e s t p h a l (W e s t p h a e l, W e s t v a l,
W e s t f a l l) aus Lübeck, Doctor des canonischen und
Licenciat des Civilrechts, dessen Biographie ausführlich
erzählt ist oben im ersten Aufsatz (S. 26 ff.). Gewöhnlich
setzt man sein Leipziger Ordinariat um 1436 (so auch
v. Gerber). Indessen mag man hieran zweifeln. Denn schon
Ende März 1434 wird in einer landesherrlichen Urkunde
(Codex dipl. Saxoniae regiae p. II tom. IX pag. 183)
C o n r a d D o n e k o r f f (anderwärts: Tonekorp, Donne-
karppe) „lerer in geistlichen rechten, unser juristen und
geistlichen rechten ordinarius unser universitäten zu leipzig"
genannt und von ihm gesagt: „die wyle er unser schule
des geistlichen rechtes vorweser und vorstcher" ist. „Dominus Conradus Donekorff" ist schon Wintersemester 1411

---

1) Verzeichniss der Rectoren bei G e r s d o r f, Beitrag zur Gesch.
der Univ. Leipzig (1869) S. 24. Nebildau war später Kanzler des
Kurfürsten Friedrichs II. von Sachsen.

2) Z a r n c k e, Statutenbücher p. 157.

in Leipzig immatriculirt, Sommer 1426 war er dortselbst
(als Lic. Decretor. und Canonicus an der Marienkirche zu
Halberstadt bezeichnet) Rector. 1431 ist er unter den
Merseburger canonici aufgezählt, welche die Wahl Joh. Bose's
zum Bischof vollzogen (de Ludewig, Reliquiae mss. IV p. 447).
Auch 1432 und 1433 erscheint er als residirender Domherr
zu Merseburg, dazwischen (1432) kommt er als „Lehrer
(doctor) in geistlichen Rechten zu Halberstadt" vor. Im
Jahre 1443, vielleicht schon früher, hatte er auf das Ordinariat
verzichtet. Er war bereits 1437 zum Decan der Domkirche
in Halberstadt emporgestiegen, wahrscheinlich hat er dort
Residenz genommen. Gestorben vor 11. März 1449.
Decretorum Dr. und Ordinarius nennt ihn eine unter seiner
Amtsführung gehaltene Probevorlesung, welche in einem
Manuscript der königl. Bibliothek zu Königsberg i. Pr.
(Steffenhag. CCCCII) sich erhalten hat. Nach all' dem
erscheint es als wahrscheinlich, dass die Reihenfolge der
Leipziger Ordinarien nicht Radewitz, Westphal, Donekorff
war, sondern: Radewitz (bis etwa 1435), Donekorff (etwa
1435 — 1436), Westphal (etwa 1436 — 1442).

Auf etwas sichereren Boden gelangen wir mit dem nun-
mehr folgenden: Theodorich von Boxdorf (Dietrich
von Burcksdorff, Bucksdorf, Buckingstorf,
Buckersdorf, Boxsdorff), einem höchst bedeutenden
Mann. Stobbe hat ihn in der ersten Abtheilung seines
Werkes mehrfach erwähnt und (S. 384 f.) schätzbares
Material zur Biographie desselben mitgetheilt. Unrichtig ist
Stobbe's Angabe des Todesjahrs: Boxdorf ist nicht 1461,
sondern 1466 gestorben[1]), nachdem er erst im Jahre 1463
Bischof von Naumburg geworden war[2]. Da er nach glaub-

---

1) Merzdorf in seiner Ausgabe von Wimpina, Centur. no. XXI p. 35, 36.
2) Im Jahre 1462/63 wird er als Mitglied des Collegium maius zu
Leipzig verzeichnet, dabei findet sich der Zusatz: „discessit Numburgam,
ubi episcopus factus est".

hafter Ueberlieferung 24 Jahre in Leipzig gelehrt hat [1]), muss
er 1439 seine dortige Docentenlaufbahn begonnen haben,
was damit stimmt, dass er in jenem Jahre (im Sommersemester), damals schon V. I. D., das Rectorat bekleidete [2]).
Denn es war löbliche Sitte, neuangekommene Universitätslehrer baldmöglichst zu Rectoren zu wählen. Schon 1425
war Boxdorf in Leipzig immatriculirt worden, 1426 hatte
er den Grad eines Baccal. artt. erlangt. Wo er in der
Zwischenzeit sich aufhielt, ist unbekannt. Wenn weiter
angegeben wird, Boxdorf sei 1449 (Stobbe: circa a. 1449)
Ordinarius der Juristenfacultät geworden, so muss ich die
Zeitbestimmung für unrichtig halten, denn schon unter dem
28. Jan. 1443 erscheint er urkundlich als ordinarius in
facultate iuridica (Cod. dipl. Saxon. regiae p. II tom. IX
p. 194) und „Lehrer beider Rechten, Thumherr zu Nuem-
burg und Ordinarius des geistlichen Rechtens zu Leipzig",
oder „Ordinarius" schlechtweg wird er genannt auch in
Urkunden der Jahre 1445 bezw. 1446 [3]). Handschriften
aus seiner Bibliothek befinden sich noch in der Leipziger
Rathsbibliothek. So ein a. 1456 zu Leipzig geschriebenes
Manuscript von Nic. Tudeschis, Lectura super II libr.
Decretal. [4]), ein Manuscript von Jo. de Imola, Lectura
super Clementinas [5]), ein Manuscript von Gratians Decret
mit der Glosse [6]) und andere [7]). Boxdorf hatte einen Theil
dieser Handschriften den Stiftungen legirt, die von ihm zu

1) Wimpina l. l.

2) Zarncke, Urk. Quellen p. 586.

3) Zarncke, Urk. Quellen p. 768, 769; cf. 721, 722. Statutenbücher p. 10, 240 sq., 242.

4) Naumann, Catal. libr. ms. p. 82 nn. CCLII—CCLIV; cf. auch
ibid. nn. CLVI und CLVII.

5) Naumann l. l. p. 83 nn. CCLXIV und CCLXV.

6) Naumann l. l. p. 79 n. CCXLII.

7) Naumann l. l. p. 83 nn. CCLXVI—CCLXVIII.

Gunsten unbemittelter Studenten gemacht worden waren [1]).
Die Schriften Boxdorfs anlangend, füge ich dem von Stobbe
Beigebrachten noch Folgendes hinzu.

1) Das Remissorium zum Sa. Sp. Eine in der Dresdner
Bibliothek befindliche Papierhs. des Remissorium (Ms. 24, vgl.
Homeyer's Verzeichniss N. 60), die 1475 geschrieben
ist, führt auf dem letzten Blatte das Rubrum: Dis Remissorium hat der Erwerdige in Got vater vnnd herre, here Theo-
doricus vonn Bockstorff, Biscof zue Nunberg, seliger obir
den Sach(ss)enspiegel, Wichbilde vnnd Lehenrecht gemacht.
Anno etc. 1453 jare. [2]) In der Leipziger Rathsbibliothek
befindet sich eine Handschrift von Bockstorfii Remissorium
Specul. Saxonici [3]), wohl dieselbe, welche B o x d o r f selbst
in dem in seiner Stiftungsurkunde vom 14. März 1463 enthaltenen Bücherverzeichnisse: Remissorium meum vulgare
magnum "super Speculum Saxonicum et super alios libros
vulgares" nennt. Ausserdem verzeichnet Boxdorf noch: Remissorium meum scholastice manu mea propria de parvis
cartis conscriptum et ligatum cum ceteris recollectis super
quarto decretalium. Es möchte indess zweifelhaft erscheinen,
ob wir es hier nicht mit einem Remissorium, d. h. Inhaltsverzeichniss, zu Stücken des canonischen Rechtsbuches zu
thun haben. Auch bei F e l l e r [4]) wird „Boxsdorffs Registrum
über das Land-Recht, Lehn-Recht und Weichbild" catalogi-
sirt. W i m p i n a zählt unter den Schriften Boxdorf's auf:
„Remissorium super" (Spec. Sax.) l. I. Das Manuscripten-

---

1) Die Jahreszahlen 1475 resp. 1479 unter den anscheinend von
Boxdorf selbst herrührenden Inscriptionen sind von N a u m a n n wohl
falsch gelesen, anstatt 1455 und 1459. Die Stiftungsurkunde selbst findet
sich abgedruckt in Cod. dipl. Sax. reg. p. II tom. VIII p. 292 f. Wir
kommen auf dieselbe im Texte zurück.

2) Serapeum 1855 p. 222, 223.

3) N a u m a n n, Catalog. p. 95 n. CCCX.

4) Catal. mss. bibl. Paulin. p. 240.

verzeichniss der ehemaligen „lieben Frauen Stifts-Bibliothek"
zu Halberstadt enthielt einen Cod. pap. ms., worin vier verschiedene „Registra sive indices" zum Sa. Sp. etc. sich befanden, darunter „Theodori de Bockenstorp Ordinarii in
Lipsia et postea episcopi in Numburg. Remissorium iuris
Saxon. super Landrecht, Lehnrecht et Wyckbilder Recht.
Obiit 1466. Erat vir illorum temporum doctissimus et
hoc remissorium antiquo Saxonum idiomate congessit; cujus
videtur prae Thoma de Buckensdorff fuisse peritissimus."
Daneben findet sich in demselben Codex: „Thomae de
Buckenstorff Magistri seu Doctoris iuris canonici (d. i. Tammo
von Boxdorf, 1399 bei der Juristenuniversität Prag imma-
triculirt, später Doctor decretorum und Domherr in Merseburg, starb nach 1460) registrum super Landrecht, Lehnrecht, Wyckbilder Recht dialecto Misnia conscriptum iussu
Güntheri de Swartsborg archiepiscopi Magdeburgensis." (Vgl.
Neue Mittheilungen, herausgegeben vom thüringisch-sächsischen Verein, 12. Bd. [Halle 1868] S. 112.) Eine andere
Handschrift des Registrum Theodorici de Bockstorp in
derselben Bibliothek trug die Jahreszahl 1455 (Ebendas.
S. 112 n. 28).

2) Ferner erwähnt Wimpina unter den Schriften Boxdorfs: „Additionum super speculo Saxonum l. I." Damit
sind die Additionen Boxdorfs zur Sachsenspiegelglosse gemeint, welche schon in der Baseler Sachsenspiegel-Ausgabe
von 1474 vorkommen und in der Leipziger Ausgabe von
1488 ausdrücklich „hern Theodricus von Bockssdorff" zugeschrieben werden. Wahrscheinlich, dass auch Tammo v. Boxdorf einen Antheil daran hat (vgl. Homeyer, Sächsisches
Landrecht. 3. Ausgabe. Einleitung S. 75 Note*), doch
wird man Theod. v. Boxdorf die Hauptautorschaft nicht be-
streiten können. Chilian König (Practica c. 8) schreibt
die Addition des 46. Artikels auf das Wort „vormunde"
dem „Tammo de Buckssdorff Doctor" zu. In den Con-

silien Henning Gödes (starb 1521) dagegen (Edit. 1544
fol. LXXb) findet sich folgende Stelle, die offenbar auf
Theodorich v. Boxdorf sich bezieht: „Tertio et clarius
attestatur et affirmat hoc idem dominus D. Joan. (sic!)
Bockedorff, olim Episcopus ecclesiae N., in dicto iure Saxonum practicus experientissimus, ac maximae autoritatis, et
qui in eodem iure varias fecit additiones, quae sic ante
et post eum inconcussae obseruatae sunt, in additione quam
ponit ad allegatum c. Lehenr. XXXII et in additione quam
ponit Lehenr. c. XXXVij et in notatis suis, quae posuit ad
arborem consanguinitatis vulgariter et in regulis successionum
de iure Saxonum, in quibus constanter firmat, quod de iure
Saxonum nemo succedit in feudo quocunque nouo aut auito,
nisi filius." Hier sind dem Theodorich v. Boxdorf ausser
den Additionen zum Sachsenspiegel also auch noch

3) zugeschrieben:

a) Notata quae posuit ad arborem consanguinitatis vulgariter (d. h. in deutscher Sprache) und

b) Regulae successionum de iure Saxonum.

Dass unter a) die sogenannten, von Wasserschleben
(Princip der Successionsordnung S. 125 ff, vgl. S. 24) dem
Tammo v. Boxdorf zugeschriebenen Sippzahlregeln, unter b)
die von Chilian König ebenfalls Tammo v. Boxdorf vindicirte
Arbeit: „Von succession vnd erbe zunehmen, nach Sächsi-
schem Rechten" zu verstehen, unterliegt wohl keinem Zweifel.

Ob und in wie weit aber die Autorschaft dieser Stücke
Tammo v. Boxdorf oder Theodorich v. Boxdorf zuzuschreiben
sei, getraue ich mir nicht zu entscheiden. Die Frage ist
keineswegs, wie Steffenhagen (in der Zeitschrift für
Rechtsgeschichte 4. Bd. S. 201) meint, abgeschnitten durch
die Ueberschrift im Cod. nro. 36 des Königsberger Ge-
heimen Archivs: „Diss seint die regelnn Buchssdorffers zcu
nehmen nach sechischem rechten." Vielleicht gehört der
Theil der Sippzahlregeln Theodorich v. Boxdorf allein an,

welcher bei R o t s c h i t z (Ausgabe von 1535 p. 197) überschrieben ist: „Emendationes notandae errorum" (bei W a s -
s e r s c h l e b e n S. 131—134). Jedenfalls haben beide Arbeiten
einer mehrmaligen Redaction mit Zusätzen, Umstellungen etc.
unterlegen und es ist sehr wahrscheinlich, dass auch Theodorich v. Boxdorf irgendwie daran betheiligt war.

4) Ferner sind zu erwähnen die von B ö h l a u in der
Zeitschrift für Rechtsgeschichte (I. S. 415—458) edirten Klage-
und Antwortsformulare Theodorichs v. Boxdorf. Vgl. darüber
auch B ö h l a u in der Zeitschr. für Rechtsgesch. Bd. 8 S. 194.

5) Wimpina zählt noch weitere Schriften Theodorichs
v. Boxdorf auf:

In iura municipalia l. I.

Consilior. vol. ingens l. I.

Lectura super Decretalib. l. I. volumen grande.

Davon ist meines Wissens nichts geblieben; doch finden
sich in Handschriften hin und wieder Consilia von Boxdorf.
Böhlau (Noue Constitutiones p. XXIX) giebt Nachricht
von Entscheidungen Theodorichs v. Boxdorf, welche in einer
Sammlung von Rechtsregeln und Rechtsfällen mit der Ueberschrift: „Informationes domini ordinarii, quas Magdeburgen-
sibus dederat ad petita, dummodo grauiter in sentenciando
oberrauerunt" (miteingebunden in ein Görlitzer, sonst Schöffen-
urtel enthaltendes Manuscript des 15. Jahrhunderts) sich vorfinden. Vgl. auch B ö h l a u in der Zeitschrift für Rechtsgeschichte Bd. 8 S. 173. Die praktische Thätigkeit Boxdorfs
anlangend, bedarf es kaum der Hinweisung auf das Consiliorum volumen ingens, welches er hinterlassen haben soll,
um die Annahme zu rechtfertigen, dass dieselbe höchst bedeutend und einflussreich war. In gleichzeitigen Urkunden
kommt er mehrfach als Schiedsrichter[1]) und Vermittler[2])

---

1) Z a r n c k e, Statutenbücher p. 240 sq. 242. Cod. dipl. Sax. reg.
p. II t. III p. 132, 133; p. II t. IX p. 274, 275.

2) Z a r n c k e, Urk. Quellen p. 768, 769.

vor. Auch bei Proclamirung neuer Statuten der Universität Leipzig (11. Januar 1445) war er betheiligt, wie er denn auch als Reformator derselben genannt wird. [1]

Von dem nun folgenden Ordinarius der Universität Leipzig, Johann Scheybe (Schybe), der in die Jahre 1463—1479 gesetzt wird, weiss ich wenig zu berichten. Urkundlich kommt Johanns Scibe, artium liberalium magister, in decretis baccalarius, syndicus et procurator proconsulum consulum ac totius communitatis opidi Lipczensis im Jahre 1451 (19. September und 20. November) vor (Cod. dipl. Sax. reg. II VIII. n. 280, 282); ebenso 1452 (18. Januar und 14. April; ebendaselbst n. 283, 285). Noch 1458 wird er als Artt. Mr. und Notarius civitatis Lips. urkundlich verzeichnet. [2] Als kurfürstlicher Canzler erscheint er in einer Urkunde vom 2. März 1470 (Cod. dipl. Sax. reg. II VIII p. 378). Sein Ordinariat weist für das Jahr 1466 v. Langenn urkundlich nach (v. Gerber). Indessen vermag ich diess nicht mit anderen ziemlich sicher scheinenden Nachrichten zu vereinigen. Denn schon im Sommer 1463 ist „Joh. Evernhusen de Gottingen[3]) Artt. Mr. et Decretor. D." Rector der Universität Leipzig[4]) und eine aus dem Ende des 15. oder Anfang des 16. Jahrhunderts stammende handschriftliche Randbemerkung in einem Königsberger Exemplar (Inc. No. 1680) von Johann v. Eberhausens Process (s. über denselben Muther, Gewissensvertretung S. 23 Note 1) giebt an: „Ille doctor fuit ordinarius Iuristarum In vniuersitate lipczensi 1464 etc." Wimpina[5]) allerdings setzt das

1) Ibid. p. 767. Statutenbücher p. 10.

2) Zarncke, Statutenbücher p. 63.

3) Wenn es in den Ausgaben des Wimpina n. L. (ed. Merzdorf p. 60) heisst: „Ioh. de Eberhausen nat. Saxo, ex Ottingensi opido oriundus", so ist das offenbarer Lesefehler der Herausgeber, oder Schreibfehler des Ms.

4) Zarncke, Urk. Quellen p. 589.

5) Centur. l. l.

Ordinariat Eberhausens auf 1480, sein Todesjahr auf 1484.
Allein auch das stimmt nicht. Zu Ende einer handschriftlichen auf der Leipziger Rathsbibliothek befindlichen Lectura
circa Decretalium titulos de sequestratione possessionum et
fructuum, de probationibus, de testibus et attestationibus [1])
liest man die Bemerkung: „Hoc caput fuit finitum in vigilia
b. v. (Dienstag, den 7. September) hora VII mane per egregium virum Dn. Iohannem euernhussenn decretor. doctor.
dominum meum et ordinarium iuridice facultatis studii Lipczensis, sero autem eiusdem diei antedicti, hora quasi VII.
cepit conqueri de dolore capitis et infirmitate. facta autem
fuerunt omnia supra dicta feria 3. (Dienstag) que fuit vigilia
ut supra. Durabat autem hec infirmitas (que a medicis
dissenteria dicebatur) usque in diem dominicum proxime se-
quentem (12. September). In sero quasi in me⁰ VI. et VII.
hore ubi ultimum sue vite clausit diem. anno LXXIX⁰" cet.
Sonach habe ich Grund anzunehmen, dass Eberhausen von
1464—1479 Ordinarius der Juristenfacultät Leipzig war.
Möglich dass er im Anfange als Viceordinarius, wie es
in späteren Zeiten oft vorkam, die Geschäfte des in Staats-
angelegenheiten abwesenden Ordinarius führte, möglich
auch, dass die eine oder andere urkundliche Ueberlieferung
falsch ist. Eberhausen hatte, nachdem er Winter 1450
seine Studien in Rostock begonnen (alte Rostocker Originalmatrikel) und sich hierauf nach Leipzig gewendet auch daselbst
den Grad eines Magister artium erlangt, seine juristische
Bildung in Italien (Padua 1460) geholt. In seinem Process [2])
bezeichnet er „do. anth. d'cas." als seinen Lehrer. Damit
kann nicht, wie ich früher annahm, Antonius Rosellus gemeint sein; einen gleichzeitigen Rechtslehrer: Antonius de
Castro, aber gab es nicht. Ich vermuthe daher, dass in

---

1) Naumann, Catal. p. 85, 86. n. CCLXXVIII.

2) Z. B. Sign. b iiiij.

Eberhausens Manuscript gestanden habe „do. an. d'cas." ═
dominus angelus de castro, was mit einer anderen uns aufbewahrten Nachricht aufs beste stimmt. Denn es befindet
sich zu Ende eines Angeli de Castro Lectura super Decretalibus enthaltenden Manuscripts der Rathsbibliothek zu
Leipzig [1]) folgende Bemerkung: „Finitus est iste secundus
liber decretalium una cum scriptis his per Honestissimum
utriusque iuris doctorem clarissimum dominum angelum de
castro ordinarium in iure canonico padue legentem XXII. die
mensis Ianuarii que fuit ipsa dies vincentii. Que quidem
scripta collecta sunt per me Ioannem encishusen de gottingen
artium magistrum lipsiensem in decretis baccalarium ibidem
in uniuersitate paduana ab eodem domino angelo me ibidem
pro tunc existente scholare in iure canonico. Laus deo A⁰
dni 1460." Dass nun statt encishusen („Enckhausen", wie
Naumann will) zu lesen sei euershusen, bleibt mir nicht
im mindesten zweifelhaft.

Wir besitzen noch von Eberhausen: 1) seine Vorlesungen zu Johann Urbachs Process (gedruckt, s.
die Vorrede zu meiner Ausgabe des Processus iudicii
Ioannis Urbach p. XVII sqq., Hain 2126); 2) die
bereits erwähnte Lectura circa Decretal. titulos de se-
questrat. possessionum et fructuum etc. (handschriftlich);
3) eine Quästio mit dem Anfang: „Quidam laicus uxoratus"
und der Unterschrift: „Joh. Eberhusen de Gottigen, arcium
magister et Decretorum doctor" in einem Codex der Königlichen Bibliothek zu Königsberg. [2]) Ausserdem erwähnt die
bereits angezogene handschriftliche Note in einem Königsberger Exemplar von Eberhausens Process noch „Declarationes arborum consanguinitatis, affinitatis et cognationis
spiritualis et legalis" desselben. In einem Sammelband der

---

1) Naumann, Catal. p. 85 n. 277.
2) Steffenhagen, Catal. n. LXXXIX. 24. p. 39.

Universitätsbibliothek Leipzig (Ms. 1478) findet sich: „Appellatio a sententia. lata a doctoribus Evernhusii et iam a iunioribus magistrorum nacionis Polonorum interposita." [1]

Was mir von Eberhausens Schriften bekannt, ist um nichts schlechter oder unbedeutender, als das Meiste, was gleichzeitige italienische Juristen geleistet haben.

Auf dem Titelblatt des mehrerwähnten Königsberger Exemplars von Johann v. Eberhausens Process ist dem Namen des Verfassers die Bemerkung beigeschrieben: „Alme vniuersitatis lipzensis ffuit Ordinarius Juris et predecessor Dñi Doctoris de Breitenbach."

Danach lässt sich denn annehmen, dass Johann von Breitenbach, I. V. D., von 1479 an Ordinarius in Leipzig gewesen sei. Manche setzen den Beginn seines Ordinariats auf 1484. [2] Als Zeit seiner Promotion wird 1465 angegeben. Gestorben soll er sein nach Einigen 1494, nach Anderen 1498, um 1502, 1507. Letztere Angabe hat die meiste Wahrscheinlichkeit für sich, jedenfalls steht fest, dass Breitenbach in den ersten Jahren des 16. Jahrhunderts noch zu Leipzig lehrte. [3] A l b i n u s (Meissnische Landchronik tit. 25 p. 237, 238) erzählt, er sei zu Frankfurt a./O. gestorben. Das beruht auf einer Verwechslung mit G e o r g v. B r e i t e n b a c h, welcher, nachdem er von 1525—1539 das Ordinariat der Leipziger Juristenfacultät inne gehabt 1540 als Canzler in die Dienste des Kurfürsten Joachim

---

1) Z a r n c k e, Urk. Quellen p. 729.

2) So z. B. M e r z d o r f in seiner Ausgabe von W i m p i n a, Centur. No. XLII p. 53. Vgl. M u t h e r, Gewissensvertretung S. 45.

3) Nicht nur, dass W i m p i n a 1. 1. sagt: „Claret adhuc apud Lipsenses a. d. 1498", es wurde auch im Jahre 1502 noch ein Buch von ihm gedruckt, worin er nicht als ehemaliger, sondern als gegenwärtiger Ordinarius zu Leipzig bezeichnet wird. S. auch Z a r n c k e, Urk. Quellen p. 613; Statutenbücher 28, 29, 632, 876 („sub ordinariatu Io. Breitenbach a. 1504").

v. Brandenburg sich begab. In seiner Jugend hatte Breitenbach italienische Universitäten besucht. Zu Perugia trug er
als Disputant von seinem Lehrer das Lob davon: „Iste
Ioannes de Alemania vere est doctus." Ich mag hier nicht
wiederholen, was ich in meiner Gewissensvertretung S. 40 ff.,
besonders S. 45 f., zur Geschichte des Eindringens der fremden
Rechte in die sächsischen Gerichte und über Breitenbachs
grossen Einfluss darauf, beigebracht habe. Kein Rechtslehrer der Leipziger Universität ist in dieser Richtung wichtiger als er. Ich will für diesmal mich darauf beschränken,
die mir bekannt gewordenen Schriften Johann v. Breitenbachs aufzuzählen.

1) Streitschriften über die unbefleckte Empfängniss der
Jungfrau Maria aus den Jahren 1489 und 1490. Sie sind
verzeichnet bei Panzer Ann. I p. 475 n. 24 p. 476
n. 27 und 29 p. 475 n. 26 (vgl. Hain Rep. 3768, 3769,
3777 und Serapeum 1852 p. 208, 1853 p. 93). Die Gegen-
schriften Georgii Orterii de Frickenhausen s. bei Panzer I
p. 475 n. 25 und I p. 476 n. 28, Hain 12107, 12108.
Sämmtliche Stücke befinden sich in einem Sammelband der
königlichen Bibliothek in Königsberg (Inc. nr. 1522).

2) Consilium an contribuentes iuxta tenorem litterarum
apostolicarum per D. Papam Innocentium VIII. concessarum
pro reparatione et restauratione ecclesiae collegiatae B. Virginis Mariae oppidi Freibergensis Misnensis Dioecesis
quadragesimalibus et aliis diebus, quibus esus butyri et
aliorum lacticiniorum prohibitus est, sine conscientiae scrupulo
butyro et aliis lacticiniis libere vesci possint. Lips. 1491. 4⁰.
Vgl. Panzer I p. 476 n. 35, Hain 3767. Dieses wider die
für Freiberg erlassenen päpstlichen Butterbriefe gerichtete
consilium hat von Seckendorff (Hist. d. Lutherth. Leipz.
1714 p. 39) extrahirt.

3) Perutilis repetitio famosi C. Omnis vtriusque sexus
de penitent. et remis. Am Ende: Anno domini 1. 4. 9. 3.

tempore quadragesimali In vniuersitate Lyptzensi in scolis
Iuristarum publice lecta . . . Impressa Lyptzk per Grego-
rium Bötticher Anno quo supra die 11. Mensis Aprilis. fol.
Panzer Ann. I p. 479 n. 55, Hain 3774. Diess scheint
2. Ausgabe zu sein, eine Ausgabe Lips. per Gregorium
Boetticher s. a. 4 s. bei Panzer I 501 n. 293.

4) Utilis Tractatus de successionibus ab intestato. Lips.
per Gr. Bötticher. 1494. 4. Panzer I 481 n. 82, Hain
3773. Worauf sich Hains Angabe, dass dieser Tractat Joh.
v. Breitenbach angehöre, stützt, weiss ich nicht.

5) Repetitio C. Lator de homicid. Lips. Wolfg. Steckel
de monaco. 1498. 4⁰. Panzer I p. 490 n. 165, genauer
bei Hain 3772. Inhalt: Qui ludi sint prohibiti qui per-
missi; an ludus per ollam vulgariter appellatus sit licitus ;
qua poena puniantur lusores; an valeat contractus inter lusores initus et celebratus ; an et quando vincens in ludo
teneatur id quod vicit seu lucratus est, restituere, et cui ;
multa alia circa ludum valde notanda

6) Repetitio C. si quis librum. Lips. Jac. Thanner.
1498. 4. Hain 3775.

7) Repetitio C. Sententiam sanguinis ne clerici vel monachi. Am Ende: Repetitum et resumptum est hoc c. Sententiam sanguinis in alma vniuersitate Liptzensi Ex commissione et mandato egregij ac eximij viri dñi Iohannis de
Breytenbach. vtriusque iuris doctoris inclyte facultatis iuridice inibi ordinarij Per venerabilem virum Iohannem Cera-
siauum de monte regio decretorum Baccalarium Collegij
sancti Thome apostoli. ibidem canonicum regularem. Im-
pressumque per Melchiorem-Lotter ciuem Liptzeñ. Anno
xp̄i. M.CCCC.XCIX. 4⁰. Vgl. Hain 3771. Es mag zweifelhaft
erscheinen, ob diese Repetitio Breitenbach zum Verfasser hat,
oder Johann Kirschmann (Kyrszmann, Cerasiauus),
welcher auch eine Lectura arboris utr. iuris consanguinitatis etc.
(Lips. Wolffg. Monac. 1505. fol.) drucken liess.

8) Repetitio C. a nobis de deci. Lips. per Melchiorem Lotter 1500. 4. Panzer I p. 497 n. 243, Hain 3776.

9) Repetitio elegantissima c. I de statu Monachorum et Canonicorum. 4⁰. s. l. e. a. (Lipsiae). Genau bei Hain 3770.

10) Additiones ellegantissime Specta | bilis et Egregij domini Johannis | de Breittenbach vtriusqz Juris do | ctoris, Juracanonica in florentissimo Studio Liptzeñ. ordi | narie legentis, ad lecturam Io. an. super Arbore consangui- | nitatis et affinitatis. Am Ende: Impssum Liptzck per Baccalariū wolfgangū monacensem Anno. 1502. Fol. goth. Schrift. 1 und 15 Bll. mit Zahlen, dazu 6 Bll. Repertorium. Nach dem in meinem Besitz befindlichen Exemplare.

11) Hie und da finden sich auch Consilia Joh. v. Breitenbachs abgedruckt. Mir sind bekannt:

a) Consilium de Cambsoribus et mensariis in Henningi Goden Consilia ed. M. Kling (Viteb. 1543. fol.) fol. CL^b.

b) Consilium de transactione. Ibid. fol. CCLI sqq.

c) Consilium „de validitate sententiae." Ibid. fol. CLXV sqq.

d) Consilium „utrum scultetus syndico sit praeferendus" vom Jahre 1493 in Responsorum siue consiliorum iur. Dñi. Doctoris Laurentii Kirchovii IC^ti. etc. T. V (Francof. 1578. Fol.) Consil. XXXI.

e) Rechtsgutachten Johann's von Breitenbach über die Frage, ob und in wie weit der neugewählte Bischof Johann VI. (v. Saalhausen) zu Meissen die Schulden seines am Allerheiligentage 1487 verstorbenen Vorgängers, Joh. v. Weissenbach, zu bezahlen schuldig sei. Cod. dipl. Saxon. reg. p. II tom. III p. 275.

12) Handschriftliche Consilien. Hervorzuheben sind:

a) Informationes iuris et facti ʿper spectabilem et egregium virum, dominum Ioh. de Breittenbach utr. iur. drem.

ac praeclarae iuridicae facultatis florentissimi studii Liptzensis ordinarium concepta, anno domini nostri MDI de mense Novembris] quod Concordia, super causis criminalibus studentium inter florentissimam universitatem ex una et praeclaram civitatem Liptzensem partibus ex altera inita ac acceptata, sit iuri et aequitati naturali conformis ac ut iusta rationabilis et aequa, omnino seruanda. Vgl. Zarncke, Urk. Quellen p. 632; Muther, Aus dem Universitäts- und Gelehrtenleben S. 145.

b) Consilium super canonisatione Benonis olim Episcopi Misnensis petita a Martino Abbat. Cellae apud Alexandr. VI pap. Vgl. Feller Catal. p. 310. Ueber die Canonisation Benno's s. Seidemann, Erläuterungen p. 80 ff.

c) Consilium de duobus studentibus und

d) Consilium de compactatis, beide erwähnt bei Zarncke, Urk. Quellen p. 535.

Manches Andere von Joh. v. Breitenbach wird sich noch in Leipziger Codices auffinden lassen. So besitzt die Leipziger Rathsbibliothek ein Manuscript mit „Varia Jo. Breytenbachium concernentia." [1]

Diess über die Leipziger Ordinarien des 15. Jahrhunderts. Werfen wir einen Blick zurück, so wird kaum Jemand behaupten mögen, die Männer, deren ausführlicher gedacht wurde, seien durchgängig „völlig unbedeutend" gewesen. Sie waren diess — mögen ihre Schriften einen wissenschaftlichen Werth oder Unwerth haben, wie sie wollen — schon deshalb nicht, weil sie auf das Rechtsleben ihrer Zeit und die Rechtsentwicklung der Nation einen entscheidenden und nachweisbaren Einfluss übten.

---

1) Naumann, Catal. p. 119 n. CCCLXXVII. Zarncke, Urkundl. Quellen p. 725.

„Aber es waren ja dieselben durchaus Canonisten", möchte Jemand einwenden, „und von diesen giebt Stobbe, wie vor ihm schon Stintzing, zu, dass sie weit früher zu zahlreicher Vertretung und erfolgreicher Lehrthätigkeit kamen, als die Civilisten." Darauf ist zu erwiedern, dass die praktische Wirksamkeit jener Leipziger Ordinarien des canonischen Rechts (wie der canonistischen Rechtslehrer an deutschen Universitäten überhaupt) keineswegs auf Anwendung des Rechtes der Kirche in geistlichen Sachen und bei den geistlichen Gerichten beschränkt blieb, dass sie vielmehr, wie ihre Consilien und schriftstellerischen Arbeiten bezeugen, recht wohl auch das römische Recht kannten und dessen Application auf deutsche Verhältnisse unternahmen.

Es zeugt geradezu von Unkenntniss der mittelalterlichen Verhältnisse und Zustände, wenn man Doctores decretorum, die als kirchliche Würdenträger (Bischöfe, Domherren etc.) erscheinen, deshalb als „Theologen" im heutigen Sinn betrachten will und daran die Behauptung schliesst, dieselben hätten dem römischen Recht nur deshalb ihre Aufmerksamkeit zugewendet, weil es als Quelle des canonischen Rechts galt. Der Weg zu hohen Aemtern in den Canzleien auch der weltlichen Fürsten stand vorzugsweise Clerikern offen, aus den Pfründen, die sie besassen, zogen oder verbesserten sie ihr Einkommen, sonst blieb ihnen „die Theologie" oft ziemlich gleichgültig. Man kann sogar nachweisen, dass hie und da selbst Doctoren der Theologie als ihr eigentliches Fach die Jurisprudenz betrachteten und um diese zu erlernen ausländische Universitäten besucht hatten. Viele jener geistlichen Pfründenempfänger und weltlichen Staatsmänner oder Advocaten waren ja auch in beiden Rechten graduirt. Und es findet sich neben ihnen und anderen Doctores decretorum immer noch eine nicht unerhebliche Zahl von Doctores legum resp. DD. iuris utr., welche auch durch Lehrvorträge das Civilrecht vertraten. Allerdings war bei Einrichtung der

Universität Leipzig keine Besoldung (Stipendium) für Legenten
des Civilrechts ausgeworfen worden; „sallariati" waren selbst
um die Mitte des 15. Jahrhunderts nur Canonisten, es gab
einen „Ordinarius in iure Canonico", ein „Ordinarius in iure
civili" d. h. ein mit einer für Civilrecht fundirten ordentlichen
Lehrerstelle (Lectura ordinaria) versehener Doctor, wie er bei
Stiftung mancher anderen deutschen Universitäten vorkommt,
fehlte. Daher auch die besondere Stellung, welche in Leipzig
noch in späterer Zeit der Ordinarius (iuris canonici) als
Innhaber der ersten und obersten Stelle in der Juristen-
facutät einnimmt. [1]) Aber schon 1457 geschieht Erwähnung einer obligatio Friderici fundatoris in 40 flor.
annuis aut beneficio ecclesiastico pro doctore prae-
lectore legum (Zarncke, Urk. Quellen p. 542) und 1467
verordnet Papst Paul II. auf Bitte der Herzöge, dass einige
für MM. artium bestimmte Stellen im Collegium maius ein-
gezogen und die Einkünfte pro legentibus in iure civili
verwendet werden sollen (Zarncke a. a. O. p. 700 cf. p. 703;
Stintzing Zasius S. 332). Wir würden jedoch irren,
wenn wir aus dem Mangel an besoldeten Lehrerstellen für
Civilisten schliessen wollten, die Facultät habe lediglich
aus Canonisten bestanden. Es wurden, wie kaum zu bezweifeln ist, in Leipzig Promotionen im Civilrecht und in
beiden Rechten von früher Zeit an vorgenommen und diess
konnte nur durch Legisten unter Einhaltung strenger Normen,
die namentlich längeres Universitätsstudium des Civilrechts und
im Examen zu erprobende Kenntniss desselben vorschrieben,
geschehen. In der That lässt sich denn auch eine Reihe
von Universitätslehrern nachweisen, welche Doctoren des
Civilrechts resp. beider Rechte waren und zweifelsohne das
Civilrecht in der Facultät, wie durch Lehrvorträge, vertraten. So kommen als Rectoren der Universität vor: Her-

---

1) Aehnlich Hommel, Lit. iur. (ed. I) p. 406.

mannus Steynberg de Duderstadt, iur. ciuil. D. (Sommer
1457); Joh. Erolt de Zwigkawia, decretor. Bacc. atque
LL. D. (Winter 1479), der spätere Canzler des Herzogs
Albrecht zu Sachsen. [1]) Von vielen Baccalarien des Civil-
resp. beider Rechte, die als Lehrer thätig waren, erwähne
ich nur Heinrich Grefe aus Göttingen (1485 Rector,
1485—1486 Mitglied des Colleg. minus, 1486—1521 Mitglied des Colleg. maius), welcher auch als juristischer Schriftsteller sich versuchte. Von ihm existiren:

1) Lecturae quatuor arborum consanguinitatis etc. 1498.
Fol. Panzer J 492 n. 187. Königsberger Bibliothek
Db. 242. fol.

2) Vtilis repetitio § si quis L. Lex Cornelia ff. de
Iniuriis et famosis libellis et L. unicae C. de famos. libell.
Continens plene materiam iniuriarum et famosorum libellorum.
Lips. per Iacob. Thanner Herbipolensem. 1498. 4⁰. Panzer
I 491 n. 180, Hain 8051.

3. Wimpina (n. LX) zählt folgende Schriften von ihm auf:

De testamentis l. I.

Supra reg. iur. l. I.

De priuilegiis student. l. I.

De successionibus l. I. [2])

Die Lehrer des Civilrechts in der Leipziger Facultät
waren, obwohl ohne lectura ordinaria, doch ordentliche recipirte Facultätsmitglieder („incorporati doctores" nach dem
Ausdruck der Leipziger Statuten). [3]) Dazu zählen wohl alle
oder die meisten der von Zarncke (bei Stintzing a. a. O.

---

1) 1486—1500. Vgl. v. Langenn, Herzog Albrecht S. 559.

2) Ueber andere schriftstellerische Erzeugnisse der Leipziger Schule
habe ich in meiner Biographie Christoph Kuppeners (Jahrbuch des
gem. deutschen Rechts VI. S. 149 ff., besonders S. 172 f., 182 f.,
wiederabgedruckt im Buche „Aus dem Universitäts- und Gelehrtenleben"
S. 129 ff.) gehandelt.

3) Hommel, Litterat. iur. p. 406.

S. 334) aufgezählten Doctoren des Civilrechts resp. beider
Rechte, unter denen Petrus v. Schleinitz, I. V. D., der
spätere Bischof von Naumburg, schon vor 1439 zu setzen
ist, da er zwischen Conrad Thus und Theodorich v. Boxdorf steht. Im Ganzen finden sich bis 1504: 18 DD. iur.
utr., 7 DD. LL., 33 DD. decretor., so dass die Differenz
zwischen 25 DD. des Civilrechts und 33 DD. bloss des canonischen Rechtes nicht gross ist.

Uebrigens ergiebt sich aus dem Mitgetheilten, dass das
Fehlen von Dotationen für Lecturen des Civilrechts an der
Universität Leipzig schon im Laufe des 15. Jahrhunderts als
Mangel anerkannt und dass wiederholt der Versuch gemacht
worden war, demselben abzuhelfen. [1] Diess gelang freilich
erst 1504 [2], allerdings etwas spät, wenn wir damit in Vergleichung stellen, dass in Rostock schon von Anfang an
(1419) neben zwei principales regentes in iure canonico auch
zwei principales regentes in legibus [3] und in Greifswald bereits 1461 drei Legistenstellen (neben drei canonistischen
Lecturen) [4] vorgesehen waren. Freilich scheint es in Rostock
sehr schwer geworden zu sein, die civilistischen Lectionen
in Gang zu bringen. Um die Einrichtung der jungen Universität hatten sich vor Anderen verdient gemacht: Henricus de Gheysmaria, sacr. theol. prof. et canonicus
eccl. b. Mariae Hamburgensis und Mr. Johann Voss, iur.
utr. baccal. (später Doctor), damals noch Protonotar der
Stadt Lübeck. Nun schreibt Henricus de Gheysmaria etwa
1420 an Voss: er werde oft gefragt, ob in Rostock lectiones
in legibus gehalten würden und antworte stets, dass mehrere

1) Zarncke bei Stintzing a. a. O. S. 332 und Urk. Quellen
p. 542 n. 12, p. 700 n. 5, cf. p. 703 n. 5. Statutenbücher S. 33, 34.
2) Näheres bei Zarncke a. a. O. Vgl. Muther im Jahrb. VI
S. 170, Universitätsleben S. 142.
3) Krabbe, Universität Rostock S. 91.
4) Kosegarten, Universität Greifswald 1 S. 92.

eingerichtet werden sollten und dass schon gegenwärtig eine
solche Lection stattfinde (Schröder, Papist. Mecklenburg
11. Alphabet p. 1819); aber in einem etwas späteren Brief
erwähnt Henricus: namentlich über die Juristenschule in
Rostock sei Klage; aus diesem und aus anderen Gründen wird
Voss aufgefordert mit dem Schreiber auf etwa acht Tage
nach Rostock zu reisen, um die Ordnung wieder herzustellen
(Schröder, Papist. Mecklenburg 11. Alphabet S. 1841.
Voss siedelte in der Folge (etwa Anfang 1421) selbst nach
Rostock über, um dort als Rechtslehrer zu wirken. Kurz
vor oder nach dieser Zeit beklagt sich ein neuberufener
Rechtslehrer, Ludolfus Gruwel, iur. utr. bacc., bei Henricus de Gheysmaria: er könne vom Rector nicht erlangen,
dass ihm ein Ort zum Lesen angewiesen werde „et sic plures
socii, qui propter me venerunt et adhuc venient, stant in
suspenso" (Schröder a. a. O. 10. Alphabet p. 1838). Im
Mai 1422 kam Conrad Thus V. I. D. nach Rostock, wie
ich vermuthe, um Promotionen vorzunehmen, namentlich um
die noch in niedrigeren Graden stehenden angestellten Rechtslehrer zu Doctores bezw. Licentiati zu erheben', denn es
erscheinen 1423 Joh. Voss und Tidericus Zukow, die
bis dahin als Baccalarii aufgeführt wurden, ersterer als I. V. D.,
letzterer als in iure can. Licentiatus. So benutzte man auch
October 1434 die Anwesenheit von Erfurter DD. theol., um
einen Rostocker Lehrer der Theologie promoviren zu lassen
(s. unten den 5. Aufsatz). 1426 erscheint als Rector ein
weiterer Civilist: Tidemannus Johannis, Lic. in Ll., der
1432 zum I. V. D. emporgestiegen ist, in welchem Jahre
als Rector auch Henricus Bekelin, iur. civ. Lic. (1435
V. I. D.) zum ersten Mal vorkommt. Neben ihm vertritt
seit 1435 Nicol. Wentorp in Ll. Lic. (später V. I. D.)
viele Jahre lang das Civilrecht.

III.

Ich glaube durch die bisherige Ausführung nachgewiesen zu haben, dass im Laufe des 15. Jahrhunderts wenigstens bei der Universität Leipzig weder die Vertreter der Jurisprudenz durchgängig unbedeutend genannt werden dürfen, noch dass dort, wie auch anderwärts, ein gänzliches Zurückstehen des Studiums des Civilrechts hinter dem Studium des canonischen Rechts behauptet werden kann. Stobbe's entgegenstehende Ansicht gründet sich auf Stintzings mehrfach citirte Mittheilungen. Aber diese sind, woran Stintzing selbst mahnt, unvollständig und es lassen sich auf dieselben allgemeine Behauptungen nur mit grosser Vorsicht stützen. Rostock erinnert an seine Mutteruniversität Erfurt. Von dieser z. B. sagt Stintzing, nachdem er als ersten Lehrer des Civilrechtes Conrad Thus erwähnt hat: „Sonst werden (14. und 15. Jahrhundert) keine Legisten genannt." Dem gegenüber verweise ich auf die Zusammenstellung der in der angegebenen Zeit zu Erfurt vorkommenden Juristen, welche unten im 5. Aufsatz sich findet.

Wenn ferner Stintzing von Cöln berichtet, der Einfluss dieser Universität auf das Rechtsstudium sei von jeher unbedeutend gewesen und es habe dort das Civilrecht die untergeordnete Dienerin des canonischen Rechts gespielt, so darf auch diess nicht ohne Weiteres zugegeben werden. Allerdings ist wahr, dass die Hauptbedeutung Cölns in seiner Theologen- und Artisten-Facultät ruhte, aber es lassen sich doch auch ganz ansehnliche Juristen nennen. Schon 1392 findet sich unter den stimmführenden Mitgliedern der Universitätscongregation neben 2 Decr. DD. 1 LL. D.; im März 1393 sind vorhanden 2 Decr. DD., 2 LL. DD., 1 Lic. utr. iur. und 1 Decr. Lic., daneben 1 LL. und 2 utr. iur. Bacc.; unter den Unterzeichnern der Statuten der Artistenfacultät vom 23. März 1398 sind 4 Decr. DD, 2 LL. DD.,

2 LL. Lic. und 8 Bacc. utr. iur. Die meisten Personen, denen wir hier begegnen, finden sich auch als Unterzeichner von Cölner Facultätsgutachten, über welche wir unten im 6. Aufsatz berichten werden. Von 1390 – 1450 zähle ich unter den Rectoren der Universität neben 6 DD. Decr. und 2 Lic. Decr.: 12 LL. und 5 V. I. DD., ausserdem 3 LL. und 2 V. I. Lic., sowie 2 LL. Bacc. Auch manches juristische Buch ist von Cöln ausgegangen. Die Bibliothek der St. Nicolaikirche zu Greifswald bewahrt einen handschriftlichen Commentar zum 4. Buch der Decretalen von Johann Spull, V. I. D., welcher im Jahre 1430 Rector von Cöln war (Pyl, Rubenow-Bibliothek S. 79'. In Kiel befindet sich ein Manuscript mit „Recollecta . . . ab . . . Joanne de Cervo . . . in alma . . . universitate Colon. anno domini 1477 facta etc. (Ratjen, Zur Geschichte der Kieler Universitäts-Bibliothek p. 103'. Johannes de Cervo, V. I. D., war 1476 Rector in Cöln. Ein anderer 1478 zu Rostock geschriebener Cod. ms. der Kieler Bibliothek enthält Mgri. Lopponis (?) AA. atque V. I. Doctoris Coloniensis Reportata super quatuor libros Institutionum (Ratjen, a. a. O. p. 102). Von Cöln stammte und war auch als Lehrer dort thätig (1432 Rector der Universität) Henricus Brunonis alias de Piro (Pyro), LL. D., Verfasser eines mehrfaoh gedruckten Institutionencommentars (s. l. e. a. cf. Hain 4014; Lovanii s. a. fol. cf. Panzer I p. 524 n. 113, Hain 4015; Coloniae per Johann. Koelhoff 1482 fol. cf. Panzer I p. 290 n. 100, Hain 4016; Venetiis 1601 cf. Spangenberg, Einleitung S. 318)[1]). In

---

1) Der Autor batte eine öffentliche Lehrerstelle für Digesten zu Löwen, wie sich aus der Nachschrift zur Löwener Ausgabe seines Buchs ergiebt. Trithemius (Catalogus Scriptor. ecclesiasticorum [Ed. a. 1531. 4] fol. CLII[b]) erzählt, er sei später Karthäuser geworden und in das Kloster S. Barbarae in Cöln getreten. „Claruit temporibus Frederici Imp. III. aⁿ 1470." Vgl. nunmehr über „Heinrich v. Birnbaum"

7*

Cöln war es ferner, wo der seit seinem 4. Lebensjahre er-
blindete Nicasius de Voerda, theol. Lic. Artt. et iur.
can. „Professor" [1]), hunderte von Zuhörern in sein Auditorium
zog. Er starb 1491 oder 1492 [2]) und hinterliess eine Lectura libri Institutionum (Colon. per Johann. Koelhoff 1493
fol. Hain 11746, cf. Spangenberg, Einleitung S. 318;
Lips. 1541 fol., cf. Spangenberg a. a. O.; Lugd. 1539
8 (in meiner Sammlung) und 1566 fol. cf. Hommel,
Litter. iur. p. 389), sowie Tabulae Affinitatis et Consanguinitatis nec non Cognationis spiritualis (cum Apostilla-
tionibus M. Io. Stehelin. Colon. 1502, 1503, 1505,
1506 und 1508 4. Vgl. Panzer IV p. 350 n. 24; 352
n. 42; 356 n. 81; 359 n. 112; 363 n. 150). Auch Ha-
ringus Sifridi Sinnama aus dem Haag in Friessland
(daher D. Haringo Synama Friess oder D. Friess
genannt), der Verfasser von Expositiones sive declarationes
titulorum utriusque iuris (Colon. 1491 fol. cf. Panzer I
304 n..193, Hain 14725; ibid. 1494 fol. Panzer I 308
n. 230, Hain 14726; ibid. 1500 fol. Panzer I 322
n. 347, Hain 14727) zählt zu den Cölner Rechtslehrern.
Schon 1491 soll er in Cöln über die goldene Bulle gelesen
haben [3]), 1495 wurde er zum neu errichteten Reichskammergericht berufen, dessen Eröffnung er ultimo October jenes
Jahres beiwohnte [4]), noch 1504 kommt er als Assessor des
Reichskammergerichts vor. Endlich nenne ich: Johannes

---

und sein Buch die eingehenden und befriedigenden Nachweisungen bei
Stintzing, Populäre Literatur S. 55 f.

1) So auf dem Titel und am Ende seines Institutionenwerks.

2) Vgl. über sein Leben Trithemius l. l. fol. CLIX[b] und nunmehr Stintzing, Popul. Literatur S. 184 u. 460.

3) v. Kaltenborn, Einleitung in das constitutionelle Verfassungs-
recht S. 217.

4) Harpprecht, Staatsarchiv p. 47, 50, 64. Vgl. nunmehr
Stintzing, Popul. Literatur S. 47 ff.

Kölner de Vanckel, Artt. Mr. et I. V. D. Ordinar.
iur. canon. Sein 1463 (zweifelhaft) verfasstes „Summarium
textuale et conclusiones (tam glossarum quam doctorum)
Sexti Decretalium et Clementinarum" ist zuerst 1484 und
1485 (Colon. per Johann. Koelhoff fol. Panzer I 202
und 294 nn. 119 und 126, Hain 9786) und dann
wieder 1488 (Colon. fol. Panzer I 298 n. 158, Hain
9787), 1493 und 1494 (Colon. fol. Panzer I 306 und 308
n. 224 und 332, Hain 9788) gedruckt. Im Jahre 1486
waren von ihm Notata super usibus feudorum (s. l. fol.
Hain 9789) erschienen und auch die Inhaltsübersicht (tabula alphabetica) zu der Cölner Ausgabe von Lanfranci de
Oriano Repetitiones etc. (1488 fol. Panzer I 299 n. 159
Hain 9882) rührt von ihm her.

Zeitgenossen von ihm sind die Mitunterzeichner eines
anscheinenden Facultätsgutachtens: [1])

Ioannes Fastardi de Bucho (Busco) legum doctor.

Lambertus von der Heggen decret. D.

Adam Kaltbecker legum doctor.

Nicolaus Nyssvviller de Aquis ll. doct.

Ioannes de Affelen utriusque iuris doct.

Nicolaus de Affelen iuris utriusque doct.

Ioan. Ervvyn de Rattenungen decr. D.

Wir werden kaum fehlgreifen, wenn wir in den Genannten, von denen sich die meisten als Cölner Universitätslehrer zwischen 1488 und 1513 urkundlich nachweisen
lassen, den Bestand der Juristenfacultät gegen Ausgang des
15. oder zu Anfang des 16. Jahrhunderts erkennen.

Von einem Cölner Rechtslehrer rühren wohl auch her:
„Flores Iuris vtr. ex voluminibus eiusdem laboriosissime
collecti et compendiosissime conscripti". Col. Agr. per
Petr. de Olpe. 1477 fol. Panzer I 280 n. 45, Hain

---

1) Bei Henning Goede, Consil. fol. XCI.

12371. Vgl. hierüber jetzt Stintzing, Pop. Lit. S. 123 ff., nach dessen Notaten meine frühere irrthümliche Titelangabe dankbar berichtigt wurde.

Die Universität Wien anlangend, wiederholt Stintzing Kinks Behauptung, dass an derselben bis 1494 ausschliesslich Kirchenrecht gelehrt worden sei. Wir stellen die Richtigkeit dahin, können aber nicht unerwähnt lassen, dass jedenfalls weit früher Doctoren des Civil- oder beider Rechte nachweisbar sind. Schon 1383 wurde nebst Anderen Heinrich v. Odendorp aus Cöln, Decr. D. und LL. Lic., später I. V. D. („nicht bloss Canonist, sondern auch namhafter Legist") von Paris nach Wien gezogen (Aschbach, Universität Wien S. 31, 44, 54, 408, 409), 1433 finden wir in der Juristenfacultät neben drei Canonisten: Hartung v. Capeln (Cappel) I. V. D. als ordinarius (Duellii Miscell. lib. I p. 222); um 1450 wird Nicolaus Simonis von Luxemburg, Decr. D. und LL. Lic., berufen, um 1460 Mgr. Wolfgang v. Herzogenburg, I. V. D. (Aschbach S. 309, 310); auch wurde a⁰ 1460 Mag. Georius Hesler vtr. iur. dr. ac canonicus eccl. Colon. (später Cardinal) in das Matrikelbuch der rheinischen Nation eingetragen; ebenso 1477: Nob. et generosus dñs. Joh. planckner de gottiaw arcium et vtriusque iuris doctor, can. et cancellarius zagrabiensis. Unrichtig ist es, wenn Stintzing (a. a. O. S. 327) nach Hieronymus Balbus aus Venedig (1493 berufen) und Joannes Silvius: „Dom. Bolfgangus Pachaimer de Gmunden, LL. D." als dritten Lehrer des römischen Rechts an der Universität Wien aufzählt (1500), denn 1499 wird im angezogenen Matrikelbuch eingetragen: „Mag. Ioh. Stephanus rews (Reusz) de Constantia artium et vtriusque Iuris doctor, lector ordin. Iuris cesarei in Vniu. Wien. (obiit Wiennae a⁰ 1514 etc.)" In demselben Jahre erscheint auch in der Matrikel: Mag. Vdalricus Kaufmann ex Campidona

(doctor legum et can. Wien.) [1]). Von Henricus de Odendorp ist eine Lectura (Repetitio) Capituli Omnis vtriusque
sexus de penitentiis et remissionibus (Impr. Memmingen per
Alb. Kunne de Duderstadt a⁶ dni. 1490 4. Panzer II
105 n. 18, Hain 11957) vorhanden [2]). Ferner ein hand-
schriftlicher Tractat De successione ab intestato (Greifswald; cf. Pyl, Rubenow - Bibl. S. 59). — Interessant ist
es, dass man schon um die Mitte des 15. Jahrhunderts
daran dachte, einen berühmten italienischen Legisten nach
Wien zu ziehen. Aeneas Sylvius macht in einem
Schreiben an den österreichischen Canzler Johann Meier
den Vorschlag, den Italiener Marianus Socinus (den
Aelteren, † 1467) nach Wien zu rufen. Wien sei Juristenuniversität' für Bayern, Schwaben, Franken, Böhmen und
Ungarn. Der Zug der Rechtsstudenten gehe allerdings jetzt
noch nach Padua und Pavia, aber sie würden in Wien
bleiben, wenn man dort einen tüchtigen Civilisten finde.
Dass Marianus Socinus dem Rufe folgen werde, sei
nicht zu bezweifeln [3]).

Auch anderwärts sah man sich, wie Stobbe (S. 13 ff.)
zeigt, um jene Zeit nach Lehrern des Civilrechts, besonders
nach Italienern um. Nur Weniges ist in dieser Beziehung
seinen Ausführungen hinzuzusetzen. So beantragte 1444
die Universität Heidelberg, wo schon 1387 Mattheus
Clementis LL. D. (aus dem Königreich Arragonien) als
Legent des Codex vorkommt und manche Andere im Civil-

---

1) Diese Nachrichten sind den „Mittheilungen aus dem Matrikelbuch
der rheinischen Nation bei der k. k. Universität Wien" entnommen, die
Kink 1852 in einem fliegenden Blatt gab.

2) Handschriftlich findet sich dieselbe in einem Codex der Erlanger
Bibliothek. Vgl. Irmischer, Handschriftencatalog S. 186 n. 651.
Ebenso in München, Wien (Aschbach), Greifswald (Pyl, Rubenow-
Bibl. S. 99) und anderwärts.

3) Epist. Aen. Sylvii (Coberger'sche Ausg. 1496 4⁰) Epist. 40.
Cf. über Socinus Ep. 112 und an denselben Epp. 39 und 221.

recht graduirte erwähnt werden, die Anstellung von zwei Lehrern des Civilrechts „quia cedit in magnum detrimentum universitatis et eius diminutionem, quod in ipsa non legitur ius civile: rogetur dominus, ut consilio suo et auxilio cooperari dignetur, quod habeantur duo Doctores, vel Doctor et Lic., qui ius civile legant (Hautz, Universität Heidelberg I S. 289, 300). In Freiburg (eröffnet 1460) musste man sich eine Zeit lang ohne Civilisten behelfen. Daher kamen 1479 die Scholaren der Rechtswissenschaft mit der Bitte ein, dass ein Legist berufen werde: „cum in singulis universitatibus circumcirca jacentibus, certis exceptis, Doctores Iuris civilis regerent et legerent, et ne nostra universitas discalciato pede ambularet." In Folge dessen wurde Gabriel Chabot, I. V. D. aus Chamberey, angestellt. Doch schon 1481 ging derselbe, durch eine Seuche vertrieben, nach Basel. Die Universität Freiburg aber, in der Absicht mit italienischen Juristen zu unterhandeln, setzte 1483 ihrem neu angestellten Syndicus die Bedingung, in Geschäften und auf Kosten der Universität bis zur Etsch zu reisen. In der That wurden später, aber erst nachdem die Legistenstelle durch D. Ulrich Kraft aus Ulm einige Jahre verwaltet war, zwei italienischen Gelehrten, einem Legisten und einem Canonisten, Berufungsanträge gemacht und zwar durch den Syndicus der Universität Mag. Philippus. Der Legist war Paulus Citadinus, I. V. D., Collegii Castellionei Rector, welcher am 20. August 1495 schriftlich erklärte, er werde nach Freiburg kommen, wenn sich nach Monatsfrist ein Bevollmächtigter der Universität Freiburg persönlich bei ihm einfinde. Diess geschah denn auch und wurde am 3. October d. J. zu Pavia die Zusage unterzeichnet. Citadinus machte sich verbindlich, während zweier Jahre zu Freiburg täglich $1^1/_2$ Stunden Iura civilia zu lehren, vorbehältlich der noch einzuholenden Genehmigung des Herzogs von Mailand. In ähnlicher Weise verpflichtete sich gleich-

zeitig Angelus de Bisutio, Decr. D., für ius canonicum.
Beide Doctoren waren Mailänder Bürger. Anfangs December
1495 wurden sie in die Matrikel der Universität Freiburg
und das Protocoll der Juristenfacultät eingetragen [1]).

In Tübingen lehrte ausser den von Stobbe Genannten
auch Hieronymus de Croaria, I. V. D., der 1492 und
1496 das Rectorat bekleidete. Später, seit 1497, war er
Ordinarius des canonischen Rechts in Ingolstadt [2]), wo er,
nachdem er 1507 als Fiskal bei dem Reichskammergericht
fungirt hatte, noch 1510 verweilte [3]).

Auf die einzelnen Universitäten näher einzugehen, würde
mich an dieser Stelle zu weit führen. Von Prag habe ich
absichtlich geschwiegen, weil namentlich die Verhältnisse
der dort von 1372 an abgesondert bestehenden Juristenuniversität gründlichere Untersuchung fordern, als sie hier
finden könnten. Ich will mich auf keine Kritik dessen
einlassen, was hierüber in neuerer Zeit z. B. von Stölzel
(I S. 79 ff.) ausgeführt wurde und m. E. zum Theil falsch
zum Theil unzureichend ist. Doch soll die Gelegenheit
nicht vorbei gelassen werden auf eine Thatsache aufmerksam
zu machen, die bemerkenswerth genug erscheint. Anno 1373
wird als Decretales ordinarie in studio Pragensi legens
genannt: Wilhelmus, Decanus Hamburgensis, Decretorum
Doctor. Was sich um diesen weiter kümmern, wird mancher
mit Stölzel sagen, ist doch „die geistliche Würde angegeben"
und „mit gutem Grund anzunehmen", dass wir einen „Canonisten und Geistlichen" vor uns haben. Und doch war
der Mann Jurist, gewiss eben so guter Jurist für seine Zeit,
wie irgend ein Obertribunals- oder Oberappellationsrath für

---

1) S. hierüber und über die weiteren Schicksale der obengenannten
Doctoren: Schreiber, Universität Freiburg S. 182—185.

2) Vgl. Prantl, Ludwig-Maximilians Universität I S. 115 ff.

3) Ein Consil von ihm d. d. 28. Febr. 1510 findet sich in Claudii
Cantiunculae Consil. p. 499. —

die heutige. Dieser Wilhelmus, Decanus Hamburgensis, scheint nämlich identisch zu sein mit dem Herausgeber der berühmten Sammlung von Decisiones Rotae Romanae, welche von 1376—1381 auf Beschluss des Collegii ausgeführt und dann veröffentlicht wurde. Als Sammler und Herausgeber wird genannt: Wilhelmus Horborch (oder Herbroch) Alamannus, Decret. Doct., auditor sacri palatii apostolici, welcher als jüngster unter den auditores Rotae zu dieser Arbeit von seinen Collegen gewählt worden war. Eine Handschrift der ehemaligen „Lieben-Frauen-Stifts-Bibliothek" zu Halberstadt ist nun verzeichnet als „Wilhemi Herborg Saxonis de Hamborch decretorum doctoris et auditoris Rotae decisiones sive conclusiones rotae Romanae etc. (Neue Mittheilungen des thür.-sächs. Vereins, Bd. 12 S. 115.) Somit bleibt kaum zweifelhaft, dass der obengenannte Prager Rechtslehrer zwischen 1373 und 1376 an die Rota Romana berufen war.[1]) Die Berufung eines Prager Juristen in die Rota steht nicht vereinzelt, denn auch jener Johannes Naso, welchen Stölzel als ersten in Prag vorkommenden iur. utr. Doct. bezeichnet (1402), begegnet uns später auf dem Constanzer Concil als sacri palatii apostolici causarum auditor (im Dec. 1415 auch als praesidens nationis Germanicae). Ueberhaupt lässt sich aus den Acten der grossen Concilien zu Constanz und Basel noch vieles für die Gelehrtengeschichte gewinnen. Bemerken will ich noch, dass die alte Erzählung, der Italiener Ubertus oder Ubertinus de Lampugnano, I. V. D. (Stobbe I 456), habe zu Ausgang des 14. Jahrhunderts in Prag Vorträge auch über Civilrecht gehalten, sich zu bestätigen scheint, denn ausser der bei König, Lehrbuch der juristischen Literatur I S. 324 f. abgedruckten Ankündigung einer

---

1) Während des Drucks kann ich zu meiner Freude nachtragen, dass, was ich oben vermuthe, schon vor Jahren als historische Thatsache nachgewiesen ist von J. M. Lappenberg in der Ztschr. des Vereins für hamburg. Geschichte II S. 331 und 643 ff.

Repetitio über C. un. de rerum permutatione aus dem Jahre 1380 ist uns von ihm noch geblieben eine „Quaestio de institutionibus in studio Pragensi 1385 sub praesidio Arici Meldeck de Schellenberg (1385 Rector der Prager Juristen-facultät) habita" (Manuscript in Greifswald; Pyl, Rubenow-Bibliothek S. 51).

IV.

Wenn wir die vorstehenden cursorischen und lediglich ergänzenden Ausführungen mit dem bei Stintzing und Stobbe nunmehr auch bei Stölzel sich findenden Material zusammen-halten, werden wir uns der Einsicht nicht verschliessen können:

1) dass eine geordnete und ständige Vertretung des R. R. an den deutschen Universitäten allerdings erst gegen Ende des 15. und zu Anfang des 16. Jahrhunderts erreicht wurde, obwohl

2) dieselbe schon seit Mitte des 15. Jahrhunderts (und vorher) angestrebt war, dass aber

3) trotz des Mangels fundirter Stellen eine nicht un-bedeutende Anzahl von DD. LL. oder DD. I. V. der Lehr-thätigkeit sich zugewendet hatte, und dass

4) die wissenschaftliche Bedeutung der deutschen Juristen den Italienern gegenüber nicht allzugering angeschlagen werden darf.

Um bei dem letzten Punkt noch einen Augenblick zu verweilen: Stobbe's Aeusserung über den niedrigen Werth der Leistungen deutscher Juristen bezieht sich auch auf das 16. Jahrhundert. Aber gerade hierin muss ich ihm schnur-stracks entgegentreten. Jene Pistoris, Schürpf, Fachs, Kling, Mynsinger, Gaill, Oldendorp und wie sie sonst heissen, entfalteten eine ähnliche Thätigkeit, wie dereinst die Glossatoren, sie vermittelten die Anwendbarmachung des antiken Rechts auf das moderne Leben, eine Thätigkeit, die zwar praktische Ausgänge und Ziele hatte, aber nicht ohne Aufwand grosser geistiger Kraft erfolgreich geübt werden konnte. Und dazu kommen die rein wissenschaftlichen Bestrebungen eines Zasius, Sichard, Haloander, Apel, Cantiuncula und vieler Anderer, die an Tüchtigkeit dem Bessten, was jener Zeit geleistet wurde, nicht nachstehen.

Unter den deutschen Juristen des 16. Jahrhunderts, die im Ausland studirten, hätte Stobbe noch gar manche nennen können. Chilian König z. B. war 1491 nach Italien gegangen[1]); um die Mitte der zwanziger Jahre des 16. Jahrhunderts (October 1525) ein anderer berühmter Zwickauer: Gregor Haloander (Meltzer; vgl. Flechsig, Gregor Haloander 1872). Simon Pistoris, I. V. D., der berühmte Leipziger Ordinarius und sächsische Canzler (geb. 28. October 1489, gest. 1562) studirte von 1510—1512 in Padua unter Jason de Mayno, Philipp Decius, Franciscinus

---

1) Ich benutze diese Gelegenheit, um die in meiner Gewissensvertretung S. 49 und im Jahrb. des gem. Rechts VI S. 169 ff. gegebenen Nachrichten über König nach gütigen Mittheilungen von D. Emil Herzog in Zwickau theils zu berichtigen, theils zu vervollständigen. König war nicht um 1460, sondern um 1470 geboren, 1491 ging er nach Italien und kam als I. V. D. zurück, in Zwickau wurde er dann in den Stadtrath gewählt. Canzler Herzogs Georg war er von 1508—1514 mit einem Jahresgehalt von 21 Schock Groschen. Hierauf zog er sich in seine Vaterstadt zurück, um das Syndicat zu übernehmen, welches er bis 1520 verwaltete. † Donnerstags nach Vincentii (25. Januar) 1526. 1516 war ihm seine erste, 1524 seine zweite Gattin (eine Tochter des Zwickauer Rathsherrn Urban Schwarzenberg) gestorben. — Ob König die ihm 1504 angetragene sächsische Canzlerstelle in Ostfriesland angetreten hat? Oder ob die Angabe, dass König 1508 Canzler geworden, auf einem Leseirrthum beruht und vielmehr sein Canzelariat auf die Jahre 1404—1510 zu verlegen ist? Mit letzterer Annahme würde stimmen, dass 1511 die Canzlerstelle in Ostfriesland wieder erledigt war, denn sie wurde Chr. Scheurl angeboten.

und Roc̨hus Curtius, Paulus Picus u. A.[1]) Sein Sohn
Modestinus Pistoris, I. V. D., hörte längere Zeit in
Pavia Alciat, in Padua Marianus Socinus den Jüngeren
(kehrte 1541 aus Italien zurück). Ein Schüler desselben:
Joachim v. Beust, I. V. D., ging 1544 nach Italien und
sass zu den Füssen der nämlichen Juristen. Gleichzeitig
war Ulrich Mordeisen, später I. V. D., Rechtslehrer in
Wittenberg und Leipzig, einflussreicher sächsischer Staatsmann, nach Padua gezogen. Der gelehrte Johann Musler
aus Oettingen ging erst nach seiner Leipziger Promotion
zum Doctor beider Rechte nach Padua, woselbst er zum
Consiliarius nationis Germanicae erwählt wurde (Weller,
Altes und Neues I S. 266 f.); sein Schüler Leonhard
Badehorn besuchte nach seinem ersten Leipziger Rectorat
Padua und promovirte daselbst 1544 zum I. V. D. (Allgemeine deutsche Biographie I S. 750). Seit dem dritten De-
cennium des 16. Jahrhunderts wurden auch französische Universitäten von Deutschen vielfach besucht. Aus Haubolds
und Hugo's Literargeschichten lässt sich ein Verzeichniss
von Schülern der grossen Franzosen leicht zusammenstellen.

Zu den Bemerkungen Stobbe's (S. 15, 26) über den
seit 1546 in Leipzig lehrenden Franzosen Petrus Loriotus
füge ich hinzu, dass sich hinreichende Nachrichten über denselben schon bei Hugo (Literargeschichte. 3. Vers. S. 270
u. a.) finden. Er war gebürtig aus der Franche-Comté („Sali-
nensis" nennt er sich in einem Consil), hiess eigentlich
Pierre Loriol (daher er auch unter dem Namen Lau-
reolus vorkommt) war 1528—1545 Rechtslehrer zu Bourges,
1546—1554 in Leipzig, dann wieder in Valence, 1564 in
Grenoble, starb um 1573. Als 1557 Cujacius dem Ruf
nach Valence Folge leistete, war Loriotus in der Juristenfacultät,

---

1) Matth. Wesenbecii Exempla Iurisprudentiae (Lips. 1584)
p. 65. 66.

welche dem neu eintretenden jüngsten Mitgliede aus Achtung
vor seinem Verdienste den ersten Rang einräumte. Ein Consilium Lorioti („breue sed neruosum") findet sich in Kirchoffs
Consiliensammlung (T. II p. 109). Lipenius erwähnt von
ihm eine Explicatio in 2ᵃᵐ partem Dig. vet. theor. pract.
Lugd. 1557, 1655. fol. Der Grund, weshalb er in Leipzig
angefeindet wurde, ist nicht, dass er, wie Stobbe annimmt,
systematische Vorlesungen über R. R. hielt, sondern dass er
die elegante Interpretationsmethode der damaligen französischen Jurisprudenz einzuführen bestrebt war (er „lehrte auf
Cujas'sche Manier", wie Spangenberg bezeichnend sagt), was
bei den Anhängern der althergebrachten Methode noch mehr
Entsetzen verursachte, als ein gänzliches Verlassen der exegetischen Lehrweise. Wie Lorioti Vorträge wirkten, lässt
sich aus Briefen des jüngern Justus Jonas (I. V. D., ent-
hauptet am 20. Juni 1567) entnehmen. Der unglückliche
Mann lehrte einige Jahre in Wittenberg zur Aushülfe für den
anderweit verwendeten Ordinarius D. Laurenz Lindemann.
Seine schiefe Stellung zu den Facultätsmitgliedern sucht er
nun in Schreiben an Herzog Albrecht von Preussen damit
zu entschuldigen, dass er einer anderen wissenschaftlichen
Richtung angehöre, wie die Wittenberger: er sei zu Leipzig
gebildet und promovirt (1559), heisst es, und lese er auf
„andere Art" als die Wittenberger Professoren, deshalb
wollten ihn dieselben nicht vorwärts kommen lassen. [1] Die
Wittenberger Juristen seien seltsam. Ursache: dass man
bisher anstatt der Rechte nichts anderes, als subtile, spitz-
findige Dinge, womit man die Leute unter einem Schein des
Rechtes „vervortheilen" konnte, studirt und gelernt habe.
Jetzo aber erwecke Gott in Frankreich und anderen Orten
Leute, „die der Juristen Betrügerei ja so scheinbar an den

---

1) Brief vom 20. April 1561 an Herzog Albrecht von Preussen.
Königsberger Geheimes Archiv, Schrank 3 Fach 40 n. 112.

Tag geben, als der seelige Mann Luther des Papstes und
seiner Theologen Buberei an den Tag gegeben hat." [1] —
Jonas war, wie mit Sicherheit angenommen werden darf,
Lorioti Zuhörer in Leipzig gewesen.

In Wittenberg hatte schon geraume Zeit vorher ein Fran-
zose vorübergehend gelesen. Michaël Bignun, der Rechte
Doctor (ins Album der Universität Wittenberg eingetragen
als: Mich. Nigonius Natione Gallus, I. V. D. et Prof.
iur. ord. Wintersemester 1540/41), war 1540 vom Kurfürsten
Johann Friedrich auf ein Jahr als Lehrer der kaiserlichen
Rechte mit einer Besoldung von 100 Gulden angenommen
worden und wurde seine Wirksamkeit vom Canzler D. Gregor Brück sehr gerühmt. [2]

Unter den ausländischen Docenten in Ingolstadt hätte
Stobbe nicht Viglius Zuichemus vergessen sollen, welcher
von 1537—1542 dort lehrte und ausserdem hätte wohl
Nicolaus Everardi der Mittlere (geboren 1495 zu Amster-
dam, seit 1529 Professor in Ingolstadt, 1535—1542 Reichs-
kammergerichtsassessor in Speier, dann wieder in Ingolstadt, starb
21. Juli 1570) eine Erwähnung verdient, der an italienischen
Universitäten studirt hatte (Prantl, Ludwig-Maximilians-
Universität II S. 487). Das „curiose" Buch: Corpus Institutionum Iustiniani (Dillingae 1574 kl. 8.) [3] rührt nicht von
ihm, sondern von seinem Sohn Nicolaus Everhardi iun.
(III) her, welcher ebenfalls Professor in Ingolstadt war und
1586 starb.

---

1) Brief aus dem Febr. 1563. Vgl. Joh. Voigt, Briefwechsel S. 408.

2) Nach Urkunden des Weimarer Communalarchivs Reg. O. Bl. 175
Lit. BBB und Reg. A fol. 186ᵇ No. 14.

3) Vgl. darüber G. Hänel im Serapeum 1857 p. 32. Handschriftlich befindet sich auf der Bamberger Bibliothek von Nic. Everardi:
Annotationes in Pandectar. tit. 29 de probationib., petitionib. etc., geschrieben 1571. Vgl. Jäck, Bamberger Bibliothek II S. 30.

In Jena waren die Niederländer Mattheus und Petrus Wesenbeek, in Wittenberg Mattheus Wesenbeek thätig.

V.

Doch kehren wir noch einmal zum 15. Jahrhundert zurück und werfen wir einen Blick auf das Verhältniss des
Studiums des canonischen Rechts zu demjenigen des Civilrechts. Dass ersteres in ausgedehnterem Maasse studirt
wurde, als letzteres, mag Stobbe zugegeben werden. Es hatte
diess seinen Grund vornehmlich darin, dass für die Rechtsverhältnisse des Clerus, der zahlreichen Domcapitel, geistlichen Corporationen und Stiftungen überhaupt die canonischen
Rechtsquellen ausgiebiger waren, wie die römischen, ferner
aber auch darin, dass der romanische Process auf canonistischen Grundlagen ruhte und in den Vorlesungen über canonisches Recht vorgetragen wurde. Mit der Annahme des
romanischen Processes aber nahm auch die Anwendung
fremden materiellen Rechts in den Gerichten ihren Anfang,
nicht bloss in den Gerichten der Kirche, denn da verstand
sie sich von selbst, sondern auch in weltlichen Gerichten
sowie Compromissinstanzen und es blieb dabei ganz gleichgültig, ob Doctoren des Civilrechts oder des canonischen
Rechts Richter waren. Es wäre, wie schon oben angedeutet,
ganz falsch anzunehmen, dass der Doctor decretorum bloss
auf canonisches Recht sich verstanden habe, denn meistens
hing es von ganz äusserlichen Umständen (z. B. vom Kostenpunkt) ab, ob man den Grad in dem einen oder anderen
oder in beiden Rechten nahm.

Stobbe benutzt zum Beweise seiner Behauptung über
die Prävalenz des canonischen Rechts die Thatsache, dass
in den deutschen Buchdruckereien im 15. Jahrhundert viel
mehr canonistische als romanistische Werke die Presse verliessen.

Mag man die Richtigkeit derselben und ihre b e d i n g t e Beweiskraft zugestehen, aber im Einzelnen bedürfen die Angaben Stobbe's (S. 17 Not. 34²) hie und da der Ergänzung und Berichtigung

Institutionenausgaben im 15. Jahrhundert zähle ich nicht mit Stobbe 47, sondern 55 (wenn ich H a i n n. 9535 und 9536 für eine nr. rechne). Unter diesen sind in Deutschland nicht, wie Stobbe angiebt, 10, sondern 11 Ausgaben gedruckt, indem im Jahre 1476 in Basel bei M. W e n s s l e r 2 Ausgaben erschienen (H a i n n. 9499 und 9500). Auch die Ausgabe Lovanii 1495 (H a i n 9496) darf man wohl den deutschen Ausgaben beizählen, so dass 12 Stück herauskommen, denen noch die eine oder andere der ohne Ortsangabe erschienenen Drucke hinzuzufügen sein dürfte. Dieser Zahl gegenüber ist es interessant, zu constatiren, dass in Venedig allein 22 (resp. 23) Ausgaben veranstaltet waren. Aber gerade daraus können wir das Unsichere von Stobbe's Schlussfolgerung erkennen. Von Venedig aus wurden die oberitalienischen Universitäten, namentlich Pavia und Padua, mit Exemplaren versehen und dort acquirirten auch die deutschen Scholaren ihren Bedarf.

Unrichtig ist es, wenn Stobbe behauptet, von den Digesten sei in Deutschland bis auf Haloander keine Gesammtausgabe erschienen. In den Jahren 1482—1504 kam, wie schon bei Spangenberg (Einleitung S. 693 ff.) zu lesen steht, in Nürnberg bei Koberger eine vollständige Ausgabe nicht nur der Pandecten, sondern des ganzen römischen Rechtsbuchs heraus. Einzelne Stücke dieser Ausgabe existiren auf verschiedenen Bibliotheken, sämmtliche Theile besitzt D. iur. C. S a l k o w s k i in Königsberg. Demgemäss modificiren sich auch Stobbe's übrige Angaben. Das Dig. vetus erschien in Deutschland (bis 1536 mit Ausnahme der Haloandrina) zwei Mal: Nuremb. Koberger 1482 und 1492 (blosser Abdruck der Ausgabe von 1482); Infortiatum ein

Mal (Nuremb. Koberger 1503 cf. Panzer XI 468 und
Spangenberg a. a. O.), vielleicht noch ein zweites Mal (ibid.
1492 cf. Spangenberg a. a. O. S. 639 Note 158); Dig.
novum zwei Mal (Nuremb. Koberger 1483, Basil. s. a.) und
vielleicht ein drittes Mal (Nuremb. Koberger 1492 cf. Spangenberg a. a. O.). Die Codexausgaben sind von Stobbe richtig
angegeben, aber zu den Ausgaben des Volumen kommt hinzu:
Nuremb. Koberger 1504 (cf. Panzer XI p. 169, Spangenberg a. a. O. S. 675).

Die canonischen Rechtsquellen anlangend, so wurde
das Decretum Gratiani im Laufe des 15. Jahrhunderts in
Deutschland nicht 15 Mal, wie Stobbe angiebt, sondern
16 Mal gedruckt. Es kommt nämlich zu den von Panzer
aufgezählten Ausgaben noch eine hinzu: Basil. per Bern-
hardum Richel 1476 fol. (Vgl. Serapeum 1851. Intell.
Bl. S. 41. Von den Decretalen zählt Stobbe ausser der
Mainzer Ausgabe von 1473 19 Ausgaben, und weiss ich
nicht, ob darunter die bei Panzer fehlende Ausgabe von
1474 bei Günther Zainer (vgl. Serapeum 1850 S. 32) mit
inbegriffen ist. Ebenso ist es mir zweifelhaft, ob unter den
von Stobbe aufgeführten 13 deutschen Ausgaben des
Liber VI^{tus} die Ausgabe Mogunt. Pet. Schöffer 1470 fol.
(Serapeum 1852 S. 53) enthalten ist. Von den Clementinen zähle ich bei Panzer 14 deutsche Ausgaben vor 1501,
dazu kommen aber noch 2 Ausgaben: Basil. per Mich.
Wenssler 1476 fol. und 1478 fol (Serapeum 1851 Intell.
Bl. S. 41 und 43), im Ganzen also 16 deutsche Ausgaben,
nicht 13, wie Stobbe will.

Dass im Laufe des 15. Jahrhunderts nur wenige
Werke der italienischen Legisten gedruckt wurden, muss
Stobbe zugegeben werden. Doch waren auch für diese
die fast ausschliesslichen Druckorte Venedig und Mailand,
von wo aus der Bedarf in Deutschland gedeckt wurde.
Mir sind ausser den von Stobbe namentlich aufgeführten

Drucken folgende in Deutschland hergestellte Ausgaben bekannt :

. Bartoli de Saxoferrato Lectura super authenticis. Nuremb. Koberger 1478 fol. m. (Panzer II p. 181 n. 57; Hain. 2627). Bartoli Repetitio L. I C. de dignitate etc. (De Nobilitate, De insigniis et armis, De Falcone, De Regimine reipublicae civitatis) Liptzk 1493 4° (Panzer I 479 n. 56, Hain 2636). Bartoli Tractatus iudiciorum nebst: Processus Sathane procuratoris infernalis contra genus humanum coram deo nostro Iesu Christo. Eius quidem generis ipsa intemerata virgo Maria advocata existit (Colon. Henr. Quentell. s. a. Hain 2642).

Baldi de Vbaldis Lectura circa quatuor libros Institutionum. Colon. Ioh. Koelhoff 1477 fol. (Panzer I 282 n. 47, Hain 2271).

Pauli de Castro Consilia. Nurmb. Koberger 1485 fol. (Panzer II 198 n. 146, Hain 4641).

Angeli de Gambilionibus de Aretio super omnibus Institutt. libr. Spirae. Petr. Drach. 1480 fol. (Hain 1599). Angeli de Aretio Lectura super prima parte Institutionum. Colon. 1492 fol. (Panzer I 306 n. 211, Hain 1610).

Ludovici Pontani Singularia in causis criminalibus etc. Lubecae cira 1492 fol. (Panzer I 527 n. 12, Hain 13268) und Argent. Eggesteyn s. a. (Hain 13267).

Oldradi (de Ponte) de Laude Casus et quaestiones (Basil.) 1481 fol. (Panzer I 152 n. 34, Hain 9935.)

Lanfranci de Oriano (de Brixia) Repetitiones. Colon. Ioh. Koelhoff 1488 fol. (Panzer I 299 n. 152, Hain 9882.)

Häufiger als umfangreiche Commentare und Consilia, deren Studium und Benutzung immer schon einen achtungswerthen Grad von Rechtskenntniss voraussetzte, wurden in Deutschland Werke gedruckt, welche geeignet waren, eine

8*

Uebersicht über das ganze Rechtsgebiet zu verschaffen und gewissermassen als Compendien oder aber als Nachschlagbücher in der Praxis zu dienen [1]). Dahin gehört das von Stobbe erwähnte Repertorium iuris von Ioannes Calderinus (Basil. 1474 fol. Hain 4248), das Repertorium (utr.) iuris. Petri (de Monte) Episcopi Brixiensis (Nuremb. per Andream Frisner Bunsidelensem et Io. Sesenschmid 1476 fol. III Voll. cf. Panzer II 173 n. 29, Hain 11588), das Repertorium utriusque iuris tribus constans partibus des Ioannes Bertachinus de Firmo utr. iur. doct. (Nurembergk. Koberger 1483. Partt. 3. fol. cf. Panzer II 196 n. 132, Hain 2982), das Repertorium iuris des Ioannes Milis alias Absenti (de Verona) (Basil. Nic. Kesler 1488 fol. Hain 11156, Serapeum 1852 S. 59; auch Lovanii 1475 fol. Hain 11154). Ferner rechne ich hierher den ungemein häufig gedruckten Vocabularius utriusque iuris: s. l. e. a. 3 Mal (vielleicht: Nurmb. Koberger cf. Panzer II 235 n. 347; Basil. Wenssler cf. Panzer I 196 n. 284; Basil. (?) cf. Panzer I 201 n. 316); Norimb. 1478 fol. (Panzer II 182 n. 62); 1481 (Panzer II 188 n. 90); 1496 (Panzer II 220 n. 263); Spirae per Petr. Drach 1477 (Panzer III 18 n. 3); 1478 (Panzer III 19 n. 7); Argent. 1486 (Panzer I 30 n. 92 cf. Serapeum 1848 S. 157); 1490 (Panzer I 45 n. 201 cf. Serapeum 1848 S. 168); 1494 (Panzer I 53 n. 276 cf. Serapeum 1861 p. 335); 1500 (Panzer I 66 n. 382); Basil. Kesler 1488 (Panzer I 163 n. 94).

Auch Ioannes de Turnout, Casus breues super totum Corpus legum dreimal s. l. e. a. (Lovanii, Coloniae) fol.

---

1) Ueber diesen Punkt verbreitet sich jetzt in vorzüglicher, erschöpfender Darstellung: Stintzing, Geschichte der populär. Literatur des röm.-canon. Rechts in Deutschland (1867). Vgl. dazu unten den 4. Aufsatz. Ich lasse das Obige nur stehen, um ein Bild von dem Stand unserer Kenntnisse vor Stintzing's Arbeit zu erhalten.

(Panzer I 523 n. 98, Hain 15685—15687, Serapeum
1862 p. 587), dann die schon erwähnten Flores utriusque
iuris ex voluminibus eiusdem collecti (Col. 1477) und Galnani (Salviani) de Bononia Differentie LL. et canonum
(s. l. e. a. 4⁰ [Memmingae, Alb. Kunne] Panzer I 109 n. 46,
Hain 7452) mögen ähnlichen Zwecken gedient haben.

Das zuletzt genannte Werk bildet auch einen Bestand-
theil der oft gedruckten und ungemein verbreiteten Tractatensammlung („Liber plurimorum tractatuum"), welche mit dem
Modus legendi abbreviaturas in utroque iure beginnt und
ferner den Process des Johann Urbach, einen Tractatus
praesumtionum (desselben Auctors?), eine Summa Magistri
Dominici de civitate Visencia qualiter notarij archiepisco-
porum et episcoporum debeant notarie officium exercere,
einen Tractatus notariatus, einen Tractatus de ordine et
processu iudicii (d. i. die bekannte, früher dem Ioannes
Andreae zugeschriebene Summula de processu iudicii mit
dem Anfang „Antequam dicam de processu iudicii"), „Vna
introductio procuratoris", das Defensorium iuris, den Tractatus exceptionum dni Innocentii IV., Dyni de Mugilo
Tract. praescriptionum, Iacobi de monte Pesselano LL.
doctoris Tract. de arbitris et arbitratoribus, das obenerwähnte
Werk Galnani de Bononia, und Bartoli Tract. de
tabellionibus in sich schliesst. Mir sind folgende, bald mehr
bald weniger enthaltende deutsche Ausgaben (des 15. Jahrhunderts) bekannt: 1) Aus der Officin eines unbekannten
Druckers s. l. e. a. (vielleicht Basel oder Strassburg um
1484), zuerst beschrieben von Muther in der Vorrede zu
seiner Ausgabe von Ioannis Urbach Processus Iudicii
(Hal. Sax. 1873) p. XIII sq.; 2) Aus der Officin eines
unbekannten Druckers zu Cöln (nach Hain) s. l. e. a. fol.
Hain 11479; 3) Aus der Officin eines unbekannten Druckers
(zu Strassburg, nach Panzer) s. l. e. a. fol. Panzer I 80
n. 434, Hain 11480; 4) Argent. (Martin. Flach) 1487

und 1488 kl. fol. Panzer I p. 33 n. 119, Hain 11484;
5) Argent. 1490 fol. Panzer I 44 n. 194, Hain 11485;
6) Argent. 1494 fol. Panzer I 52 n. 286, Hain 11487,
Serapeum 1861 p. 335; 7) Argent. 1499 fol. Panzer I 64
n. 361, Hain 11488, Serapeum 1860 Intell. Bl. p. 29;
8) Spirae Petr. Drach s. a. 4^n (nicht alle Tractate ent-
haltend), Hain 11462; 9) und 10) Spirae Petr. Drach s. a.
fol. Hain 11481; ibid. s. a. Hain 11482; vgl. Panzer III 27
n. 51; 11) Spir. Petr. Drach 1486 fol. Panzer III 23
n. 29, Hain 11483; 12) Nuremb. 1494 Koberger fol.
Hain 11486; 13) Hagenau Henr. Gran 1506 fol. cf. Muther
a. a. O. p. XVII.

Wenn nicht Alles trügt, entstand diese Tractatensammlung
um 1475 zu Basel aus zum Theil von Erfurt dorthin
gebrachten Material. Weiteres hierüber anderwärts.

Verschieden ist eine andere Tractatensammlung, welche
zu Cöln (Quentel) s. a. 8 erschien. Sie enthält folgende
Stücke: Modus legendi abbreviaturas in utroque iure;
Tractatus iudiciorum Bartoli LL. doct.; Tractatus renun-
ciationum beneficiorum in publicis instrumentis; Processus
Sathanae infernalis contra genus humanum; Ars notariatus; Summa Ioannis Andreae super II^0 decretalium;
Summa Ioannis Andreae super IV^0 decretalium. Panzer
XI 409, 859. Einzelne Stücke bei Hain 11462, 2642,
1067. Vgl. Serapeum 1852 p. 104, 105. Diese Sammlung
(wie auch manche Ausgaben der zuerst erwähnten) ist im
Drucke so eingerichtet, dass die einzelnen Stücke selbständig
und für sich verkauft werden konnten. Die einzelnen
deutschen Separatausgaben des Modus legendi abbreviaturas
in utroque iure will ich nicht aufzählen, es mögen derselben
gegen 20 zusammenzubringen sein, ungerechnet der ver-
wandten, zum Theil identischen, ebenfalls sehr verbreiteten
und in Deutschland mehrfach gedruckten Anweisungen zum
Rechtsstudium, wie z. B. Ioh. Iac. Canis, I. V. D., De

modo in iure studendi (Brunnae 1488 4); Ioh. Baptista de Caccialupis, De modo studendi in utroque iure (Basil. 1500 4); Libellus docens modum studendi et legendi contenta ac abbreuiata utriusque iuris (Col. 1497 fol.), Iuris utriusque Methodus et Tituli totius libri Authenticorum (Colon. 1481 fol.). Endlich gehören noch hierher die in Manuscripten wie gedruckten Ausgaben häufig vorkommenden Declarationes sive Expositiones titulorum legalium etc. verschiedener theils italienischer, theils deutscher Verfasser. Sie dienten als Lernbücher und hat Sebastian Brant ein solches herausgegeben, welches Brunnae 1488 4⁰ Basil. 1490 4⁰ und dann noch häufig gedruckt wurde.

An Büchern, aus denen eine oberflächliche Kenntniss des Civilrechts sich schöpfen liess, und zwar gerade an solchen, die für wenig gebildete Praktiker offenbar berechnet waren, fehlte es also schon im 15. Jahrhundert in Deutschland nicht. Es tritt zu den obenerwähnten noch eine ziemliche Reihe von Processwerken hinzu, welche Stobbe unter den Schriften der Canonisten aufführt. Aber kein Buch fand solche Verbreitung und hat so viel zur Bekanntwerdung und gewissermassen Popularisirung des ausländischen Processes und damit der fremden Rechte überhaupt in Deutschland beigetragen, wie der (von Stobbe S. 178 Not. 44 erwähnte) Belial des Jacobus de Theramo (geschrieben im Jahre 1382). Im 15. Jahrhundert erschienen davon in Deutschland nach meiner Zählung 10 (sicher 8) Ausgaben des lateinischen Textes und 24 Ausgaben der deutschen Uebersetzung [1]), ganz abgesehen von den zahllosen Abschriften, deren viele noch heute vorhanden sind.

Stobbe macht die Bemerkung, dass ein Schluss aus den Drucken auf die wissenschaftlichen Bestrebungen als sicherer erscheinen müsse, wie ein solcher aus den hand-

---

1) Auch eine mehrfach gedruckte französische, wie eine böhmische Uebersetzung existirt.

schriftlichen Schätzen der Bibliotheken. Im Allgemeinen
mag auch diess zugegeben werden, wenngleich die aus dem
13. bis 15. Jahrhundert uns gebliebenen Bibliotheks- und
sonstigen Büchercataloge wichtig genug und keineswegs bei
Untersuchungen über die Bedeutung des römischen Rechts
in · jener Zeit zu übergehen sind. Doch ziehe ich es vor,
über diesen Punkt an anderer Stelle mich zu verbreiten.

Wollen wir aber aus den obigen Notizen über das
Bücherwesen einen Schluss uns erlauben, so wäre es der:
Ein Bedürfniss nach civilistischen Büchern, also nach
Kenntniss des römischen Rechts lässt sich nicht verkennen.
Aber die Kenntniss, die man erstrebte, war nicht eine
wissenschaftliche, den Stoff innerlich durchdringende, sondern
eine rein äusserliche, quantitative, durch Declarationes titulorum, Vocabularien und ähnliche Bücher zu erlangende.
Verhältnissmässig nur wenige Männer machten eine Ausnahme und drangen tiefer ein, aber auch diese verwertheten
ihre Studien nicht zu wissenschaftlichen Arbeiten, sondern
im Leben und in der Praxis. Deshalb besteht der werth-
vollste Theil. der uns gebliebenen juristischen Literatur des
15. Jahrhunderts in Rechtssprüchen und Consilien, welche
theils handschriftlich, theils in Sammlungen aus dem 16. und
folgenden Jahrhunderten uns erhalten sind. Ueber die wissenschaftliche Bedeutsamkeit der Männer, welche jene Consulen-
tenthätigkeit übten, habe ich schon oben eine An·
deutung gegeben. Hier will ich nur noch neben den bereits
erwähnten einige der ausgezeichnetsten namhaft machen.

Tilemann Brandis (Brandiss, Brandess\, I. V. D.,
Probst der heil. Kreuzkirche zu Hildesheim († 1525) hatte
seit Winter 1462 in Erfurt und dann in Padua unter Alexander
v. Imola († 1477) studirt.[1]) Consilien von ihm finden

---

[1] In seinem Consil bei H. Goede fol. CCLXVᵇ sagt er: Idem
tenet praeceptor meus dominus Alex. de Imola; fol. CCLXVI: et dominus

sich hie und da gedruckt, so bei H. Göde ein Consil:
„De pretio rei feudalis" und ein Consil: „De dote" [1]; ein
handschriftliches Consil desselben „De societate stanni" befindet sich in Kuppeners Collectaneen (vgl. Müther,
Aus dem Universitätsleben S. 138 f.).

Georg Walter (Ieorgius walteri) aus Saalfeld in
Preussen (daher auch Ieorgius Walteri de Prussia), Decr. D.
Bononiensis, † 1475. Ein Consil von ihm findet sich ge-
druckt in (Kirchoffs) Responsor. sive Consilior. T. I cons.
XXXIX p. 458 sq., eine handschriftliche Sammlung von
Consilien desselben und Anderes bewahrt die Greifswalder
Kirchenbibliothek St. Nicolai sowie die Kieler Bibliothek. [2]

Liborius Meyer aus Lübeck, I. V. D., in novis
iuribus Ordinarius in Rostock um 1477—1497. Vgl. über
ihn und seine handschriftlich noch vorhandenen praktischen
Arbeiten Krabbe, Universität Rostock I S. 241 ff.

Christoph Kuppener, I. V. D., † 1511. Ueber
ihn und seine im Königsberger Archiv befindliche handschriftliche Consiliensammlung s. Muther a. a. O. S. 129 ff.

Henning Göde, seit 1489 I. V. D., Lehrer des
canonischen Rechts zu Erfurt, seit 1511 Probst der Allerheiligenkirche und Ordinarius iur. canonici zu Wittenberg,
† 1521. Seine durch Melchior Kling im Jahre 1543
herausgegebene Consiliensammlung ist von grosser Bedeutung.
Wimpina [3] sagt von ihm, er sei Consulent aller nördlichen Städte und Fürsten, insonderheit wird er als Urheber
des Friedens zwischen Lübeck und Dänemark bezeichnet.
Es mag gestattet sein, hier die auf viele Consulenten jener
Zeit passende und auch für den Schreiber charakteristische

Alex. de Imo. . . . prout etiam in voce dum Paduae ordinarie legeret
ab eo audivi et reportavi.

1) H. Goede, Consil. fol. CCCXXX sq. und CCLXV sq.
2) Pyl a. a. O. pp. 41. 44. 47. 48. 63. Ratjen a. a. O. p. 115.
3) Centur. n. LXXXI (ed. Merzd.) p. 79, 80.

Schilderung abdrucken zu lassen, welche Mutian[1]) von ihm entwirft:

„Ergo Henningus non est IC^tus perfectus? tu erras: perfectissimus est. Communicamus huius quoque amentiam. Eminet (ne mentiar) inter aequales, et nunc adest duci Georgio[2]): iturus cum eo Constanciam, ut Phrisiis hostibus et aduersariis Georgii magno flandi clamandique tumore obstrepat in Senatu Cesariano. Plurimum in eo valet memoriae firmitas: animi vigor: quem nec metus frangit: nec acclamatio terret: nec audientium autoritas retardat. Habet naturalia instrumenta litigandi, et usu rerum peritus habetur. Quae quidem tantum valent, ut frequenter ingenii et facundiae famam faciat. Magnum est, quis dubitat?, patrocinari principibus, et summos viros habere clientes. Sed haec rara felicitas. Nullo tamen modo dici potest orator. Causidicus est et nummatior advocatus. Nam orator est vir bonus et dicendi peritus. Qui apud historicos tum veterum tum novorum exemplorum copiam observavit. Qui non solum iuris anfractus et eruendae veritatis anfractus adit: et scit ubi litium cardo versetur: sed etiam natura, doctrina et experimentis eo dignitatis venit, ut senatum regat consilijs et popularem errorem pro sua solertia ducat ad meliora. Non est negandum, quin umbram et simulacrum oratoris gerat ille vester Hortensius. etsi praeter inanem loquacitatem et audaciam et ambitionem revera nihil praeclarum in eodem invenio. fortuna et vulgi opinio multa possunt."

Dass des Gothaischen Canonicus Urtheil über Göde einseitig und hart ist, unterliegt keinem Zweifel. Ein anderer Zeitgenosse, Christoph Scheurl, schildert in einem Brief an Otto Beckmann vom 17. März 1520, worin

---

1) Epistula Mutiani Rufi (n. CCCLVI) ad M. Herebord (ex Gotha MDVII Cal Maii) in Tentzelii Supplem. histor. Goth. p. 170 sq.

2) Herzog Georg v. Sachsen.

er über die von ihm als Nürnberger Abgesandter an den spanischen Hof unternommene Reise berichtet, die Person des M e r c u r i n u s G a t t i n a r a. Er schreibt: „G a t t i n a r a ist ein zierlicher Redner, unterrichteter Rechtsgelehrter, treuer Rath, unverdrossner Arbeiter, fruchtbar an Ideen, sanft, fröhlich, munter, leutselig und erfahren. Er speist nie allein, belustigt sich an munteren Gästen, freut sich, lacht, plaudert, mischt während der Mahlzeit Ernstes unter den Scherz. Er ist gemässigt, von sehr feinen Sitten, leicht zugänglich, gütig, gefällig." Ueberhaupt, fährt S c h e u r l fort, erinnert Gattinara in seinem ganzen Wesen an Henning Göde und die nämliche schlanke Gestalt und feine Bildung erhöht die Aehnlichkeit[1]. Auch ein neuerer Schriftsteller, Kampschulte[2], lässt Göde mehr Gerechtigkeit widerfahren als Mutian, indem er von ihm rühmt, er sei vor allem eine ächt deutsche Natur gewesen.

Von süddeutschen Juristen wären etwa hier noch zu erwähnen: C o n r a d O d e r n h e i m von Frankfurt a. M. (Conradus de Francfortia), Decr. D., von 1460 an Ordinarius des canonischen Rechts in Freiburg[3], Ulrich K r a f t aus Ulm, I. V. D., dessen Lob aus Z a s i u s Mund („Vdalricus Kraft dum vixit inter Germaniae doctores antistes") sehr ehrend ist[4], C o n r a d S t ü r z e l aus Kitzingen, Decr. D., 1460—1478 Freiburger Universitätslehrer, dann Canzler der vorderösterreichischen Regierung zu Ensisheim (W i m p h e l i n g sagt von ihm: „Quis legum notitia et omni dicendi genere morumque suavitate et fide integra praestantior fuit Conrado Stürzelio?")[5]; U l r i c h M o l i t o r aus Constanz,

1) Vgl. v. S o d e n, Beiträge S. 100.
2) Universität Erfurt S. 41.
3) S. über ihn S c h r e i b e r, Universität Freiburg I S. 170 ff.
4) S. über ihn S t o b b e S. 11 Not. 5, Stintzing, Zasius S. 19. 312 u. a., S c h r e i b e r, Universität Freiburg I S. 181.
5) S c h r e i b e r a. a. O. S. 50, 58 u. ö.

Decr. D. Papiensis, Advocat und Procurator, dann am kaiserlichen und königlichen Hof, Procurator und Redner am kaiserlichen Kammergericht, schrieb den bei Stobbe (S. 181 Not. 52) citirten Tractat und eine berühmte Schrift: „Von den vnholden oder hexen" (de lamiis et phitonicis mulieribus), zuerst 1489 gedruckt[1]); endlich Felix Hämmerlin (Malleolus), Decr. D., Cantor und Canonicus zu Zürich und Cantor zu Solothurn um 1450. Den Namen der Letzteren habe ich bei Stobbe ungern vermisst, da unter dessen „Varie oblectationis opuscula et tractatus"[2]) sich auch eine Schrift „De obstagio" befindet. Handschriftlich besass von ihm die Bibliothek des Benedictinerklosters Zweifalten : „Tractatus de obligationibus parochianorum."[3])

VI.

Wenn wir bisher, mit Stobbe in der Hauptsache einverstanden, uns bemüht haben, die Behauptungen desselben über die geringe Zahl und die Bedeutungslosigkeit der Vertreter des römischen Rechts in Deutschland während des 15. Jahrhunderts einigermassen zu modificiren, so sind wir durch das, was er über das Erwachen eines lebhafteren Interesses für das römische Recht seit dem Ende des 15. Jahrhunderts beibringt (S. 19 ff.), vollständigst befriedigt. Auch seine Schilderung des Universitätsunterrichtes (S. 22 ff.)

---

1) Panzer I 301 n. 174. I 483 n. 96. Hain 11535—11538. Panzer, deutsche Annalen I 180 n. 378. I 354 n. 515. Hain 11539. 11540. Handschriftlich befand sich von ihm in der Bibliothek des ehemaligen Benedictinerklosters Zweifalten: Vlrici Molitoris Decr. D. Constant. somnium comoediae electionis episcopi Constantiensis Ottonis de Sonnenberg etc. 1475. Cf. Serapeum 1859 Intell. Bl. p. 147.

2) Panzer I 92 n. 446. I 177 n. 177. Hain 8424—8426. Serapeum 1852 p. 60.

3) Serapeum 1859 Intell. Bl. p. 147.

ist treffend und wahr. Wir können uns daher darauf beschränken, theils ergänzend, theils berichtigend, eine geringe
Nachlese hier folgen zu lassen.

Stobbe (S. 21 Not. 37) sagt: nach dem Wittenberger
Lectionscatalog von 1507 lehren nur drei Civilisten, von
denen „der dritte, Christoph Scheurl (I. V. D. Bononiensis) über das Lehnrecht liest." In der That war aber
auch dieser „dritte" a⁰. 1507 Canonist, nämlich Ordinarius
iurium novorum (i. e. libri VI⁰ᵢ et Clementinarum), als solcher
ist er auch in dem Lectionscatalog verzeichnet und seine
Vorlesung über den Usus feudorum ist ebenso eine extraordinaria lectio, wie die von ihm in dem nämlichen Catalog
angezeigte lectio „in humanis litteris" über „Suetonius Tran-
quillus". Scheurl war von Bologna nach Wittenberg berufen, um die Juristenfacultät der jungen Universität in
Flor zu bringen. Es gelang diess seinem regen Eifer in
hohem Grade: schon 1511 lehrten in Wittenberg ausser
4 Canonisten (darunter Henning Göde) 4 Ordinarien des
Civilrechts und ausserdem 3 recipirte DD. iur. utr. Scheurl
selbst war damals zu einem Ordinariat des Civilrechts gelangt. Ueber Scheurl, den Stobbe noch S. 61 und öfter
erwähnt, wäre zu vergleichen gewesen: v. Soden, Christoph
Scheurl der Zweite. Nürnberg 1847 8 und derselbe, Beiträge zur Geschichte der Reformation etc. Nürnberg 1855 8;
ferner: Muther, Statuta facultatis IC^torum Vitebergensium
a. MDVIII composita etc. 1859 8 p. XIV sqq. und
Politische und kirchliche Reden aus dem Anfange des
16. Jahrhunderts in den Neuen Preussischen Provinzial-
blättern 3. F. Bd. 5 S. 223 ff. (wieder abgedruckt: Aus
dem Universitätsleben S. 64 ff.). Stobbe nennt Scheurl
einen „Freund Luthers". Er hätte ihn ebensogut „Feind
Luthers" nennen können, denn seit 1527 etwa hatte sich
die frühere Freundschaft in Feindschaft verwandelt. Christoph
Scheurl gehörte der älteren Generation von Humanisten an,

aus welcher so Mancher der Anfangs mit Begeisterung auf-
genommenen Reformation später den Rücken kehrte.

Die Bestrebungen der Humanisten und ihr Verhältniss
zur Jurisprudenz behandelt Stobbe ausführlich und recht
anziehend. Wenn er jedoch als Beispiele von Humanisten,
„welche wegen des reichhaltigen antiquarischen Stoffs, welchen
das Corpus iuris civilis enthält", sich zugleich auf juristische
Studien warfen, Mutian und Eoban Hesse aufführt
(S. 34), so ist zu bemerken, dass Ersterer sein Doctorat
im canonischen Recht, wohl nie als etwas Anderes betrachtete, als einen Titel, welcher ihm zu einer annehmlichen
Lebensstellung verhelfen konnte, während der Andere ebenfalls nur, um ein leichteres und glänzenderes Fortkommen
sich zu sichern, die Jurisprudenz vorübergehend ergriffen
hatte. Durch Bischof Hiob von Pomesanien war er
dazu bewogen und mit den nöthigen Büchern ausgestattet
worden. Aber die Bücher verkaufte er, die Jurisprudenz
hing er baldmöglichst an den Nagel. Eher hätte Stobbe
unter den Humanisten, die es ernstlich mit der Jurisprudenz
meinten, Johannes Alexander Brassicianus („poeta
et orator a Caesare laureatus, artt. et Iurium civilium
doctor"; nennen können, welcher seit 1524 [1]) in Wien lehrte
und 1526 an Eoban Hesse schrieb: „— — Doceo . . .
quotidie stata hora Iuris civilis integrum et syncerum, quem
vocant, textum, omissis Accursii deliramentis omnibus.
Videor cum hydra luctari, adeo resecto uno capite, tria
renascuntur. Ad haec, quia veterem enarrandi Iuris civilis
consuetudinem adhuc mordicus observant, Dij boni, quam
obstrepunt, quam nugantur! Sed eripui manubrium e mani-
bus invidorum, adque sedulo, ultra professionem iuris civilis

1) In diesem Jahre ist er in das Matrikelbuch der rheinischen Nation
zu Wien eingetragen.

(nam cineritios Canones nunquam attigi) quo labore possum, nescio qua fruge, et graece'et latine praelego. [1])

Dem gegenüber, was Stobbe (S. 38 ff.) über den Mangel deutschen Nationalgefühls bei den Gelehrten jener Zeit ausführt und seiner Behauptung entgegen, dass die damaligen Zustände „den Gedanken an eine Einheit des deutschen Volkes gar nicht aufkommen liessen", muss ich an das erinnern, was Stintzing über „das patriotische Kämpfen um Ehre und Integrität des deutschen Reichs" in den deutschen Humanistenkreisen (Zasius S. 31 ff.) bemerkt. Ferner verweise ich auf meinen schon citirten Vortrag: „Politische und kirchliche Reden aus dem Anfange des 16. Jahrhunderts." Nicht ohne Bedauern habe ich in einer „Geschichte der deutschen Rechtsquellen" den Namen Conrad Peutingers vermisst[2]), welcher nebst Jacob Wimpheling den ersten Anstoss zu ernstem Studium des deutschen Alterthums gab und so die Begründung einer Quellengeschichte des deutschen Rechtes — welche allerdings erst Hermann Conring zuzuschreiben ist — vorbereitete[3]).

In der Biographie des Zasius würde ich anstatt „Professor legum" geschrieben haben „Ordinarius legum". Der Titel Professor war bekanntlich kein officieller und wurde nur ausnahmsweise und selten nichttheologischen Universitätslehrern beigelegt. [4]) Unrichtig ist, dass Zasius der „erste

1) Eobani Hessi Epistolor. libr. XII. Marpurgi 1534 fol p. 32.

2) Peutingers Sermones convivales de mirandis Germaniae antiquitatibus erschienen nicht erst 1506, wie Stintzing Zasius S. 33 Not. 1 und Gengler in der in folgender Note zu citire den Schrift (S. 91) meint, sondern bereits 1496 (Argentin. 4). Cf. Panzer I 58 n. 312.

3) Vgl. auch Gengler, Ueber Aeneas Sylvius in seiner Bedeutung für die deutsche Rechtsgeschichte. Erl. 1860. S. 28 ff. 78 ff. 91.

4) Vgl. Muther, Aus dem Universitätsleben S. 37. Zu dem dort Angeführten setze ich hinzu: 1439 wird in Leipzig Iacob Mesebach de Stendal medic. professor genannt, vielleicht das älteste Beispiel, dass der Titel Professor einem andern als einem Theologen gegeben wird. Auch

Historiker des R. R." gewesen sei, denn die Röm. Rechtsgeschichte des Aymarus Rivallius (Aymar du Rivail,
Seigneur de la Rivaliere) erschien — wenn nicht
früher — a" 1515 (Valent. 8), also vor des Zasius Scholien
zu Fr. 2 d. O. I. (1518). Unter den bedeutenden Juristen
des 16. Jahrhunderts zählt Stobbe zu meiner Freude auch
Johann Apel auf. Anknüpfend an die Leistungen desselben giebt Stobbe (S. 43 f. Not. 86) interessante Notizen
über deutsche Juristen, welche „systematische und compendiarische Behandlung des Rechts" erstrebten. Es ist hier
nicht am Platze, dieses Thema weiter zu verfolgen, ich werde
im 8. Aufsatz darauf zurückkommen, nur so viel will ich
vorbemerken, dass in dieser Beziehung bisher immer noch
sehr bedeutende Erscheinungen übersehen worden sind,
besonders Conradi Lagi Methodica iuris utriusque traditio,
ein systematisches Lehrbuch des Civilrechtes, welches zuerst
Francof. 1543 bei Egenolf in Folio und ausserdem noch
8 Mal (zuletzt Lugd. 1592) erschienen ist. Näheres
darüber unten.

Die systematischen Rechtslehrbücher des Conrad
Lagus sind um 1530 verabfasst. Sie wurden bis ins
17. Jahrhundert hinein als Compendien gebraucht. Aber
wenn wir damit die gleichem Zwecke dienenden Schriften
vergleichen, die im letzten Viertel des 15. und zu Anfang
des 16. Jahrhunderts edirt noch zu Lagus Zeiten au courant
waren: Das Viatorium seu directorium iuris Johannis
Berberij[1]), die Expositiones und Declarationes titulorum

in Cöln wurde schon im 15. Jahrhundert Juristen der Titel Professor
beigelegt, wie das Beispiel von Nicasius Voerda lehrt. S. oben. S. 100.

1) Verabfasst 1475. Ausser der bei Hain, 2793 beschriebenen
Ausgabe ist mir eine solche (in meinem Besitz befindliche) aus dem
Jahre 1500 in 8 (per Thomam de Campanis) bekannt, welche sich auf
mehrere frühere Drucke bezieht. Berberius beginnt mit dem
Criminalrecht, „quia ordo naturae est primo delinquere quam contrahere
per se vel per alium posse."

legalium eines Sebastian Brant und Anderer oder gar
die Compendia iuris canonici und iuris civilis des Petrus
Ravennas — welch wunderbarer Abstand! In diesen
Barbarismus, todter Mechanismus und wüster Notizenkram,
dort gereinigte Sprache, Quellenstudium, kräftiges Ringen
nach geistiger Beherrschung und freier Gestaltung des Stoffes,
richtige Scheidung des Wesentlichen von dem minder Bedeutenden. Fürwahr es ist ein gewaltiger Weg, welchen die
Wissenschaft in etwa 30 Jahren durchlaufen hatte und wir
sind häufig undankbar, wenn wir von unserem fortgeschrittenen
Standpunkt aus verkennen, was Humanisten und Reformatoren direct oder indirect auch für unsere Wissenschaft geleistet haben.

VII.

Stobbe geht S. 44—63 darauf über „Einfluss und Ansehen der Doctores" an den Höfen der Fürsten, in den
Städten als Consulenten in vortrefflicher Weise zu schildern.
Weitere Abschnitte verbreiten sich über die Schöffenstühle
und Juristenfacultäten in ihrer praktischen Thätigkeit (S. 63
bis 82), sowie über das allmählige Eindringen der Gelehrten
in die Gerichte (S. 83—110). Diese Themata, bisher in
der Literatur ungebührlich vernachlässigt, sind mit erschöpfender Gründlichkeit behandelt und es bleibt ein
dauerndes Verdienst Stobbe's, Klarheit in diese in ihrer
Wichtigkeit wohl schon erkannte, aber noch nicht durch-
gearbeitete Partie der deutschen Rechtsgeschichte gebracht
zu haben.

Zu geringes Gewicht scheint uns auch hier wieder gelegt
zu sein auf die praktische Wirksamkeit der Juristen des
15. Jahrhunderts. Wir sind mit Stobbe darin einverstanden,
dass die Anwendung der fremden Rechte bei den Gerichten
der Landesherrn und Städte sich erst seit Ende des 15. Jahr-

hunderts wahrnehmen lässt und dann im Laufe des 16. Jahrhunderts allmählig durchdrang. Aber die Thätigkeit der
Doctoren hatte im 15. Jahrhundert ihr besonderes Feld:
die Streitigkeiten der Landesherren und Städte unter sich
und auch mit Untergebenen wurden meistens durch Compromissinstanzen entschieden, also durch Schiedssprüche,
welche die damit beauftragten Räthe der „Schiedsfürsten"
bezw. „Städte" oder zugezogene Universitätslehrer verab-
fassten. Dabei wurde dann wacker römisches und canonisches Recht angewendet. So war 1489 der Streit zwischen
den Herzögen von Mecklenburg und der Stadt Rostock
durch ein Schiedsgericht zu Wismar entschieden worden,
zu welchem König Johann von Dänemark, die Bischöfe
von Lübeck, Schwerin, Ratzeburg sich persönlich eingefunden,
der Kurfürst Johann von Brandenburg den Bischof Busso
von Havelberg nebst 5 kurfürstlichen Räthen abgeordnet,
die Städte Lübeck, Hamburg, Stralsund ihre Rathssendboten
geschickt hatten. Unter Letzteren nahm A l b e r t K r a n z
(damals Baccalarius, später D. theol. et decretor.) als „Syndicus et Procurator Dominorum Proconsulum" von Lübeck
und Hamburg eine hervorragende Stellung ein. Die Verhandlungen fanden „in der allgemeinen Form gerichtlichen
Verfahrens statt", d. h. in wechselnden Schriftsätzen. [1]
Aehnlich wurden die Differenzen zwischen den Herzögen
von Braunschweig und der Stadt Braunschweig im Jahre
1494 nach dreitägigen Verhandlungen zu Zerbst durch
einen im Namen der Schiedsfürsten von Rechtsverständigen
(Doctores) aus Erfurt, Basel, Heidelberg gesprochenen Be-
scheid geendigt. [2]

Dass schon in früheren Zeiten das Zuziehen von Doctoren
zu derartigen Schiedsgerichten üblich geworden war, beweist

---

1) Vgl. K r a b b e, Universität Rostock S. 209 ff.
2) M u t h e r, Universitätsleben S. 132.

der von Stobbe S. 50 Not. 12 erwähnte Compromiss vom
Jahre 1457 zwischen dem Kurfürsten Friedrich I. von der
Pfalz und der Stadt Strassburg, in welchem man „Doctores
oder Juristen" als Schiedsrichter auszuschliessen für nöthig
findet. Durch diese, wie andere (z. B. die von Stobbe
S. 48 Not. 7, S. 84 Not. 2 und namentlich auch I S. 623,
S. 444 erwähnten) Thatsachen erhalten die oben von berühmten Consulenten des 15. Jahrhunderts (z. B. Radewitz,
Arnold Westphal) beigebrachten Nachrichten ihre Illustration
und möchte ich nunmehr die Behauptung wagen, dass in
Streitigkeiten der Reichsstände unter sich und zum öftern
auch mit ihren Unterthanen schon seit Beginn des 15. Jahrhunderts „des Reichs und gemeine Rechte" in subsidium
angewendet wurden und dass diess das eigentliche Feld war,
wo die romanistischen und canonistischen Juristen jener
Zeit dominirten. Freilich befand man sich dabei nicht auf
rein privatrechtlichem, sondern auf publicistischem Boden,
aber das öffentliche Recht wurde damals noch vom Privat-
recht absorbirt und mit Anwendung der libri Feudorum
ging die Anwendung des römischen und canonischen Rechts
Hand in Hand. Aber auch unter Privatpersonen war es
seit alter Zeit nichts ungewöhnliches, dass man auf die
Entscheidung des geistlichen Richters (vgl. z. B. das im
4. Aufsatz aus einer Greifswalder Handschrift des Defensorium iuris abgedruckte Compromissformular), später auch
auf die Entscheidung von Privatdoctoren und anderen Rechtsgelehrten compromittirte (vgl. hierüber jetzt Böhlau in der
Zeitschrift für Rechtsgeschichte Bd. 8 S. 193 ff., Bd. 9 S. 40 ff.).
Darin tritt das Bestreben hervor mit Ausschliessung des
ordentlichen Richters eine andere Procedur als die einheimische und die Anwendung anderer Rechtsgrundsätze
als der von den Vätern überkommenen zu gewinnen. Ich
verweise in dieser Beziehung auf das im 1. Aufsatz (oben
S. 22 ff., S. 30) Ausgeführte. Wurde somit die Reception der

9*

ausländischen Rechte von dem Volk eher unterstützt, als verhindert, so soll man doch auf der andern Seite nicht vergessen, nachdrücklich hervorzuheben, dass dieselbe in Deutschland von oben nach unten ging, das römische Recht zunächst als wirkliches „Kaiser- und Reichsrecht" für die Reichsstände aufgenommen wurde und dann allmählig erst in den Gerichten der Landesherren, Städte und Territorien sich Eingang verschaffte. Ich scheide daher zwischen „gemeinrechtlicher" und „particularrechtlicher Reception" des römischen Rechts und setze die erstere in frühere Zeit, während ich mit Stobbe annehme, dass die letztere mit dem Ende des 15. Jahrhunderts begonnen hat und im Laufe des 16. und der ersten Hälfte des 17. Jahrhunderts durchgeführt wurde. Unten komme ich auf diese Scheidung, die auch in anderer Beziehung als fruchtbar sich erweist, zurück.

Im Einzelnen habe ich zu den in Rede stehenden Paragraphen von Stobbe's Werk nur Weniges zu bemerken.

Zu S. 54. Die äussere Stellung und den Rang der Juristen anlangend, mache ich aufmerksam auf einen in den Literarischen Blättern 6. Bd. (1808) S. 53 beschriebenen Druck: „Wie man yecklichē was würden und städs der ist, schreyben soll, new practicirt rethoric vñ brieff formulary des adels etc." Am Ende: getruckt zu Strassburg johannes pruss. Darin heisst es: Doctor und Licentiat werden gleichgeachtet den mindern Prälaten; Juristen, die nicht Licentiaten, und Mgri. artt.: Priestern oder weltlichen Regenten, die nicht von Adel. Doctor und Licentiat bekommen das Prädicat: „hochgelehrt", nicht graduirte Juristen oder Mgri. artt.: „wohlgelehrt", andere Hochschüler: „gelehrt". Ordnung der Facultäten: „Theologie die oberst, bäbstliche und kaiserl. Recht die mittel, Arzneyen und freien Künste die niederst." — Obrigkeiten mögen alle ihre Unterthanen dutzen, ausser geborene Herren, oder bewährte Juristen oder Meister der Schrift. Der Bürgermeister kann alle Diener der Stadt dutzen ausser einen Edelmann, der Stadthauptmann ist, und Juristen, Schulmeister und Stadt-schreiber.

Zu S. 65. Neben dem Verbot der Berufung an aus-wärtige Gerichte in Herzog Wilhelms zu Sachsen Landes-ordnung für Thüringen von 1446 (Jo. Joach. Müller, Reichstagstheatrum unter Maximilian I. Th. 2 S. 86 ff.) ist eine Verordnung des Kurfürsten Friedrich des Weisen zu Sachsen vom 1. März 1499 zu erwähnen, in welcher auf Beschwerde des Raths zu Coburg: dass bei Appellationen wider die Rechtssprüche des Raths zwischen Bürgern die Parteien in Rechtfertigung der Appellation „durch Erholung des Rechten von ausswärtigen Enden" mit merklicher Dar-legung, Mühe und Unkosten beschwert würden, bestimmt wird, die Rechtfertigung der Appellation solle in Zukunft vor dem kurfürstlichen Pfleger und seinen Beisitzern ge-schehen, „vnd ob der Pfleger vnd Beisitzende des Rechten darinnen nicht genuglich kündig vnd verständig wärerr, als dann sollen sie sich des bey vns vnd vnsern Räthen an vnserm wesendlichen Hoffe, vnd nyrgend anders erlernen vnd erholen, dasselbige darnach den Parthen eröffnen, vnd darinnen geschehen lassen, wie sich das nach Rechts-Ordnung zu thun gebürt." [1]

Das Gebot des Kurfürsten Friedrich des Sanft-müthigen zu Sachsen von 1432, dass seine Unterthanen sich nicht mehr nach Magdeburg, sondern nach Leipzig an die Doctoren, verständigen und ehrbaren Bürger wenden sollten, scheint ohne erhebliche praktische Folgen geblieben zu sein, denn es ging im ganzen 15. Jahrhundert auch aus dem Kurfürstenthum Sachsen der Rechtszug nach Magdeburg (s. z. B. die in meiner Gewissensvertretung S. 43 und 327 ff.

---

1) v. Schultes, Sachsen-Coburg-Saalfeldische Landesgeschichte. I. Abth. Urkundenbuch S. 37.

erwähnten Thatsachen bezw. abgedruckten Urkunden). Aber
eine Abneigung gegen die Versendung nach Magdeburg
(später auch nach Leipzig) blieb bei den sächsischen Kurfürsten. Ein Rescript [1]) des Kurfürsten J o h a n n (datirt:
Sonntag nach Jacobi a⁰ 1529) weist die „gelehrten Räthe zu
Wittenberg", d. h. Doctoren in der dortigen Juristenfacultät,
an, in peinlichen und anderen Sachen Urtheile zu verabfassen
und sich dessen nicht zu weigern; bisher hätten die Amt-
leute in peinlichen Sachen Urtheile in Leipzig und Magdeburg eingeholt, der Kurfürst wolle aber, dass nunmehr in
solchen Sachen die Wittenberger um Rath gefragt würden.

Z u S. 71. Neben dem Leipziger Schöffenstuhl hätte
wohl der alte Schöffenstuhl zu Dona eine Erwähnung verdient. Auch dieser war in die Hände der Juristen gefallen.
Um die Mitte des 16. Jahrhunderts pflegte für „die Schöppen
zu Donaw" der obenerwähnte D. S i m o n P i s t o r i s zu respondiren [2]). — Für Thüringen existirten mehrere Vororte. So
verordnet 1412 Graf Siegismund v. Orlamünde, dass Schultheiss
und Schöppen in Gräfenthal in Fällen, wo sie das Recht
nicht finden könnten an Strafen und Urtheilen, „sy sich gen
Lauenstein unter die Lynden berufen" und sich belehren
lassen sollten ´ „von unser erbar Mann, was Recht sei".
Für Pössneck war Saalfeld Vorort (v. S c h u l t e s, Coburg-
Saalfeld. Landesgeschichte 2. Abth. S. 139 Not. a, S. 140).

Z u S. 74. Der im Jahre 1598 zu Coburg gegründete
Schöffenstuhl trägt mehr den Charakter einer Juristenfacultät
und steht die Errichtung desselben sicherlich mit dem Plane
des Herzogs J o h a n n C a s i m i r, der Stadt Coburg eine
Universität zu geben, in Verbindung. D. ·P e t r u s W e s e n-

---

1) Im Grossherzogl. und Herzogl. Sächs. Communalarchiv zu Weimar.
R. O. Lit. LLL. fol. 159.

2) „Responsum Scabinorum Donensium, quorum nomine tum temporis
respondere solitus fuit . . . D. Simon Pistoris piae memoriae" bei
Hartm. Pistoris, Quaest. iur. p. 224 sq.

b e e k, erster Ordinarius dieses Schöffenstuhls, war gleichzeitig zum Assessor primarius im Hofgericht bestellt worden.

Z u S. 75—82. Die Geschichte der Actenversendung
ist durch das von Stobbe Vorgetragene noch nicht hinreichend aufgeklärt. Unerledigt bleibt namentlich die Car-
dinalfrage: Wann haben die Juristenfacultäten angefangen,
ihre Urtheile im Namen der versendenden Gerichte und mit
bindender Kraft für diese sowie die Parteien zu sprechen.
Bis in die zweite Hälfte des 16. Jahrhunderts waren die
Facultätsbescheide noch nicht absolut bindend, sondern
galten nur als „rechtlicher Rath" für die Urtheilsverabfassung,
wie sich aus den von Stobbe S. 81 Not. 60ª und S. 77 f.
Not. 54 angeführten Thatsachen ergiebt. Es scheint, als ob
man die verbindliche Kraft der Facultätserkenntnisse und
der Entscheidungen von Privatdoctoren daraus ableitete,
dass den Doctoren bei der Promotion das ius respondendi
auctoritate Imperatoria auf Grund des kaiserlichen Universitäts-
Privilegs verliehen war, gewissermassen als Analogon des ius
respondendi der alten römischen Juristen. Sehr lehrreich
sind in dieser Beziehung die bei C a r p z o v, Peinlicher
Sächsischer Inquisitions- und Acht-Process Tit. IX art. III
abgedruckten kurfürstlichen Erlasse aus dem Jahre 1638.
Vgl. im Allg. M u t h e r in Glasers Jahrbb. Bd. 12 S. 256 f. —
Die Bestimmung des Cölner Concordats mit dem Erzbischof
vom Jahre 1506, dass bei Streitigkeiten zwischen der Stadt
und dem Officialat, ob eine Sache vor das geistliche oder
weltliche Gericht gehöre, die Juristenfacultäten zu Cöln entscheiden sollen, bezieht sich nicht auf die Actenversendung,
sondern giebt den Facultäten die Stellung eines Gerichtshofs zur Entscheidung von Competenzconflicten.

Z u S. 92 ff. Zu den dort aufgezählten alten sächsischen
Hofgerichten ist hinzuzufügen das „Hofgericht für das Fürstenthumb in Doringen" zu Weimar, welches in Urkunden von
1476, 1483 und 1491 vorkommt; ebenso das Hofgericht

für die fränkische Pflege in Coburg (s. unten). Ueber das
Hofgericht zu Weissenfels (1425) und den Zusammenhang
der sächsischen Hofgerichte mit der alten Gerichtsverfassung
ist nachzusehen v. S c h u l t e s , Coburg - Saalfeldische Landes-
historie 2. Abth. S. 144.

; Das Hofgericht zu Wittenberg wurde nicht erst 1529
begründet, sondern nur neu besetzt und mit einer Ordnung
versehen. Im Jahre 1505 war Bernhardt von Dornbach
zum Hofrichter in Wittenberg ernannt worden, 1526 (oder
1528) wurde Lic. iur. B e n e d i c t P a u l i beauftragt, das
Hofgericht zu Wittenberg auf ein Jahr zu übernehmen,
„damit dasselbe Hofgericht wiederum in Ordnung und
Wesen gebracht werde". Benedict Pauli erhielt das alte
Hofgerichtssiegel, welches er 1529 (nach der Reformation
des Hofgerichts) wieder an den Hauptmann von Wittenberg,
H a n s M e t s c h , den neuen Hofrichter, abgeben musste.
Das Hofgericht zu Wittenberg hatte also nie aufgehört zu
bestehen, sondern war bloss in Unordnung gekommen.
Aehnlich das Schicksal des Coburger Hofgerichts. Dieses
wird zurückgeführt bis auf die Zeiten des Voigts O t t o
S p i e g e l (1431), bestand aus dem jeweiligen sächsischen
Voigt oder Pfleger der Ortslande in Franken als Hofrichter nebst den Aeltesten von den Geschlechtern des Adels,
welche dem sächsischen Hause mit Lehen oder als Landsassen zugethan oder verwandt waren „und darzu als Hoff-
gerichtsvrteiler vnnd Scheppen erfordert vnnd beschydenn
wurden." [1]) Die Zahl der Beisitzer betrug „nach Gelegenheit

---

1) Ein in mehrfacher Beziehung merkwürdiges Urtheil dieses Gerichts
vom 19. December 1442 über den Schaftrieb in dem Kalenberger Flur
ist abgedruckt bei v. S c h u l t e s , Coburgische Landesgeschichte des
Mittelalters. Urkundenbuch p. 114. Eine Urkunde vom 10. Mai 1435,
in welcher des Hofgerichts Erwähnung geschieht, s. bei v. S c h u l t e s ,
Sachsen - Coburg - Saalfeldische Landesgeschichte. 3. Abth. Urkundenbuch S. 36.

der Sachen oder Händel" 10, 12 und 13. Noch zur Zeit, als Graf Philipp von Solms die Pflege Coburg verwaltete (1509—1514), wurden alle Jahre 4 ordentliche Hofgerichte gehalten, nachher aber ist „in ettlichen Jahren gar keins gewest, denn was sich Nothsachen zugetragen".

Im Jahre 1529 wurde für nöthig erachtet, dass das Hofgericht zu Coburg, „so nun eine Zeit lang unterlassen, auf fürfallende Nothdurft wiederumb angericht und bestellt mocht werden". Zur Zeit des Pflegers Hans Schott (1533) wird berichtet: „So seyndt auch dye Zeit solche Hofgericht bestelt und gehalten worden auf meiner gstl. vnnd gnedigsten Herrn uncosten vnd wird noch dermassen gehalten." [1]) Doch scheint das Gericht wieder in Verfall gerathen zu sein, denn als Herzog Johann Ernst (1543) die Regierung der Pflege Coburg übernommen hatte, erliess er unter dem 3. März 1544 auf den Bericht „das vor weylen daselbst in (der) stadt Coburg eyn Hofgericht sey gehalten" eine Hofgerichtsordnung und bestellte das Gericht mit Hofrichtern und Beisitzern. Wie lange dasselbe bestand, ist ungewiss, sicher ist · nur, dass 1558 Herzog Johann Friedrich der Mittlere der Coburgischen Regierung befahl, die Appellationssachen nach geendigtem Verfahren an die Juristenfacultät zu Jena zu versenden, und dass 1566 Coburg dem neuerrichteten Ernestinischen Hofgericht zu Jena untergeordnet wurde. Das alte Coburger Hofgericht zeichnet sich vor anderen sächsischen Hofgerichten dadurch aus, dass es von Anfang bis zu Ende nur aus adligen (seit

---

1) Die Behauptung bei v. Schultes, Sachsen-Coburg-Saalfeldische Landesgeschichte I S. 208, dass nach dem Tode Herzogs Wilhelm des Tapfern († 1482) das Hofgericht nicht weiter vorkomme, wird durch obige aus Urkunden des Weimarer Communalarchivs geschöpfte Nachrichten widerlegt. Es fällt damit auch v. Schultes Vermuthung, dass „dieses Tribunal" wahrscheinlich von Herzog Wilhelms Landesnachfolgern wieder aufgehoben worden sei.

1544 zwölf) Beisitzern bestand und auch im 16. Jahrhundert ohne Doctoren blieb. Als Herzog Johann Casimir im Jahre 1598 ein neues Hofgericht in Coburg errichtete, wurden in dasselbe „7 Personen, Als viere vom Adel, darunter ein Hofrichter, und drei Gelehrte" verordnet. Dabei war von Alters her in Coburg lebhafter Widerstand gegen die Anwendung des sächsischen Rechts. Die Hofgerichtsordnung von 1544 ordnet an, die Orts-Lande zu Franken seien in die von den „gebräuglichen kaiserlichen Rechten" discrepirenden Artikel des Sachsenrechts nicht zu verstricken, vielmehr solle das Hofgericht „nach versehung vnd Inhalts des gebreuchlichen vblichen keyserlichen Rechten, auch vermoge der Municipalen, vnd willkürlichen Rechtensordnung sovern dieselbige landtläufftige gebräuchliche Municipalen vnnd saczung, wider Gott, erbarkeit vnnd gute sitten nit streiten vnnd widerwertig" urtheilen. In der obenangezogenen Verordnung von 1558 wird anbefohlen, bei Versendung der Appellationsacten nach Jena darauf anzutragen: „dass in den rechtlichen Angelegenheiten der Ortslande zu Franken nach kaiserlichen und nicht nach gemeinen sächsischen Rechten gesprochen werde"; würden sich dann die Parteien des Urtheils zu beschweren vermeinen, so stehe ihnen frei, an den fürstlichen Hof zu appelliren.[1] Noch im Jahre 1566 besorgt Herzog Johann Wilhelm (in einem Schreiben an seinen Bruder Johann Friedrich den Mittleren, Coburgk zur Ehrenburg 16. Juni 1566[2]): „Als werden die Francken beschwerung furwenden, das Hofgericht zu Jhena zu besuchen, Sondern In diesem E. L. vnnd vnsern Ortt Lande ein eigenes zubestellen verhoffen vnd gewerttig sein. Wie den von E. L. vnd vnsern Loblichen Vorfharn geschehen, Auch die Ordnunge desselben

---

1) v. Schultes a. a. O I. Abth. S. 54.
2) Im Weimarer Communalarchiv.

In vnserer Cantzley alhier befunden. Wen aber derwegen durch Gemeine Land Stende an Uns noch zur Zeitt nichts gelangett, So lassen wir es bey E. L. vnd vnserer Verordnüng bleiben." Doch die Franken bequemten sich nach Jena zu ziehen, nicht aber ohne sich vor Anwendung des sächsischen Rechts sichergestellt zu haben; denn noch 1598 erkennt auch Johann Casimir in seiner Hofgerichtsordnung (Art. VI) an, in der Coburgischen Pflege („diesseidt des Düringischen Waldes") seien, wie althergebracht, so viel die decisoria und merita causae betreffe, nicht sächsische sondern kaiserliche Rechte, die Reichsgesetze und jedes Orts hergebrachte, ausgeführte, rechtmässige, ehrbare Gewohnheiten zu bewahren. Die gleiche Bestimmung befindet sich in der Jenaer Hofgerichtsordnung von 1653 (Cap. XV) und in der Landesordnung Herzogs Ernst des Frommen von 1666 (P. II c. 1 tit. 12), wo übrigens auch für die sächsisch-rechtlichen Gebiete des Gesetzgebers die „beschriebenen" gemeinen kaiserlichen und canonischen Rechte als subsidiäre Rechte ausdrücklich sanctionirt werden.

Auch durch diese unsere Ausführung wird Stobbe's Resultat (S. 101) unterstützt, dass es für die Hofgerichte im Laufe des 16. Jahrhunderts wohl überall sich entschieden hatte, dass in ihnen die Doctoren einen Theil der Beisitzer-stellen (gewöhnlich die Hälfte) erhielten. Wenn es nun auch weit seltener, als Stobbe annimmt, vorgekommen zu sein scheint, dass die adligen Beisitzer mit oder ohne Erlangung eines Grades gelehrte Kenntniss der fremden Rechte durch Universitätsstudien sich erworben hatten, so ist es doch vollkommen richtig, dass der Einfluss der Doctoren in den Gerichten präponderirend war, so dass ihre Ansicht und mit ihr gewöhnlich das fremde Recht den Sieg gewann.

Neben den Hofgerichten übte aber der auch Landesherr persönliche Jurisdiction aus durch seinen Canzler und die Hofräthe, ähnlich wie der Kaiser durch den Reichshofrath.

Dadurch erlangte der landesherrliche Hofrath (die „Canzlei"
oder die „Landesregierung" etc.) eine mit derjenigen der
Hofgerichte concurrirende Jurisdiction. Vgl. E s a i a s P u -
f e n d o r f, Process. Brunsvico-Luneburgic. cap. III p. 21 sq.
In grösseren Territorien wurden in der Folge wohl auch
mehrere landesherrliche Canzleien oder Regierungen (auch
Justizcollegien) eingerichtet und mit bestimmten Bezirken
versehen. Da diese Gerichte mit durchgängig rechtsgelehrten
Mitgliedern besetzt waren, konnten bei ihnen Rechtssachen
schneller und sicherer gefördert werden, als bei den Hofgerichten, die in alter Weise nur zu gewissen Zeiten des
Jahres (gewöhnlich vier Mal, daher auch hie und da Quartal-
Gerichte genannt) sich versammelten. Bei dieser Sachlage
war es den landesherrlichen, nach Muster des Reichshofraths
mit 1 Präsidenten oder Director und gelehrten Räthen be-
setzten Canzleien leicht, die alten Hofgerichte zu verdrängen.
Letztere kamen während des dreissigjährigen Krieges grösstentheils in Abgang, nur wenige erhielten sich bis zur Auflösung des Reichs und auch diese bekamen eine gänzlich
veränderte Stellung und Verfassung.

Später als bei den Hofgerichten fanden bei den Unter-
gerichten die gelehrten Juristen Eingang. Aber es konnte
auch hier nicht fehlen, dass man sich allmählig nach rechtsverständigen Berathern oder gar Richtern umsah und so
vollzog sich endlich die nämliche Entwickelung, wie bei den
Hofgerichten.

VIII.

Stobbe handelt nun weiter über „die Subsidiarität der
fremden Rechte" (S. 110—142). Diese hatte sich, wie er
zugiebt, ohne Widerspruch, ohne Bedenken des Volkes
überall befestigt. Wo gegen das römische Recht angekämpft
wird, ist die Opposition nur gegen die über die Subsidiarität
hinausgehende Anwendung des fremden Rechts, welche in

einer masslosen Verehrung desselben durch die Gelehrten und bedauerlicher Geringschätzung des einheimischen Rechts ihren Grund fand, gerichtet.

Es ist hier am Platze, unsere eigene Auffassung von der Bedeutung und dem Werth der Reception der fremden Rechte darzulegen und es freut uns, in vieler Beziehung mit der historischen Untersuchung und den Anschauungen Stobbe's übereinzukommen.

Wie schon angedeutet wurde, scheiden wir zwischen gemeinrechtlicher Reception und particularrechtlicher Reception. Die erstere hat historisch zwei Entwicklungstufen, die ich bezeichnen will als eine mehr theoretische und eine praktische. So lange nur die Idee ausgesprochen und oft wiederholt wurde, dass die deutschen Kaiser Reichsnachfolger der römischen Imperatoren, und dass deshalb auch die Gesetze der Letzteren (Kaiserrechte in diesem Sinn) für die Ersteren bindend seien, war, wie Stobbe I S. 612—624 dargethan hat, von praktischer Anwendung des römischen Rechts wenig die Rede : „die Kaiser nahmen in Gesetzen und Urkunden auf das römische Recht Bezug, sie umgaben sich mit Gelehrten, betrachteten das römische Recht auch in Deutschland als gemeines Recht und sahen es als selbstverständlich an, dass in den obersten Gerichten ebensogut nach dem römischen, wie nach dem deutschen Landes- und Reichsrecht gesprochen wurde“; aber von praktischer Anwendung des römischen Rechts zur Entscheidung von Rechtsstreitigkeiten der Reichsstände und Landsassen ist zunächst nicht die Rede. Nur in der Politik zeigt sich praktische Verwerthung. „Schon bei dem Kampf Kaiser Heinrichs V. mit dem Papstthume war das R. R. gegen die päpstlichen Ansprüche als Waffe benutzt worden, mehr noch thaten diess die Hohenstaufen : man trat mit dem Kaiserrecht förmlich dem canonischen oder päpstlichen entgegen“ (Aschbach, Wiener Universität S. 8). Diese Periode

ist zu rechnen bis auf König Ludwig, der im Reichs-
abschied von 1342 verordnet hat, dass an dem kaiserlichen
Hofgericht fortan nur „nach kunig und kaisern, seiner vor-
farn an dem romischen reiche gesetzen und ihre
geschrieben rechten" geurtheilt werden solle. Von da an
ist ein Fortschritt insofern zu gewahren, als bei Entscheidung
von Streitigkeiten zwischen Fürsten, Reichsständen und
Städten Rechtsgelehrte — wenn man sie haben konnte —
zugezogen wurden. Etwa gleichzeitig wird auch das einheimische Recht in Glossen zu Rechtsbüchern oder selbständigen Arbeiten mit fremdländischen Rechtssätzen versetzt
und es entstand die Lehre der Sachsenspiegelglosse, dass
das gemeine kaiserliche Recht nur ausgeschlossen sei, wo ein
Privilegium (und als solches wurde das Sachsenspiegelrecht
betrachtet) entgegenstehe, dass demgemäss das kaiserliche
Recht normgebend sei, wo das Privilegium eine Lücke habe
(es dient „zur Erfüllung" des Privilegs), dass es aber auch
— und das ist der wichtigere Satz — zur Interpretation
(„Deutung") des Privilegs diene (Vgl. dazu Muther,
Gewissensvertretung S. 39 ff.). Dieses Dogma war von grosser
Tragweite, denn es war in demselben der Charakter des
römischen Rechts als der eines subsidiären Reichsrechts
nicht festgehalten, vielmehr ihm die Bedeutung einer dem
particulären Recht in der Anwendungsfähigkeit gleichstehen-
den, zu seiner Verdeutlichung dienenden Rechtsquelle beigelegt. Dass unter dem Vorwand der Deutung viele fremd-
ländische Rechtssätze eingeschwärzt werden konnten, liegt
auf der Hand. Zunächst hatte es noch einige Weile, bis
diese Lehre praktisch zu wirken anfing, denn zu ihrer Durchführung bedurfte man der römischrechtlich gebildeten Juristen
und diese waren noch selten. Als aber im Laufe des
15. Jahrhunderts die Doctoren immer häufiger geworden
waren, als sie gar seit dem letzten Viertel jenes Jahrhunderts
als Rechtsbeistände, als Richter, als Rathgeber bei der

Gesetzgebung den Einfluss der Laien auf die Rechtsentwicklung beinahe brach legten, begann die particularrechtliche, die das einheimische Recht zerstörende Reception.

Die gemeinrechtliche Reception, die Reception des
römischen Rechts als eines subsidiären Reichsrechts, ist als
vollendet anzusehen mit Errichtung des ständigen Reichskammergerichts im Jahre 1495 und der bekannten Bestimmung
der R. K. G. O., dass die Urtheiler schwören sollen, zu
richten: „nach des Reychs und gemeynen Rechten, auch
nach redlichen, erbaren und leydlichen Ordnungen, Statuten
und Gewohnheyten der Fürstenthumb, Herrschaften und
Gericht, die für sie bracht werden." Aber schon vorher
hatte die particularrechtliche Reception begonnen, zunächst
bescheidener auftretend und nur beim Judiciren in einzelnen
Fällen und etwa durch eine sich erst allmählige bildende
Gerichtspraxis das einheimische Recht zurückdrängend, bald
aber, besonders im 16. und angehendem 17. Jahrhundert
rücksichtsloser vorgehend, indem die massenhafte Particular-
gesetzgebung nicht bloss — wie Stobbe S. 125 ff. nachweist — die Subsidiarität des gemeinen Rechts gesetzlich
anerkannte, also dasselbe zu einem Complement des Particular-
rechts machte, vielmehr ihren Inhalt grösstentheils aus den
fremden Rechten entnahm und somit den ausländischen
Rechtsstoff an die Stelle des einheimischen setzte, der auf
diese Weise allmählig zwar, aber sicher bis auf geringe
Ueberbleibsel vertilgt wurde. Diese Receptionsepoche ist
heutzutage noch nicht abgeschlossen, nur dass wir gewöhnlich „reines römisches Recht" an Stelle der immerhin noch
mit deutschen Elementen versetzten in früheren Jahrhunderten
gebildeten gemeinrechtlichen Doctrin recipiren. Savigny's
Besitz und sein Einfluss auf die deutsche Praxis und Gesetzgebung bietet ein schlagendes Beispiel. Grund dieser
particularrechtlichen Reception war allerdings, wie Stobbe
annimmt, eine vielleicht zu hohe Schätzung des ausländischen

Rechts, mehr aber noch eine schiefe Auffasungs von dem
Wesen des Rechts und der Aufgabe der Gesetzgebung.
Jene Ueberschätzung des römischen Rechts im 16. Jahrhundert ging vorzugsweise aus von den Humanisten, in Verbindung mit ihrer Begeisterung für die antike Cultur überhaupt, und von den Reformatoren. [1] Diese wird Stobbe wohl
ebensowenig als Männer, „die dem deutschen Volke längst
verdächtig waren" bezeichnen wollen, wie diejenigen, welche
wohl seit mehr denn hundert Jahren nach „einem in der
Vernunft gegründeten Generalplan" Recht und Staat umzu-
gestalten bemüht, aber bei ihren Codificationsversuchen doch
nichts anders zu produciren im Stande waren, als neu aufge-
putztes römisches bezw. verderbtes englisches oder franzö-
sisches Recht. Der Grundfehler dieser, wie der romanistischen
Juristen des 16. Jahrhunderts, welche die „bösen, unver-
nünftigen Gewohnheiten", d. i. das deutsche Recht, verfolgten,
liegt darin, dass sie unter dem Prätext der Volksbeglückung
— und die Meisten mögen auch von der Trefflichkeit ihrer
Sache überzeugt sein — das Volk und dessen Leben misachten,
indem sie an Stelle des Gewordenen und zwar durch und
mit dem Volk Gewordenen, des aus ihm gewissermassen
heraus und ihm daher ans Herz Gewachsenen, das Vernünftige setzen wollen, das Vernünftige, zu·welchem nach
der Auffassung der Gelehrten des 16. Jahrhunderts das
römische Recht gehörte, wie dasselbe ja auch noch neuer-

---

1) Was Stobbe S. 113 Not. 9 von Luther ausführt, ist ohne
Gewicht. Die Schrift an den christlichen Adel deutscher Nation gehört
einer Zeit an, wo Luther noch manchen Weg kühn wandelte, den er
später selbst als Irrweg bezeichnete. Und die von Stobbe angeführten
Worte einer politischen Tendenzschrift kommen nicht in Betracht gegenüber dem merkwürdigen Ausspruch, an den neuerdings z. B. v. Rudorff
(Rechtsgeschichte I S. 364 Not. 2, vgl. auch Muther, Universitätsleben S. 204) erinnert worden ist. Wie aber Luther über das einheimische (sächsische) Recht dachte, darüber sind nachzusehen die Tischreden (ed. Förstemann-Bindseil) 4. Bd. S. 526.

dings öfter als raison écrite bezeichnet wurde. D. Georg
Cracov erklärte den Freibergern, welche ihr durch die
Constitutiones Saxonicae gefährdetes Stadtrecht vertheidigten,
„es müsse Alles weichen, was ein grob unvornunftig Recht
oder wider die Natur sei" und in Betreff eines Satzes des
Stadtrechts sagte er, derselbe sei „wider der wilden Thiere
Recht, welchss auch die Katzen nicht thetten; das Freiberger
Recht enthalte grobe vihische unmenschliche, unbillige Rechte,
so auch wider die Natur seindt" (Stobbe S. 226, 227).
Als Georg Cracov 1576 sein beklagenswerthes Ende
genommen hatte, schrieb Gerhard Falkenburg aus Cöln
an Justus Lipsius[1]): „In Saxonia de studiis est actum;
Cracovius in carcere misere est mortuus." Und dieses
ehrende Zeugniss steht nicht vereinzelt. Georg Cracov
zählte zu den unterrichtetsten, gebildetsten und wohl-
meinendsten Männern seiner Zeit. Was er zu den Freibergern sagte, war sicher seine tiefinnerste Ueberzeugung,
gewiss wollte er nur das Gute und Rechte fördern, als er
sie so schnöde mit ihren Beschwerden zurückwies. Und
ähnlich, wie er, dachten und handelten viele brave, auf der
Höhe ihrer Zeit stehende Männer, wenn sie methodisch das
einheimische Recht unterdrückten. Sie waren fest überzeugt,
einen besseren, vernunftgemässeren Zustand herbeizuführen.
Viele nennen heutzutage das Beginnen derselben verwerflich
und unvernünftig, während sie selbst es für zeitgemäss und
vernünftig erachten, z. B. mit einem Civilprocesscodex auf
französischer Grundlage die deutsche Nation zu beschenken.
Aber so ist es eben mit dem, was man vernünftig und unvernünftig nennt, die Ansichten darüber sind wandelbar und
das, was heute als vernunftgemässer Fortschritt vergöttert
wird, kann möglicherweise als blödsinniger Aberwitz bei der
Nachwelt erscheinen. Denn auch der moderne Fortschritt

---

1) Burmann, Syllog. Epist. I p. 6.

ist in dem, was er als vernünftig anpreist, nicht immer glücklich. Am 20. December 1794 hielt zu Aachen der französische Volksrepräsentant Joubert eine Rede, in welcher er unter Anderem auch von der Unvernunft sprach, die Assignaten nicht höher zu schätzen, als klingende Münze.

Wir brechen nicht den Stab über die Personen, aber das Factum der particularrechtlichen Reception beklagen wir auf das tiefste. Durch dasselbe wurde das nationale Rechtsleben in seiner ruhigen und steten Entwicklung unterbrochen, ja in seinen Grundvesten erschüttert. Nicht gleich ungünstig können wir über die gemeinrechtliche Reception denken. Wären die fremden Rechte nur ein subsidiäres gemeines Reichsrecht geblieben, da anzuwenden, wo das einheimische Recht keine Satzung bot, so würde die deutsche Rechtsentwicklung als eine ganz normale sich darstellen. Das Römisch-Justinianische Recht ist, wie schon oft ausgesprochen wurde, ein ius gentium, des nationalen Charakters und Gepräges fast ganz entkleidet. Die Römer selbst brauchten Jahrhunderte, um die engen Räume ihres starren und dürftigen Civilrechts zu jenem wunderbaren Bau eines für das Weltreich passenden „Rechts der Völker" zu erweitern. Dem ius civile gegenüber stellt sich das allmählige Prävaliren des ius gentium auch als eine Reception dar, nur dass die Römer das, was sie recipirten, selbständig wissenschaftlich fassen und gestalten mussten. Keinem Volk von ausgeprägter Charaktereigenthümlichkeit mit einem derselben entsprechenden Nationalrecht bleibt bei mehr entwickelten Verkehrsverhältnissen die Reception von ius gentium erspart. Auch das alte Recht der Germanen war ein ius civile, charakteristisches und strenges Nationalrecht, wie es für ursprüngliche und einfache Zustände genügte. Da können wir es denn nur als einen Vortheil, nicht als einen Nachtheil betrachten, dass die deutsche Nation nicht erst nöthig hatte, sich ein eigenes System des ius gentium zu schaffen, dass sie vielmehr in der günstigen Lage sich befand, das wissenschaftlich vollendete, auf jahrtausendlanger Erfahrung basirende ius gentium der Römer sich anzueignen.

Die wissenschaftliche Methode des recipirten ius gentium und die freiheitlichen Grundideen desselben konnten dann allmählig auch die noch rohen und ungefügen Institute des einheimischen ius civile ausbilden helfen, bezw. durchdringen und umgestalten, nicht aber würde es, wenn, wie heutzutage in den Pandectenvorlesungen — und zwar für diese richtig — gelehrt wird, die fremden Rechte als gemeines Recht nur in subsidium recipirt worden wären, dahin gekommen sein, dass der Weiterentwicklung des germanischen Rechts der Lebens-faden abgeschnitten worden wäre.

Die Reception des canonischen Rechts in den weltlichen Gerichten Deutschlands war, wie auch Stobbe S. 134 ff. ausführt, leichter, als die des römischen Rechts. Von den kirchlichen Gerichten war dasselbe von jeher angewendet worden und hatte dasselbe dort nicht die Bedeutung eines recipirten, sondern eines Gesetzes-Rechts. Von den welt-lichen Gerichten aber wurde es der mittelalterlich italienischen Auffassung gemäss als nothwendiger und ergänzender Be-standtheil des römischen Rechts angenommen.

Doch übte die Reformation hier einen merkwürdigen Einfluss, indem sie in der That in manchen Punkten (z. B. des Eherechts, der Zinsverbote etc.) das theoretisch schon geltend gewordene canonische Recht wieder entfernte und auf das römische Recht zurückgriff. Ueber dieses Thema liesse sich noch manches beibringen. Einstweilen verweise ich auf meine Arbeiten über Hieronymus Schürpf (Uni-versitätsleben S. 204) und Johann Apel (Universitäts-leben S. 257). Unter den Gegnern Luthers, welche das Fortbestehen des canonischen Rechts vertheidigten, ist weniger Henning Göde (Stobbe S. 136 Note 84 und die dort Angeführten) von Bedeutung, denn dieser starb

schon im Januar 1521, als neben Hieronymus Schürpf:
Melchior Kling.

IX.

Stobbe hat seine Ausführungen über „die Aufnahme der
fremden Rechte in Deutschland" an die Spitze der „dritten
Periode", welche er von Mitte des 15. bis zur Mitte des
18. Jahrhunderts rechnet, gestellt. Es folgen darauf Abschnitte über: „die Literatur des deutschen und fremden
Rechts bis zum Schlusse des 16. Jahrhunderts" (S. 143—182);
„die Gesetzgebung des Reichs" (S. 183—205); „die Gesetzgebung in den Territorien und Gemeinden" (S. 206—278);
„einzelne Stadtrechte" (S. 279—338); „einzelne Particularrechte" (S. 336—413). Dieselben illustriren durchgängig das
im ersten Abschnitt über die Reception der fremden Rechte
Vorgetragene und stehen somit zu demselben etwa in dem
Verhältniss eines speciellen Theils zu einem allgemeinen.
Stobbe hätte die Geschichte seiner dritten Periode auch als
selbständiges Buch mit dem Titel: „Geschichte der Reception
der fremden Rechte in Deutschland" publiciren können.

Somit hat er denn den Ruhm, der Erste zu sein, welcher
eine ausführlichere Darstellung diesem wichtigen Thema gewidmet hat. Er ist damit einem oft ausgesprochenen Wunsch
entgegengekommen und ist von ihm einem wirklich dringenden
Bedürfniss der deutschen Rechtswissenschaft Genüge gethan.
Nicht als ob mit ihm die Arbeiten über jenen Gegenstand
für abgeschlossen gelten und ruhen dürften, vielmehr hoffen
wir, dass Stobbe's Buch, wie jede tüchtige wissenschaftliche
Leistung, lebhafte Anregung geben wird, die von dem Verfasser betretenen Pfade weiter zu verfolgen, vorläufig aber
ist uns ein auf der Höhe der heutigen Wissenschaft stehendes,
treffliches Hülfswerk für alle Untersuchungen der innern
Rechts- und Dogmengeschichte geboten, ganz abgesehen von

dem besonderen Werth, welchen es als selbständige und ausführliche Darlegung eines Theils der deutschen Culturgeschichte wahrt.

Es liegt nicht in unserem Plan, das reiche von Stobbe zusammengetragene Material und die Anschauungen des Verfassers einer durchgängigen Recension zu unterwerfen, wie wir sie hisher zu dem „ersten Abschnitt" versucht haben. Das aber möge uns noch verstattet sein, einzelne kleine Zusätze aus unserem Material zu liefern und einige Irrthümer zu berichtigen, auf welche wir bei der Lectüre gestossen sind.

Zu S. 147 Not. 19. Melchior Kling war nie Canzler zu Dresden und Professor zu Wittenberg war er schon vor 1538. Dass er „Canzler" des Erzbischofs von Magdeburg gewesen, bezweifle ich, doch stand er als Rath in Diensten desselben.

Ich will, da mehrfach falsche Nachrichten über die Lebensumstände des bedeutenden Mannes versiren, hier einige zuverlässige Notizen über dieselben mittheilen.

Melchior Kling ist geboren am 1. December 1504 kurz vor der Mitternachtsstunde zu Steinau an der Strasse in der Grafschaft Hanau. Am 4. September 1527 wurde er bei der (damals in Jena befindlichen) Universität Wittenberg immatriculirt. 1532 begann Kling an dieser Universität zu lesen und promovirte November 1533 zum I. V. D. 1534 (Juli) erhielt er die Lectura in Sexto mit 50 Gulden Besoldung. 1535 wurde er vom Kurfürsten Johann Friedrich zu Sachsen in Geschäften verwendet, welche vorher dem in jenem Jahre verstorbenen Canzler D. Christian Beyer übertragen waren, daher die falsche Nachricht, Kling sei Beyer succedirt und kurfürstlich sächsischer Canzler (natürlich in Dresden!!) geworden. Seit seiner Anstellung als Wittenberger Professor hat er auch dem Kurfürsten Albrecht, Erzbischof von Mainz und Magdeburg, gedient und die Procuratur am sächsischen Oberhofgericht übernommen. Nach der

neuen Fundation der Universität Wittenberg im Jahre 1536
erhielt Kling die zweite (mit dem Assessorat im Wittenberger
Hofgericht verbundene) Lectura ordinaria d. h. ordentliche
Professur (in decretalibus); im Sommersemester 1539 war
er Rector der Universität, 1541 wurde er (unter Beibehaltung
der Professur) kurfürstlich sächsischer Rath und wohnte als
solcher dem Reichstag in Regensburg bei, 1543 und 1544
der Visitation des Reichskammergerichts zu Speier. Gegen
Ende des Jahres 1544 fiel Kling bei dem Kurfürsten Johann
Friedrich in Ungnade, weil er angeblich dem „Kurfürsten
und dessen Handeln" übel nachgeredet und sich mit der
Stadt Lüneburg in Berufungsunterhandlungen eingelassen hatte.
Kling wurde verhaftet (bestrickt) und in Untersuchung genommen. Um Fastnacht 1545 wurde seine „Bestrickung"
wieder aufgehoben und seine Bestallung (als Rath und Professor zu Wittenberg) erneuert. Während des schmalkaldischen Krieges war Kling als Gesandter des Kurfürsten
nach Dänemark gegangen. Nach dem Sturz Johann Friedrichs
(1547) verliess Kling Wittenberg und nahm seinen Wohn-
sitz zu Halle. Als „Rath von Haus aus" diente er hier einer
ganzen Reihe Fürsten und Herren durch Rechtsgutachten und
advocatorische Arbeiten. So dem Erzbischof von Magdeburg, dem Kurfürsten von Brandenburg und den übrigen
brandenburgischen Fürsten, dem Herzog Albrecht von
Preussen, den Grafen von Mansfeld, dem Kurfürsten Moritz
von Sachsen (als dessen Rath er noch nach 1547 das
sächsische Oberhofgericht bezog), den Ernestinischen Her-
zogen (als deren Rath er auch zum Mitglied des 1566
errichteten Hofgerichts zu Jena ernannt war). Wohl auch
von dem Könige von Dänemark hatte er „Bestallung genommen", aber dass er irgendwo dem Dienst eines Herrn
sich ausschliesslich gewidmet und das Canzleramt verwaltet
hätte, ist nicht nachweisbar. 1563 wird er auch als Mitglied des Schöffenstuhles zu Halle a. S. genannt. Kling

starb zu Halle Ostern 1571 und hinterliess seiner zahlreichen Familie ein selbsterworbenes bedeutendes Vermögen. Er war ein Anhänger Melanthons ("Philippianer"), sowie heftiger Vertheidiger der Fortgeltung des canonischen Rechts und deshalb bei Luther nicht wohlgelitten. Die Bücher Klings nehmen in der Literatur des 16. Jahrhunderts eine sehr achtungswerthe Stelle ein.

Zu S. 150. Wolff Los (Wolffgang Loss) veranstaltete auch Sachsenspiegelausgaben (Leipzig Nic. Wolrab 1545 fol. Dresden 1554 fol. Vgl. Homeyer, Sächs. Landrecht S. 79) mit einigen eigenen Zuthaten. Loss war, wie es scheint, in den zwanziger Jahren des 16. Jahrhunderts in Diensten des Erzbischofs zu Riga, später (1537—1542) finden wir ihn zu Freiberg in Sachsen. Von dort aus stand er in Briefwechsel mit Herzog Albrecht von Preussen und ergiebt es sich, dass er auch diesem (etwa von 1529 an) diente. 1538 verschaffte ihm Herzog Albrecht eine Bestallung in Dänemark; Loss aber dankte, da er "in Eiffland (Lifland) Gefahr genug ausgestanden" und sich jetzt in Freiberg "wesentlich niedergethan" habe. Auch eine spätere (1542) nochmalige Berufung nach Lifland an den Hof des Erzbischofs Christian zu Riga lehnte er ab [1]. In der vom 27. Mai 1545 datirten Vorrede zu seiner Sachsenspiegelausgabe unterzeichnet er sich: "Bürger in Freiberg".

Zu S. 156. Woher die Nachricht stammt, dass D. Fachs als Mitglied des Hofgerichts zu Jena verstorben sei, weiss ich nicht, doch kann ich sie nicht für richtig halten. Fachs starb vielmehr 1554 als Ordinarius der Juristenfacultät Leipzig. Er wird noch im Sommer 1552 als solcher erwähnt [2] und im Mai 1554 wurde D. Ulrich Mordeisen "an des verstorbenen D. Fachs statt" der Juristenfacultät

---

1) Nach Briefen im Kgl. Geh. Archiv zu Königsberg i. Pr.
2) Zarncke; Acta Rector. p. 224. Statutenbücher p. 150.

Leipzig als Ordinarius präsentirt [1]), überdem wurde das Hofgericht zu Jena erst 1566 errichtet. — Ludwig Fachs, I. V. D.,
geboren am 31. Januar 1497, war ein Schüler des mehrerwähnten Ordinarius und Canzlers D. Simon Pistoris, in
den dreissiger Jahren des 16. Jahrhunderts finden wir ihn
als Rathsherrn (Consul) von Leipzig und Mitglied des
sächsischen Oberhofgerichts. Als er im September 1512
zur Sitzung desselben nach Altenburg reiste, wurde er von
Wilhelm von Haugwitz, einem öffentlichen Feind Herzogs
Georg zu Sachsen, aufgebracht und bis Bartholomäi folgenden
Jahres gefangen gehalten, wo ihn ein grosses Lösegeld
befreite. Schon damals wohl war Fachs Lehrer an der
Universität Leipzig, welche ihm im Winter 1540 „ob prae-
clara in vniuersitatem merita" einen goldenen Becher verehrte. Als im Wintersemester 1541/42 D. Simon Pistoris
das Cancelariat bei Herzog Moritz übernahm, rückte D. Fachs
„Consularis et ipse a Consiliis principi" in das Ordinariat
ein. 1544 wird er bezeichnet als „Ordinarius et consul
oppidi idemque principis nostri et multorum regulorum
consiliarius" und auch im Winter 1544/45 wird er „Consul"
genannt. [2]) 1548 war er unter den zur Berathung des Interim
in Augsburg verordneten Personen. Sein Nachfolger im
Ordinariat, Mordeisen, führte nur den Titel, die Geschäfte
waren Fachsens Schwiegersohne Modestinus Pistoris
als Viceordinarius übertragen. Fachs ist für die sächsische
Rechtsgeschichte von eminenter Bedeutung. Ausser den
Differentiae besitzen ·wir noch von ihm viele Consilia, die
bei Kirchhoff, in Hartmann Pistoris Quaestiones
und anderwärts sich abgedruckt finden.

Zu S. 160. Fr. Riederer war nie Stadtschreiber
zu Freiburg i. Br., wie Zöpfl annimmt und auch Stobbe

---

1) Thomasius, Annalen S. 35.

2) Zarncke, Acta Rector. p. 207, 233.

anzunehmen scheint, sondern seit 1493 Stadtbuchdrucker dortselbst. Sein „Spiegel der wahren Rhetoric" ist zum grossen Theil aus übersetzten Stellen von Cicero und Quinctilian zusammengetragen, dem wesentlichen Inhalt nach aber aus Geschäftsbüchern der Stadt Freiburg, besonders ihrer Stadtschreiber Joh. Gottschalk und Joh. Sünlin. Joh. Gottschalk von St. Gallen („Ciceronischer Natur") war Oberstadtschreiber und ist am 24. Juni 1473 in das städtische Bürgerbuch eingetragen, Joh. Sünlin („Makrobischer Art") war Unterstadtschreiber. Vgl. Schreiber, Universität Freiburg S. 241 ff.

Zu S. 163 Not. 65. Ausführliche und gute Nachrichten über Johann Thomas Freigius (Frey) giebt Schreiber, Universität Freiburg II S. 220—232.

Zu S. 164 Not. 66. Das von mir in der Biographie Johann Apels (Universitätsleben S. 246) erwähnte, in Königsberg befindliche Formularbuch ist wohl nicht in Nürnberg, sondern, wie ich bereits am citirten Orte bemerkt habe, in Würzburg entstanden. Ob Apel und Fr. Fischer die Verfasser sind, lasse ich dahin gestellt sein, möchte es aber bezweifeln.

Zu S. 174 Not. 35. Interessantes Material zur Biographie des Justinus Gobler findet sich in Laurenz Kirchhoffs Consiliensammlung (II p. 193 ff.). Es besteht dasselbe in Briefen von und über Gobler und in Consilien über einen von ihm geführten Rechtsstreit. Im Jahre 1565 schreibt Gobler aus Frankfurt a. M. an Adam v. Merula, erzählt, dass er aetas sexagenaria erreicht, und dass er zu Mainz und Erfurt studirt habe (l. l. p. 231). Demnach wäre er 1505 geboren. Aus einem andern Brief Goblers vom Jahre 1555 ergiebt sich, dass er auch zu Bourges unter Alciat (also zwischen 1528 und 1532) und Ansuinus Medices studirt hat (l. l. p. 238). Gobler war verheirathet mit Hedwig, der Wittwe von Ulrich Fabricius (Winde-

macher), D. LL. und kurtrier'schem Rath († 1526), dem
Freunde von Hutten. Fabricius verdient nicht nur als
Verfasser eines Processlehrbuchs, sondern auch wegen seiner
vielfachen literarischen Beziehungen, namentlich mit Aldus
Manutius und Franciscus Asulanus — für welche
er mit Genehmigung des Kurfürsten Richard alte Manuscripte im Erzstift Trier zum Abdruck gesammelt hatte —
genannt zu werden. Durch seine Heirath war Gobler in
den Besitz der Bücher und Manuscripte des Fabricius gekommen und sind daher gewiss manche den zahlreichen
Publicationen des Büchermachers von Profession und Plagiarius entnommen.

Zu S. 176 Not. 39. In der Ausgabe von Goblers
Process vom Jahre 1578 (und wohl auch vom Jahre 1572,
die mir nicht zur Hand) ist der „zweite Theil" der früheren
Ausgaben („Von den Actionibus". hinweggelassen, der frühere
„dritte Theil" mit dem „ersten Theil" „zusammengezogen"
und als neuer „anderer Theil" „auss etlichen der fürnembsten
Processe ein sonderlicher Ausszug" eingefügt. Der „Ausszug" schliesst sich vorzugsweise an Chilian König an
und schreibt denselben oft wörtlich aus. Vgl. Muther,
Gewissensvertretung S. 60.

S. 181 Not. 50 ist ein alter Fehler zu berichtigen, in
den ich selbst früher verfallen bin (Gewissensvertretung S. 46
Not. 3). Stobbe erwähnt „Ioachim Georg Prietzen,
I. V. D.", ich nannte den Mann früher „Ioachim Gregor
Prietzen"; derselbe heisst aber Ioachim Gregorij
und giebt er sich den Zunamen „von Prietzen" als ein
Vorläufer Hoffmanns „von Fallersleben". Diess
ergiebt sich aus der Widmung der von Gregorij veranstalteten Ausgabe von Conradi Lagi Compendium iuris
civilis et Saxonici, sie ist unterzeichnet: „Ioachim Gregorij
der Rechten Doctor zu Magdeburgk". Die Vorrede zu
Gregorij's Ausgabe von Chilian Königs Process vom

18. August 1599 aber ist unterschrieben: „IOACHIMVS GREGORII Pritzensis, I. V. D. et Scabinatus Magdeburgensis assessor". Der im Jahre 1595 verhandelte Process wegen Nachdrucks von „Gregorii Commentaria und Annotationes zu Chilian König" bezieht sich daher auf die durch Ioachim Gregorij von Prietzen veranstaltete Ausgabe von Chilian König. Dieselbe muss also schon vor 1599 entweder rechtmässig gedruckt oder doch handschriftlich verbreitet gewesen sein. Nebenbei sei bemerkt, dass „Gregorij Commentaria" und „Annotationes zu König", wie jene Ausgabe bezeichnend charakterisirt wird, für die Rechtsgeschichte nicht ohne Interesse und besonders für die spätere Geschichte des Magdeburger Schöffenstuhls ausgiebig sind.

Zu S. 287. Eine Erwähnung unter den Halsgerichtsordnungen älteren Charakters hätten verdient das von v. Schultes als „Straf- und Gerichtsordnung für die Pflege Coburg" bezeichnete und etwa ins Jahr 1440 fallende „Gebott und Verbott vor Hegung des Gerichts"[1]), sowie die von Herzog Wilhelm zu Sachsen unter dem 13. Juni 1466 dem Stadtrath zu Coburg ertheilte Gerichts- und Strafordnung. [2])

Zu S. 262. In der Aufzählung der sächsischen Gerichts- und Processordnungen haben sich kleine Unrichtigkeiten eingeschlichen, die hier notirt werden sollen:

a) Die unter nr. 4 aufgeführte Ordnung Kurfürst Johanns vom Jahre 1529 für das Hofgericht zu Wittenberg ist fälschlich als „Oberhofgerichtsordnung" bezeichnet.

b) Zwischen nr. 4 und nr. 5 ist einzuschalten: Hofgerichtsordnung des Herzogs Johann Ernst zu Sachsen für die Pflege Coburg vom 3. März 1544.

---

1) Abgedruckt bei v. Schultes, Sachsen-Coburg-Saalfeldische Landesgeschichte. 1. Abth. Urkunden-Buch nr. VII S. 13.

2) Abgedruckt ebendas. nr. XIX S. 29 ff.

Abgedruckt bei v. S c h u l t e s, Sachsen-Coburg-Saalfeldische Landesgeschichte. 3. Abth. Urk.-B. S. 20 ff.

c) Kurfürst M o r i t z erliess für Wittenberg im Jahre 1550
nicht, wie unter nr. 6 aufgeführt wird, eine „Oberhofgerichtsordnung", sondern eine „Hofgerichtsordnung".

d) Unter nr. 7 ist anstatt: „Die alte Hofgerichtsordnung
für Leipzig" zu lesen: „Die alte Oberhofgerichtsordnung für Leipzig (vom Jahre 1548)".

e) Zwischen nr. 7 und nr. 8 ist einzuschalten: „Für das
im Jahre 1566 errichtete (Ernestinische) Hofgericht
zu Jena wurde die „„vorige gehaltene Oberhofgerichtsordnung"" d. i. die Oberhofgerichtsordnung vom
Jahre 1529 wieder erneuert und in Druck ausgegeben"
(Weimarer Communalarchiv R. O. S. 402 ff. BBB).

f) Zwischen nr. 9 und nr. 10 ist einzuschalten:

α) Kurfürst C h r i s t i a n s I Hofgerichtsordnung für
Wittenberg vom 24. August 1588.

β) Der Herzoge J o h a n n C a s i m i r und J o h a n n
E r n s t zu Sachsen Hofgerichtsordnung für Coburg
a⁰ 1598 aufgerichtet (Gedruckt zu Coburg in der
fürstlichen Druckerei 4⁰).

g) Zwischen nr. 11 und nr. 12 einzuschalten:

α) Des fürstlichen sächsischen gemeinen Hofgerichts
zu Jena erneuerte und verbesserte Ordnung, im
Jahre Christi 1653 (abgedruckt in der Landes-
ordnung Herzogs E r n s t des Frommen vom
Jahre 1666).

β) Gerichts- und Processordnung Herzogs E r n s t des
Frommen vom 28. März 1670 (s. g. Ernestinische
Processordnung).

γ) Eisenacher Processordnung Herzogs J o'h a n n
W i l h e l m zu Sachsen vom Jahre 1702.

δ) Altenburger Processordnungen vom Jahre 1704
und 1744.

h) Die unter nr. 12 aufgeführte Ordnung wird richtiger
bezeichnet als „Erläuterung und Verbesserung der biss-
herigen Process- und Gerichtsordnung" (d. i. der
Processordnung von 1620).

Damit wollen wir mit unseren „Zusätzen und Verbesserungen" ein Ende machen.

Stobbe handelt die Geschichte der deutschen Rechtsquellen „Von der Mitte des 18. Jahrhunderts bis auf die
Gegenwart" (4. Periode) auf 90 Seiten ab. Der ausführ-
lichen Darstellung der Reception der fremden Rechte gegenüber ist daher, wenigstens was den Raum anlangt, dieses
jüngste Stück deutscher Rechtsgeschichte stiefväterlich bedacht. Wir mögen darob mit dem Verfasser nicht rechten,
wissen es ihm vielmehr Dank, dass er sich streng an die
Sache haltend, fast bloss Thatsächliches mittheilt und wohl-
feile Raisonnements vermeidet. Dadurch bewahrt sein Buch
streng wissenschaftlichen Charakter. Es ist freilich wahr,
dass nicht alle Theile desselben mit gleicher Ausführlichkeit
behandelt sind und auch innerhalb der einzelnen Haupt-
abschnitte lässt sich hie und da eine nicht bloss quantitative
Ungleichmässigkeit wahrnehmen, aber kein billiger Beurtheiler
wird dem Verfasser einen Vorwurf daraus machen, dass er
bei einer so umfangreichen Arbeit seinem Material und
mitunter auch seinen Neigungen etwas nachgab. Diess ist so
natürlich, dass das Gegentheil auffällig wäre.

Vierter Aufsatz.

Zur Geschichte der mittelalterlichen Rechtsliteratur für „pauperes" und „minores".

Wer in die umfangreichen exegetischen Werke der Glossatoren und Commentatoren einen Blick geworfen und einige Anschauung von dem mittelalterlichen Rechtsunterricht hat, wird nicht recht begreifen, wie man jener Zeit irgendwelche übersichtliche und zusammenhängende Rechtskenntniss zu erwerben im Stande war. Anfänger und Solche, die überhaupt nur das Ziel verfolgten, sich ein für die gewöhnliche Geschäftsführung erforderliches Maass von Wissen zu erwerben, fanden in jenen schwerfälligen Folianten und Lecturen unverdauliche Kost, sie mussten auf andere Hülfsmittel sich verlassen' können, wenn sie nicht von vornherein an dem Erfolg ihres Unternehmens verzweifeln sollten. In der That existirte für sie eine besondere Literatur, welche demselben äusseren Zwecke diente, dem unsere heutigen Compendien gewidmet sind, ohne dass jedoch jene mit diesen, inneren Gehalt und wissenschaftlichen Werth anlangend, auch nur entfernt vergleichbar wären. So hatte denn diese „Populäre Literatur", wie sie Stintzing nennt, ihr eigenes Publicum: „die Halbgelehrten", „welche sich . . . von Jahr zu Jahr in wachsenden Schaaren über Deutschland verbreiteten" und für die Aufnahme des römischen Rechtes besonders in die unteren Schichten des Rechtslebens und

die niedere Rechtspflege emsig wirkten. Stintzing schreibt
daher der „Populären Literatur" eine hohe historica Bedeutung zu.

Vordem freilich war diess nicht anerkannt. Man be-
handelte die hierher zählenden Schriften äusserst geringschätzig, nur selten nahm Jemand Notiz von ihnen. Dass
man sie nicht kannte, war Grund genug, sie zu ignoriren,
oder, wo man auf sie stiess, dieselben sofort als unnützen
Wust bei Seite zu schieben. Stintzing hat sich durch sein
Buch: „Geschichte der populären Literatur des römisch-
canonischen Rechts in Deutschland am Ende des 15. und
im Anfange des 16. Jahrhunderts" (1867) das grosse Verdienst erworben, die Lücke auszufüllen, welche in unserem
literarhistorischen Wissen bestand und zugleich unsere Kenntniss der Geschichte der Reception der fremden Rechte
wesentlich zu erweitern und zu vertiefen.

Eine „Allgemeine Einleitung" von fast vierzig Seiten
giebt über Wesen, Charakter und Werth der „Populären
Literatur" hinreichende Aufklärung. Drei Abschnitte tragen
die Ueberschriften: „Die Doctoren und die Halbgelehrten",
„Die Hülfsmittel der Halbgelehrten", „Der Ausgang der
populären Literatur". Dann giebt der Verf. kurz Rechenschaft über „Gang und Ziel der Darstellung".

Nunmehr werden in zehn Capiteln oder Gruppen die
einzelnen der „Populären Literatur" angehörigen Werke eingehend besprochen. Die Gruppen aber sind folgende:

1) Einleitende theoretische Schriften.

a) Uebersichten der Eintheilungen und Abbreviaturen
   (Rubrikenverzeichnisse und sogen. Modus legendi).

b) Methodologische Schriften (Utriusque iuris methodus
   und Tractatus de modo studendi).

c) Summen (Decretum abbreviatum etc., Expositiones sive
   declarationes titulorum).

d) Bearbeitungen der Institutionen und Regulae iuris

(darunter: Henricus de Piro, Bernardus Brunsvicensis, Thomas Murner, Sinnama).

e) Casus.

f) Rechtsconcordanzen.

g) Petri exceptiones nebst Anhängen.

2) Alphabetische Sammlungen.

a) Flores und Margaritae.

b) Vocabularius iuris utriusque.

c) Repertoria (Petr. de Monte, Repertorium Milis, Io. Bertachini, Petr. Ravennas).

3) Ioannis Andreae Lectura super arboribus consanguinitatis et affinitatis und Summa de Sponsalibus et matrimoniis.

4) Processualische Schriften.

a) Compendien (Io. Andreae, Bartolus, Io. de Stynna, Io. Berberius, Io. de Auerbach etc.).

b) Satansprocesse (Processus Sathanae und Belial).

c) Tractate (Defensorium iuris etc.).

5) Notariatsschriften (und Formelbücher).

6) Der Klagspiegel.

7) Der Layenspiegel.

8) Sebastian Brant. Thomas Murner. Ulrich Molitoris.

9) Sammelwerke.

a) Liber plurimorum tractatuum.

b) Cölner Sammelwerke.

c) Baseler Sammelwerk.

10) Geistliche Jurisprudenz.

a) Summae confessorum.

b) Tractate (de contractibus etc.).

„Anmerkungen, Nachträge und Berichtigungen" sowie ein sehr sorgfältiges „Register" bilden den Schluss.

An der Spitze jedes Capitels, hie und da auch der Unterabschnitte, dient eine „Einleitung" zur Orientirung gerade

über diese Gattung der populären Schriftstellerei. Dann folgen
die einzelnen Werke.

Nun lässt sich nicht verkennen, dass der Begriff der
„Populären Schriften", wie ihn Stintzing aufstellt, ein sehr
loser und äusserlicher ist. „Nur das Allgemeine lässt sich
sagen, dass sie alle dem niemals ganz fehlenden und überall
sich geltend machenden Bedürfniss elementarer Belehrung
und populärer Aushülfe ihr Dasein verdanken" (p. I..).
Ganz richtig! und es darf nicht unbeachtet bleiben, dass
schon dem Mittelalter nicht bloss die Sache, sondern auch
der Begriff bekannt war. Man schuf wohlbedacht und mit
Ueberlegung eine Literatur für die „minores" und „pauperes",
mit welchen die Stintzing'schen „Halbgelehrten" nahe verwandt sind. Ihren Ursprung haben aber die einschlägigen
Werke zu den verschiedensten Zeiten, in den entferntesten
Gegenden gefunden. „Zu einer Gesammtheit hat sie erst
das in solchem Umfange niemals vorher dagewesene Bedürfniss in unserer Periode in Deutschland zusammengeführt und
ihnen dadurch eine neue geschichtliche Bedeutung gegeben".
Bei Beantwortung der Frage, welche Schriften dem Kreise
der „Populären Literatur" angehören, konnte daher nicht
von Entstehung der einzelnen Werke ausgegangen werden,
sondern von der Thatsache der Verbreitung in der zweiten
Hälfte des 15. Jahrhunderts. Stintzing sieht daher als
seine erste Aufgabe an, zu ermitteln: „welche Schriften
dieser Art wurden damals gedruckt und welche Ausgaben
von ihnen veranstaltet?"

Das Princip, die „typographische Vervielfältigung" als
sichersten „Massstab für die zur Frage stehende historische
Bedeutung einer Schrift" zu betrachten, führt nun freilich zu
eigenthümlichen Zusammenstellungen und Verbindungen, ja
selbst Inconsequenzen. In dem ersten Capitel z. B. werden
neben vielen meistens dem späteren Mittelalter angehörigen
isagogischen Schriften auch die Exceptiones des Petrus

nebst Anhängen ausführlich und eingehend besprochen, weil sie im Jahre 1500 zu Strassburg gedruckt worden sind. Warum, fragen wir, wird nicht in entsprechender Weise die Panormia Ivonis behandelt, welche doch auch 1499 (S. 458, 459) zum Druck gelangte? Petrus führt zu einer höchst werthvollen, interessanten und ergebnissreichen Untersuchung über die vorbolognesische Rechtsliteratur, welche unmittelbar hinter glossatorischen Sammlungen von Casus und postglossatorischen Differentiae inter ius canonicum et civile doch Niemand erwarten sollte [1]). Aber auch jene Untersuchung selbst nimmt einen einseitigen Charakter an, indem der Brachylogus sowohl, wie andere Reste jener Literatur nur ganz beiläufig berührt werden: sie gehören ja nicht zu den Werken, von welchen sich aus dem 15. oder Anfange des 16. Jahrhunderts Drucke vorfinden. Und doch zählt wenigstens eine dieser Schriften vielleicht in höherem Grade als Petrus zur „Populären Literatur" im Sinne Stintzings, wenn sie auch erst im Jahre 1582 gedruckt worden ist, ich meine die sogenannte Epitome Exactis a civitate Romana regibus. Diess kleine Buch war nämlich, wie unten nachgewiesen werden soll, auch in Deutschland in vielen Handschriften verbreitet.

Doch unser Verfasser führt aus, die historische Bedeutung einer Schrift am Schlusse des 15. Jahrhunderts lasse sich auf statistischem Wege mit Sicherheit nur aus der Zahl der gedruckten Ausgaben erkennen; das Vorhandensein von Handschriften habe für uns dieses Interesse nicht (p. L, LI).

Das klingt sehr überzeugend! Dennoch erhebe ich Einsprache. Denn 1) kommt es nicht allein darauf an, welche

---

1) Das Obige war schon niedergeschrieben, als mir die Recension Schulte's im Theologischen Literaturblatt, herausgegeben von Reusch (1867 Nr. 20) zu Händen kam, in welcher Aehnliches ausgeführt ist.

historische Bedeutung einer Schrift am Schlusse des 15. Jahrhunderts zuzuschreiben, vielmehr welcher Anerkennung sie sich im Laufe der ganzen Zeit der practischen Reception, also seit Beginn des 15. Jahrhunderts und früher in Deutschland zu erfreuen hatte. Dann aber ist es 2) nicht richtig, dass „ein Werk, welches damals nicht zum Abdruck gelangte, für die Zeitgenossen verhältnissmässig wenig Bedeutung hatte, auch wenn es in vielen Exemplaren handschriftlich überliefert sein mochte" (S. LI). Es hing nämlich oft vom Zufall ab, ob ein Werk gedruckt wurde, oder nicht, namentlich davon, ob einem Drucker ein leidliches Manuscript in die Hände fiel. Man darf sich überhaupt nicht die Vorstellung bilden, als ob das Schreiberhandwerk sofort mit Erfindung der Buchdruckerkunst seine Bedeutung für die Vervielfältigung von Büchern verloren habe. Die Preise der gedruckten Bücher waren so hoch, dass man dieselben zunächst als Luxusartikel betrachtete und es vorzog, sich Exemplare durch eigenes Abschreiben, oder die Arbeit wohlfeiler Lohnschreiber zu verschaffen. Die Bibliothek der Wiener Universität erwarb das erste gedruckte Buch im Jahre 1474, ein auf Pergament gedrucktes Decretale, das 34 rheinische Gulden — ein grosses Capital für jene Zeit — gekostet hatte (Aschbach, Geschichte der Universität Wien S. 344). Manche neue Bücher — und diess Verhältniss dauerte bis ins 16. Jahrhundert fort — wurden Jahrzehnte hindurch lediglich durch Abschriften und wieder Abschriften verbreitet, bevor sie unter die Presse gelangten. Ja auch schon gedruckte Bücher wurden trotz wiederholter Auflagen noch abgeschrieben. Gerade die Classe der Halbgelehrten aber, deren Bedürfniss die „Populäre Literatur" vorzugsweise diente, gehörte der Schreiberzunft im weiteren oder engeren Sinne an. Man schrieb sich die Bücher, die man für brauchbar hielt, in der Regel selbst ab, gedruckte Bücher waren die Ausnahme, sie waren für das mässige Einkommen jener Leute

— nicht ohne Grund werden sie pauperes genannt — zu theuer. Daher denn auch die ungeheure Zahl von hier einschlägigen Handschriften, zumal aus der zweiten Hälfte des 15. und dem Anfange des 16. Jahrhunderts, die noch vorhanden ist.

Man dürfte also wohl den Satz wagen: Aus der oft wiederholten Auflage eines Buches lässt sich ein Schluss machen auf die grosse Verbreitung desselben. Nicht aber darf man den Satz dahin umkehren: Was nicht gedruckt wurde, hatte auch keine Bedeutung. Noch weniger aber darf man sagen: Was überhaupt gedruckt wurde, wenn auch nur einmal, hatte mehr Verbreitung, als das, was ungedruckt blieb.

Stintzings eigener Satz (pag. LI): „Keineswegs lässt sich als Regel aufstellen, dass ein durch zahlreiche Ausgaben als sehr gesucht erwiesenes Werk auch in zahlreichen Abschriften überliefert sei, sondern es findet häufig gerade das umgekehrte Verhältniss statt", spricht für unsere Ausführung. Denn es gelangte in der That oft ein handschriftlich nur gering verbreitetes Werk durch den Druck zu einer immer wachsenden Anerkennung, während umgekehrt handschriftlich sehr häufig vorkommende und, wegen ihres verhältnissmässig geringen Umfangs leicht abzuschreibende Werke keinen Drucker fanden, weil man annahm, die Zahl der vorhandenen und neu entstehenden handschriftlichen Exemplare reiche für das Bedürfniss aus.

Wir können daher von diesem Gesichtspunkte aus es nicht billigen, wenn Stintzing im Allgemeinen den noch vorhandenen Handschriften wenig Aufmerksamkeit schenkt, obwohl er hie und da seine Beweisführungen vorzugsweise auf handschriftliche Ueberlieferung zu stützen gezwungen ist.

Dagegen müssen wir anerkennen, dass es allerdings zunächst einmal darauf ankam, das gedruckte Material zusammen zu bringen und zu sichten. Daher liegt ein grosses und nicht bloss bibliographisches Verdienst darin, dass Verfasser bei jedem einzelnen Werk mit möglichster Vollständigkeit und Sicherheit die gedruckten Ausgaben constatirt.

Hätte er in gleicher Weise den noch vorhandenen Handschriften nachgeforscht, so würden wir sein treffliches Buch noch lange entbehren müssen und wir sind ihm deshalb für die Selbstbeschränkung, mit welcher er seinem Plan erreichbare Grenzen gesteckt hat, zu grossem Danke verpflichtet.

Den in vielen grösseren und kleineren, bekannten und unbekannten, zugänglichen oder verschlossenen Bibliotheken aufbewahrten Handschriftenvorrath kennen zu lernen, durchzuarbeiten und für Zwecke der Rechts- und Literaturgeschichte zu verwerthen, wird Aufgabe nicht eines Gelehrten, sondern einer ganzen Arbeitsperiode sein. Von sachkundiger Hand gefertigte Handschriftencataloge der einzelnen Sammlungen sind dafür Vorbedingung. Aber wie viel ist in dieser Beziehung zu wünschen? Einstweilen wird man sich begnügen müssen das wenige bisher Geleistete nicht unbeachtet liegen zu lassen und, wo sich Gelegenheit bietet, noch Verborgenes an das Tageslicht zu fördern.

Mit Hülfe von Handschriften wird sich erst der volle Umfang der „Populären Literatur" erkennen lassen, mit ihrer Hülfe wird aber auch so manches sich aufklären, was für jetzt noch dunkel bleibt.

Was zunächst den ersten Punkt anlangt, so haben wir schon oben erwähnt, dass unter Anderen auch der sogenannten

Epitome Exactis a civitate Romana regibus

eine Stelle in der „Populären Literatur" auch des späteren Mittelalters einzuräumen sei. Stintzing gedenkt derselben (S. 89 und 99) im Vorbeigehen und erkennt an, dass „eine Edition dieser Schrift zu wünschen wäre".

Dieser Wunsch ist gewiss gerechtfertigt, denn die vorhandenen Ausgaben (1582. 1590. 1595; vgl. Böcking, Pandecten-Institutionen I §. 24 Note 19) sind äusserst selten. Schon lange aber hat dieses „Glossar" die Aufmerksamkeit gelehrter Männer auf sich gezogen. Wohl schon Azo hat dasselbe benutzt (Böcking a. a. O.). Brissonius verweist auf dasselbe bei vielen Worterklärungen (vgl. Steffenhagen Catal. nr. XXXV Not. 12). In neuerer Zeit machte zuerst A. W. Cramer (Hauschronik S. 139 ff.) wieder auf dasselbe aufmerksam. Er war in Nürnberg auf eine Handschrift gestossen und hatte dann später in Trier eine solche bei einem Buchbinder an sich gebracht, bei der sich noch ausserdem handschriftliche Bemerkungen von Conrad Rittershus befanden. Um dieselbe Zeit hatte Haubold, „bei allen Entdeckungen ein Präcursor Johannes" das Büchlein in der Dresdner Bibliothek gefunden und den Plan gefasst, es mit Vergleichung des Cramer'schen Manuscripts abdrucken zu lassen. Später beschäftigte sich Eduard Simson mit dem Werk. Während seines Aufenthaltes zu Paris verglich er im October 1830 eine Handschrift (Bibliotheque du Roi Ms. 3934. A.) stückweise mit der Ausgabe von 1582 [1]. Den grössten Eifer aber hat Böcking entfaltet, der einen grossen Theil der „vielen, auch in Deutschland und Frankreich noch erhaltenen" Handschriften verglich. Diese Collationen resp. Abschriften benutzte Stintzing.

Mir sind mehrere Handschriften in die Hände gekommen oder bekannt geworden, darunter einige bisher übersehene, weshalb ein Verzeichniss derselben folgen mag.

1) Königsberg in Preussen. Königliche und Universitätsbibliothek. Cod. nro. 1150 membr. Saec. XV. 4°.

---

[1] Die Collation befindet sich durch Simson's Güte in meinem Besitz.

Anfang: Exactis a romana ciuitate regibus constituti sunt duo consules ideo sic dicti quia plurimum rei publice consulerent.

Ende: collecta sunt sub compendio et libro codicis et digestorum.

Die erste Notiz von diesem Manuscript gab ich im Jahre 1859 im literarischen Centralblatt nro. 21 col. 331. Vgl. jetzt Steffenhagen Catal. XXXV und in der Altpreussischen Monatsschrift herausgegeben von Wiggert und Reike Bd. III Heft 8 S. 731; Ztschr. für Rechtsgesch. X 296, 303.

2) Nürnberg. Rathsbibliothek. Cent. V. 95. Cod. membr. Saec. XIV. (?). 4º fol. 41—58ʰ.

Anfang: A Romana civitate legibus constituti sunt duo consules. ydeo sic dicti quia plurimum reipublice consuluerunt.

Ende: collecta sunt sub compendio ex libro codicis et digestis. In quibus si aliquis dicat aliam dictionem si(c) notam esse ut non exigat expositionem sciat necessarium esse introducendis quod seruatum est prouectis etc.

Diess ist zweifelsohne die Handschrift, welche schon Cramer gesehen hat.

3) Nürnberg. Rathsbibliothek II. 83 fol. 386—399. Cod. chart. Saec. XV. fol.

Ueberschrift: Expositiones terminorum C. et ff. cum Registro.

Anfang: Exactis aromana ciuitate legibus.

Ende: quod seruatum est prouectis etc.

Dann Register: fol. 398, 399.

Diese Handschrift war, als ich auf sie stiess, in dem Cataloge noch nicht verzeichnet. Der Band, in dem sie enthalten, gehörte ehemals „Ad monasterium s. Egidij Nure berge. ord. Benedicti, Babenbergn dyoc.", wohin er 1449 durch Legat des Michael Ludwici, Decret. Lic., gelangt war. Der grössere Theil des nicht uninteressanten Inhalts des Bandes ist von Michael Ludwici während seines Studienaufenthalts zu Padua 1441 — 44 zusammengeschrieben.

4) Erfurt. Königl. Bibliothek. Libr. manu script: 69. chart. Saec. XV. fol. Blatt 175 — 190.

Anfang: Exactis a romana ciuitate regibus constituti sunt consules duo ideo sic dicti quia plurimum rei publice consuluerunt.

Ende: collecta sunt ex libro codicis et digestorum in que si quis aliquam dictionem sic uocat (?) ut non exigat expositionem sciat necessariam (?) esse introducendum quod superuacuum est prouectis et tantum de isto Finitum anno D. 1414. sabbat. ante letare in erfordia.

Auch dieses Manuscript scheint noch ganz unbeachtet zu sein. Es befindet sich in einem Bande, der sich als Liber scti petri in Erfordia anzeigt und zum grossen Theil im Jahre 1414 von deutlicher, fester Hand zusammengeschrieben ist. Ueber den weiteren Inhalt desselben werde ich zum Theil unten zum Theil an anderer Stelle Nachricht geben.

Hier bildet unsere Epitome nur einen Theil einer grösseren Sammlung von juristischen Wörter - und Actionenverzeichnissen. Dieselbe beginnt:

Fol. 154 — 157[b] mit einem alphabetischen Rechtswörter- und Actionenverzeichniss, welches das Inhaltsverzeichniss zu der später folgenden Epitome Exactis und den sich daran anschliessenden Stücken bildet.

Fol. 158[a]. Incipit Vocabularius Iuris.

Quia in titulis legum et canonum uocabula lectoribus eorum ignaris tedium in legendo et etiam difficultatem in intelligendo praebent Ideo hic est aliqualis doctrina

breuis et utilis de significationibus huiusmodi uocabu-
lorum secundum alphabeti ordinem supponenda Ex-
ordium ergo eius sumamus a uocabulis incipientibus
ab a Abigeus etc.

Ende dieses Glossars fol. 174[b]: Dulce nomen
domini nostri ihü x[i] et nomen beatissime marie virginis et omnium sanctorum suorum sit benedictum in
secula seculorum amen.

Dann folgt die Epitome Exactis, wie oben beschrieben. Hier ist nur zu bemerken, dass am Rande
der Handschrift bei den einzelnen Paragraphen der
Epitome sich Nummern (1 — 150) befinden, welche
den Zahlen in dem alphabetischen Inhaltsverzeichniss
auf fol. 154—157[b] entsprechen. Jene Randnummern
laufen übrigens auch noch bei den nunmehr folgenden
Stücken fort und ist auf diese das Inhaltsverzeichniss
ebenfalls zu beziehen.

Fol. 190[a] col. 2 unten folgt ein ferneres Glossar zu
den 5 Büchern der Decretalen und anderen canonistischen Rechtsquellen. Anfang: Constitucio est ius
scriptum unius cause uel negocij. Fol. 201[a] findet sich
eine Rubrik: Juramentum Judeorum und darunter ein
deutsches Formular des Judeneides, dann ein Stück
aus Durantis Spec. part. II. De Juramento calumpnie.
Unten am Rande steht:

De Juramento Judeorum Rubrica in dem dudeschen
keyserrechte.

Fol. 204[a] col. 1. Ende des fol. 190[a] beginnenden
Werkes, welches die Randnummern 151 – 264 umfasst.

In derselben Columne beginnt eine bis fol. 220[a]
col. 2 sich erstreckende, die Randnummern 265 - 360
umspannende Schrift, welche ich als die Summa
D. Odofredi de libellis formandis (jedoch ohne den
Eingang) erkenne. Anfang: Actio publiciana uocatur

qm̄ primum a publiciano pretore in edicto proposita est etc. Ende: l. vnica C. De ingratis liberis Explicit opus quod incepit anumero 265.

Dann folgen noch fol. 220ᵃ—222ᵃ Auszüge ex tabula domini Caspar. de Caldrinis und der Summa Raymundi unter den Randnummern 366—369.

Ende des Ganzen: De fortitudine in confessione. de obedientia confitentis.

Nächstes Stück des Cod. bildet: Fragment einer Handschrift der Summa Odofredi de libellis formandis.

Das ganze Manuscript auf fol. 154—220 stellt sich daher dar als eine wahrscheinlich in Deutschland vor 1414 zurecht gemachte Sammlung von juristischen Nachschlagbüchern, so recht eigentlich ein Werk der „Populären Literatur".

5) Eine Handschrift der Epitome Exactis habe ich auch verzeichnet gefunden in dem der Frankfurter öffentlichen Bibliothek gehörigen handschriftlichen Catalog: Codd. mss. in . . . eccl. S. Barthol. Francof. bibl. repert. 1776. fol. pag. 111 nr. CXX.

6) Endlich scheint auch die von Pyl, Rubenow-Bibliothek (1865) S. 112 unter dem Titel „Copulatio vocabulorum libr. Digest." beschriebene Handschrift aus 20. C. III. der Greifswalder Kirchenbibliothek St. Nicolai nicht Anderes zu enthalten, als unsere Epitome.

Dass die Epitome Exactis a Romana civitate regibus für das Bedürfniss der Halbgelehrten auch im späteren Mittelalter vielfach abgeschrieben wurde, dürfte sich aus dem Obigen und den Mittheilungen von Böcking ergeben. Dass dieselbe aber auch für den Zweck, welchem die „Populäre Literatur" diente, zurechtgeschnitten wurde, beweist das Erfurter Manuscript. Dasselbe ist das voll-

ständigste, welches ich kenne, enthält Manches, was offenbar neuerer Zusatz ist, namentlich viele Citate in der
Citirweise der Glossatoren und selbst Verweisungen auf das
canonische Recht und das Speculum des Durantis sowie
Azo. Die Königsberger Handschrift dagegen ist sehr lücken-
haft und incorrect, doch scheint sie auf eine ältere Form
zurückzuführen, auch hat sie Einzelnes, was in dem Cod.
Erford. fehlt. Wiederholte Betrachtung des Ganzen hat in
mir die Ueberzeugung begründet, dass das Werk nicht
lange vor der Glossatorenzeit in Italien entstanden ist.
Verfasser desselben ist kaum ein Jurist von Profession, wie
es die Glossatoren waren, vielmehr spricht Vieles für einen
des Griechischen nicht unkundigen Grammatiker, der die
Rhetorik mit dem Rechtsstudium verbunden hatte. In vielen
Stellen tritt der Autodidact hervor, so dass wir lebhaft an
die Worte des Odofredus über Irnerius erinnert
werden: Nam dominus Yr. erat ·magister in artibus ....
Et dominus Yr. studuit per se sicut potuit; postea coepit
docere in iure civili etc. Damit soll jedoch nicht die
positive Behauptung ausgesprochen werden, dass Irnerius
der Verfasser sei, wenn auch diese Autorschaft nicht unmöglich wäre. Wenn Böcking das Werk als ein „juristisches
Elementar-Lehrbuch" charakterisirt, so lässt sich in so fern
nichts einwenden, als dasselbe sicher zum juristischen
Elementarunterricht benutzt wurde. Allein die Absicht des
Verfassers ging wohl weniger darauf, eine systematische
Uebersicht der Rechtslehren zu geben, als eine systematische
Zusammenstellung einzelner im Codex, den Digesten und
den Institutionen vorkommender Ausdrüke, unter denen auch
viele nichtjuristische sich befinden. Das System — roh
genug — folgt der Dreitheilung: personae, res, actiones.
Zwischen personae und res wird „quorundam paucorum
verborum significatio", d. h. die Erklärung einiger Verba,
vor den Actiones ein Abschnitt über Recht und Rechts-

quellen eingeschaltet. Rücksichtlich der personae werden
zuerst propria nomina eorum qui publica officia gerunt,
dann die privatae personae (status hominum, Vormundschaft
und Erbrecht, Verwandtschaft, Domicilium und Colonat, in
Forderungs- und anderen Rechten vorkommende Personen,
Processpersonen, Delinquenten) behandelt. Bei den rerum
vocabula ist von Grundstücken, Gebäuden, beweglichen
Sachen, Rechten an fremden Sachen, Besitz, Eigenthum,
Contracten und Verträgen, dazwischen von processualischen
Dingen die Rede. Es geht ziemlich bunt durcheinander,
die Zusammenhänge lassen sich mitunter schwer oder gar
nicht erkennen. Es scheint fast, als ob der Verfasser bei
seiner Lectüre der Rechtsbücher glossae d. i. breves nomi-
num vel verborum interpretationes auf einzelne Blätter Papier
notirt und schliesslich versucht habe die so entstandene
Sammlung nach dem oben mitgetheilten Schema zu ordnen.
Das Ganze lässt sich demnach charakterisiren als systematische Glossensammlung, welche als Hülfsmittel bei der
Quellenlectüre dienen sollte. Der anfängliche Plan des Verfassers war vielleicht weiter und ging auf sprachlich-didac-
tische Zwecke überhaupt. Von wissenschaftlichem Werthe
ist die Schrift wegen des Inhalts einzelner Glossen, besonders wichtig ist der Abschnitt von den Actionen. Zunächst
wäre den Quellen nachzuforschen, aus denen neben den
Justinianischen Rechtsbüchern der Verfasser schöpfte. Diese
Untersuchung behalte ich mir für eine andere Gelegenheit
vor. Stintzing macht mit Recht (S. 99) auf die Verwandtschaft der Epitome Exactis mit der Expositio terminorum
aufmerksam, welche in der alten Ausgabe des Petrus und
in einem Prager Manuscript uns erhalten ist. Bemerkt mag
noch werden zu dem, was Stintzing über die Geschichte
der Citirmethoden S. 92, 93 ausführt, dass nach Simsons
Papieren in der Pariser Handschrift für die Pandecten das
Zeichen $=\delta$ gebraucht, im Uebrigen aber fast durchgängig

bloss die Titelüberschrift des betreffenden Rechtsbuches (=δ, c, institu.), nicht aber die Lex genannt wird. Merkwürdig ist eine Stelle, wo Fr. 7 § 7 de Publ. in sehr verderbter Weise wiedergegeben wird: ... ex lege Dig. sub titulo pupliciana act. s. si petenti michi rem et iuramentum detuleris iurauero etc. Im Allgemeinen führt die genauere Betrachtung der Epitome Exactis zu den nämlichen Ergebnissen, zu welchen auch Stintzing (S. 90) durch die Untersuchung über Petrus gelangt: „Man wird den Notizen, welche uns über den Rechtsunterricht im frühen Mittelalter erhalten sind, grösseres Gewicht beilegen und den Schulen ausserhalb Roms und Ravenna's in Italien und Frankreich grössere Bedeutung zugestehen müssen, als Savigny zu thun geneigt ist, — Unentschieden wird es immerhin bleiben, wie weit der Rechtsunterricht in selbständigen Anstalten oder . in den Schulen der Rhetorik und Dialektik ertheilt wurde. Als Regel ist wohl die äussere Verbindung mit diesen Disciplinen anzunehmen, welche durchaus der historisch nachweisbaren inneren Verbindung entsprach; und unverkennbar tritt der Einfluss, den Dialektik auf die Jurisprudenz ausgeübt hat ...., hervor."

Die Untersuchung über Petrus führt Stintzing keineswegs ohne Herbeiziehung von handschriftlichem Material, welches in sehr umsichtiger Weise ausgenutzt wird. Noch an mancher anderen Stelle erweisen sich die Handschriften dem Verfasser nützlich, da wo die gedruckten Ausgaben den Dienst versagen. Ich greife als Beispiel heraus: das

Defensorium iuris.

Als Verf. wird in den meisten Ausgaben Ioannes Monachus Cisterciensis ordinis genannt, den man ohne viel Bedenken mit einem gleichnamigen Zeitgenossen des Ioannes Andreae identificirte. Stintzing (S. 281 und 286) berichtigt nun den alten Irrthum nach den drei jüngsten Ausgaben und einer Königsberger Handschrift dahin, dass das Werk einem sonst unbekannten Cistercienser-Mönch G e r h a r d u s zuzuschreiben sei (vgl. auch St e f f e n h a g e n Ztschr. für Rechtsg. IV S. 187 f.). Unter den „Anmerkungen, Nachträgen und Berichtigungen" wird (S. 554) hinzugefügt, die Autorschaft des Gerhardus Monachus werde noch durch 3 bisher übersehene Handschriften in Basel, Strassburg und Quedlinburg bestätigt. Die Baseler Handschrift wird bezeichnet als

Defensorium juris Gerhardi, monachi de Rino,

in der Strassburger (unsicher ob des Defensorium oder eines anderen Werkes) heisst der Verf.:

Gerhardus monachus de Ring,

in der Quedlinburger:

Gerhardus monachus de S. Imo S. Mariae Cistertiensis Ord. (geschrieben 1427).

Stintzing hält diese Notizen mit Nachrichten bei d e V i s c h, Bibliotheca scriptorum s. o. Cisterciens. (p. 123, 227, 386) zusammen und kommt zu dem Resultat, es sei zu lesen:

G e r h a r d u s monachus de Riuo S. Mariae.

Die Richtigkeit dieser Conjectur vermag ich mit Hülfe einiger unbeachtet gebliebenen Manuscripte zu bestätigen.

    1) G r e i f s w a l d. Kirchenbibliothek St. Nicolai. Cod. 18. C. I chart. saec. XV. fol. (Vgl. P y l, Rubenow-Bibliothek S. 95 ff.). Hier findet sich das Defensorium iuris Blatt 191[a] bis 206[b]. Der Eingang lautet: (B) One rei dare consilium. et presentis vite subsidium et eterne remunerationis premium expectatur. XII. q. II bone rei Igitur ego frater gerardus monachus Riui ste marie, ordinis cistercien. licet indignus videns reos propter maliciam actoris etc. Ende: Et sic est finis Defensorij fratris gherardi secundum Iura antiqua et notabiliora etc.

    Die Angabe bei P y l a. a. O. 99: „Fratris Gherardi, monachi ordinis Cisterciensis, tractatus de exceptionibus cont. XXXIII titulos" ist also nicht ganz genau.

Das Manuscript zeichnet sich dadurch aus, dass es einzelne in gedruckten Ausgaben nicht vorkommende Formulare enthält, so eines zu Ende des Titels Contra arbitros nach den Worten cum dilectus:

Sequitur Forma

Nicolaus dictus winkel et Johannes dorlach de tali causa que vertitur inter ipsos vel verti speratur et de omnibus aliis incidentibus questionibus. pro se et suis heredibus compromittunt et consentiunt in dominum C. decanum bremensem tamquam in arbitrum compromissarium et arbitratorem. sev in bonum virum etc. Formulare von derartigen Compromissen auf die Entscheidung des geistlichen Richters kommen in Manuscripten des 15. Jahrhunderts sehr häufig vor und bestätigen die Wahrheit des im ersten und dritten Aufsatz hierüber Ausgeführten.

2) **Erfurt.** Königl. Bibliothek. Libr. manu script: 69 chart. saec. XV. fol. Blatt 288 bis 304^b (noch nirgends erwähnt).

Ueberschrift am Rande des Manuscripts:

Incipit Defensorium iuris Gerhardi monachi etc.

Anfang: Quia bone rei dare consilium presentis vite subsidium et eterne remuneracionis premium expectatur XII. q. ij bone rei Ideo Ego gherhardus monachus de riuo stē marie cisterciensis ordinis videns etc.

Ende: Explicit defensorium Iuris Gherhardi monachi de Riuo stē Marie ordinis Cisterciensium collectum ex diuersis tractatulis iuris sive iuristarum precipue ex libro intitulato fugitiuus quem composuit mgr. nepos de monte albano Item ex libro intitulato ordo iudiciarius quem composuit bartholomeus brixiensis et ante eum Tancredus bononiensis et ex libro cavillacionum alias dicto doctrina advocatorum iudicum et reorum quem composuit mgr̄ Io de deo hispanus Et materia

predictorum librorum fere continetur in isto libello
Finitum anno domini 1414 ipso die sixti martir erfor^e.

3) **Erfurt.** Biblioth. Amploniana. Libr. manu script.
in Fol. No. 185 Bl. 140^b ff. Anfang fehlt.

4) Im Allg. literar. Anzeiger für 1800 (col. 1557) wird
ein Band, welcher der academischen Bibliothek des
Michaelisklosters zu Lüneburg gehörte, beschrieben,
in dem neben alten Drucken und andern Handschriften
auch Gherardi monachi in Rivo s. Marie s. in Scherm-
beke Defensorium iuris (20 Bl.) enthalten war.

Diese Handschriften bestätigen also, dass Gerhardus in
der That dem Kloster Rivus sanctae Mariae angehörte.
Rivus sanctae Mariae [1]) wäre am einfachsten zu übersetzen
mit Marienbach, Marienbeck, Mariafliess oder ähnlich. Nach
der Bemerkung im ehemaligen Lüneburger Codex: „s. in
Schermbecke" aber ist das Kloster Scharnbeck (ehemaliges
Cistercienser Kloster in der Diöcese Verden, unweit Lüneburgs)
gemeint, was um so probabler ist, als „Scharnbeck" eine
Corruption zu sein scheint von Sanct-Marien-Beck d. i.
St. Marienbach (vgl. Wetzell, System 3. Aufl. § 3 Not.
15ª S. 17). Eine weitere Handschrift des Defensorium in
der Bibliothek des ehemaligen Lüneburger Michaelisklosters
erwähnt Wetzell (a. a. O) mit dem Hinzufügen, dass die eine
der in Rede stehenden Handschriften 1850 in die Universitätsbibliothek in Göttingen, die andern wahrscheinlich in die
Stadtbibliothek zu Lüneburg übergegangen ist. Auch das
„Lieben Frauen Stift" zu Halberstadt besass eine Papier-
handschrift von „Gerardus de Kina (sic) Defensorium iuris
s. de exceptionibus" (Neue Mittheilungen des thüring.-sächs.
Vereins XII [Halle 1868] S. 111).

Nicht ohne Interesse ist der oben mitgetheilte Zusatz

---

1) Bemerkt mag werden, dass im Sommersemester 1441 in Erfurt ein
Frater nicolaus professus in riuo stö marie
immatriculirt worden ist.

der Erfurter Handschriften über die Quellen des Gerhardus
Wahrscheinlich rührt derselbe von dem Verfasser des
Defensorium selbst her und ist nur von späteren Abschreibern
resp. Druckern als überflüssig hinweggelassen worden. Sollte
diess der Fall sein, so schwächt sich der Vorwurf des
Plagiats, welchen Stintzing dem Gerhardus auf Grund einer
Vergleichung des Defensorium mit dem Libellus fugitivus
des N e p o s d e M o n t e a l b a n o (S. 281 ff.) macht, · sehr
ab. Auch dieser

Libellus fugitivus

kommt in Handschriften häufig vor. Zu den von S a v i g n y,
Rechtsgeschichte Bd. 5 S. 503, 504 und S t e f f e n h a g e n,
Beiträge S. 25 [1]), aufgezählten Manuscripten füge ich folgende,
bisher nicht erwähnte, hinzu:

1) B a s e l. C. III 13.
   Ueberschrift: FORMVLARIVS exceptionum. Scrip-
   tus Basileae a⁰ 1440.
   Anfang: Cum plures libelli super causarum exercijs
   (sic) a predecessoribus nostris facti fuerint.
   Ende: et hec sufficiunt de opere isto Finitus et
   completus Basilee Anno dm̄ MCCCCXL beatissimo
   domino felice ad summum Apostolatus apicem assunito
   Anno primo.
   Expliciunt paces pauperum (die Beschreibung des
   Manuscripts verdanke ich der Freundlichkeit von
   A. H e u s l e r Sohn).

2) E r f u r t. Königl. Bibliothek. Libr. manu script:
   69 chart. Saec. XV. fol. Blatt 377ᵃ bis 406ₐ.
   Ueberschrift: Tractatus de causarum exercicijs
   magistri nepotis de monte albano : · : · etc.

---

1) Zu Steffenhagen Catal. nro. LXXXIX 4 ist nachzutragen, dass
am Ende steht: Explicit libellus fugitiuus. 1468.

Anfang: Cum plures libelli super causarum exercicijs a predecessoribus facti sunt alij prolixi et alij
cum magna. subtilitate .... Idcirco ego. mgr. nepos
de monte albano pauperibus ac. minoribus conpaciens
.... ad opus reorum et fugiencium .... presens
scriptum seu libellum .... proposui 9conendū
(componendum?).

Ende: l. 1 § adhᶜ ī fi. et hec sufficiant etc.

3) Leipzig. Univ.-Bibl. Libr. manu script. 930 chart.
Saec. XV. Blatt 235ᵇ bis 260. Keine Ueberschrift.

Anfang: Cum plures libelli super causarum exercicijs etc.

Ende: l. 1 quia ad hec in fine etc. etc.

. . . .

Explicit liber fugitiuus appellatus per quendam doctorem
eximium compositus etc. etc.

Eine weitere Untersuchung über den Verfasser des
Defensorium iuris Gerhardus würde sich kaum führen lassen,
ohne auf das Verhältniss des Cistercienser Ordens zur
Rechtsliteratur näher einzugehen. Die Bemerkungen, welche
in dieser Beziehung Stintzing (S. 230, 231) bei Gelegenheit der Besprechung von

Iohannis de Stynna speculum abbreviatum

macht, sind zutreffend, aber nicht ausreichend. Bezüglich
dieses Speculum darf ich mich nunmehr auf meine Schrift:
„Zur Geschichte des römisch-canonischen Processes in
Deutschland" (1872) S. 1 ff. beziehen, wo ich nachgewiesen
habe, dass dasselbe etwa 1232—1233 von dem Cistercienser
frater Johannes de Colbaz (dioec. Caminensis) quondam abbas
in Zinna verabfasst worden ist. Vgl. nunmehr auch v. Bethmann-Hollweg, Civilprocess 6. Bd. 1. Abth. S. 234 ff.

Wir wenden uns zu einer Schrift, deren enorme Verbreitung in Deutschland sowohl durch die grosse Zahl der

Handschriften als gedruckten Ausgaben bestätigt wird. Es
ist der vielbesprochene

Ordo iudiciarius Antequam dicatur de processu iudicii,

welcher früher dem Ioannes Andreae zugeschrieben wurde.

Ueber die Handschrift des Werkes bemerkt Stintzing
(S. 203): „Eine besitzt Rudorff; zwei, welche sich auf
der Baseler Bibliothek befinden, beschreibt Wunderlich;
dreizehn, der Staats-Bibliothek in München gehörige, lagen
Rockinger vor; drei befinden sich nach Steffenhagens
Mittheilungen in Königsberg; eine besitze ich selbst; eine
soll endlich noch zu Metz in der Dombibliothek aufbewahrt
werden." Auch vermuthet Stintzing, dass sich noch manche
Handschriften auf anderen Bibliotheken befinden, welche
bisher der Aufmerksamkeit entgingen. Die Richtigkeit dieser
Vermuthung zu bestätigen, will ich diejenigen Handschriften
aufzählen, welche ausser den erwähnten, mir bekannt geworden sind, resp. vorgelegen haben.

   1) Erfurt. Königl. Bibliothek. Libr. manu script:
69 chart. Saec. XV. fol. Bl. 284^a bis 288^b.

   Anfang: Antequam dicatur de processu iudicij.
Notandum quid sit iudicium.

   Ende: sententiam uel corrigat. Et hec de processu Iudicij et ordine sub compendio dicta sufficiant
Deo gracias Finitum anno 1414 feria quinta post
festum visitacionis beate virginis marie.

   § Nota iura non allegantur hic sed pocius obmit-
tuntur non ' propter ignorantiam doctoris sed ob
inbecillitatem discencium ad quorum profectum hec
summula scripta est quibus opus lacte est non
solido cibo Omnis enim Doctor bonus laudem et
vanam gloriam ex doctrina sua querere (?) non
debet et optare sed magis profectum illorum quos
informat et sic est finis huius libelli deo gracias.

2) Wernigerode. Gräflich Stollbergische Bibliothek.
Ms. Za. 87. chart. Saec. XV. fol. Bl. 116ª bis 118ᵇ.

Anfang: In nomine domini Amen antequam dicatur
de processu iudicii Notandum quid sit iudicium.

Ende: Omnis enim bonus doctor non querit vanam
gloriam et laudem sed profectum illorum pocius quos
informat.

Das Manuscript ist von der Hand des Andreas
Nail de Nebra (in Erfurt immatriculirt Sommer 1420)
und wahrscheinlich im Jahre 1525 geschrieben. Ein
aus dem 15. Jahrhundert stammendes Inhaltsverzeichniss auf dem Deckel des Bandes bezeichnet unsere
Schrift als: Informacio sc' processus Iudicii bre-
uissima.

3) Greifswald. Kirchenbibliothek St. Nicolai. Ms. 18
C. I chart. Saec. XV. 4⁰. Blatt 13 bis 16.

Schluss: Omnis enim Doctor fidēs (fidelis?) laudem
et vanam gloriam ex sua doctrina querere non debet
sed magis perfectionem illorum quos instituit etc.

Explicit processus Iudicij Anno domini 1458 in
vigilia marthe hospite domini in vthin.

Vgl. Pyl, Rubenow-Bibliothek (1865) S. 95, wo
die Handschrift ohne nähere Beschreibung mit dem
Titel „De processu judicii" aufgeführt wird.

4) Greifswald. Kirchenbibliothek St. Nicolai. Ms. 2
A. II membr. Saec. ?. „Summa de processu iudicii
excerpta a copiosa". Dass dieses Manuscript (welches
ich nicht gesehen habe) unsere Summa enthalte, ergiebt sich aus Pyl a. a. O. S. 43 vgl. mit S. 95.

5) Breslau. Universitätsbibliothek II. 8⁰ Nr. 5. Blatt
100 bis 116.

Anfang: Antequam dicam de processu iudicii notandum est, quid sit iudicium et quot sint species
iudicii (Mittheilung von Stobbe).

6) B a s e l. Bibl. publ. B. V. 17 Hinter Urbachs Processus iudicii.

> Anfang: Antequam dicamus de processu iudiciario etc.
> Ende: Et tantum de processu iudicii sub compendio breui dicta sufficiunt. Sub anno domini 1411 in die sancte Elysabeth finita est hec summula etc.

7) M a r b u r g. Universitätsbibliothek. C. 5. fol. Vor Urbachs Process.

> Anfang: Antequam dicam de processu Judicij etc.
> Ende: Anno MCC⁰ LX⁰ hec summula dictata est pridie ydus augusti. Dann noch: nomina paparum. Geschrieben um 1430.

Zu den bei Stintzing S. 212—214 enthaltenen Zusammenstellungen der Zeit- und Ortsangaben in den Formularen des Processes habe ich aus den ersten drei der aufgezählten Handschriften Folgendes hinzuzufügen.

Zeitangaben:

E r f u r t e r Handschrift. Citatio delegati: Alexander.

W e r n i g e r o d e r Handschrift. Citatio delegati: Alexander.

G r e i f s w a l d e r Handschrift. Citatio delegati: Gregorius. Sententia definitiva: 1458. 2⁰ Idus maij.

Ortsangaben:

E r f u r t e r Handschrift. Citatio delegati: Hinricus dei gratia spirensis ecclesie decanus. Auch später: H. decanus spirensis. In der Einrede der Incompetenz: cum ego sim de diocesi wormacensi et vos iudex spirensis.

W e r n i g e r o d e r Handschrift. Citatio delegati: Th. dei gratia Decanus maioris ecclesie Wormac. Als Kläger wird in den Formularen genannt: Waltherus d' swydenicz oder Waltherus rector in swedenicz. — Forma excommunicationis: C. dei gratia Decanus maioris ecclesie wormacensis iudex a domino papa constitutus yo. plebano in swidenicz salutem in domino quoniam H. miles de tali loco citatus a nobis ad instantiam magistri waltheri rectoris d' Swidenicz. — Forma libelli: ego albertus credidi domino Io d' swyd'nitz X marcas puri argenti etc. — Forma sententie: Ego Andreas decanus sancte trinitatis in wormac. iudex in causa . . . . . data est hec sententia in claustro fratrum minorum in swydenicz.

Greifswalder Handschrift. Citatio delegati: H. dei gratia ecclesie spirensis decanus. — Exceptio iudicis incompetentis: cum ego de diocesi Halberstadiensi et vos sitis Hildensis. — Sententia definitiva: Ego B. decanus ste trinitatis spirensis . . . . Data est sententia in castro spirensi.

Rockinger [1]) setzt die erste Redaction des Werkes zwischen die Jahre 1215 und 1234 und nimmt an, dass später (vor 1254) eine Umarbeitung mit Berücksichtigung der Decretalensammlung Gregors IX. stattgefunden habe. Stintzing schliesst sich an und gewiss mit Recht. Beachtenswerth für das Alter ist auch, dass unser Werk das Wort positiones noch nicht gebraucht, sondern dass — ähnlich wie bei Pillius (De ordine iudicior. pars 2 § 11 Bergm.) — lediglich von „interrogationes" post litem contestatam die Rede ist (Wunderlichs Ausg. Cap. VII), während schon Tancredus (Ord. iudic. P. 3 tit. 3 § 2 Bergm.) von interrogationes „seu positiones" spricht, wobei es freilich nicht unmöglich, dass dieses „seu positiones" ein nach der Hand in den Text eingeschobenes Glossem ist. Spätere formiren regelmässig einen besonderen Abschnitt De positionibus. Nehmen wir an, mit dem in den Formularen hie und da

---

1) Ueber einen ordo iudiciarius bisher dem Johannes Andreä zugeschrieben (1855).

vorkommenden Papst Gregorius sei Gregor IX. gemeint
(Stintzing S. 212), so würde die Verabfassung zwischen
die Jahre 1227 und 1234 fallen, unter dem gleichfalls
vorkommenden Alexander möchte Alexander IV. (1254 bis
1261) zu verstehen sein (Rockinger S. 32), so dass
nicht ohne einige Wahrscheinlichkeit die spätere unseren
Handschriften und Ausgaben zu Grunde liegende Redaction
gerade in das Jahr 1254 zu verlegen wäre. Als Vaterland
des Ordo iudiciorum will Rockinger Deutschland angesehen
wissen. Auch hierin trete ich ihm bei. Dass bis jetzt
weder in Italien noch sonst Handschriften mit Formeln für
Italien bekannt geworden sind (vereinzelte Ausnahmen ändern
hieran selbstverständlich nichts) und dass sich, wie mit
gutem Grund anzunehmen ist, überhaupt keine oder doch
nur sehr seltene Handschriften unseres ordo in Italien oder
sonst ausserhalb Deutschlands finden (Rockinger S. 50),
bleibt von grossem Gewicht. Entscheidend aber ist für
mich der von Rockinger nicht hervorgehobene Umstand,
dass trotz der für Deutschland unzweifelhaften grossen Verbreitung des ordo iudiciarius (Rockinger S. 12, 13, 14),
trotzdem, dass derselbe zu Anfang des 14. Jahrhunderts (in
Deutschland) Gegenstand öffentlicher Vorträge war (Rockinger S. 16, 17 vgl. S. 48 ff.), von ihm um die Mitte des
14. Jahrhunderts in Italien nichts bekannt war. Ioannes
Andreae giebt bekanntlich in seinen 1346 vollendeten
Additiones zum Speculum des Durantis eine merkwürdige
Uebersicht der Processliteratur. Zum Schluss sagt er:
Habemus quatuor huius rei opera et auctorum nomina
ignoramus, worauf die 4 Schriften unter Angabe der resp.
Anfangsworte näher besprochen werden. Da sich nun unsere
Summa nicht darunter befindet, auch sonst die Anfangs-
worte derselben in dem ganzen sorgfältigen Bericht des
Ioannes Andreae nicht erwähnt werden, ergiebt sich, dass
Ioannes Andreae diesen ordo iudiciarius in hohem Alter

(2 Jahre vor seinem Tode) nicht gekannt hat. Daraus lässt sich schliessen, dass der ordo in Italien nicht verbreitet war. Denn Ioannes Andreae hatte ein Auge für solche Dinge und forschte nach denselben, wie seine Literaturberichte unwidersprechlich ergeben. Wenn hiergegen neuerdings Bethmann-Hollweg (Civilprocess VI 1 S. 147) behauptet, dass Ioannes Andreae eben wegen des Gebrauchs oder Missbrauchs der kleinen anonymen Schrift alle Ursache gehabt habe, sie nicht anzuführen, so vermag ich das nicht recht einzusehen. Auch in Frankreich kann unser Process kein bedeutendes Ansehen genossen haben, da sonst Ioannes Andreae aller Wahrscheinlichkeit nach auf denselben aufmerksam geworden wäre, wie er denn auch die Summa ut nos Minores einem Gallicus auctor zuschreibt. — Ich möchte noch einen Schritt weiter gehen als Rockinger und vermuthen, dass der Ordo in einer besonderen Beziehung zu Speier stehe. Dort scheint das unsern sämmtlichen Handschriften zu Grunde liegende Manuscript entstanden zu sein, denn trotz aller Variationen in den Ortsnamen findet sich doch in den meisten Handschriften irgend eine Spur, welche auf Abstammung aus irgend einem Manuscript, welches Speier als locus iudicii nannte, hinweist (vgl. übrigens Rockinger S. 12, 13).

Wie aber ist es gekommen, dass des Ioannes Andreae Name mit diesem Werkchen verknüpft worden ist? Stintzing hat darüber eine längere Ausführung (S. 205—211), deren Resultat ist: dass Io. Andreae über den Ordo iudiciarius Vorträge gehalten hat, aus denen das Werk in derjenigen Form hervorgegangen ist, in welcher es unter dem Titel „„Summa supra secundo Decretalium"" überliefert wurde.

Nun ist es wohl richtig, dass unser Ordo iudiciarius sive processus iuris anfangend mit den Worten Antequam dicam de processu iudicii identisch ist mit der „Summa super secundo libro decretalium", anfangend mit den Worten:

Iudicium est actus trium personarum, nur dass letztere
mancherlei Interpolationen erfahren und einen anderen Titel
erhalten hat. Allein die Zusätze und Einschiebsel der
Summa sind so selten und unerheblich, dass man dem
Ioannes Andreae wenig Ehre anthut, wenn man annimmt, er habe bei Gelegenheit seiner Reise nach Avignon
im Jahre 1328 auch die Rechtsschule zu Valence besucht
und dort, wie es in jenen Zeiten nicht ungewöhnlich war,
eine Vorlesung gehalten, zu deren Grundlage sich der ordo
iudiciarius durch Kürze, Gediegenheit und Gegenstand dem
berühmten Decretisten sehr wohl empfehlen musste. Ueberdem wird diese phantasiereiche Erklärung (S. 210) ausgeschlossen dadurch, dass Ioannes Andreae nicht füglich im
Jahre 1328 eine Vorlesung gehalten haben kann über ein
Werk, welches er im Jahre 1346 nicht kannte (s. oben).

Viel sachgemässer ist es gewiss, anzunehmen, dass die
„Interpolationen" etc. der Summa super secundo libro decretalium nichts anderes sind, als Zuthaten resp. Aenderungen
von halbgelehrten Abschreibern: äussersten Falls dürfte man
annehmen, dass wir es mit glossenartigen Bemerkungen zu
thun haben, welche beim Dictiren des Textes nicht ein
wirklicher Rechtslehrer, sondern ein ebenfalls den „Halbgelehrten" zuzuzählender Instructor für das geistliche Recht
in einer Dom- oder Klosterschule machte. Beides ist möglich und erklärt sich auf die eine wie andere Weise die
Unterschrift: Io. an. unter dem Zusatz: Nota quod positio
est brevis verborum formula . . . . et ponens ad declina-
tionem.

Diesen zum Theil sinnlosen Passus zu zergliedern ist
schwierig. Der erste Satz:

> Nota quod positio est brevis verborum formula
> mentem ponentis informans seu explicans ad veritatem
> alliciens

giebt die Definition des Durantis (Spec. lib. II part. II de positionibus § 1) wieder und zwar wohl aus zweiter Hand, nämlich aus des Ioannes Andreae

Gl. Statuimus] ad c. 1 in VI. de confessis (2. 9). Auch der Passus:

Et fuit inventa ad veritatem eliciendam et revelandum onus probandi ipsius ponentis

entstammt dieser Quelle.

Das Uebrige bietet Anklänge an den Inhalt der citirten Glosse des Ioannes Andreae, lässt sich aber nicht mit Bestimmtheit auf einzelne Sätze derselben zurückführen. Wahrscheinlich hat also der Concipient des Zusatzes in seiner Weise einen Auszug aus der Glosse des Ioannes Andreae mit eigenen Zuthaten beabsichtigt und, um die Quelle anzudeuten, die Sigle des Ioannes Andreae untergesetzt.

Der Zusatz befindet sich jetzt an unrechter Stelle, denn er würde erst nach der Lehre vom Calumnieneid (cap. VII bei Wunderl.) seinen rechten Platz haben.

Daher nehme ich an: der Zusatz war ursprünglich mit den Sigle Io. an. als Unterschrift an dem Rand eines Manuscriptes geschrieben (ob von einem halbgelehrten Abschreiber beigefügt, oder von einem dictirenden Lehrer hinzugesetzt, bleibt gleichgültig). Ein späterer Abschreiber fügte ihn in den Text ein, die Sigle Io. an. beibehaltend, und zwar am unrichtigen Orte. Einem Dritten war die innerhalb des Textes sich findende Sigle Io. an. Grund genug, das ganze Werk dem Ioannes Andreae zuzuschreiben und er fügte daher am Schlusse, wo der Verfasser wegen der Nichtallegation von Quellen sich rechtfertigt, nach „summula scripta" oder „composita" ein: „per me Io. an." Derselbe oder ein Vierter endlich setzte das „Explicit Summa Io an.", welches bald, um die Parallele mit der „Summa Io. Andreae super quarto Decretalium" vollständig zu machen in ein: Explicit Summa Ioannis Andree super secundo Decretalium sich verwandelte, worauf dann auch die Ueberschrift: Ista est summa

Io. Andreae supra secundo Decretalium quae quamvis brevis est tamen satis clare tractat de processu iudicii — besonders als man anfing die Schrift zu drucken — nicht ausbleiben konnte.

Dass diese ganze Entwicklung sich in Frankreich vollzogen habe, sind wir nicht ·genöthigt anzunehmen. Die Städtenamen Valence und Vivier, wie die Münze Francus und die Form Guillermus, weisen nur das dem ersten Cölner Druck zu Grunde liegende Manuscript nach Frankreich.

Stintzing besitzt einen Commentar zu dem Ordo iudiciarius in einem dem Schlusse des 14. oder dem 15. Jahrhundert angehörigen Manuscripte, in welchem die Frage über die Autorschaft des Processes in folgender Weise behandelt wird: Et ideo praesens auctor, qui fuit dominus Io. An. secundum quosdam, hanc summulam nobis conscripsit" etc., Schluss: Explicit processus iudicial. jo. an. (S. 211).

Es ist zu bedauern, dass die Zeit des Commentars sich nicht genauer bestimmen lässt. Jedenfalls aber ergiebt sich, dass nicht ohne Weiteres die Annahme der Autorschaft des Io. Andreae zur Herrschaft gelangte. Der Verfasser des Commentars selbst drückt sich zweifelhaft aus. Die in Deutschland entstandenen Handschriften des Processes auch des 15. Jahrhunderts nennen regelmässig keinen Verfasser. So war es denn erst der Macht des gedruckten Buchstabens vorbehalten, die „Meinung Einiger", den Irrthum, wie wir jetzt wissen, zur unumstösslichen Wahrheit zu erheben. Folgten auch die meisten Drucker des 15. Jahrhunderts den Handschriften und gaben keinen Verfasser an, so haben doch schon alte Cölner Ausgaben (Stintzing S. 203, 204 cf. 211, 212), welchen das oben besprochene französische Manuscript zu Grunde liegt, mit Wohlbehagen den Namen des berühmten Kanonisten auf den Titel gesetzt und seit Anfang des 16. Jahrhunderts wird es allgemein, denselben

als Verfasser zu nennen. Erst die sorgsame Arbeit
R o c k i n g e r s (1855) hat die Wahrheit in integrum restituirt
und wir wissen just wieder so viel, wie der Verfasser jener
von Rockinger benutzten Sententia super summam de processu iudicii: „sed ille qui hanc summam composuit noluit
se manifestare".

Unter den von S t i n t z i n g (S. 215 ff.) aufgezählten
Ausgaben der deutschen Bearbeitung des ordo iudiciarius
habe ich folgende vermisst:

Titel: Ein kurtz begriffen ordenung vn̄ vnder | weysung:
zu beschirmen vnd hand- | len ein itzliche sache
ym rechte: | nach dem nutzlichsten vn̄ | kurzten:
auss Bebstlich | en vn̄ keiserlichen ge | setzē ent-
sprossen. (Holzstock: Papst und Kaiser, denen
ein Autor ein Buch überreicht.)

Ende: Getruckt zu Leiptzck durch Wolfgang Stö- | ckel
in der grymmischen gassen. 1. 517.

12 Bl. 4⁰. Keine Blatt- oder Seitenzahlen, aber Custoden
und Signaturen. Erste Signatur auf Bl. 2: Aij; letzte auf
Bl. 11: Ciij. Die Uebersetzung des ordo iudiciarius beginnt
Bl. 2ª. wie man reden sol. — — Hirnach volget was ein
gericht. ein richter sey, vnd wer dartzu gehöre. Ende:
Bl. 7ª i. m.: Hir endet sich die ordnung vn̄ volfurung, zu
beschirmē vn | handlen ein yde saçh in recht etc.

Nicht besser wie mit der besprochenen Autorschaft des
Ioannes Andreae steht es mit manchen andern bis in neueste
Zeit festgehaltenen Ueberlieferungen, welche als Verfasser
einzelner der „Populären Literatur" angehöriger Schriften
berühmte italienische Juristen benennen. Ich denke hierbei
zunächst an den

Processus iuris Panormitani

oder

Processus iuris Ioannis ab Urbach,

von welchem Stintzing (S. 253) annimmt, dass P a n o r m i -

t a n u s denselben „im Anfange seiner practischen Thätigkeit
in Rom an der Rota" entworfen und später als Professor
zu Siena, Parma und Bologna wiederholt vorgetragen, sowie
auf Wunsch seiner Zuhörer („dominorum meorum super hoc
devictus instantia") redigirt und publicirt habe.· Davon ist
nichts wahr, als dass der Process in dem ersten Jahrzehnt
des 15. Jahrhunderts entstanden, Panormitanus hat ihn schwerlich jemals gesehen, vielmehr ist das von vielen Handschriften
und älteren Ausgaben dem Erfurter Ioannes Urbach (nicht
Auerbach) zugeschriebene, weitverbreitete Werk erst in der
zweiten Hälfte des 15. Jahrhunderts wahrscheinlich von
einem Löwener Drucker für Panormitanus in Anspruch
genommen worden. Doch hierüber muss ich mir weitere
Ausführungen vorbehalten, die ergeben werden, dass man
überhaupt den Einfluss der geistlichen Gerichte in Deutschland auf die Reception der fremden Rechte, sowie die Verbreitung von Kenntniss der fremden Rechte beim deutschen
Clerus des Mittelalters viel zu gering anschlägt (Vgl. einstweilen die Praefatio zu meiner Ausgabe von Ioannis Urbach
Process. iudicii. Hal. 1873 und v. B e t h m a n n - H o l l w e g,
Civilproc. 6. Bd. 1. Abth. S. 260 ff.).

Um eine zweifelhafte Autorschaft handelt es sich auch
bei dem

*Processus Sathanae (Quaestio inter virginem Mariam et
diabolum),*

welche gewöhnlich dem B a r t o l u s zugeschrieben wird.
S t i n t z i n g (S. 268) giebt zu, es widerspreche der inneren
Wahrscheinlichkeit, Bartolus für den Erfinder zu halten. Er
vindicirt dem Werke ein höheres Alter, nimmt aber auf
Grund einer Ausgabe s. l. e. a. und einer solchen s. l. 1473
an, dass Bartolus vermuthlich aus einem älteren Manuscript
eine Bearbeitung verabfasst habe. Nun möchte ich aber
behaupten, dieselben inneren Gründe, welche gegen die

Erfindung des Bartolus streiten, kämpfen auch gegen eine Bearbeitung des trivialen Scherzes durch den berühmten Juristen. Dass gedruckte Ausgaben des 15. Jahrhunderts den Namen des Bartolus der Schrift vorsetzen ist gar kein Beweis. So lange daher nicht Handschriften oder andere gute Zeugnisse beigebracht werden, wird man wohl thun, jegliche Urheberschaft des Bartolus zu ·bezweifeln. Zwar führt v. Savigny in der zweiten Ausgabe (Bd. VI S. 180 Not. r) eine von Joh. Merkel im Cod. Vat. 2625 fol. 173 aufgefundene Handschrift des Processus Sathanae auf; allein es wird nicht angegeben, ob dieselbe den Namen des Bartolus erwähnt und aus welcher Zeit sie stammt. Mir ist bis jetzt bloss ein (verhältnissmässig altes) Manuscript des Processus Sathanae zu Gesicht gekommen, welches den Namen des Bartolus nicht nennt:

Erfurt. Königl. Bibliothek. Libr: manu script: 69 saec. XV. fol. Bl. 279ᵃ bis 284ᵃ.

Anfang: Nostis fratres karissimi qualiter Sathanas subintrans in cor inde procurans quod iudas magistrum suum s. filium Dei morti ·tradi faceret etc.

Ende: ff. de v' ob. aut non apparet in principio XXIX q. II causa renunciatur Et sic est finis huius controuersie Explicit processus iudiciarius in quo ostenditur quam pie regina celi pro homine aduocare solet cuius nomen sit benedictum in secla'. Finitum anno domini 1414 feria quarta post visitacionis beate virginis.

Im Allgemeinen scheint das Buch keine grosse handschriftliche Verbreitung gehabt zu haben.

Rücksichtlich des ebenfalls dem Bartolus zugeschriebenen

Tractatus iudiciorum Haec sunt quae in iudiciis,·

von welchem neuerdings Reatz (in der Zeitschrift für Rechtsgeschichte IV S. 307 ff.) nachgewiesen hat, dass er identisch ist mit dem von Ioannes Andreae beschriebenen Tractat: Ad summariam notitiam und nahe verwandt mit der Summa Ut nos minores, giebt Stintzing (S. 222, 223) zwar zu, dass Bartolus der Urheber nicht sein könne, allein er sucht ein ähnliches Verhältniss des Bartolus zu dieser Schrift nachzuweisen, wie er es von Ioannes Andreae zu dem oben besprochenen ordo iudiciarius Antequam dicam behauptet: „der Tractat Ad summariam notitiam, welchen Ioannes Andreae beschreibt, ist später von Bartolus über- arbeitet und zwar vermuthlich zu Vorlesungen benutzt worden. Nachdem er hierdurch wieder mehr in Aufnahme gebracht, zu grösserem Ansehen gelangt, und der berühmte Name mit ihm verbunden war, liess man ihm diesen um so leichter, als der ursprüngliche Verfasser schon dem Ioannes Andreae unbekannt war". Möglich! Aber nicht gerade wahrscheinlich. Vielmehr meine ich, die Sigle Bar. ist auf ähnliche Weise in den Text unseres Tractates gelangt, wie beim Ordo iudiciar. die Sigle: Io. An. Alsdann aber war nur ein Schritt zu dem: „Explicit tractatus iudiciorum expositus per d. Bar." oder editus oder compositus per do. Bartolum. Schon Thomas Diplovataccius bemerkt vor dem Abdruck des Ordo iudicii unter den Tractatus des Bartolus, dass die Autorschaft des Bartolus angezweifelt werde.

Dem Bartolus wird bekanntlich noch eine andere kurze Uebersicht des Processganges zugeschrieben, welche unter den Tractatus des Bartolus abgedruckt ist unter dem Titel

Rius iudiciorum,

ad practicam, per do. Bartolum a Saxoferrato. Alias dicitur Tractatus, quem debent seruare iudices in cognitionibus et decisionibus causarum.

Dieser kleine Tractat ist sehr merkwürdig dadurch, dass er auf die sicilianischen Constitutionen Bezug nimmt, ja nichts anderes enthält als einen Auszug processualischer

Bestimmungen jener Gesetzgebung nebst einigen Zuthaten aus dem römischen und canonischen Recht. Hiervon ist mir ein interessantes Manuscript in die Hände gefallen.

Erfurt. Königl. Bibliothek. Libr: manu script: 69 chart. saec. XV. fol. Blatt 304^b bis 305^b.

Ueberschrift (am obern Rand): Tractatulus bartoli de saxo ferrato super stilo et obseruantia curie Imperialis etc.

Anfang: Memorie Iudicis qui cuilibet tribunali preest.

Ende: Explicit tractatulus super stilo et obseruancia curie Imperialis a domino Bartolo de saxo ferrato etc. Anno domini M^0 CCCC XIIIJ^0 sc^{ti} die assumptionis.

Ueber den Titel Stilus et obseruantia curiae Imperialis hege ich wohl Vermuthungen, doch will ich das Verlangen, sie hier auszusprechen, unterdrücken und nur den Wunsch äussern, es möge Jemandem gefallen, das durchaus noch nicht klar gestellte Verhältniss des Bartolus zu Kaiser Karl IV. einer eingehenden Untersuchung zu unterwerfen.

Mehr Glück als der dem Bartolus zugeschriebene Processus Sathanae hat bekanntlich gemacht der sogenannte

Belial des Jacobus de Theramo,

bezüglich dessen ich mich Stintzings (S. 271 ff.) vortrefflichen Ausführungen unbedenklich anschliesse. Der Belial war handschriftlich jedenfalls mehr verbreitet als der Processus Sathanae. Ich finde folgende Handschriften verzeichnet.

1) Leipzig. Feller Catal. mss. bibl. Paulin. p. 188 und 229.

2) Bamberg. Pphs. saec. XV. Jaeck, Beschreibung II S. 44 Nr. 1870.

3) Bibliothek des ehemaligen Benedictinerklosters Zweifalten. Pphs. n. 37. Vgl. Serapeum 1859. Intellig.
Bl. S. 147.

4) Bei Homeyer, Rechtsbücher S 174 sind gelegentlich
9 Handschriften aufgezählt, doch lässt sich nicht
ersehen, ob dieselben das Werk deutsch oder lateinisch
enthalten (vgl. Stobbe, Rechtsquellen II p. 178).

Mir sind nur folgende Abschriften der lateinischen Bearbeitung aufgestossen:

1) Wernigerode. Gräflich Stolbergische Bibliothek.
Cod. ms. Za. 54. chart. saec. XV. fol. Blatt 1—59.

Anfang: Uniuersis et singulis christi fidelibus atque
orthodoxe sancte matris ecclesie fidei cultoribus hoc
breue compendium inspecturis Presbyter Jacobus de
Theramo Archidyaconus auersanus et Canonicus apru-
cinus et in Iure canonico padue discipulorum mini-
mus etc.

Ende: Et idcirco opusculum inter eosdem nominetur
peccatorum consolatio cum quia legeritis dicatis deo
multiplicasti magnificentiam tuam et conuersus consolatus es me ad vitam perhennem. Amen.

Geschrieben 1440. Vgl. E. Förstemann, die
gräflich Stolbergische Bibliothek zu Wernigerode. 1866.
S. 89.

2) Leipzig. Universitätsbibliothek. Cod. ms. 930 chart.
saec. XV. fol. Bl. 2—78.

Anfang: Universis et singulis etc.

Ende: — — et conuersus consolatus es me ad
vitam eternam Amen etc. Explicit breue opusculum
deo laus Amen.

Von der deutschen Bearbeitung befindet sich eine Hand-
schrift, ausser an den von Stintzing S. 276 Not.* (nach
Rudorff) angegebenen Orten, auch in Tambach bei
Coburg (gräflich Ortenburgische Bibliothek), sowie in dem

Verzeichniss der Bibliothek des ehemaligen Benedictinerklosters Z w e i f a l t e n (Pphs. n. 74) eine solche erwähnt ist
(Serapeum 1859. Intell. Bl. p. 147).

Zu dem sehr sorgfältigen S t i n t z i n g'schen Ausgaben-
verzeichniss der deutschen Bearbeitung (S. 276) wäre etwa
hinter nr. 9 einzufügen:

> Strassburg, Knoblotzer 1480 fol. Bamberg (Da. II 1).
> Vgl. Serapeum 1843 p. 299.

Als Seitenstück zu den fingirten Processen hätte vielleicht auch neben dem S. 260 f. besprochenen „Rechtsstreit
zwischen Tod und Menschen" Erwähnung verdient der „Processus iudiciarius coram deo habitus: inter nobiles et Thuri-
censes ex una: et switenses partibus ex altera: cum sententia diffinitiua et eius executione", welcher sich hinter
Felicis Malleoli Vulgo hemmerlein, Decr. Doct., De Nobilitate et Rusticitate Dialogus (P a n z e r Ann. I 92 nr. 496)
abgedruckt findet. Panzer meint, dass die Herausgabe dieses
Werkes durch S e b a s t i a n' B r a n t besorgt sei. Ueberhaupt
bedauere ich, dass Stintzing es unterlassen hat, F e l i x
H e m m e r l e i n mit in den Kreis seiner Untersuchungen zu
ziehen. So gut wie U l r i c h M o l i t o r i s hätte derselbe
sicherlich eine Stelle in der Geschichte der „Populären
Literatur" verdient.

Stintzing bemerkt im Vorwort: „Es wird in meinem
Buche an Irrthümern und Lücken nicht fehlen. . . . . . Allein
wer durch eigene Studien in diesen Dingen zu einem Urtheile
berechtigt ist, dessen Urtheil wird auch ein nachsichtiges
sein. Denn er erkennt die grosse Schwierigkeit, ein Buch,
wie das vorliegende, aus dem Rohen herauszuarbeiten; er
weiss wie oft selbst dem redlichsten Fleisse eine Thatsache entgeht, während uns andere der glückliche Zufall
zur Kenntniss bringt; wie überhaupt bei dem so sehr zer-
streuten und entlegenen Material, das hier zusammengetragen

werden musste, die Vollständigkeit dem Einzelnen zu erreichen kaum möglich ist." .

Ich könnte den Gedanken, die mir bei Lectüre des Buches wiederholt sich aufdrängten, einen entsprechenderen Ausdruck nicht geben. Wohl muss ich hie und da anderer Ansicht sein, wohl muss ich Einzelnes geradezu für unrichtig halten, auch finde ich Manches, worüber ich Aufklärung wünschte, nicht berührt, allein wenn ich mich frage, ob deshalb Stintzing ein Vorwurf oder Tadel treffe, muss ich auf das Entschiedenste antworten: Nein. Der redliche Fleiss Stintzings ist aus jeder Seite seines Buches ersichtlich und wenn hie und da der Erfolg dem Willen nicht entsprochen hat, so ist das ein Schicksal, welches auch jedem andern Bearbeiter dieses Gegenstandes und wahrscheinlich in noch höherem Grade wie Stintzing betroffen haben würde. Denn das muss unumwunden anerkannt werden und kann nicht scharf und deutlich genug hervorgehoben werden: dem gegenüber, was in der That geleistet ist, kommen die wenigen Mängel, die sich entdecken lassen, nicht in Betracht.

Meine vorstehenden Ausführungen beabsichtigen daher nur, vor dem nahe liegenden Irrthum zu warnen, als sei nunmehr nach Erscheinen eines so ausgezeichneten Werkes, wie es das Stintzing'sche ist, auf dem von ihm bearbeiteten Gebiete nichts mehr oder doch nur Unerhebliches zu thun. So viel ist wahr: Stintzings Buch wird die Grundlage bleiben für jede fernere Forschung auf diesem Gebiete. Mehr von einer literaturgeschichtlichen Ausführung bei dem gegenwärtigen Stand der Vorarbeiten zu erwarten, zeigte von wenig Einsicht. Auch Savigny's grosses Werk ist, wie mannigfache neuere Untersuchungen beweisen, kein abschliessendes, obwohl man — nicht gerade zum Vortheil der Wissenschaft — dasselbe häufig als solches zu betrachten geneigt war.

13*

Habe ich in dem Obigen versucht, nachzuweisen, wie aus einer der Zukunft vorbehaltenen planmässigen Benutzung des umfänglichen handschriftlichen Materials sich manche Ausbeute hoffen lässt, so mögen nunmehr noch Notationen folgen, welche den Zweck haben, Einiges, was ich früher behauptete, gegen Stintzings abweichende Ansicht aufrecht zu erhalten.

Als Nachfolger Eberhausens im Ordinariat der Leipziger Juristenfacultät bezeichnete ich in dem dritten Aufsatz:

Johann v. Breitenbach.

Dem entgegen lese ich bei Stintzing (S. 173): „Breitenbach war Doctor utriusque iuris, hat aber weder das Ordinariat, noch das Rectorat in Leipzig bekleidet, obgleich er zu den angesehensten Rechtslehrern gehörte." Für diese Behauptung beruft sich Stintzing auf die Mittheilungen von Zarncke über die DD. LL. an der Universität Leipzig im Ulrich Zasius S. 334, 335. Dort werden die nachweisbaren „DD. LL. und DD. V. I." aufgezählt 1) „aus dem Verzeichnisse im Statutenbuche"; darunter als Nr. 20: Joh. de Breittenbach; dann fährt Zarncke fort: „2) das Rectorat haben folgende in utroque oder in alterutro iure Promovirte der Juristenfacultät verwaltet" (worunter Breitenbach nicht befindlich). Ferner heisst es: „Von diesen haben das Amt des Ordinarius, soweit sich nachweisen lässt, bekleidet:

Conrad Thus (Arnoldus Westphal).

Theodericus de Bugsdorf.

Joh. Eberhausen.

Joh. Schantz.

Kein Zweifel also, dass Zarncke Johann von Breitenbach aus der Liste der Leipziger Ordinarii streicht. Damit tritt er in Widerspruch mit Allen, welche bisher über Johann v. Breitenbach oder die Leipziger Ordinarii geschrieben

haben, nicht nur mit dem von ihm selbst citirten C. F. H o m -
m e l ¹)ˌ welcher Breitenbach als achten der Leipziger ordinarii behandelt, sondern auch mit dem als Zeitgenossen
Breitenbachs sich bekennenden Verfasser der sog. M a d e r -
schen Centurie (W i m p i n a), der da sagt

(Joh. de Breitenbach) cunctorum suffragio Ordinarius
Iuridicae facultatis suffectus,

ferner mit dem Verfasser der „Nachricht von denen Ordinariis, welche von Anfang der Academie Leipzig . . . .
dieses Amt verwaltet haben" im Jurist. Bücher-Saal 1737
(S. 46, 47) und vielen Anderen. Zarncke hätte also wohl
Ursache gehabt, seine abweichende Meinung zu begründen.

Doch dürfte ihm das kaum gelungen sein. Denn
Breitenbach war in der That Ordinarius. Nicht nur, dass
es in dem von S t i n t z i n g S. 173 abgedruckten Titel von
Breitenbachs Additiones elegantissimae etc. und zwar gerade
an der von Stintzing ausgelassenen und mit einem Strich
bezeichneten Stelle heisst: Iura canonica in florentissimo
Studio Liptzeñ. „o r d i n a r i e legentis", sondern Breitenbach
nennt auch in Unterschriften unter Consilien (z. B. bei
Henning G ö d e Consil. [ed. 1544] pag. CCLᵇ) sich selbst:
„V. I. D. ac inclytae iuridicae Facultatis celeberrimi studij L.
ordinarius", endlich habe ich auch unwidersprechlichen urkundlichen Beweis zur Hand in folgendem in originali im
Königsberger Provinzialarchiv (Schublade LXII nr. 66) befindlichen Schreiben:

Aufschrift in dorso:
Dem Hochwirdigisten In got Vater Fursten Vnd Herren,
Herrnn Merten Trocksses hocmeister Zu prewssen etc.
Meyn gnedigen liebenn herrenn.
Hochwirdigister In got Vater furst Vnd herre, Meyne

---

1) De ordinariis facultatis iuridicae Lipsiensis. Ed. IIᵃ Lips. 1767
8 pag. 16.

gantzwillige vnd vndertenige Dinste sindt Ewir gnaden
alczeit Beuor, Gnediger herre, Als mir von wegenn
Ewir gnaden befolenn etliche gesetze vnd schriften
An dy Erssamenn Scheppfen Zu Liptzk Z . . . .
genn . . . . . das . . . . .[1]) Inmassenn hirnebbenn vf
Zcwe Cartenn vorZceichendt befundenn wirt, getan
habe, darobir denne Bemeltenn Schepfenn ore Recht-
spröche begriffen, vnd an Ewir gnade geschriebn
habenn, Als Ewir gnade auch hirnebbenn bemergken
magk, Und Ist meyne demütige bete solchs alles
also von mir gnediglich aufZcunehemenn, vnd was
Ich Ewir gnadenn vnd dem ganczenn ordenn forder
Zcudinste thun sal bin Ich willigk Ewir gnade sal
mich auch alZceit gancz gehorssam erfindenn, Gebenn
Zcu liptzk vf dornstagk Zu vigilia Inmaculate Con-
ceptionis Virginis gloriose Anno dñi etc. LXXX Sexto
Ewir gnaden gancz williger

Johannes Von Breitenbach

Doctor Vnd ordinarius der Juristenfacultet Zcu liptzk.

Ich habe diesen Brief in extenso mitgetheilt auch deshalb
weil er ein Streiflicht wirft auf das Verhältniss, in welchem
bereits zu Ende des 15. Jahrhunderts der Ordinarius der
Juristenfacultät in Leipzig zu den dortigen Schöffen stand
(vgl. Muther, Gewissensvertretung S. 45).

Eine Quelle von Irrthümern über das Leben Johanns
v. Breitenbach scheint G. Fabricius, Annal. urbis
Misnae p. 68 geworden zu sein. Unter dem Jahre 1476,
in welchem Joh. v. Weissenbach, D. iur., als Johannes V. den
bischöflichen Stuhl in Meissen bestieg, erzählt Fabricius:

„Causis matrimonialibus prefectus sub eo fuit Johannes
Breitenbachius, iuris studiosus, suae deinceps facultatis princeps seu ordinarius et cos. Lipsensis, vir

---

1) Die mit Punkten bezeichneten Stellen sind ausgerissen.

praeclarus et auctoritate singulari praeditus. Obiit in academia Francofurtana".

Für das Leipziger Consulat und die Uebersiedlung nach Frankfurt a. O. habe ich bei gleichzeitigen Schriftstellern keine Belege gefunden und wahrscheinlich liegt eine Verwechselung vor mit G e o r g v. B r e i t e n b a c h , welcher um die Mitte des 16. Jahrhunderts fällt. Bemerken will ich noch, dass in der Erfurter Matrikel folgende Inscriptionen sich finden:

1423 Sommer Joh. breydenbach d' Homberg.

1460 Winter Joh. brettenbach Erff.

1461 Sommer Johannes breitenbach de merfzburg.

1469 Sommer Johannes breytenbach de bidencop.

Es mag dahin gestellt bleiben, ob einer dieser Inscribirten, und welcher mit unserem Joh. v. Breitenbach identisch ist. Dass Breitenbach auch in Erfurt studirt habe, ist nicht unwahrscheinlich, denn Erfurt war jener Zeit die deutsche Juristenuniversität.

Um Johann v. Breitenbach herum gruppirt sich eine ganze Literatur, wie ich anderwärts anzudeuten mich bemühte. Zu seinen Schülern zählt auch H e i n r i c h G r e v oder G r e v e von Göttingen, den S t i n t z i n g S. 169 erwähnt. Stintzing sagt von ihm: „Einen juristischen Grad scheint er nicht erworben zu haben". Diese Aeusserung ist um so befremdlicher, als auf der nämlichen Seite die Schlussworte einer von Greve besorgten Druckschrift wiedergegeben werden, in welcher derselbe LL. ac decretorum Baccal. genannt wird (cf. auch Z a r n c k e , Urk. Quell. p. 591, 835 und ö.). Ebenso bedarf es einer Berichtigung, wenn S t i n t z i n g S. 172 von J o h. K y r s z m a n n (Kirschmann) aus Königsberg sagt: „Das hier genannte (Lectura arboris . . . . consanguinit.) scheint sein einziges Werk zu sein. Vielmehr gab Joh. Kyrszmann oder, wie er latinisirt sich nennt, Joh. Cerasiauus auch eine Repetitio C. sententiam sanguinis „commissione et mandato egregij ac eximij viri domini Johannis de Breytenbach" (Impressum per Melchiorem Lotter ciuem Liptzensem Anno Christi M. CCCC. XCIX. 4. Cf. Hain 3771) heraus. — Der bei Stintzing S. 173 ff. erwähnte Stephan Gerdt kehrte (wahrscheinlich 1414) nach Königsberg zurück, wo er eine hervorragende Stellung an der Domkirche einnahm.

Ich breche hier mit meinen Ausstellungen ab. So kleinlich dieselben erscheinen mögen, so ist doch gerade die Litcraturgeschichte ein Feld, wo der geringste Fehltritt zu einer unabsehbaren Reihe von Irrthümern führen kann. Stintzing selbst hat an mehr denn an einer Stelle dergleichen Rattenkönige von traditionellen Fehlern abgeschlachtet, besonders in dem Theil seines Buches, welcher so recht eigentlich den Kern und Mittelpunkt des Ganzen bildet, den Abschnitten von dem Klagspiegel und dem Layenspiegel. Mit Recht sagt er von letzterem, dass er „in Wahrheit den Abschluss einer Epoche" bildet. Mit Vergnügen bemerken wir daher, dass um Klagspiegel und Layenspiegel herum gewissermassen concentrisch die übrige „Populäre Literatur" sich gruppirt und wie die äussere Darstellung gerade dort ihren Glanz- und Höhepunkt erreicht. Ob die mit der hastig treibenden Zeit auf nicht ganz zweifellosen Wegen vorwärts strebende Jurisprudenz der Gegenwart im Stande sein wird, den vollen Werth eines Buches, wie es das Stintzing'sche ist, zu würdigen, steht dahin. Das darf aber den Verfasser nicht kümmern. Er hat nicht für heute und morgen, er hat für die Zukunft gearbeitet. Und das Prädicat, welches diese seinen Buche ertheilen wird, ist das lohnendste, welches sich erreichen lässt: „unentbehrlich".

Die Juristen der Universität Erfurt im 14. und 15. Jahrhundert.

Der erste Band der Erfurter Matrikel, welcher hier in Betracht kommt, befindet sich gegenwärtig in der königlichen preussischen Bibliothek zu Erfurt (Libr. manu script. 103). Einband: Holzdeckel mit braunem Leder überzogen, mit Messingbeschlägen und Buckeln. Format: kl. Fol. Pergament mit Papier untermischt. Ein Vorsetzblatt (Papier) enthält den von neuerer Hand geschriebenen Titel. Bl. 1 giebt ein Verzeichniss der „Clenodia vniuersitatis". Bl. 2 Verzeichniss der Magistri in Theologia. Bl. 3 leer. Bl. 4 Verzeichniss der DD. iuris. Bl. 5 Verzeichniss der DD. medicinae. Bl. 6—13 Verzeichniss der MM. AA. Bl. 14—18 leer. Bl. 19—21 Rectorenverzeichniss. Bl. 22—25 leer. Bl. 26 Juramentum intitulandorum. Auf der Rückseite: Anfänge der vier Evangelien, darunter ein roth gemaltes Kreuz, sehr beschmutzt vom Daraufegen der Schwurfinger.

Nunmehr beginnt erst die eigentliche Matrikel. Neue Blattnummern (von 1 bis 247) und Ueberschrift:

Matricula vniuersitatis Studij Erff.

Bl. 1—58, die Jahre 1392—1438 (Sommer) umfassend, sind von ein und derselben Hand geschrieben, Bl. 59—87a (1438 Winter bis 1454 Winter) von einer andern Hand, erst von Blatt 87b (1455 Sommer) an wechseln die Schriftzüge der Eintragungen von Rectorat zu Rectorat. Dieser Band der Matrikel schliesst mit dem Wintersemester 1509.

Wir können aus den eben angeführten Umständen entnehmen, dass Bl. 1—87a nicht die Originaleinträge, sondern nur spätere, um 1454 gefertigte Abschriften enthält. Wahrscheinlich waren jene Originaleinträge um 1454 durch den vielen Gebrauch unscheinbar geworden und man beschloss daher ein zweites Exemplar der Matrikel anzulegen. Zu diesem Behuf liess man die Originaleinträge bis 1454 abschreiben und trug von da an die Original-Einzeichnungen in das neue Buch ein, während man das alte durch Abschriften jener fortsetzte. So entstanden zwei Exemplare der Matrikel, von denen nur das eine (Original von 1454 an mir vorlag. Aber auch das andere Exemplar ist erhalten und befindet sich ebenfalls in der königl. Bibliothek zu Erfurt. Die Doctorenverzeichnisse vor der Matrikel repräsentiren nicht gleichzeitige Originalaufzeichnungen, sondern sind spätere Zusammenstellungen aus der Matrikel und vielleicht auch anderen Acten. Dasjenige der DD. iuris ist für manche Zeiten (besonders 1460 — 1479) sehr unvollständig. Erst von 1479 an enthält dasselbe Originaleinträge, oder Abschriften davon.

Für die Anfänge der Universität kommen folgende Data in Betracht.

Schon seit dem 13. Jahrhundert blühten in Erfurt vielbesuchte höhere Schulen, die in einem gewissen Zusammenhang standen, so dass mehrfach von einem Studium Erfordense die Rede ist (s. oben S. 47 f.).

1379. 16. Sept. Avinion. Clemens papa VII (anno primo). Erectionsbulle der Universität Erfurt:

> „ut in eodem oppido de caetero sit studium generale illudque perpetuis futuris temporibus in eo vigeat in Grammatica, Logica et Philosophia nec non in juribus Canonico et Civili et etiam in Medicina et qualibet alia licita facultate".

Motschmann, Erfordia literata I Samml. Sect. I p. 18 fgg.
Gewöhnlich setzt man die Bulle ins Jahr 1378. Dann
passt aber nicht das Datum: XVI. Kal. Octobr. = 16. Sept.,
da Clemens erst am 20. Sept. 1478 erwählt wurde. Motschmann will daher das Datum ändern. Allein die Sache verhält sich so, dass Clemens vom 31. October 1478, wo er
die Weihe empfing, seinen annus primus berechnet. Wir
haben daher die Bulle in's Jahr 1379 zu setzen.

1379. 1. Octob. (Kal. Octob.) Avinion. Clemens
papa VII („anno primo") Proconsulibus, Consulibus et Oppi-
danis ac Universitati et Communitati oppidi Erfford. Magunt.
Dioc.:

> „— — concessimus gratiose, quod de cetero in
> vestro oppido Studium vigeat generale tam in Sacra
> Theologia, quam in iure Canonico et Civili,
> quam etiam quacunque alia licita facultate".

Motschmann a. a. O. p. 13—15. Diese Bulle ist declara-
torisch und holt nach, was in der Erectionsbulle versäumt
war: die namentliche Erwähnung der theologischen Facultät.

1389. 4. Mai (IV. Non. Maij) Romae apud Sanctum
Petrum. Urbanus papa VI („anno duodecimo"). Erectionsbulle der Universität Erfurt:

> „oppidanis . . . concedimus, ut in eorum oppido de
> caetero sit studium generale, illudque perpetuis fu-
> turis temporibus in sacra Theologia, nec non in
> Canonico et Civili juribus, ac etiam in Medicina,
> Philosophia et qualibet alia licita facultate vigeat . . ."

Motschmann a. a. O. p. 24—28.

1392. 29. Apr. (post dominica Misericordias) Eröffnung
der Universität durch Wahl des ersten Rectors:

> Ludewicus Molner de Arnstede Mgr. in artibus
> ac Baccal. in decretis.

Er wurde später und zwar noch vor 1400 decr. Doctor und
bekleidete das Rectorat zum zweiten Male 1410 im Winter.

Das erste Rectorat dauerte zwei Jahre, Zahl der Inscriptionen 523.

1394. 5. Mai wird Amplonius Ratyngen de Bercka Mgr. in Artibus et Doctor in Medicina, der Gründer des Collegium porta coeli, zum zweiten Rector des Studium generale erwählt. Sein Rectorat dauerte ein Jahr, Zahl der Inscriptionen 46.

1395. 31. Jan. (dominica proxima ante festum purificationis beatae virginis) Wahl des dritten Rectors: Joh. de Embeck M. AA. et Bacc. in Med. Inscriptionen 77.

1395. 18. Oct Wahl des vierten Rectors: Joh. Rymann (s. unten). Inscriptionen 124.

Von da an wechselt das Rectorat von Semester zu Semester, die Wahl des Rectors für das Sommersemester geschieht in der Regel am 1. Mai (Philippi et Jacobi), die des Rectors für das Wintersemester am 18. October (Lucae).

Die Juristenfacultät wurde gleich zu Anfang des Studiums (1392) mit 2 ordentlichen Lehrern besetzt (s. unten nr 1 und 2). Diese trugen nur canonisches Recht vor. Jedoch schon zu Beginn des 15. Jahrhunderts scheint man sich nach Legisten umgesehen zu haben, zweifellos ist, dass man jener Zeit über civilrechtliche Themata disputirte und DD. in beiden Rechten promovirte.

Von den Statuten der Juristenfacultät giebt ausführliche Nachricht J. C. Motschmann in seiner Erfordia literata (2. Fortsetzung 1734 Sect. I). Er benutzte zwei damals noch vorhandene Exemplare des Statutenbuches: ein sehr altes, welches er ins Jahr 1408 setzt und ein neueres aus dem 17. Jahrhundert stammendes. Für unsere Zeit kommen folgende Ausarbeitungen resp. Reformationen der Statuten in Betracht:

a) Statuta „Facultatis iuris canonici et Sacrarum canonum" aus dem Jahre 1398. Damalige Mitglieder der

Facultät: Conradus de Dryborg (unten nr. 1), Ioh. Rymann (unten nr. 7), Ludov. Molitoris (s. oben und
unten nr. 6).

b) Erste Verbesserung der Statuta facultatis iurid. aus
dem Jahre 1408. Damalige Mitglieder der Facultät:
Ludov. Molner (u. nr. 6), M. Joh. (lies: Henr.) de
Breitenbach (u. nr. 2), Ioh. Hammerschen (weder in
der Matrikel noch sonstwo erwähnt), Rudolf de Nebra
(u. nr. 13). — Aus dieser Redaction ist wohl das
Stück der Statuten, welches Motschmann (pag. 202)
mittheilt: (Rubrik VII) Primo quod sit unus ordinarius,
qui de mane legat in decretalibus; item quod alius
Doctor vel Licentiatus qui legat nova iura in vesperis;
item tertius Doctor, qui decretum legat horis compe-
tentibus etc.

c) Zweite Verbesserung der Fac.-Statuten aus dem Jahre
1415 (?). Damalige Assessores: Hermann Ryman,
Decan (s. u. nr. 11), Christ. Vorntzin Ordinar. (s. u.
nr. 12), Ioh. de Nebra (s. u. nr. 14), Otto de Stotternheim Canon. Herbipol. (s. u. nr. 17).

d) Dritte Verbesserung aus dem Jahre 1430 (hauptsächlich die Promotionen betr.). Damalige Beisitzer der
Facultät: Henricus de Gerpstede (u. nr. 16), Ioh. Vos
(u. nr. 22), Nic. Beyer (u. nr. 15), Tilem. Zigeler
(u. nr. 19), Jacob. Hartmanni (u. nr. 20), Ioh. de Allenblumen (u. nr. 21), Nicol. Sapientis ordinis servor.
Mariae (u. nr. 24), Henric. de Bottilstedte (s. u. nr. 23).
Von da bis ins 17. Jahrhundert erfolgte keine Veränderung
der Statuten.

Nicht ohne Wichtigkeit für die Geschichte der Juristenfacultät sind auch einige der zu Erfurt bestehenden Collegia
oder Bursae. Wir heben hervor:

Das Collegium Amplonianum (gegründet 1412, mit
Statuten versehen 1433, abgedruckt in T. N. Sinnholds

Erford. liter. Bd. 3 St. 1 Sect. 1 p. 50—53\. Darin
Vorschriften des Stifters (Amplonius de Berka oder de Fago)
über das Betreiben der Studien. Jurisprudenz anlangend
sagt er: Item statuo et ordino quod Magister (in artibus)
volens se applicare legibus primo addiscat titulos legum
per omnia deinde instituta interius et exterius. Deinde
glossam: postea Codicem, dein pandectas, quae sunt di-
gesta et ultimo authenticas et librum feudorum. Statuo
et ordino quod si quis contulerit se ad ius canonicum
primo discat legum rubricas in novo et antiquo iure cum
glossa, dein casus summarios, post decretales et decretum cum 6to et Clementinas et tam iuris Canonici quam
legum studentes frequenter et quasi continuo legere debent
suas leges et canones, ut dicit Isidorus quinto Etymolo-
giarum . . . . Vtrique iuri applicatus leget et studeat in
Rhetorica et Poetica Aristotelis Ethicorum, Gnomicorum,
politicorum, valent. etiam magna moralia libri Senecae
Boetii de consolatione. — —

Unter den Regenten des Collegium sind für uns von Bedeutung: Volcmarus Coyan de Hallis Decr. D., Vicedecanus
Collegii (u. nr. 27), Gerhard. in Curia 1448 Vicedecanus
(s. u. nr. 43), Joh.- Helmich 1464 Administrator Collegii
(s. u. nr. 44), Joh. Knäs 1480 Decan. Collegii (s. u. nr. 79).

Ferner ist zu erwähnen:

Die Schola iuris (Collegium beatae Mariae virginis, bursa
Mariana) gestiftet von Henricus de Gerpstede (u. nr. 16)
am 14. October 1448.

Damalige Facultätsmitglieder: Iacob. Hartmanni (nr. 20),
Tilemann Ziegler (nr. 19\, Joh. Allenblumen (nr. 21), Joh.
Bock (nr. 31\, Joh. Cöllede (nr. 34) und der Stifter. Letzterer übergab ein Haus („Collegium novum in Buleto retro
montem B. Mariae Virg. prope aquam situm") der Juristenfacultät „pro ordinariis atque extraordinariis lectionibus tam
in iure can. quam iure civili legendis". Die „Schola antiqua

(iuris) in lata arena sita" wurde verlassen. Den in iure graduirten Mitgliedern des Collegs gab der Stifter auf: „ut
omni die in septimana ad minus una lectio sive in canonibus
sive in legibus per eos disponatur". Decane des Collegii:
Peregrinus de Goch (nr. 29), Eberhardus Pael (nr. 49).

Nunmehr schreite ich zur Aufzählung der Doctores und
Licenciati der Rechtswissenschaft, der Baccalarii und Nicht-
graduirten nur aus besonderen Gründen gedenkend.

1) Dns. Conradus de Dryborg, decr. Doctor et in
artibus Mgr., praepositus Ecclesiae Bardewicensis, Halberstadensis et Verdensis Ecclesiarum Canonicus, primus huius
almae vniuersitatis in jure canonico ordinarius Et primus
sallariatus.

C. de Dryburg scheint identisch mit dem 1375 zu Prag
ad baccal. in artibus admittirten Conrad. Braclis (Monum.
histor. universit. Pragensis I 1 p. 166). Beim Eintrag
der Gebührenzahlung wird letzterer C. Dryburg genannt
(ibid. p. 167). 1378 wird Conrad. de Braclis ad Licentiam
in artib. admittirt (ibid. p. 180) und im nämlichen Jahre
„Mag. Conradus Dryborch" bei der Juristenuniversität Prag
unter der Natio Saxonum inscribirt (Monum. histor. universit. Pragensis T. II 1 p. 124, 125). 1381 wird erwähnt
mag. Conr. Driburch und eodem anno zum examen baccalarandiorum in artib. deputirt: „mag. C. Dryburch de Braclis" (Monum.
hist. Univ. Prag I 1 p. 201, 202). Ferner kommt Conr. Braclis
vor im Verzeichniss der Prager Baccal. iuris (Monum. II 1 p. 9)
und 1400 als Advocat beim geistlichen Decanatsgericht in
Prag (ib. p. 385). In dem Erfurter Doctorenverzeichniss der
Juristenfacultät ist er der Erste: Dns Conradus Dryborch
primus ordinarius can., woraus jedoch nicht geschlossen
werden darf, dass er in Erfurt promovirt sei. Anno 1397
Winter bekleidete er in Erfurt das Rectorat. Er wird bei
dieser Gelegenheit folgendermassen titulirt:

Venerabilis Dns. Conradus de Dryborg, decretorum
Doctor, in jure canonico Ordinarius, Magister in Artibus,
Halberstadensis Beatae Mariae et Sancti Seueri Erfforden
Ecclesiarum canonicus.

Anno 1404, 15. Juni, und 1407, 15. April, kommt Dns.
Conrad. de Dryburg decr. doctor als Bürge in Urkunden des
Präpositus von Jechaburg Henricus de Werberge vor.[1])
2) Mgr. Heinricus de Breydenbach canonicus
Friczlariensis Ecclesiae, licenciatus in decretis, primus huius
studij Sextista ordinarius. Er war 1372 in Prag bei der
Juristenuniversität unter der Natio Bavarorum inscribirt und
1375 als „Henricus Bretinbach de Rödinberg" ad gradum
baccal. admittirt worden (Monum. Prag. II 1 p. 28, 57).

Zu den beiden ordinarii für canonisches Recht kommen
noch eine Reihe von Baccalarii in decretis, welche wir später
zum Theil genauer kennen lernen werden. Auch wurde noch
während des ersten Rectorates, also vor 1394, immatriculirt:

3) Hermannus de Wyntirswig (im Doctorenver-

---

1) Würdtwein Diplomataria Mogun(ina (1788) p. 215, 227.
Des Conrads von Dryburg Mitbürge ist Nicolaus de Lubich (Lybig),
S. Mariae Erfordens. Decanus, der schon 1399 als praepositus ecclesiae
Dorlanensis in einer Erfurter Urkunde vorkommt. Würdtwein Dioc.
Mogunt. in archidiaconatus distincta Comment. XI p. 267. Auch Lubich
(Lubeck?) war Jurist: a iuuentute magnus curtisanus ac procurator
causarum in curia Romana extitit. Er ist wohl identisch mit Nic. Lubeck
aus Eisenach, welcher 1378 zu Prag ad baccal. in artib. admittirt wurde
(Mon. Prag. I 1 p. 180, 181). Als Decanus in Erfurt war er zugleich
Cancellarius der Markgrafen zu Meissen. Unter den Abgesandten zum
Concil in Pisa (1409) wird er als „Decanus eccl. beatae Mariae Erphor-
densis, prothonotarius et secretarius illustr. principum Friderici et Guilielmi
germani Landgrav. Thuringiae marchionum Misnensium, comit. Palat.
Saxon." erwähnt (Mansi, Conc. XVII p. 348 f.) 1411 wurde er zum
Bischof von Merseburg erwählt. Auf dem Constanzer Concil
spielte er eine grosse Rolle. Er war daselbst 3 Jahre lang und erscheint
häufig als Vertreter der deutschen Nation. † 1431. Cf. de Ludewig
Reliq. MSS. IV 437 ff.

zeichniss: Winterswich) doctor decretorum dürfte schwerlich identisch sein mit dem in Prag seit 1367 vorkommenden
Hermannus de Wynterswig (Winterswik), der 1375 zum Lic.
in sacra theol., 1376 zum Mag. in theol. promovirte (Mon.
Prag. I 1 p. 134. 143. 168. 170. 213) und 1379 als
cantor eccl. Wratislav. und Sacrae paginae professor (Mon.
Prag. II 1 p. 261) erscheint. Eher ist an Mag. Hermannus
Gezing zu denken, der (1371 unter den Artisten) 1373
bei der Juristenuniversität in der natio Bavarorum immatriculirt (Mon. Prag. II 1 p. 60 cf. II 1 p. 9) 1386 als
Decanus facultat. artt. mit dem Namen Hermannus Ghesing
de Wynterswich aufgeführt wird (Mon. Prag. I 1 p. 19
cf. p. 243).

Von den ohne Angabe eines gelehrten Grades unter
dem ersten Rectorat Inscribirten ist hervorzuheben:

4) Johannes Tylich, canonicus regularis sancti
Mauricij Nuenburgensis. Von ihm wissen wir, dass er später
decr. Doctor, praepositus canonicorum regularium montis Sti
Mauricii extra muros Nuemburgenses et novorum iurium in
studio Liptzensi Lector ordinarius wurde und sich als
Staatsmann wie als historischer Schriftsteller auszeichnete.
Vgl. oben im dritten Aufsatz p. 77 f.

Folgen wir nunmehr im Allgemeinen dem Doctorenverzeichniss vor der Erfurter Matrikel, so sind zu nennen:

5) Dns. Mgr. Henricus de Angern, decretorum
doctor, magister in artibus Parisiensis, canonicus ecclesiarum
Magdeburgensis et Halbirstadensis, immatriculirt im Winter
1395. Bei der Juristenuniversität Prag wurde a⁰ 1380
Dns. Rudolfus princeps de Anhalt etc. immatriculirt und
mit ihm zugleich: Mag. Henricus, mag. artium, baccal. in
decr., praedicti domini informator, de Angern (Mon. Prag.
II 1 pag. 126); 1381 wurde Henr. de Angern in artib.
Parisiensis magist. et baccal. in decr. als baccal. in die
Juristenfacultät recipirt (ebendas. p. 10); 1386 liest „Heinrich

von Angheren" in Heideberg über nova iura (Hautz,
Heidelb. I 131); 1394 wird Henr. de Angern M. AA.
„Pragae doctoratus" den Doctores der Prager Juristenuniver-
sität beigeschrieben (Mon. Prag. II 1 p. 5).

    6 L u d o v i c u s M o l n e r, decr. doctor, s. ob.

    7) J o h a n n e s R y m a n n, decr. doctor. „Ioannes Riman"
ist 1383 zu Prag unter der Natio Saxonum bei der Juristenuniversität inscribirt (M o n u m. hist. Univ. Prag. T. II 1
p. 132) [1]). Er war es, welchen die Stadt E r f u r t in Begleitung von H i l d e b r a n d L e m a n nach Rom abgeordnet
hatte, um die Bestätigung der Universität zu impetriren
(Matrikel 1404a: Hildebrandus Lemã gratis quia fuit in
curia cum Domino Johanne Ryman pro confirmatione studij).
1390 kommt er als Custos und Canonicus ecclesiae beatae
Mariae Erfurdensis vor (W ü r d t w e i n, Dioc. Mogunt. XI
p. 266). 1392 wird „Joh. Ryman Canonicus Ecclesiae
Sanctae Mariae Erffordñ. et Bacc. in decretis" in die Erfurter
Matrikel eingetragen [2]). 1395 Winter ist Joh. Ryman, licenciatus in decretis, Custos et Canonicus Ecclesiae Stae Mariae
Erfford., Rector der Universität. In dem Doctorenverzeichniss
nimmt er den 5. Platz ein. Ao. 1400 und 1401 kommt

    1) Er ist nicht zu verwechseln mit I o a n n e s R y m a n oder R y m a n n i
(ordinis beatae Mariae de domo Theutunica, canonicus Pomesaniensis),
welcher in Prag 1382 zum Examen Baccalarandiorum admittirt (Monum.
I p. 207, 208), in demselben Jahr bei der Juristenuniversität unter der
natio Polonorum intitulirt (ibid. II 1 p. 95), 1386 in das Verzeichniss
der Baccalarii der Juristenuniversität aufgenommen wurde (ibid. II 1 p. 13).
Er kommt schon 1378 im Dienst der Pomesanischen Kirche vor, 1379
als Canonicus derselben, 1389 wird er decretorum Doctor und praepositus ecclesiae Pomesaniensis genannt. 1393 resignirte er auf die Probstei,
da der Hochmeister seiner als Jurist bedurfte. Doch kehrte er später
in jene Stellung zurück. 1409 wurde er zum Bischof von Pomesanien
erwählt und † 1417. Cf. Scriptores rerum Prussicarum herausgegeben
von H i r s c h etc. II 271 n. 2; cf. III 298 not. 5 u. ö.

    2) Im Anfang der Universität Erfurt ist ausserdem noch ein
J o h. R y m a n junior plebanus in Wickerde immatriculirt.

Johannes Ryman, decretorum doctor, thesaurarius et canonicus ecclesiae S. Mariae Erfordensis in Urkunden vor (Würdtwein l. l. p. 270, 271). Ein Brief von ihm aus dem Ende
des 14. Jahrhunderts an die Stadt Nordhausen, welcher er
als Rechtsbeistand diente, ist abgedruckt in „Historische
Nachrichten von der Kayserlichen und des heil. Röm. Reichs
Freyen Stadt Nordhausen" (1740) S. 478 ff. Auch ein
handschriftliches Consilium desselben über Simonie ist mir
bekannt und gedenke ich dasselbe gelegentlich zu veröffentlichen. Nach 1404 finde ich ihn nicht mehr erwähnt.

8) Conradus Thus, V. I. D. Von ihm sind folgende
Data mir bekannt:

1377 Weihnachten. Conradus Thus wird in Prag ad
gradum baccalariatus in der Artistenfacultät zugelassen.
Monum. histor. univ. Prag. I 1 p. 179.

1391 wird Conradus Thus, canonicus ecclesiae S. Martini
Minden., bei der Juristenuniversität Prag unter der Natio
Saxonum intitulirt. Monum. hist. univ. Prag. II 1 p. 144.

1402 Winter wird Dns. Conradus Thuss, decretorum
doctor, in Erfurt immatriculirt.

1403 Winter ist Conradus Thuss, decretorum Doctor
Rector von Erfurt. — Im Erfurter Doctorenverzeichniss nimmt
er die 6. Stelle ein, und zwar wird er hier als utriusque iuris
doctor bezeichnet.

1405 Winter erfolgt in Erfurt eine Gratisinscription „ad
instantiam domini ordinarij Conradi Thuss". Thuss hatte
somit wahrscheinlich die lectura ordinaria iuris canonici
damals inne.

1406. Pest in Erfurt. „Es sollen von allen Professoren
nur D. Ludwig Müller (s. nr. 6), D. Conr. Thus, M. Joh.
Algraf, M. Rudolf v. Nebra (s. nr. 13) übrig geblieben
sein." Motschmann, Erford. lit. 3. Samml. Sect. I p. 348.

1411 Conradus Thus I. V. D. beginnt der Ueberlieferung zu Folge die Reihe der Leipziger Ordinarii (iuris

14*

canonici). C. F. H o m m e l, De ordinariis facultatis iuridicae
Lips. (ed. II. 1767) pag. 9. Z a r n c k e bei S t i n t z i n g,
Zasius p. 334, 335. S. ob. S. 75.

1410 (Sept.) wird Conrad Thus utr. iur. doctor „tunc
decanus maioris ecclesie" unter den in einer Versammlung
des Domcapitels zu Minden anwesenden Mitgliedern genannt.
L e r b e c c i i Chron. Epp. Mind. bei L e i b n i t z II p. 206.

1422. 3. Mai wird „Conradus Thus vtriusque iuris
doctor"in R o s t o c k immatriculirt (Alte Rostocker Originalmatrikel .

1424/25 wird Conrad Thus als Mitglied der bayerischen
Nation in Leipzig genannt. Z a r n c k e, Statutenbücher p. 157

1429. Febr. kommt Conrad Thus in Leipzig urkundlich
vor, jedoch wird seiner als a b w e s e n d gedacht. Z a r n c k e,
Statutenbücher p. 63.

1430 Winter wird in Erfurt Hermannus Thus „propter
doctorem Thus" gratis inscribirt.

1431 Winter erfolgt in Erfurt ein Nachlass an Inscriptionsgebühren „propter dominum Doctorem Thuss".

In einem Codex der Greifswalder Kirchenbibliothek
St. Nicolai (18 C I) befindet sich eine wahrscheinlich aus
der Bibliothek A r n o l d W e s t p h a l's (s. u. nr. 25) ab-
geschriebene Repeticio c. Johannes De homicidio, die bei einem
feierlichen Promotionsact von dem promovendus vorgetragen
wurde und zur Grundlage für die Disputation diente. Gegen
Ende der gratiarum actio an Gott, die heil. Jungfrau, den
Rector (venerabili viro mgro n. sacrae theologiae professori),
die anwesenden Professoren der Theologie, heisst es:

5⁰ eximio vtriusque iuris doctori domino Conrado
Thuss. cuius merito creatura dici possum et filius. de
cuius licencia et auctoritate hanc cathedram ascendi.
et cuius doctrina nutritus sub alis ipsius hactenus
quieui. et adhuc quiesco. nec non et ceteris dominis

doctoribus. licenciatis et in iure canonico dominis et fautoribus meis.

Vielleicht rührt die Rede von J o h. V o s (nr. 22) oder von A r n o l d W e s t p h a l (nr. 25) her, der zwischen 1430 und 1436 in Erfurt Doctor des canonischen Rechtes wurde.

9) J a c o b u s R o d e w i c z, M. AA. Bacc. in Decr.

1405 Jacobus Rodenwicz de Ihenis nimmt am 5. examen magistrandorum Theil.

1407 Rodewitz liest in Erfurt über die Decretalen Gregors IX.

1410 Sommer. Rector in Erfurt: Jacobus Rodewicz de Ihenis, Mgr. arcium et Bacc. in Decretis.

1411 geht Rodewitz nach Leipzig. Vgl. des Weitern über ihn oben im dritten Aufsatz S. 75. f.

10) H e n r i c u s D a r o u e n oder D e r o u e n oder d e R o v e n, decr. doctor. Er ist im Doctorenverzeichniss der siebente, woraus folgt, dass seine Promotion vor Winter 1412 stattfand, in welchem der nach ihm genannte H e r - m a n n u s R y m a n bereits Doctor war.

Heynricus de Roven de Meydburg ist 1407 unter der natio Saxonum in Prag bei der Juristenuniversität inscribirt · (Mon. II 1 p. 145); 1408 wird Henricus de Rowen, ca- nonicus ecclesiae ss. Petri et Pauli Magdeburgens. unter die Baccal. iuris aufgenommen (ib. p. 22). 1417 Sommer ist Dns. Henricus Der ouen, doctor decretorum, in Erfurt Rector. 1421 Sommer wird seine Anwesenheit bei einer feier- lichen Inscription erwähnt. Das Rectorat bekleidet „Vene- rabilis Dominus Henricus Derouen, decretorum doctor, Decanus ecclesiae Magdeburgensis", zum zweiten Male 1437 Sommer.

11) H e r m a n n u s R y m a n, decr. D.

Zwischen 1492—94 inscribirt: Hermannus Ryman, vicarius Ecclesiae Sti. Seueri Erffordn.

1404 Sommer. Rector: Dns. Hermannus Ryman, Bacc.

(übercorrigirt: Licent.) in Decretis, Canonicus ecclesiae beatae Mariae Erffordñ.

1412 Winter. Rector: Venerabilis vir dns. Hermannus Ryman, decretorum doctor (Doctorenverzeichniss nr. 8).

1421 Sommer. Hermannus Ryman, in Jure can. doctor, ist zugegen bei einer feierlichen Immatriculation.

1423 Sommer. Rector: Venerabilis et circumspectus vir Dns. Hermanus Ryman, decretornm doctor, Canonicus ecclesiae beatae Mariae Erfford.

12) Christianus Vornzyn, decr. D. in iure civili Lic.

1392—94 inscribirt: Christianus Vorntziñeñ de Mulhusen.

1398 Christianus de Molhusen zum examen magistrandorum in Prag zugelassen. Monum. I 1 p. 330.

1398. 30. Nov. (in die Sti Andreae apostoli) Rector in Erfurt: Mgr. Christianus Vornczyn de Molhusen.

1413 Sommer. Rector: Christianus Vornczin de Molhusen, Mgr. in artibus et in Jure civili licenciatus. .

1421 Winter und 1422 Sommer. Rector: Venerabilis et circumspectus vir Mgr. Christianus Vornczin de Molhusen, decretorum doctor et in Jure civili Licenciatus (Doctorenverzeichniss nr. 9).

13) Rudolfus Holtzappel de Nebra, V. I. D.

1389 wird in Prag zum examen baccalarandiorum bei den Artisten zugelassen: Rudolfus de Nebra. Monum. I 1 p. 267.

1392—94 in Erfurt inscribirt: Rudolfus Holczappel de Nebra bacc. in ca^bus.

1398. Rudolphus de Nebra zum examen magistrandorum in Prag zugelassen. Monum. I 1 p. 330. Das Verzeichniss der Magistri artium in der Erfurter Matrikel beginnt mit 22 MM., die als Pragenses bezeichnet sind. Der letzte darunter ist: Mgr. Rudolphus de Nebra.[1])

---

1) Das erste Erfurter examen magistrandorum fand 1398 statt.

1402 Sommer. Rector in Erfurt: Magister Rudolffus de Nebra in Jure canonico Bacc.

1406. Vgl. oben sub nr. 8.

1414 Sommer geschieht eine Immatriculation gratis ob reverentiam magistri Rudolffi de Nebra. Dns. Rodolphus de Nebre nimmt als utriusque iuris doctor die 10. Stelle im Erfurter Doctorenverzeichniss ein.

Von Rudolfus Holtzappel sind mir zwei handschriftliche Consilien vorgekommen, die ich gelegentlich veröffentlichen werde. Das eine ist unterzeichnet:

rodolfus de nebra In vtroque Jure licenciatus;

das andere:

Rodolfus holtzappel de nebre utriusque juris doctor.

Ein Wernigeroder Manuscript enthält auch „Conclusiones posite per magistrum Rodolfum de nebra in repeticione legis Juris ordinarij C. de Rei Vendic." Diese Conclusiones sind Thesen civilrechtlichen Inhalts, welche Holtzappel vielleicht bei seiner Promotion zum V. I. D. vertheidigte.

14 Johannes de Nebra decr. D.

(1384 Ioannes de Nebra in Prag bei der Juristenuniversität unter der Natio Polonorum inscribirt. Monum. II 1 p. 96)?

1414 Sommer. Joh. Nayl de Nebra in Erfurt immatriculirt.

1416 Winter. Rector in Erfurt: Dns. Joh. de Nebra, Licenciatus in Decretis.

In dem Doctorenverzeichniss nimmt Johannes de Nebra als iur. can. doctor die 11. Stelle ein.

15) Nicol. Beyer, decr. D.

1411 Winter. Rector: Mgr. Nic. Beyer, Bacc. in iure can. ac Dorleanensis Eccl. canonicus.

1435 Winter. Rector: Nicolaus Beyer, decr. Doctor

et ecclesiae Sti Johannis ewangelistae noui monasterij Herbipolensis decanus (Doctorenverzeichniss nr. 12).

16) Henricus de Gerpstede, decr. Dr. (aus Aschersleben).

1413 Winter inscribirt: Dns. Henricus de Gerpstede, Bacc. in decretis, Decanus beatae mariae Erffordensis Mogunt. dioc. ac Merseburgensis, Nuenburgensis et Sancti Nicola Magdeburgensis ecclesiarum canonicus.

1415 Sommer. Rector: Dns. Henricus de Gerpstede decanus Mariae XX Rector etc.

> „Iste fuit fundator vnicus collegij beatae Mariae virginis similiter et scolae Juristarum retro montem in bruleto."

1418. Henricus de Gerpstede decr. doct. Decan. eccl. b. Mariae virg. Erfford. Magunt. dioec. Executor quarundam Legum seu Constitutionum imperialium divae memoriae Frederici et Karoli . . . contra illos qui ecclesiasticas personas et eorum bona inuadunt etc. de Ludewig Rell. Mss. T. XII p. 251 sqq.

1438 Sommer. Rector: Henricus de Gerpstede, decretorum doctor, praepositus ecclesiae beatae Mariae virginis Erffordensis. (Doctorenverzeichniss nr. 13.)

1448. 14. Oct. Stiftungsurkunde des Coll. beatae Mariae virgin. oder der Bursa Mariana (Schola iuris).

1451 † Henr. de Gerpstede. Vgl. Osanns Erfordia literata Bd. 3 St. 2 S. 27.

1457 und später noch öfter wird des verstorbenen Propstes Heinrich v. Gerpstede in Erfurter Urkunden gedacht betreffs seiner Vermächtnisse zu Cultuszwecken. S. z. B. Würdtwein Dioc. Mog. XI p. 283 ff., 289, 295.

17) Otto de Stotternheim, decr. D.

1422 Winter. Rector: Otto de Stotternheim, Canonicus Herbipolensis et decr. Bacc.

1429 Sommer. Rector: Venerabilis vir dominus Otto

de Stotternheym, decretorum doctor, Canonicus ecclesiae Herbipolensis.

1438 kommt Otto von Stutternheim als Canonicus eccl. Sti Seueri Erford. vor. Würdtwein Dioc. Mog. XI p. 278. (Doctorenverzeichniss nr. 14.)

18) Henricus Haxtehusen I. V. D.

1406 Winter: Henricus Haxthusen immatriculirt.

1411 wird Henricus Hackstehusen zum zehnten examen magistrandorum gelassen.

1414 Sommer. Rector: Mgr. Henricus Haxthusen decr. Bacc.

1429 Winter. Rector: Dns. Henricus de Haxtehusen, Decanus ecclesiae Paderbornensis, vtriusque iuris Doctor ac arcium Mgr. (Doctorenverzeichniss Nr. 15.)

19) Tilemannus Zigeler, decr. D.

1419. Mgr. AA.

1420 Winter. Rector: M. Tilemannus Zigeler.

1427 Sommer. Rector: Tilmannus Czigeler mgr. in artibus liberalibus nec non iuris can. Licenciatus.

1439 zu Mainz bei Uebergabe der Decreta Concilii Basil. Würdtwein Subsid. VII p. 340.

1446 Winter. Rector: Venerabilis et egregius decretorum doctor mgr. Tilomannus Cziegeler huius praecelsi opidi Erff. prothonotarius. (Doctorenverzeichniss nr. 16.)

1451 Tilemann Zcigeler I. V. D. unter den Canonici der Bischöfl. Kirche zu Meissen als absens verzeichnet. Cod. dipl. Sax. regiae p. II t. III p. 93.

Er starb vor 1457, da in einer Urkunde aus diesem Jahr Tylomanus Czygeler olim decanus erwähnt wird [1]. Würdtwein Dioc. Mog. XI p. 284.

---

[1] 1477 Winter ist Tilemannus Ziegeler, beatae Mariae virginis canonicus, Rector der Universität. Dieser ist mit dem obigen nicht identisch.

20) Jacobus Hartmann, decr. D.

1386 Iacobus Hartmann bacc. in artib. bei der Juristenuniversität Prag unter der natio Bavar. inscribirt. Mon.
Prag. II 1.

1389 Iacob. Hartmann de Frysinga bacc. in artib. unter
die Bacc. der Juristenuniversität Prag aufgenommen. Mon.
Prag. II 1 p. 15, 16.

1436 Winter. Rector in Erfurt: Iacobus Hartmanni,
decretorum Doctor.

1448 Sommer. Rector: Iacobus Hartmanni, decretorum
Doctor, Canonicus Sti. Seueri.

1451 Reformation des Augustinerklosters zu Erfurt durch
Joh. Busch an welcher theilzunehmen Doctor Zegeler,
Secretar. civitatis und Doctor Iacobus Hartmanni, Senior
totius universitatis Erford. deputirt waren. Buschius de
reform. monasterior. bei Leibnitz II p. 829, 830.

1452 Winter ist Iacobus Hartmanni in iur. can. doctor
bei einer feierlichen Immatriculation zugegen. (Doctorenverzeichniss nr. 17.)

21) Johannes de Allenblumen, decr. D.

1417 Sommer: Joh. de Allenblumen immatriculirt.

1427 Winter. Rector: Venerabilis et circumspectus vir
dominus Johannes von Allenblumen in decretis Bacc.

1431 Sommer. Rector: honorabilis et circumspectus
vir dominus Johannes de Allenblomen, decretorum doctor.

1440 Winter wird Wilhelmus von Allenblumen gratis
inscribirt: ob reuerenciam patris sui vicecancellarij.

1445 Sommer. Rector: Decr. doctor dominus Joh. de
Allenblumen vicecancellarius (studij) ac vicedominus.

1451. Joh. von Allenblumen, Viczthumb zu Erffurte,
geht mit einer Gesandtschaft des Herzogs Friedrich zu
Sachsen zum Herzog von Burgund. Genaueres in Hartungi
Kammermeisteri Annales Erfurtenses Germanici bei
Mencken. Scriptor. III p. 1208—1213.

1451—54 führt Joh. v. Allenblumen decr. doct. und Vitzthum zu Erfurt einen Process mit der Stadt Leipzig vor Thaddäus Abt des Schottenklosters zu Erfurt als iudex delegatus. Cod. dipl. Saxon. reg. p. II t. VIII nr. 282, 287, 288, 313, 314 cf. nr. 238. Vgl. über die Familie Allenblumen G u d e n, Cod. dipl. IV p. 852 ff. (Doctoren-verzeichniss nr. 18.)

22) J o h a n n e s V o s I. V. D.

1395 Winter: Johannes Vos de Sosato immatriculirt.

1400 wird Johannes Vosz de Susato zum zweiten examen magistrandorum admittirt.

1408 Winter. Rector: Mgr. Johannes Foss de Susato Bacc. in vtr. iure.

1409 erscheint Joh. Vos als presbyter celebrans zu St. Marien in Lübeck. Wahrscheinlich war er damals schon Rathssecretär, da mit dieser Stelle eine „Commende" bei St. Marien verbunden zu sein pflegte. S c h r ö d e r, Papist. Mecklenb. 11 Alph. p. 1842.

1415 Magister Johannes Voss utr. iur. Baccal. und Protonotarius des Rathes in Lübeck begleitet eine Gesandt-schaft des neuen Rathes nach Costnitz, um den daselbst auf dem Concil befindlichen Kaiser Sigismund günstig zu stimmen. K r a b b e, Univ. Rostock S. 52 ff.

1419 Winter. Mgr. Johannes Vos Bacc. in legibus in Rostock immatriculirt. (Alte Rostocker Originalmatrikel) Vgl. über des Joh. Vos Verhältniss zur jungen Universität Rostock den dritten Aufsatz S. 96 f.

1421. 14. April. Rector in Rostock: Johannes Vos mgr. in artibus et utriusque iuris Bacc.

1423. 9. Octob. Rector in Rostock: Johannes Vos utriusque iuris Doctor. [1])

---

1) Es ist nicht unwahrscheinlich, dass J o h. V o s von C o n r a d u s Thus bei dessen Anwesenheit in Rostock (immatr. Mai 1422) zum

1425. 9. Oct. Rector in Rostock: Mr. Joh. Vos utr. iur. doctor.

1428 die Galli (16. Oct.) Rector in Rostock: Johannes Vos utriusque iuris Doctor.

1429 im April tritt für Vos der Vicerector Tidericus Zuckow ein. Vos hatte sich nach Erfurt begeben, wohin er als ordinarius gerufen war. Es findet sich in der Erfurter Matrikel im Wintersemester 1428 29 eine Gratisinscription mit dem Bemerken: „ob reuerentiam dm. Doctoris Fossz ordinarii". In dem Erfurter Doctorenverzeichniss aber steht am 19. Platz: „Dns. Johannes Voss de Susato vtriusque (iuris doctor) rostock."

1430 Sommer erfolgt in Erfurt ein Erlass von Inscriptionsgebühren ad instantiam domini doctoris Io. Vosses.

1430 Winter. Rector in Erfurt: Johannes Vos de Sosato vtriusque Juris Doctor et in artibus Magister.

1438 Johan Fuchs doctor kommt unter den canonici ecclesiae Sti. Seueri vor. Würdtwein Dioc. Mog. XI p. 278, 280.

1447 Winter wird in Erfurt inscribirt: Jo. Dunel (oder Duuel) de Zuzato gratis ad honorem dm. d o c t o r i s V o s cuius cognatus est.

In H e n r i c i W o l t e r i Chronica Bremensis (Meibom Rer. Germ. II p. 76) ist erzählt, dass B a l d u i n II. Erz-

---

Doctor promovirt wurde. Vielleicht hatte man T h u s gerade zu diesem Zweck nach Rostock kommen und dort immatriculiren lassen. Doch wird Voss noch Anfangs Octob. 1422 in der Matrikel mit dem einfachen Titel Magister gelegentlich genannt. Aber auch die ersten Promotionen in der theologischen Facultät in Rostock wurden von auswärtigen Doctoren vorgenommen. 1432 Winter wurde dortselbst ein Magister J o h a n n e s T u c o n i s canonicus roskildeß. „qui fuit promotor facultatis Theologice" inscribirt. 1434 Winter werden zwei Erfurter „professores sacre scripture" (M a t t h i a s D o r i n g h und J o h a n n e s V r i n e r [?]) mit dem Bemerken intitulirt, dass sie eine Promotion vorgenommen hätten.

bischof von Bremen [1]) um Michaelis 1436 zu König Albrecht nach Nürnberg gezogen sei mit grossem Gefolge. Et habuit secum multos Doctores . . . . Doctores eius fuere: . . . . M. Conradus Apenborg Doctor Decretorum. Item Ioannes Vos ejusdem facultatis, Ioannes Ziegeler etiam ejusdem facultatis et lector Erphordiensis. Es unterliegt wohl keinem Zweifel, dass Ioannes Vos I. V. D. und Tilemannus Ziegeler decr. D. (s. ob. nr. 19) gemeint sind.

23) Henricus de Bottilstede, decr. D.

1439 Schiedsrichter in Sachen des Bischofs von Halberstadt und der weltlichen Herren seiner Diöcese, Ausübung der geistlichen Jurisdiction betreffend. Ludewig Reliq. MSS. VII p. 448 ff. Ludewig setzt die Urkunde 1409; das widerspricht der genaueren Angabe des Datum in der Urkunde selbst: „die . . . Mercurii 23. Sept. . . . . sede vacante per depositionem Eugenii Papae."

1440 Sommer. Rector in Erfurt: M. Henricus de Bottelstet, decr. D., Ecclesiae beatae Mariae virginis Erff. canonicus et Isenacensis Decanus.

1457 Henricus Bottelstete, ecclesiae b. Mariae Isennacens. decan. decr. doct. kommt unter den Testamentsvollstreckern Henrici de Gerpstete vor. Würdtwein Dioc. Mog. XI p. 238 Doctorenverzeichniss nr. 20.

24) Dns. Nicolaus Sapientis (Weise?) iur. can. doctor, ordinis servorum Mariae. Doctorenverzeichniss nr. 21.

25) Arnoldus Westphal, decr. D. in LL. Lic.

1421. 29. Juni unter dem Rectorat von Joh. Vos (s. ob.

---

1) Boldewinus de Wenden vel Dalen, decr. Doctor (1395 in Prag bei der Juristenuniversität unter der Natio Saxonum inscribirt, 1415 Prior, 1419 Abt des Benedictinerklosters St. Michaelis in Lüneburg, 1435 Erzbischof in Bremen, † 6. Juli 1441) war selbst berühmter Jurist. Cf. Meibom II p. 74—77 und oben den 1. Aufsatz S. 26.

nr. 22) in Rostock immatriculirt (Alte Rostocker Original-matrikel.)

1428 29 Winter wird in Erfurt Arnoldus Westfal Li-cenciatus in Legibus immatriculirt. Er scheint also mit D. Joh. Vos dorthin gekommen zu sein.

1430 Sommer. Rector in Erfurt: Honorabilis vir dominus Arnoldus westfal de lubek in iure ciuili Licenciatus.

1432 Arnold Westfal Lic. der Rechte wird von der Universität Erfurt als Abgeordneter zum Baseler Concil ge-sendet. Erhard, Geschichte des Wiederaufblühens wissen-schaftlicher Bildung B. 1 S. 171.

Im Erfurter Doctorenverzeichniss ist Arnold Westfal als iur. can. doctor verzeichnet (nr. 22).

Die weitere Biographie dieses ausgezeichneten Mannes ist nicht mit der Universität Erfurt verbunden. Vgl. über ihn oben den ersten und dritten Aufsatz und die ausführ-licheren Nachrichten bei Meibom Rer. Germ. T. II p. 402, 403.

26) Canutus de Arusia I. V. D.

1424 Winter in Erfurt immatriculirt: Kanutus Michael de Arusia (Aarhus?) Bacc. rostocen.

1425 Mgr. Kannutus de Arusia in das Verzeichniss der MM. AA. eingetragen.

1434 Sommer. Rector in Erfurt: Dns. Kanutus de Arusia in artibus Magister et in vtroque Jure licenciatus.

In dem Doctorenverzeichniss steht Dns. Kanutus de Arusia als vtriusque iuris doctor (nr. 23).

1438 Canatus von Arusia kommt unter den Canonici eccl. Sti. Seueri vor. Würdtwein Dioc. Mog. XI p. 278.

1439 Kanutus de Arusia V. I. D. ist unter den Schieds-richtern in Sachen des Bischofs von Halberstadt und der weltlichen Herren seiner Diöcese (s. oben nr. 23).

In einem Kieler Manuscript findet sich: Epistula ad reverendum in Christo patrem ac dominum dominum kanutum

vibergensem episcopum utr. iur. alme universitatis Erfordensis
professorem egregium de eo quid sit reformari vel reformare.
Ratjen, Gesch. der Kieler Bibl. p. 89, 90. Ratjen verweist bezüglich Canuts auf H. Huitfeld, geistlige Histori,
Kiöbh. 1604. 4 dd. cc., der Canuts Thätigkeit zur Erklärung
des Jütischen Lows erwähne, seine Expositiones seien Haf-
niae 1508 gedruckt. — Handschriftliche Quaestio des Canutus „utrum comparare redditus ad vitam vel ad tempus
aut perpetuo solvendos sub potestate reemptionis sit actus
illiberalitatis qui communiter nomine usura nuncupatur" im
Cod. ms. Bibl. univers. Marburgens. C. 5 chart. fol.

27) Venerabilis et egregius vir Volkmarus Koyan
de Hallis in artibus liberalibus magister et decretorum doctor,
primus decanus collegii porta coeli Erffordn. 1438 Winter
Rector; im Doctorenverzeichniss als Foltringerus Koyan de
Hallis can. dr. eingetragen (nr. 24).

28) Hermannus Brun decr. Lic. 1443 Winter Rector.
29) Peregrinus (Pelegrinus) de Goch, decr. D.
1442 Sommer. Rector in Leipzig.

1444 Sommer. Rector Erf.: Peregrinus de Goch, decr.
D. Numburgensis et beatae Mariae virg. Erff. canonicus.

1462 unterschreibt Peregrinus de Goch als ältestes
Facultätsmitglied eine Erfurter Universitätsurkunde. Würdtwein
Dioc. Mog. XI p. 293.

Peregrinus de Goch ist als Doctor canonum Papiensis
in das Doctorenverzeichniss eingetragen (nr. 25).

30) Johannes Schuneman V. I. D.

1432 Winter. Rector: Johannes Schuneman med. Doct.
et in Jure civili Bacc. Im Doctorenverzeichniss: Dns. Johannes
Schunemann vtriusque iur. doctor (nr. 26).

31) Johannes Bock V. I. D.

1443 Sommer. Rector: Venerabilis vir mgr. Joh. Bock
in vtroque Jure licenciatus.

1445 Sommer findet eine Gratisinscription statt ob reuerentiam domini doctoris Bock decani facultatis iur.

1462 unterschreibt Joh. Bock de Halberstatt eine Universitätsurkunde als zweitältestes Mitglied der Juristenfacultät. Würdtwein l. l. p. 293.

Im Doctorenverzeichniss: D̄ns. Johannes Bock de Haluersad vtriusque i. d. (nr. 27).

32) Arnoldus Sommernat V. I. D.

1432 Sommer: Arnoldus Sommernat de Bremis immatriculirt.

1457 Winter. Rector: Venerabilis vir dominus et magister Arnoldus de Brēmiss, vtriusque iuris doctor nec non Traiectensis, Swerynensis ac Lubicensis ecclesiarum kathedralium canonicus. Er starb im Rectorat. (Motschm.)

Doctorenverzeichniss: Arnoldus Sommernat de Brema vtriusque i. d. (nr. 28).

33) Dns. Henricus Rubenaw legum dr. nimmt die 32. Stelle im Doctorenverzeichniss ein. Es ist sonder Zweifel der Stifter der Universität Greifswald gemeint. Da er sonst nicht in Erfurter Universitätsurkunden vorkommt, ist anzunehmen, dass er lediglich zur Erlangung des Doctorgrades sich nach Erfurt begeben hatte. Die Zeit seiner Promotion liegt zwischen 1443 und 1450.

34) Johannes Collede V. I. D.

1431 Sommer: Joh. Kollede immatriculirt.

1438 Mgr. Jo. Collede Erffordñ. ins Verzeichniss der MM. AA. eingetragen.

1447 Sommer. Rector: Honorabilis vir Joh. Collede arcium liberalium mgr. et in utroque Jure bacc.

1450 Winter findet eine Gratisinscription statt ob reuerenciam dm̄. doctoris Johannis de Collede.

1452 Winter ist Mgr. Jo. de Collede in utr. Jure D. zugegen bei einer solennen Immatriculation.

1457 Sommer findet eine Gratisinscription statt ob doctorem Collede.

1460 Sommer. Rector: Venerabilis et egregius Magister Johannes Collede in vtroque Jure doctor, ordinarius et decanus Juridice facultatis, Canonicus Sti. Seueri ac plebanus Sti. Michaelis Erff.

1462 unterschreibt Johann Collede Erffortensis eine Universitätsurkunde als drittes Mitglied der Juristenfacultät. Würdtwein l. l. p. 293. Doctorenverzeichniss: Jo. Collede Erffor. vtriusque i. d. (nr. 30).

Bei Feller Cat. MSS. p. 423 findet sich folgende Handschrift verzeichnet: Recollecta ex Panormitano per Jo. Collede in Studio Erfurtensi Ordinarium.

35) Dns. Jo. Maler de Stadis can. i. d.
Doctorenverzeichniss nr. 31.

36) Dns. Gerhardus (sic!).
Doctorenverzeichniss nr. 32.

37) Lampertus Vos V. I. D.

1433. 6. März. Lambertus Vos de danzke in Rostock immatriculirt.

1436 Winter Lampertus Vossz alias Hessen in Erfurt immatriculirt.

1453 Sommer. Rector: Lampertus Vosz decretorum doctor in Jure civili licenciatus.

1460. 23. März. Lampertus Vos decr. D. et in Jure civili Lic. Procurator in Sachen der Universität gegen Johannes Rucherat de Wesalia. [1])

---

1) „Anno 1460 Dominica Laetare facta fuit conuocatio secundum tenorem Cedulae infrascripte: Rector Vniuersitatis studii Erffordensis: Venerabiles Domini Doctores et Magistri: Hodie Hora secunda post meridiem in Lectorio Theologorum B. M. V. ad constituendum Procuratores sive Syndicos in negotio Vniuersitatis contra Dn. Doctorem Johannem RVCHART de Wesalia sacre scripture sub penis non con-

1462. Lampertus Ross (lies: Voss) unterzeichnet eine Universitätsurkunde als 4. Mitglied der Juristenfacultät. Würdtwein l. l. p. 293.

1483 Winter: Dns. doctor Lampertus erwähnt.

1484 Sommer. Unter den Wahlmännern (electores) zum Rectorat: Lampertus Vosz utr. iur. interpres.

1488 Sommer. Unter den electores: Lampertus Fucchss, beatae virginis ecclesiae canonicus, gemini iuris doctor.

1488 Winter: Dns. Lampertus Fuchs doctor erwähnt.

\ Im Doctorenverzeichniss: Lampertus Vosz (Rosz) canonum doctor Bononiensis.

38) Jo. Stogbrott V. I. D.

1448 Winter. Rector: Honorabilis vir Jo. Stogbrott de Brunszwig arcium liberalium magister et in utroque Jure licenciatus.

1459 Winter. Rector: Johannes Stockbrot de Brunswig I. V. Doct. et canonicus ecclesiarum Halberstad. et beatae Mariae virginis Erff.

1461 Sommer. Gratisinscription ob honorem dm. doctoris Stogbrot.

1462. Johann Stockbroid unterzeichnet eine Universitätsurkunde als 5. Mitglied der Juristenfacultät.

Würdtwein l. l.

Doctorenverzeichniss: Dns. Jo. Stocbrod utriusque i. d. hic promotus (nr. 34).

39) Henricus Padysz V. L D.

1460. Henricus Padis Procurator in Sachen der Universität c/a Rucherat (s. oben nr. 37).

---

tradicendi. — De omnibus Doctoribus et Magistris de Vniuersitate infrascripti sunt constituti. Dns. Lampertus Vos Decr. D. et in iure ciuili Lic. Henricus Padis in Vtr. iure D. Mgr. Johannes KYPS et Nicol. Schartzpach, absentes tamquam presentes; et quemlibet eorum in solidum." Cf. Guden Cod. dipl. II p. 592.

1462. Henricus Paradys unterzeichnet eine Universitätsurkunde als 7. Mitglied der Juristenfacultät.

Würdtwein l. l.

1463 Winter. Rector: Henricus Padyss de Fulda vtriusque Juris doctor.

1465 Sommer. Dns. doctor Padisch erwähnt.

Doctorenverzeichniss: Dns. Henricus Padys de Fulda hic promotus vtriusque i. d. (nr. 35'.

40) Benedictus Stoltzenhagen V. I. D.

1455 Sommer. Rector: Venerabilis et circumspectus vir Dns. Benedictus Stolczinhagin de Jutirbok vtriusque Juris doctor Decanus juridicae facultatis.

1462 unterschreibt Benedictus Stoltzenhagen decanus eine Universitätsurkunde als 6. Mitglied der Juristenfacultät.

Würdtwein l. l. — Doctorenverzeichniss nr. 36.

41) Simon Baechcz V. I. D.

1457 Sommer. Rector: Mgr. Simon Baechcz de Hömberch in vtroq. Jure licenciatus.

1457 Winter: Doctor Symon vicerector. Er starb im Vicerectorat.

Doctorenverzeichniss: Dns. Simon von Homberch vtriusque hic promotus (nr. 37'.

42) Dns. Ioannes Ludeirbach (?) de Rem'erszbor' vtriusque i. d.

Doctorenverzeichniss nr. 38.

43) Gerhardus in Curia (Imhof?) de Berka V. I. D.

1441 Winter: Gerhardus Curia de Bercka immatriculirt.

1445. Mgr. Gerhardus in Curia de Bercka ins Verzeichniss der MM. AA. eingetragen.

1459 Sommer. Rector: Mgr. Gerhardus in Curia de Bercka vtriusque Juris Licenciatus et in collegio portae coeli collegiatus.

Doctorenverzeichniss: Dns. Gerardus in Curia Bercka vtriusque hic promotus (nr. 39'. Seine Promotion ist 1460

15*

oder 1461 erfolgt. Er begab sich dann an die neubegründete Universität zu Basel, wo er schon im ersten
ordo der juristischen Doctoren (1461—1468) vorkommt.
W. Vischer, Geschichte der Universität Basel (1860)
S. 237.

Sommer 1462 bekleidete Gerhardus in Curia de Bercka
iuris vtriusque doctor et ordinarius Sexti in Basel das Rectorat. Vischer a. a. O. p. 322.

Später scheint er auch Civilrecht gelesen zu haben.
Er † 1485. Vischer a. a. O. p. 238.

44) Jo. Helmich decr. D. [1])

1445 wird Mgr. Jo. Helmich de Bercka ins Verzeichniss
der MM. AA. eingetragen.

1454 Winter. Rector: Joh. Helmich de Bercka arcium
liberalium mgr. in utroque Jure bacc. et in porta coeli
collegiatus.

Doctorenverzeichniss: Dns. Ioannes Helmich Bercka
vtriusque (?) [2]) hic promotus (nr. 40).

Um 1461 begab sich Jo. Helmich an die neubegründete
Universität Basel, wo er vom 19. Mai 1463—1465 das zweite
Decanat der Juristenfacultät führte. Vischer a. a. O. S. 232.
Winter 1463 ist in Basel Rector: Johannes Helmich de
Bercka, A. L. et s. can. doctor, canonicus S. Petri et S. Se-
ueri ecclesiarum Basiliensis et Erfordensis, facultat. iur.
ordinarius. Vischer a. a. O. p. 322. 1475 begab er sich
nach Cöln, wo er nach 1489 als Decan der Apostelkirche
starb. Vischer p. 238. Mehrere seiner Vorlesungen von
Jacob Louber nachgeschrieben sind auf der Baseler
Bibliothek. Vischer ibid.

---

1) Nicht zu verwechseln mit Gerhardus Helmich de Berka,
1444 Winter immatriculirt, 1451 AA. M., 1465 Winter V. I. Bacc. und
Rector, 1466 Sommer Vicerector.

2) Nicht ausgeschrieben, sondern durch Verbindungsstriche angedeutet,
die jedoch auch auf das folgende decre. bezogen werden können.

45) Dns. Ioannes Osthusen Erff. decr. Doctor. Doctorenverzeichniss nr. 41.

46) Siffridus Ziegeler (sen.) decr. Doctor Rector im Sommer 1461. † 1498. 13. Mai (Decr. Doct. et canon. eccl. b. Mariae virg.).

47) Dns. Nicolaus Merln sacrorum canonum doctor, abbas in Wymelburg ordinis Sti. Benedicti im Winter 1465 immatriculirt.

48) Hermannus Steinberg V. I. D.

1444 Winter in Erfurt immatriculirt: Hermannus Steinberg de Duderstat.

1457 Sommer. Rector in Leipzig: Hermannus Steynberg de Duderstadt, iuris civilis doctor. Zarncke, Urk. Quell. p. 588. Er findet sich im Leipziger Doctorenverzeichniss als vtr. iur. doctor. Zarncke bei Stintzing, Zasius S. 334. Der Widerspruch löst sich, wenn wir annehmen, dass Hermann Steinberg zuvor im Civilrecht und erst nach 1457 auch im canon. Recht den Doctorgrad erworben habe. Dass die Angabe im Leipziger Rectorenverzeichniss irrig sei, ist kaum anzunehmen. Eine Verwechselung in ·dem Leipziger Statutenbuche mit Joh. Steinberg liegt auch nicht vor, da Hermann Steinberg in der That später als I. V. D., Joh. Steinberg stets nur als LL. D. erscheint, beide auch in der Zeit weit auseinanderliegen.

1464 Winter. Rector in Erfurt: Hermannus Steynberg de Duderstadt vtriusque juris doctor canonicus ecclesiae sancti Seueri et prothonotarius huius praecelsi opidi Erffordn̄ (also mittelbarer oder unmittelbarer Nachfolger von Tilemannus Zigeler cf. nr. 19).

1466 Winter. Doctor Steynberg erwähnt.

1475 Winter. Doctor Steynberg erwähnt.

49) Euerhardus Pael de Lubeck, vtriusque Juris licenciatus, collegij Juristarum beatae mariae Virginis col-

legiatus. Rector: Sommer 1466. † während des Rectorats. (Motschm.)

50) Conradus Stein I. V. D.

1455. Mgr. Conradus Steyn de Jhenis ins Verzeichniss der MM. AA. eingetragen.

1467 Winter. Rector: Arcium et Juris vtriusque doctor Dns. Conradus Stein Jhenensis.

1472. 20. Mai. Conrad Stein „Meister der freien kunsten lerer in beyden rechten ordinarius der hohen schuel zu Erffurt" wird von Heinrich Leubing in dessen Sache c̗a Lochner um einen Rathschlag angegangen. Cod. dipl. Sax. reg. p. II t. III p. 215.

1482 Winter. Unter den Electores: Conradus Stein cesarij pontificiique iuris interpres.

1490 wurde Conrad Stein auch von Kurfürst Friedrich und Herzog Johann von Sachsen in Dienst genommen. Thomasius, Versuch von Annalib. p. 8.

1497 Sommer immatriculirt: Ambrosius Stein gratis quia agnatus dm. doctoris Steins.

1497 Winter. Unter den Electores: Conradus Stein Juris vtriusque doctor famatissimus aedis marianae ac seueriae canonicus celebratissimus.

1498 Winter. Rector: Venerabilis Iuris ille consultus Conradus Steyn ordinarius: templorum beatae Mariaé et Seueri Erff. Canonicus.

Conradus Stein „Iuridicae facultatis studii Erfurt. ordinarius" kommt in Henningi Goede (Goden) Consil. (ed. 1543) p. XXV, LXVIIᵇ, CCXXIV vor.

Biblioth. Monac. cod. ms. lat. n. 215 fol. 260 enthält: „Hermanni Gresemut (Grosemut?) ad Conradum Stain de Jhenis epistula cum huius responso". Catal. codd. latinor. bibl. reg. Monac. T. I p. I p. 37.

1499. 21. Nov. † Conrad. Stein (Grabstein im Erfurter Dom).

51) Johannes v. d. Sachsen LL. D.

1460. Johannes de Sachsa in das Verzeichniss der MM. AA. eingetragen.

1467 Sommer. Rector: Dns. Johanns von der Sachsen legum doctor.

52) Guntherus Milwitz LL. D.

1468 Winter. Rector: Dns. Guntherus Milwitz arcium ac legum doctor.

1474 Winter. Rector: Guntherus Milwitz arcium ac legum doctor.

1478 Winter. Unter den Electores: Mgr. Guntherus Milwitz in LL. doctor.

53) Joh. de Remmelscheym (Remmerscheim?) V. I. L. immatriculirt 1469.

54) Mgr. Henricus Wintter in Decr. Lic. ecclesiarum Sti. Seueri Erfforden. et Sti. Burghardi Herbipolens. Canonic. Rector vom 15. Juni 1475 bis Philippi et Jacobi 1476.

55) Conradus Sehusen V. I. D.

1473 Winter. Johannes Sehusen de Northeym immatriculirt.

1487 Sommer. Unter den Electores: Conradus Szehusen de Northeym gemini iuris doctor.

1491 Winter. Unter den Electores: Conradus Sehusen utr. iur. dr.

1492 Sommer. Unter den Electores: Conrad. Sehusenn de Northeim gemini iuris interpres.

1492 Winter. Unter den Electores: Conradus Seehusen iuridicae facultatis decanus, utr. iur. dr.

Im Doctorenverzeichniss: Dns. Conradus Sehusen Northeym hic promotus (nr. 42).

Ein Consilium von „Conradus Sehausen de Mortheim" findet sich in Henningi Goede Consil. p. XXVIII[b].

56) Hugo Förster decr. D. iur. civil. Lic.

1478 Winter. Rector: Dms. Hugo Förster cesarij Iuris licenciatus arcium et Iuris pontificij doctor nec non ecclesiae Nünburgensis praepositus et archidiaconus Fuldensis et beatae mariae Erffordensz canonicus, sacrosanctae uero sedis apostolicae accolitus et capellanus.

Im Doctorenverzeichniss: Dns. Hugo Forster Erffl. hic promotus (nr. 43).

57) Joh. de Dingelstede decr. D.

1473 Winter. Rector: Mgr. Johannes de Dingelstede decr. bacc.

1479. 3. Mai (die Inventionis salutiferae crucis) Rector: Johannes de Dingelstede Arcium Liberalium Mgr. et in decr. Lic.

1479. 4. Mai. Promotion zum decr. D.

1485 Sommer. Unter den Electores: Joh. de Dingelstede decr. dr.

1486 Winter. Unter den Electores: Joh. Dingelstadt, Sti. Seueri can. in iure pontif. dr.

1487 Sommer. Unter den Electores: Joh. de Dingelstet pontif. iur. interpres.

Doctorenverzeichniss: Dns. Ioannes Dingelstet hic promotus (nr. 44).

58) Dominus Martinus von der Margrithn I. V. D. am 23. Mai (dominica Exaudi) 1479 promovirt. Doctorenverzeichniss nr. 45.

59) Dominus Johannes Sommering senior V. I. D. eod. die promotus. Doctorenverzeichniss nr. 46.

60) Jo. Klokereim V. I. D.

1462 Sommer immatriculirt: Johannes klokereim de Northem.

1466 ins Verzeichniss der MM. AA. eingetragen.

1477 Sommer. Rector: Venerabilis vir Johannes Klokereyme de Northeym Arcium liberalium mgr., utriusque iuris licenciatus, Collegij Iuristarum beatae mariae virginis Collegiatus et decanus.

1485. Doctor Glockenryemen erwähnt.

1486 Winter. Unter den Electores: Dns. Ioh. Klokeryme Sti. Severi Decanus ac eiusdem et beatae mariae virginis huius praecelsi opidi Erflordn̄ ecclesiarum canonicus in vtroque iure dr.

1491 Winter. Unter den Electores: Jo. Klokereim etc.

1492 Sommer. Unter den Electores: Iohannes Glogkreym Cesarij pontificijque iuris interpres Ecclesiae beatae Mariae Erff. Canonicus et Sancti Seueri eiusdem Can. et decanus, facultatis iuridicae decanus, huius almae vniuersitatis vicecancellarius.

1492. Unter den Electores: Jo. Klokerim aedis diui Seueri Decan. eiusque templi et christiferae virginis canonicus et vicecancellarius Ariopagi nostri, i. u. d.

Doctorenverzeichniss: Dns. Ioannes Glockryme Northeym hic promotus (nr. 47).

Cf. auch G o e d e Consil. fol. CLXIX^b. und CCXXIV.

61) Balthasar Zigeler Juris pontificij doctor. Rector 1480 Winter.

62) I o. K r e m e r de Elspe V. I. L.

1481 Sommer. Rector: Io. Kremer de Elspe arcium M. et Jur. utr. lic.

1483 Winter. Unter den Electores: Ioh. Kremer de Elspe mgr. et iur. utr. lic.

1490 Sommer. Unter den Electores: Ioh. Kremer de Elspe vtr. iur. lic. consultissimus, collegii portaecoeli collegiatus.

1496 Sommer. Unter den Electores: Joh. Kremer de Elspe vtr. iur. lic. eccl. Sti. Patrocli in Susato canonicus et scholasticus.

1498 Sommer. Unter den Electores: Joh. Kremer de Elspe Portaecoeli Collegiat. Pontificij Cesarijque Juris enodator ac Licenciat. consultissimus.

63) Iohannes Ryedner de Luderszheym Juris pontificij doctor gratis (intitulatus) ob reuerentiam vniuersitatis huius et rectoris studij Maguntini a⁰ 1482 Winter.

64) Marcus Decker V. I. D. eccl. Saltzensis praepositus virginis Mariae Erff. decanus. 1483 Winter Rector.

65) Iohannes Steinberg LL. D.

1463 Sommer: Iohannes Steynberck de Duderstat baccalaureus liptzensis in Erfurt immatriculirt.[1])

? wird Joh. Steinberg in Leipzig zum LL. D. promovirt. Zarncke bei Stintzing, Zasius S. 334.

1485. 2. Mai. Rector in Erfurt: Dns. Iohannes Steinbergk, legum doctor, ecclesiarum sanctorum Symonis et Iudae Goszlarień. praepositus, Maioris Basiliensis custos et eiusdem ac gloriosissimae virginis mariae ac sti. seueri Erfforden. Canonicus praecelsique eiusdem opidi Erfforden. prothonotarius.

1486 Winter immatriculirt: Johannes Steynberg gratis ob reuerentiam dm. Johannis Steynberg doctoris etc.

1487 Sommer immatriculirt: Johannes Steynbergk de Ziczs gratis ob reuerentiam doctoris Steynbergk, cuius consanguineus.

1488 Winter. Unter den Electores: Joh. Steynberg LL. D. etc.

1490 Winter. Dm. Doctor Steynberch erwähnt bei Immatriculation zweier Studenten aus Duderstadt.

1491 Sommer. Unter den Electores: Joh. Steynberch LL. D. etc.

1492 Winter. Gratisinscription eines Studenten aus Duderstadt ex reuerentia domini doctoris Steinberg.

1498 Sommer. Gratisinscription eines Studenten aus Duderstadt·ob preces doctoris Steynberch.

---

1) Ausserdem finden sich noch zwei Inscriptionen unter diesem Namen. Sommer 1435: Joh. Steynberg de Blichenrode und Winter 1464: Johannes Steynberg de Duderstat.

Ioann. Steinberg LL. doctor, Decanus unterzeichnet ein Facultätsgutachten über eine 1495 und 1496 verhandelte Sache. Goede Cons. fol. CCXV⁻ sq.

66) Dns. Siffridus Zciegeller Iunior artium et iuris utriusque doctor: est receptus ad facultatem doctorum Iuridicam 1488. Doctorenverzeichniss nr. 48.

1499 Winter. Rector: Sifridus Cziegeler AA. geminique Iuris consultissimus interpres (während seines Rectorats wird er zum „Clementinarius" befördert und zum Scholasticus Sti. Seueri erwählt).

67) Henningus Göde V. I. D.

1464 Sommer immatriculirt: Henningus Goden de Werben.

1474. Mgr. henningus göde d'hauelberg ins Verzeichniss der MM. AA. eingetragen.

1486 Winter. Rector: Venerabilis vir dns. Henningus Gode de Hauelberg in artibus et philosophia mgr. in vtroque iure tunc baccalaurius nunc vero rectoratu durante licenciatus et maioris collegij collegiatus. (In der Matrikel findet sich Göde's Wappen gemalt: aufgehender goldener Stern im rothen Feld, darunter rothe Rose im goldenen Feld.)

1489 Winter. Rector: Henningus Gode de Hauelbergk Artium et Juris vtriusque Doctor Maioris collegij collegiatus.

Im Doctorenverzeichniss (nr. 49): Dns. Henningus Gode de Hauelberg hic promotus anno 1489: 26 octobris.

Vgl. im übrigen den dritten und neunten Aufsatz.

68) Johannes de Heringen, Decr. Lic. B. M. V. Cantor et Canonicus.

1487 Winter Rector.

69) Henricus Kollen V. I. D.

1479. Mgr. Henricus Kollen de Osznaburg ins Verzeichniss der· MM. AA. eingetragen.

1490 Winter. Rector: Henricus Collen de Osenbrugge Artium liberalium magister et Juris vtriusque Bacc.

1500 Sommer. Unter den Electores: Henricus Osnaburgeñ gemini iuris doctor.

Doctorenverzeichniss (nr. 50): Dns. Henricus Kollen Osnaburg. (promovirt zugleich mit Jo. Biermost am 12. Mai 1494 s. u. nr. 73).

S. auch G o e d e Consil. fol. CLXIXᵇ und fol. CCXXIV.

70) Iohannes d'e Berlevessen AA. et decr. Doctor, LL. Lic., S. Seueri Scholasticus et Canonicus, 1491 Sommer: Rector.

71) Hartmannus ex Comitibus d e Kirchberg LL. D. 1491 Winter unter den Electores. 1513 Abt zu Fulda, ┼ 1528. Lucä, Europ. Helicon (1711) pag. 81.

72) Simon Voltzke decr. D.

1488. 3. August. Simon Voltzke Sigillifer, decretorum, Udalricus Reisbach, SS. Th. D. et Nic. Kucher in utr. iure Lic., vom Erzbischof Berthold zu Mainz zu Visitatoren des Collegiatstiftes St. Crucis zu Nordhausen bestellt, ertheilen einen Visitationsabschied. Abgedruckt in Historische Nachrichten von der Kayserl. u. Freyen Stadt Nordhausen (1740) p. 153 — 155.

1491 Winter. Rector in Erfurt: Dns. Symon Voltzke de Hauelberg decretorum doctor sigillifer in Erffordia ac sanctorum Sebastiani Magdeburgeñ. et Seueri Erfforden. ecclesiarum Can.

1493. 7. Febr. Simon Volczke, decretorum doctor, cantor et canonicus eccl. collegiatae S. Severi Erffordensis, reverendissimi in Christo patris et dom. nostri dom. Bertholti S. Maguntin. sedis archiepiscopi et eiusdem curiae archiepiscopalis Erffordensis sigillifer confirmirt als Commissarius des Erzbischofs eine vicaria corporis Christi in ecclesia S. Martini extra muros Erffordenses. Würdtwein Dioc. Mog. XI p. 312 sq.

(Auch 1502 kommt Simon Voltzecke, Cantor Sti. Severi, decr. D. in einer Urkunde bei Würdtwein p. 317 vor.) † um 1516.

Vgl. auch Goede Consil. fol. XXVᵇ.

Prof. D. Salkowski in Königsberg besitzt ein Exemplar des Infortiatum (Venetiis 1477 ex officina magistri Jacobi Gallici ex Rubeor' familia), in welchem auf dem Vorsatzblatt folgende Inschrift sich befindet:

ff. infortiatum

Iste liber est mei Symonis Voltzken decretorum doctoris decanj sanctj Sebastiani Magdeburgensis et Cantoris sancti Severi Erfforden ecclesiarum Hunc do et approprio decanatuj dicte ecclesie vna cum certis alijs libris in compensam quorundam vtensilium vsu et vetustate fere consumptorum antequam mihi traderentur (?) et per quendam Jacobum Neffen dicto decanatuj assignatorum.

73) Iohannes Biermost V. I. D.

1474 Sommer immatriculirt: Joh. Biermost d'erffordia.

1484. Mgr. Iohannes Birmost Erff. wird in das Verzeichniss der MM. AA. eingetragen.

1492 Winter: Joh. Biermost civilis pontificijque iuris baccalaureus, qui pro ingenij sui acrimonia creditum sibi dignitatis munus ita ornare amplificareque studuit ut per id temporis pro doctoreis ornamentis et insignibus dignaretur licenciatura.

Doctorenverzeichniss (nr. 51): Dns. henr. Kollen . . . Ioannes Biermost Erffurden: anno 1494 lunae post dominicam exaudi in hoc Erffurdensi gymnasio insignibus doctoreis iur. vtr. fuerunt decorati.

Ein Consilium von „Johan Biermost in freien künsten und beiden Rechten Doctor und Cantzler" findet sich bei Goede Cons. fol. CCIXᵇ bis CCXI.

74) Dns. Henricus Rulant decr. D.

1494 Sommer Rector. Doctorenverzeichniss nr. 55 (s. unten nr. 75).

75) Conradus Piscatoris V. I. D.

1494 Winter. Rector: Conradus Piscatoris de Aldendorff AA. et philosophiae Mgr. utr. iur. Lic.

Im Doctorenverzeichniss (nr. 56): Dns. Heinricus Rulant Dns. Conradus Piscatoris Aldendorfenses hic vtriusque ille canonici iuris doctores hic promoti 1494.

76) Martinus de Margriten iun. V. I. D.

1487. Mgr. Martinus von der Marthen in das Verzeichniss der MM. AA. eingetragen.

1496 Winter. Rector: Martinus von der Margrithen bonarum artium studiosus.

1497. 7. Mai zum V. I. D. promovirt.

Doctorenverzeichniss nr. 52 (s. u. nr. 53).

Vgl. auch Goede Consil. fol. CCXXIV.

77) Iohannes Soemmering iun. V. I. D.

1486 Sommer immatriculirt: Johannes Sommeringen pro deo.

1497 Sommer. Rector: Joh. Sommering.

Doctorenverzeichniss nr. 52 und 53: Dns. Martinus de Margriten Erff. Dns. Ioannes Sommering de furra (?) in achademia Erphurdiana anno 1497 ad dominicam exaudi: fascibus doctoreis vtriusque Juris sunt ornati.

1498 Winter. Unter den Electores: Ioh. Sommeringk V. I. D. Canonicus Seuerianus reuerendique in xp̄o patris domini Bertholdi Archipresulis Maguntin. Sigillifer.

Cf. Goede Consil. l. l.

1500. Joh. Sommeringen I. V. D. sigillifer. Würdtwein, Subsid. IX p. 386.

78) Siffridus Vtisberg V. I. D.

1482 Winter: Syfridus Vtinszperg Erff. immatriculirt.

1499 Sommer. Rector: Siphridus Uttesperger AA. et Philosophiae pontificij cesarijque Juris Doctor.

Doctorenverzeichniss nr. 54: Dns. Siffridus Vtisperg Erffurd. hic promotus 1499.

79) Io. Knaesz V. I. D. (Schüler des Humanisten Jacobus Jacobi Publicius. Vgl. Vischer, Univ. Basel 187.)

1472. Mgr. Iohannes Knaesz de Berka ins Verzeichniss der MM. AA. eingetragen.

1488 Sommer. Unter den Electores: Ioh. Knaesz de Bercka artium et philosophie mgr. vtriusque iuris bacc.

1489 Sommer. Unter den Electores: Joh. Knäsz de Bercka utr. iur. bacc.

1489. 10. Juni verpflichtet sich Knäs bei Ertheilung eines Canonicats an dem Petersstift zu Basel an der dortigen· Universität selbst zu lesen oder von einem geschickten, tüchtigen, von den Deputirten gebilligten Mann lesen zu lassen. Vischer a. a. O. 75.

1496 Sommer. Rector in Erfurt: Mgr. Joh. Knaesz de Bercka vtr. iur. lic.

Doctorenverzeichniss nr. 57: Dns. Ioannes Gnas de Bercka.

Cf. Goede Consil. l. c.

80) Dns. Ioannes Muth de Homborg V. I. D. zugleich mit Io. Knesz promovirt. Doctorenverzeichniss nr. 58.

Cf. Goede Consil. l. l.

————

Dass die vorstehende Aufzählung eine vollständige sei, kann nicht behauptet werden. Es ist eine auch von Anderen wahrgenommene Thatsache, dass die Matrikel und andere academische Aufzeichnungen des 15. Jahrhunderts nicht selten als ungenau und mangelhaft sich erweisen. Haben wir oben bei Erwähnung der Statutenrevisionen schon ein Mitglied der Erfurter Juristenfacultät (Joh. Hammerschen) kennen gelernt, welches in keiner anderen uns bekannten

Universitätsurkunde vorkommt, so dürfen wir immerhin arg-
wöhnen, dass die Erfurter Matrikel auch andere Juristen
übergangen habe und daher keinen unumstösslichen Beweis
liefere für die Nichtexistenz eines sonstwoher bekannten
Juristen in Erfurt. So fand ich in der Matrikel nicht den
unter den Testamentsexecutoren Heinrichs v. Gerpstede genannten Henricus Medel Decr. Doct.; ferner nicht Joh. Tor-
now Decr. Doct. (1381 in der natio Saxon. der Juristenuniversität Prag inscribirt, Sommer 1431 Rector in Leipzig),
von welchem eine „Tabula Decretorum conscripta anno Dom.
1427 et completa ... 21 m. Junii ... in Erffordia per
me Doctorem Johannem Tornaw de manu propria conscripta"
(cf. Guden, Sylloge p. 375 n. XLVII) in Mainz sich
befand. Auch über den Verfasser des berühmten Processus iudicii „Rex pacificus": Joh. Urbach, fand ich in der
Matrikel nicht Genaueres. Das Einzige, was auf ihn zu
beziehen sein dürfte, ist im Wintersemester 1405/6 der
Eintrag: Joh. vrbech de Northusen.

Wir besitzen mehrere vollständige — in dem Vorstehenden vielfach benutzte — Verzeichnisse der Erfurter
Juristenfacultät, wovon besonders wichtig das in einer
Urkunde vom 27. Nov. 1462 (Würdtwein, Dioc. Mog. XI
p. 293) befindliche sowie ein anderes gerade aus dem Ende
des 15. oder aus den ersten Jahren des 16. Jahrhunderts
herrührendes (Göde, Consil. fol. CCXXIV). Im Jahre 1462
zählte die Facultät 7 Mitglieder: 1 decr. D. und 6 iuris
utriusque DD.; gegen 1500 zählte sie 9 Mitglieder: 1 LL. D.
und 8 iuris utriusque DD.

Betrachten wir aber die ganze Reihe der obigen Aufzählung, so kommen, wenn wir von den 80 nn. drei (nr. 4,
nr. 9, nr. 36) abrechnen, auf die Zeit von 1392 - 1500,
also auf 108 Jahre: 77 DD. resp. LL. iur. an einer
Universität. Diese vertheilen sich folgendermassen:

Zeit.	V. I. DD.	Decr. DD. LL. Lic.	V. I. Lic.	In utr. iure pro- moti	LL. DD.	In iure civili pro- moti	Decr. DD.	Decr. Lic.	In iure can. pro- moti	Summa pro- moto- rum.
1392—1450	9	2	—	11	1	12	18	2	31	32
1451—1500	24	2	3	29	4	33	10	2	41	45
1392—1500	33	4	3	40	5	45	28	4	72	77

Unsere Tabelle ist lehrreich genug. Sie beweist 1) dass in den fünfzig Jahren von 1451—1500 die Zahl der juristischen Doctoren und Licenciaten erheblich zugenommen hat; 2) dass in dieser Zeit die Zahl der promoti im Civilrecht fast auf das Dreifache gestiegen ist, während diejenige der Canonisten nur in geringem Verhältniss sich vermehrt hat. Daraus folgt, dass von 1450 an ein grösseres Bedürfniss nach civil-rechtlich gebildeten Juristen sich zeigte, woraus denn hin-wieder sich ergiebt, dass die practische Bedeutung des römischen Civilrechts um jene Zeit in Deutschland zuge-nommen hatte. Will man nicht annehmen, dass die Männer, welche einen gelehrten Grad im Civilrecht erstrebten und erlangten, Zeit, Mühe und Geld unnütz verschwendeten, oder gar, dass sie in der bösen Absicht, der deutschen Nation ein fremdes Recht aufzuoctroiren, jenen Aufwand machten, so wird man zugeben müssen, dass die Rechtszustände in Deutschland sich in der Weise umgestaltet hatten oder um-zugestalten anfingen, dass daraus jenes erhöhte Bedürfniss nach civilrechtlich gebildeten Juristen resultirte. Man würde indessen irren, wenn man nach der Zahl der Graduirten allein die practische Bedeutung der fremden Rechte für das deutsche Rechtsleben bemessen wollte. Um einen einiger-massen sicheren Schluss in dieser Richtung machen zu können, wird es erforderlich sein, die Durchschnittszahl Der-jenigen annähernd zu ermitteln, welche alljährlich aus der Schule der Jurisprudenz in das practische Leben übertraten

und ihren Erwerb als Juristen suchten und fanden. Diese
Berechnung hat ihre grossen Schwierigkeiten und würde,
sollte sie einigermassen genau sein, weitläufige Vorunter-
suchungen über die damaligen Universitätsverhältnisse er-
fordern. Daher will ich hier bloss in Bausch und Bogen
das Resultat meiner Schätzungen mittheilen, indem ich jede
Zurechtweisung dankbarst zu acceptiren verspreche. Nimmt
man, was für jene Zeit nicht zu viel gerechnet ist, durch-
schnittlich einen fünfjährigen Aufenthalt der actu Studentes
auf den Universitäten an (Gersdorf, Beitrag S. 121), so
schätze ich auf Grundlage der semesterlichen Inscriptionen die
jährliche Frequenz von Erfurt folgendermassen:

1395—1400	. . .	ca. 750
1400—1410	. . .	„ 1200
1411—1430	. . .	„ 1000
1431—1440	. . .	„ 500
1441—1450	. . .	„ 1200
1451—1470	. . .	über 2000
1471—1480	. . .	ca. 1200
1481—1500	. . .	„ 1500

Die medicinische Facultät war unbedeutend, mitunter
sogar ohne „suppositi". Auf die Artisten-Facultät aber darf
man gut die Hälfte, auf die theologische Facultät $1/3$ der
Studirenden rechnen, bleibt für die Juristenfacultät $1/6$. Somit
hätte die Zahl der in Erfurt Jura Studirenden zwischen
ca. 80 bis 350 jährlich betragen. Man darf daher annehmen,
dass von dieser alleinigen Universität eine recht achtungswerthe Anzahl von 16 bis 70 canonistisch resp. civilistisch
gebildeter Männer alljährlich in die Praxis entlassen wurde.
Sie fanden, wenn sie nicht zu kirchlichen Würden und
höheren Stellen emporsteigen konnten, ihr Brod als Stadt-
schreiber, Notare, Advocaten, geistliche und weltliche
Richter etc. Es liesse sich ein glänzendes Verzeichniss von
hohen und berühmten Namen aus der Erfurter Matrikel
ausziehen. Man findet in ihr Herzoge von Sachsen,

Holstein und Geldern, Landgrafen von Hessen, Markgrafen von Baden, Fürsten von Anhalt, Grafen von Henneberg, Schwarzburg, Mansfeld, Waldeck, Gleichen, Beichlingen, Oldenburg, Hoya, Leiningen, Isenburg, Solms, Hohenstein, Zollern, Plauen, Reineck, Barby etc. Im Jahre 1452 wurden gleichzeitig inscribirt drei Markgrafen von Baden, ein Fürst von Anhalt, ein Graf von Eberstein, ein Graf von Stauffenberg, zwei Barone Schenck von Erpach und viele Adelige. Vgl. Motschmann 4. Samml. Sect. I p. 473. Interessant ist, dass auch der spätere erste Reichskammerrichter Graf Eitel Friedrich von Zollern zu den Erfurter Commilitonen zählte. Derselbe hatte am 20. Mai 1468 die Universität Freiburg bezogen (Schreiber, Gesch. der Univ. Freiburg I S. 32), zu Beginn des Winters 1469 begab er sich nach Erfurt. Er ist zugleich mit seinem Bruder dort folgendermassen inscribirt:

> Nobilis et generosus dns. Fredericus comes in tzol' et dns. in Rotznicz Constancienss et Argentinenss ecclesiarum canonicus
>
> Nobilis et generosus dominus ytellus prefati frederici germanus nec non comes ut supra
>
> dederunt duos florenos et duos pro pedellis
>
> Christianus de haȳ nobilis dominorum seruitor gratis.

Ausser den Fürsten und Grafen war auch stets eine nicht geringe Zahl von Bischöfen, Pröpsten, Canonici und anderen kirchlichen Würdenträgern (auch mehrere Erfurter Officiale finden sich) immatriculirt. Im Jahre 1421 (Sommer) liess sich sogar: Nobilis Dns. Theod. Comes de Moisse Archiepiscopus Ste ecclesie Coloniensis Cancellarius romani imperii etc. in den Universitätsverband aufnehmen. Es würde zu weit führen, wollte ich alle diejenigen Erfurter Studenten verzeichnen, welche auf die eine oder andere Weise schon während ihrer Studienzeit oder im späteren Leben von her-

16*

vorragender Bedeutung waren. Nur einige Namen sollen beispielsweise folgen:

Felix Hemerlin (1406 Winter. 1413 Sommer);

Henricus Bekelin (1413 Winter), später I. V. D. und Rechtslehrer in Rostock (seit 1432);

Tilemannus Brandiss de Hildeshem (1462 Winter), später Propst der Kreuzkirche zu Hildesheim, V. I. D. (cf. oben S. 120);

Hiob von Dohenek (1476 Winter), später Bischof von Pomesanien;

Laurentius de Bibra (1477 Sommer), später Bischof von Würzburg;

Christannus Peyer (Beyer) de minori lanckeym (1500 Winter), der spätere Rechtslehrer zu Wittenberg und kursächsische Canzler.

Wir werden diese und viele andere ausgezeichnete Studenten in den Hörsälen der Juristen zu suchen haben. Mit Absicht habe ich bei der Aufzählung keine Rücksicht auf die im letzten Viertel des 15. Jahrhunderts vorkommenden berühmten Namen der Humanisten genommen, da ihre Träger der Jurisprudenz nicht eben zugethan waren, selbst wenn sie dieselbe als Fachstudium betrieben. Für damals schöpfte die Rechtswissenschaft aus der frischen geistigen Strömung, die in Erfurt besonders lebhaft sich zeigte, wenig Gewinn. Wäre der Universität Erfurt eine längere Dauer ihres Glanzes beschieden gewesen, so wäre vielleicht eine humanistische Juristenschule dort erblüht, die Vorbedingungen waren vorhanden. Aber die Universität verlor in Folge der inneren und äusseren Zerwürfnisse der Stadt schon im ersten Viertel des 16. Jahrhunderts ihre Bedeutung, nachher konnte sie sich dem zu hoher Blüthe gelangten Wittenberg gegenüber nicht wieder erholen.

Sechster Aufsatz.

Cölner Rechtsgutachten über die Brüder und Schwestern vom gemeinschaftlichen Leben aus dem Jahre 1398.

Im dritten Aufsatz (S. 98 ff) habe ich einige Nachrichten über die Vertretung des römischen Rechts an der Universität Cöln im Laufe des 14. und 15. Jahrhunderts gegeben und mich dabei auf ein Cölner Facultätsgutachten aus dem Ende des 14. Jahrhunderts bezogen. Darüber Folgendes.

In einem handschriftlichen Miscellaneenband der Rathsbibliothek zu Nürnberg (Ms. II nr. 20 fol.) befindet sich (fol. 325 sq.) ein Abschnitt, welcher überschrieben ist:

> Determinacio dubiorum ortorum super vita laycorum in communi absque mendicacione tamen vivencium. Et est decisio facta in universitate coloniensi per doctores utriusque iuris infra nominatos qui sigilla sua infra scriptis apposuerunt.

Daran schliesst sich ein Aufsatz, welcher den Titel trägt:

> Dubia orta super vita laycorum communiter vivencium non tamen mendicancium sed tantum victum sine mendicitate acquirentium.

Die Determinacio dubiorum aber enthält ein Notariatsinstrument, errichtet am 30. Februar 1398 von Wilhelmus Notarius publicus und zwar — wie der Schluss besagt — „Amerffordie (oder Amerfford.) in ecclesia Sti Georgii iuxta altare Sti. Nicolai."

Der Notarius Wilhelmus macht Abschriften von drei
ihm übergebenen Urkunden und beglaubigt dieselben.

Die Urkunden selbst sind Gutachten der Cölner Juristen
über die Frage, ob die Gesellschaften der Brüder und
Schwestern vom gemeinsamen Leben als erlaubte Corporation
zu betrachen, oder aber ob sie zu den collegia illicita zu
rechnen seien.

Das erste der Gutachten fasst seine Aufgabe folgendermassen :

Casus. In aliquibus partibus plures persone se simul
recipiunt ad cohabitandum : Aliqui scilicet clerici in
una domo In qua libros licitos propicio scribunt, Alii
scilicet non scientes scribere tamen opera diversa
mechanica que simul exercent in alia domo. Aut et
aliud opus faciunt manuale. Licet iste persone sic
simul in suis domibus stantes operantur et vivunt de
laboribus suis quos sibi invicem et propria si que
habent pro maiori concordia amicabiliter communi-
cant. Comedunt et simul et non mendicant habent
eciam inter se unum rectorem qui habet curam
domus cui obediunt sicut boni scolares magistro
et horas temporis dividunt aliquibus laborant et aliis
deo vacant. Et similia. Bona ad invicem ordinant
ut quiecius simul vivant et hunc modum simul vivendi
principaliter faciunt et ducunt non tam quaestus sed
sperant sic vivendo melius deo placere et illi servire.
Ex premisso themate queritur an collegium premis-
sorum sit licitum et an possint sic vivendo rectorem
eligere et ordinationes inter se facere aliaque agere
et habere que a iure collegijs licitis permittitur. Item
quid iuris sit mulieribus que sic simul separati a
viris in suis domibus stant et nent filant opera
textrina et similia muliebria exercent de quibus simi-
liter vivunt.

Hierauf heisst es:

Ad premissa nos Johannes de nouo lapide Canonicus aquensis. Et Johannes dictus ban Scolasticus machliniensis legum doctores actu Colonie Regentes in legibus requisiti Respondemus et dicimus etc.

Schluss :

In quorum testimonio sigilla nostra praesentibus duximus apponenda. datum colloñ. Anno natiuitatis dm̄. M⁰ trecentesimo nonageno octauo Mens. januarii die decima octaua.

Hieraus ergiebt sich denn, dass schon zu Ende des 14. Jahrhunderts zwei Doctores actu regentes in legibus an der Universität Cöln wirksam waren, auch dass sie um rechtliche Gutachten angegangen wurden und diese in ihrer Eigenschaft als Facultisten ertheilten. Letzteres geht auch aus der weiteren Unterschrift des Gutachtens hervor, die folgendermassen lautet:

Et nos radulfus de Riuo (Rino?) decanus Tungrensis et Tilemannuseghardde aiterndornensis licenciati in legibus aduocati curȳe coloñ. premissas responsiones et determinaciones dominorum nostrorum doctorum legencium predictorum credimus et dicimus esse sequendas et tenendas etc.

Also waren in Cöln 1398 thätig zwei Doctores und zwei Licentiati in legibus, von denen die letzteren sich als Schüler der ersteren bekennen.

Der Inhalt des Consilium der Legisten ist nicht ohne Interesse. Unter Berufung auf B a r t o l u s respondiren die Cölner Civilisten, die in Rede stehenden Brüder- resp. Schwesterschaften seien collegia licita, denn Männer wie Frauen könnten zu einem Collegium zusammentreten, letztere jedoch nur: „si . . . . illud cuius causa collegium celebratum statui mulierum non repugnet". Von dem Erforderniss einer staatlichen oder kirchlichen Concession ist keine Rede.

Die zweite der von dem Notar Wilhelmus abgeschriebenen und beglaubigten Urkunden enthält ein Gutachten über die nämlichen Fragen mit Berufung auf die Canonisten, besonders auf Ioannes Andreae. Es sei unerlaubt, wird ausgeführt, eine neue Religion und für diese ein Collegium zu gründen, ein solches wäre ein collegium illicitum. Aber es ist erlaubt: „habere et servare huiusmodi societatem . . . et vitam socialem"; so lange der Zweck der Societät nicht gegen Christenthum und gute Sitte verstosse, sei das Zusammenwohnen etc. erlaubt.

Die Unterschrift dieses Consils lautet:

Et nos Hermanus stakē stakel wolgge prepositus ecclesie Scti georgii Colon. legum doctor Gerhardus de groninghen Johannes voerborch doctores in decretis et Radulphus De riuo (rino?) decanus Tungrensis licentiatus in legibus saluo meliori iudicio credimus de iure prout premittitur respondendum. Datum: 19. Jan. 1398.

Auch die dritte Urkunde enthält ein für die Brüder und Schwestern vom gemeinsamen Leben günstiges Gutachten, unterzeichnet von Johannes de voerbercht doctor decretorum und Radulphus de riuo (rino?) decanus Tungrensis licenciatus in legibus. Das Datum desselben ist: 1398, 21. Januar.

Die Personen, denen wir in den Unterschriften der Consilia begegnen, finden sich auch als Unterzeichner der Cölner Universitäts- resp. Facultätsstatuten aus dem Ende des 14. Jahrhunderts (vgl. von Bianco, Versuch einer Geschichte der ehemaligen Universität Cöln. 1833. I p. 425, 450, 472, 483, 484, 485).

Ich bemerke des Näheren:

Iohannes de Novo Lapide LL. Doctor kommt in Universitätsurkunden vor 1392 bis 1398 (23. März),

1392 als Decan. facultat. utr. iur., 1395 (Winter) als Rector der Universität.

Ioh. Ban (oder Bau) LL. D., Rector des Wintersemesters 1397/8; unterschreibt als solcher 23. März 1398 die Statuten der Artistenfacultät.

Rudolfus de Rivo, M. in artib. Lic. in LL. et Bacc. in decr. ist Sommer 1397 Rector, 23. März 1398 unterschreibt er die Statuten der Artistenfacultät.

Tilemannus Eggharde (anderwärts Eychart) de Attendorn, Lic. (später Doct.) in LL., auch Canonicus bei St. Andreas, unterschreibt 23. März 1398 die Statuten der Artisten und ist 1416 Rector der Universität.

Hermannus Staken Stakel Wolgge (Stackelwegge?) de Kalkar, LL. D. praepositus eccl. Sti Georgii Colon. ist 1392 Rector der Universität und kommt 1392 24. März vor.

Gerhardus [Radnic] de Groeningen (in Prag 1384 Bacc., 1386 Lic., 1387 Doct. Decr., dann in Heidelberg) 1396 Sommer und 1399 Winter Rector zu Cöln; 1398, 23. März Mitunterzeichner der Statuta facultat. artt.

Johannes Voerborch (de Verborch, Vorborch), Decr. Doct., kommt 1392 als stimmführendes Mitglied der Universitätscongregation, 1393, 24. März als Decan der Juristenfacultät, Sommer 1394 als Rector, 1398, 23. März als decan. facult. utr. iur., Sommer 1403, Winter 1406 und Sommer 1407 als Rector vor und geht Dec. 1414 als Abgesandter der Universität auf das Concil nach Constanz.

Ausser den Genannten kommen aber noch im 14. Jahrhundert folgende Doctores resp. Licentiati iuris an der Cölner Universität vor: Henricus Grymhart de Rekelinhusen,

I. V. D.; Alexander de Sto. Vito, V. I. Lic.; Joh.
Vogel, Decr. Doct.; Godefridus Ghenen de Dyns-
laken, Decr. Doct.; Henricus Stichger de Bunna,
Decr. Doct. et Baccal. in LL.; und gleich zu Anfang des
15. Jahrhunderts: Ioh. de Cervo, LL. D. (Rector 1404,
1405; Christianus de Erpel, LL. D. (1403—1434).

Rechtsgutachten einzelner deutscher Juristen lassen sich
übrigens schon aus weit früherer Zeit nachweisen. Man
findet z. B. nunmehr gedruckt Consilia aus dem Jahre 1342
über die Frage ob die Obedienzen in Meissen für Beneficien anzusehen seien von

Apetzco (de Frankenstein) Scholasticus et
officialis Wratizlaviensis ac canonicus Misnensis;

Nicolaus de Panowicz, doct. decr. et cantor
Glogaviensis;

Nic. de Swyn, can. Poznaniensis;
im Cod. dipl. Saxon. reg. p. II t. I p. 355—359. Apetzco und
Panowicz citiren unter Anderem auch die Institutionen und
Pandekten. Ferner giebt der Cod. dipl. Sax. reg. p. II t. II
p. 36 sq. ein Rechtsgutachten aus dem Jahre 1360 über die
Frage: wem die in Kirchen und Capellen oder ausserhalb
derselben in den Opferstöcken u. dergl. dargebrachten frei-
willigen Gaben gehören, von

Nicol. Eberhardi, decr. doct., Archidiacon.
Lusatiae in ecclesia Misnensi et officialis curiae episc-
opal. Misnensis (kommt vor seit 1342, sicher 1348).
Erwähnen will ich noch, dass auch der Name des
obenerwähnten Joh. de Cervo (des Aelteren, nicht zu
verwechseln mit dem im dritten Aufsatz S. 99 genannten)
verbunden ist mit einer Sammlung von Responsa pro liber-
tate ecclesiastica et praesertim super compositione inter

Clerum Spirensem et Civitatem facta per Dominum Rudolfum Regem. Die Schlussschrift des ehemals in Mainz befind-lichen Codex ms. lautete: Collecte per Magistrum Johannem de Cervo et Danielem de Vicedominis de Placentia, Iurium doctores et Advocatos Romanae Curiae, nec non Ger-hardum Sag, Decanum ecclesiae S. Salvatoris Trajectensis. A⁰ MCCCLXXII (Vgl. G u d e n, Cod. dipl. II p. 622).

Siebenter Aufsatz.

Neuer Beitrag zur Verfassungsgeschichte der deutschen Universitäten.

„Im Jahr 1502 stiftete Kurfürst F r i e d r i c h von Sachsen eine neue Universität zu Wittenberg. Er brachte sie hauptsächlich dadurch 'zu Stande, dass er der schon an sich reich ausgestatteten dortigen Schlosskirche mit päpstlicher Bewilligung eine Anzahl Pfarren incorporirte und sie dadurch zunächst in ein Stift verwandelte, dessen Pfründen er dann für die neuen Professoren bestimmte. So hatte man es auch in Trier, in Tübingen gemacht: die Würden des Stiftes wurden mit den Stellen an der Universität verbunden: Propst, Dechant, Scholaster und Syndicus bildeten die juridische, Archidiaconus, Cantor und Custos die theologische Facultät; an fünf Canonicate wurden die philosophischen Vorlesungen und die Uebungen der Artisten geknüpft'; der ansehnliche Augustinerconvent, der sich in der Stadt befand, sollte an der Arbeit Theil nehmen."

So berichtet Leopold von Ranke [1]) über Stiftung und ursprüngliche Einrichtung der Universität Wittenberg.

Seine Ausführung bedarf insofern einer Erweiterung, als nicht bloss Trier und Tübingen, vielmehr die meisten ältern deutschen Hochschulen in ähnlicher Weise mit kirchlichen

---

1) Deutsche Geschichte im Zeitalter der Reformation. Bd. 1 Ausg. 4 (1867) S. 194.

Stiftungen verbunden worden waren, um die Fonds zur Dotirung der Lehrerstellen zu gewinnen.

Die Wiener Universität war seit 1365 mit der Propstei von St. Stephan (damals Propstei Allerheiligen genannt) in eine „Verpflichtung und Einung" gebracht. [1]) Heidelberg hatte 1399 vom Papste B o n i f a c i u s IX. zwölf Pfründen verliehen erhalten, 1413 war die Einrichtung der Stiftskirche zum heiligen Geist vollendet und dieselbe der Universität verbunden worden. [2]) In Köln war 1394 von jedem der dort existirenden eilf Stifter je eine Präbende der Universität einverleibt worden, wozu im Jahre 1437 noch andere eilf Präbenden („praebendae secundae gratiae") hinzukamen. [3]) Zu Erfurt waren vier Präbenden der ecclesia beatae Mariae virginis und der Severskirche der Universität incorporirt. [4]) Leipzig hatte seit 1413 sechs Canonicate zu Meissen, Zeitz, Naumburg, und erhielt 1421 zwei Präbenden zu Merseburg. [5]) Für Ingolstadt wurde 1465 eine päpstliche Bulle erwirkt, welche die dortige Marienkirche in ein Collegiatstift nach dem Muster von St. Stephan in Wien umwandelt und den Würdenträgern und Canonici derselben ordentliche Lehrämter

---

1) A s c h b a c h, Geschichte der Wiener Universität (1865) S. 16, 35, 184. Vgl. auch S. 23.

2) H a u t z, Geschiche der Universität Heidelberg. Hrsg. von R e i c h l i n - M e l d e g g. Bd. 1 (1862) S. 229, 235, 236, 254—257, 317 u. ö.

3) v. B i a n c o, Versuch einer Geschichte der ehemaligen Universität und der Gymnasien der Stadt Cöln. Th. 1 (1833) S. 13—16. — v. B i a n c o, die alte Universität Cöln. Th. 1 (1855) S. 215 ff. Im Jahre 1558 wurden noch „praebendae tertiae gratiae" verliehen.

4) Constitutiones Vniversitatis studii Erfordiensis (1447?) Tit. XIII bei M o t s c h m a n n, Erfordia literata. 5. Sammlung (1731) p. 663 ff. Vgl. ebendas. I. Fortsetz. (1793) p. 41 ff.

5) Z a r n c k e, Die urkundlichen Quellen zur Geschichte der Universität Leipzig, in: Abhandlungen der philosophisch-historischen Classe der königlich sächsischen Gesellschaft der Wissenschaften. Bd. 2 (1857) S. 531, 541.

an der (damals noch nicht eröffneten) Universität überweist. [1]) Greifswald stand in naher Beziehung zu dem dortigen Collegiatstift bei St. Nicolai. [2]) Basel erhielt bei seiner Gründung auswärtige Präbenden zugewiesen; nachdem aber dieser Versuch, die Universität zu dotiren, an dem Widerstande der betreffenden Stifter und ihrer Patrone gescheitert war, kam 1463 das ganze Stift zu St. Peter an die Universität. [3]) Mainz erhielt 1477 von Sixtus IV. 14 Canonicate und Präbenden incorporirt. [4]) In Rostock endlich führte die Erhebung der Pfarrkirche St. Jacobi in eine Collegiatkirche, zum Behufe der Befestigung und Sicherung der Academie, 1487 zu blutigen Händeln zwischen den Landesherren und der Stadt und wurde erst 1489 thatsächlich durchgesetzt. [5])

So war es kein neuer Gedanke, der bei Gründung der Universität Wittenberg zur Ausführung kam : Kirchengut wird den neuen Unterrichtsanstalten dienstbar gemacht, ohne dasselbe seiner bisherigen Bestimmung zu entziehen. Die Päpste waren nicht entgegen; da ihnen so Einfluss auf die Corporationen, welche in neuer Form Unterrichtszwecke verfolgten, gesichert blieb, den Laien aber bereitete die halbe Secularisation keine Gewissensscrupel, weil die betreffenden Stiftungen in erster Linie immer noch als kirchliche erschienen.

---

1) Mederer, Annales Ingolstadiensis Academiae. P. IV (1782) p. 19—22. Vgl. auch p. 25 ff. Vgl. ietzt Prantl, Gesch. der Ludwig-Maximilians-Universität. Bd. 1 (1872) p. 15 ff., woselbst auch mitgetheilt ist, wie anstatt der oben angegebenen eine andere Dotation der Universität aus Stiftungsvermögen ausgeführt wurde.

2) Kosegarten, Geschichte der Universität Greifswald. Th. 1 (1857) S. 57 f. 108.

3) W. Vischer, Geschichte der Universität Basel (1860) S. 51 ff.

4) Würdtwein, Subsid. diplom. III p. 197—204.

5) Krabbe, Die Universität Rostock im 15. und 16. Jahrhundert. Th. 1 (1854) S. 179—222.

Und es lässt sich eine innere Berechtigung der ganzen
Entwicklung nicht verkennen. Die Kirche war früherhin
im Alleinbesitz des gelehrten Unterrichts gewesen, die alten
Dom- und Klosterschulen zeugen davon. Mit Rücksicht
hierauf war ihr von Fürsten und Herren, von anderen Laien
manche Schenkung, manches Vermächtniss zugewendet worden.
Da war es denn, als selbständige Anstalten für den höheren
Unterricht entstanden, nicht mehr denn billig, dass ein Theil
des Kirchengutes diesen zugewendet wurde.

Aber eine halbe Secularisation war es der Sache nach
'dennoch, was hier ausgeführt wurde. Denn wenn auch die
ersten deutschen Universitäten in Folge gerade dieses ihres
Dotationsmodus einen hervortretend kirchlichen Character
tragen — mehr als in Italien, wo schon frühzeitig auch das
weltliche Element sich Geltung verschaffte —, so konnte
doch ihre Emancipation aus der Herrschaft der römischen
Kirche nicht lange ausbleiben: die allein der Idee der
Wissenschaft gewidmete Corporation strebte schon seit
frühester Zeit die engen Bande, in welchen sie von jener
Seite gehalten wurde, zu lockern.

Als die Universität Wittenberg eröffnet wurde, waren
die Vorboten der neuen Zeit bereits aufgetreten. Man
könnte die Fundation der Academie durch Incorporation
des Collegiatstiftes der Allerheiligenkirche eher einen Ana-
chronismus nennen, als ein neues, unerhörtes Beginnen darin
erblicken. Wenn uns von der ursprünglichen Einrichtung
der Hochschule keine andere Kunde geblieben, als was in
der Fundationsbulle des Papstes Julius II. vom 20. Junius
1507 [1]) geschrieben steht, so wäre es kaum begreiflich, wie

---

1) Abgedruckt bei Suevus, Academia Wittebergensis etc. (Witteb.
1655. 4.) Sign. A 3b ff. Vgl. auch Joh. Christian August Grohmann, Annalen der Universität zu Wittenberg. Theil 1 (1801) S. 18,
48 ff. 103, 110 u. ö. Die Angabe des Datums ist nach Grohmann
(1507. duodecimo Calend. Julii).

Zarncke[1]) sagen kann: „Die Gründung der Wittenberger Universität macht Epoche in der Geschichte unserer hohen Schulen".

Diese Worte aber enthalten eine bedeutungsvolle Wahrheit. Schon in den Anfängen Wittenbergs sind die Keime enthalten für die spätere Entwicklung, welche, wenigstens was die Verfassung anlangt, Wittenberg zur Mutter unserer heutigen deutschen Universitäten macht.

Von den Urkunden, in denen jene Keime wahrnehmbar, sind neben dem kaiserl. Privilegium Maximilians I. vom 6. Juli 1502[2]) am wichtigsten die von mir veröffentlichten ältesten Statuten der Universität und der vier Facultäten. [3])

Die Bedeutung des kaiserl. Privilegiums liegt, abgesehen von seinem Inhalt, schon darin, dass Wittenberg eine der ersten deutschen Universitäten ist, bei deren Gründung man die Einholung eines kaiserl. Errichtungsbriefes und zwar bevor noch die päpstliche Fundationsbulle erlangt war, für nöthig hielt. Jene Privilegien, welche älteren Universitäten von deutschen Königen und Kaisern ertheilt wurden, so das Privilegium welches Karl IV. als römischer König 1349 für die Universität Prag ausfertigen liess[4]), selbst noch das Privilegium perpetuum Friedrichs III. vom 4. August 1442 für die Universität Cöln[5]), zielen nach Muster der berühmten Authentica habita Kaiser

---

1) Urkundliche Quellen. S. 527.

2) Abgedruckt bei Suevus l. l. Sign. A. Vgl. Grohmann a. a. O. 1 S. 10 ff.

3) Der Titel meiner Ausgabe ist: Die Wittenberger Universitäts- und Facultätsstatuten vom Jahre 1508. Halle, Buchhandl. des Waisenhauses 1867. 4.

4) Tomek, Geschichte der Prager Universität (1849) S. 4.

5) Abgedruckt bei v. Bianco, die alte Universität Cöln. Anlagen S. 4 ff.

Friedrichs I.[1]) bloss darauf ab, den Universitätsange-
hörigen den Schutz königlicher Protection auf Weg und
Strasse, vor den Territorialobrigkeiten zu durchwandernder
Städte und Länder zu gewähren, ferner sie mit politischen
Vorrechten, namentlich Abgabenfreiheit, zu beschenken.
Doch gerade unter Friedrichs III. Regierung treten die
Anfänge neuer Auffassung uns entgegen. Friedrich war
der erste deutsche Kaiser, welcher nicht nur das Recht
Magistri und Doctores des kaiserlichen Rechtes, der Arznei-
kunde und der freien Künste zu creiren persönlich in An-
spruch nahm[2]), sondern auch Privilegien ertheilte, das
kaiserliche Recht zu lehren und in demselben die Grade zu
ertheilen. Das früheste Privilegium dieser Art ist meines
Wissens das von der Stadt Lüneburg im Jahre 1471 im-
petrirte.[3]) Der Bestätigungsbrief Friedrichs für die
Universität Tübingen vom 20. Febr. 1484[4]) bezieht sich
ebenfalls nur auf das kaiserliche Recht, indem er dem
Kaiser die Sorge für Verbreitung der Kenntniss desselben
vindicirt.[5]) Ein allgemeines kaiserl. Universitätsprivilegium,

1) 1158 zu Gunsten der Rechtsschule in Bologna, ihrer Lehrer und
Schüler erlassen. Vgl. von Savigny, Geschichte des römischen Rechts
im Mittelalter. Bd. 3 Ausg. 2 (1834) S. 168 ff.

2) Aschbach, Gesch. der Wiener Universität S. 220. Friedrich
hatte bald nach seiner Kaiserkrönung in Italien Viele zu Doctoren creirt.
Aeneas Sylvius hist. Frid. p. 291: Multos (doctores) Caesar in
Italia promovit, quibus aurum pro scientia fuit.

3) Sagittarius, Histor. civitatis Luneb. A. 1471 § 90 p. 31, 32.
Vgl. Allg. litterar. Anzeiger. 1800. S. 691.

4) Abgedruckt in A. F. Böks Geschichte der Eberhard-Carls-Uni-
versität zu Tübingen (1774). Beilagen p. 33 ff.

5) Die Stelle ist wichtig, da sie zeigt, wie bewusst man daran
arbeitete, dem ausländischen Rechte Eingang in Deutschland zu verschaffen, wie man in der Reception eine unabweisbare Forderung der
Culturentwicklung erkannte: „— — ad ea tamen precipue mentis nostre
apicem dirigimus et sedulum destinamus affectum qualiter precessorum
nostrorum dive memorie Romanorum Imperatorum Leges et constituciones

d. h. ein Privilegium, welches die Errichtung der Universität gestattet und das Promotionsrecht in allen Facultäten
ertheilt, wird sich vor Maximilian I. schwerlich nachweisen
lassen.[1] Einer alten Tradition zufolge wurde auf dem
Reichstage zu Worms 1495 auch das Verhältniss der Universitäten zur Sprache gebracht und entweder angerathen
oder beschlossen, „das jeder Kurfürst in seinen Landen,
zu desto besserer Stabilirung der Studien, eine Academie
aufrichten möchte". [2] Bald darauf (1500) erhielt der Kurfürst von Brandenburg das erste allgemeine kaiserl. Universitätsprivilegium, im Jahre 1502 der Kurfürst Friedrich
von Sachsen das zweite.

Der Kaiser „errichtet" in demselben aus „königlicher
Machtvollkommenheit" ein „studium generale", er giebt die
Erlaubniss und das Recht, in allen Facultäten: in S. Theologia, in utroque Iure, tam Canonico quam Civili, in Artibus et Medicina, nec non in philosophia et quibuscunque
scientiis zu lehren und zu promoviren.

Ein gewaltiges Zeichen der Zeit ist uns diese Urkunde.
Der neue Gedanke, welcher den Kaiser leitet, ist deutlich
in ihr ausgedrückt. Wir stiften die Universität, sagt Maxi-

---

sacre multis vigilys et lucubracionibus edite subditorum nostrorum auribus
magis ac magis inbibantur qui solo earum usu rempublicam nostram ne
dum conservari sed et plurimum augeri videmus hys enim Imperialis
celsitudo fulcita effrenes subditorum suorum animos cohercens solium
Imperiale firmare ac sistere potest quo utrumque tempus et pacis et belli
suis finibus subnixum apte gubernet". Uebersetzung ob. S. 20.

1) Ein guter, meist übersehener Aufsatz hierüber findet sich im
Allg. litterar. Anzeiger (1800) p. 689 ff. Was Prantl a. a. O.
p. 14 in dieser Beziehung ausführt, ist ungenau, zum Theil falsch, denn
päpstliche Errichtungsbriefe haben auch Greifswald (von Calistus III.,
abgedruckt Kosegarten a. a. O. II p. 14 ff.), Freiburg (von demselben, vgl. Stintzing, Ulrich Zasius p. 337) und Wittenberg (s. unten).

2) Vgl. hierüber Johann Joachim Müller, Reichs Tags Theatrum
unter Maximilian I. Theil I (1718) II. Vorstellung cap. XLV p. 463 f.

milian, „da der Schutz und die Protection aller Wissenschaften vorzugsweise den Lenkern des römischen Reiches
zusteht" und „da wir, nach Gottes Willen zur Hoheit des
römischen Kaiserthrones gelangt, vor Allem unsere Sorgfalt
darauf zu richten haben, dass die Wissenschaften, guten
Künste und liberalen Studien einen glücklichen Fortgang
nehmen, damit sie, geschöpft aus dem Quell göttlicher
Weisheit, unsere Unterthanen zur Leitung der Gemeinwesen,
zur Fürsorge für Beschaffung der Bedürfnisse des Lebens
geschickter machen".

Die Alleinherrschaft des Papstes d. i. der Kirche auf
geistigem Gebiet wird also nicht mehr anerkannt, der Kaiser,
oder, um es modern auszudrücken, der Staat erkennt als
eine seiner Aufgaben die Pflege der Wissenschaft und des
Unterrichtes an [1], selbst Theologie und canonisches Recht
werden lediglich unter diesem Gesichtspunkt der kaiserlichen
Obhut vindicirt.

Dieser Gedanke erschien damals noch so neu und kühn,
dass Kurfürst Friedrich, vorsichtig wie er war, sich
nicht entschliessen konnte, die Bestätigung der Kirche un-
nachgesucht zu lassen. Der Cardinal Raymundus, Legatus
a Latere des apostolischen Stuhles für ganz Deutschland,
ertheilte dieselbe in allgemein gehaltenen Ausdrücken unter
dem Datum: Magdeburg, 2. Februar 1503 (?). [2] Auch die

---

1) Vgl. im Allg. auch oben den ersten Aufsatz pag. 17 ff.

2) Abgedruckt bei Suevus l. l. Sign. B 4 und (abgekürzt) Grohmann a. a. O. S. 14. Die Confirmatio erwähnt das kaiserliche
Privilegium als schon ausgefertigt („prout in litteris ipsius Maximiliani
regis rite desuper confectis plenius dinoscitur contineri"). Diess stimmt
freilich nicht damit, dass nach Suevus und Grohmann das Datum
der Confirmatio einige Monate früher („quarto Non. Febr. 1502") fällt, als
dasjenige des kaiserlichen Erectionsbriefes („pridie nonas Iulii a. d. 1502").
Da jedoch die Confirmatio sowie auch die gleichzeitig vom Cardinal
Raymundus erlassene Urkunde über die Promotionen in der Theologie
und im canon. Recht die Universität als schon eröffnet erwähnt, letztere

Lehrer der neuerrichteten Universität selbst waren in Sorge, dass man ihre ohne päpstliche Auctorisation vorgenommenen Promòtionen in der Theologie und im canonischen Recht von Seiten der älteren Universitäten nicht anerkennen werde. Sie hatten daher bei Cardinal Raymundus um specielle Ertheilung des Promotionsrechtes in den genannten Disciplinen nachgesucht und erhielten dieselbe auf Grund besonderer Vollmacht des Papstes Alexander VI., deren sich der Cardinal rühmte, durch eine besondere Urkunde[1]), welche gleiches Datum mit der ersterwähnten allgemeinen Confir-matio des Studiums trägt.

Mochte es nun sein, dass Gründe vorhanden waren, diese allgemeine und specielle Bestätigung des Cardinal-legaten nicht für ausreichend zu erachten, etwa weil seine Vollmacht bloss auf Deutschland lautete und man so fürchten musste, die von ihm approbirte Universität werde ausserhalb des Reiches nicht anerkannt werden, Kurfürst Friedrich gab sich trotz der von Petrus Ravennas, einer nicht geringen juristischen Auctorität, in Wittenberg öffentlich verkündeten Lehre: der Kaiser könne Universi-täten selbst für Theologie und canonisches Recht privile-giren[2]), auch jetzt noch nicht zufrieden, sondern erstrebte

---

sogar an die Lehrer der Universität gerichtet ist und der Zweifel sowie einer supplicatio derselben gedenkt, die Universität aber bekanntlich erst am 18. October 1502 ihren „Anfang" genommen hat, halte ich mich berechtigt an der Richtigkeit der Jahreszahl in dem Abdruck der Con-firmatio bei Suevus zu zweifeln und setze vorläufig anstatt 1502: 1503. Jedenfalls steht fest, dass Cardinal Raymundus von dem kaiserlichen Privilegium und dessen Inhalt Kenntniss hatte, bevor er die Confirmatio ertheilte.

1) Abgedruckt bei Suevus l. l. Sign. C. Vgl. Grohmann a. a. O. S. 15 f.

2) Vgl. über Petrus Ravennas und seine am 3. Mai 1503 in Gegenwart der sächsischen Fürsten gehaltene Vorlesung: „Ueber die Gewalt des römischen Papstes und Kaisers", in welcher der im Text

eine unmittelbar vom Papste ausgehende Bestätigung. Doch
den Hauptgrund, dieselbe zu wünschen, gab jedenfalls der
Umstand ab, dass der Kurfürst beabsichtigte, die reichen
Einkünfte der Allerheiligenkirche zu Wittenberg [1]), sowie
mehrerer damals erledigter Landpräposituren und Pfarreien
der Universität zuzuwenden, wenn auch nicht verkannt
werden darf, dass die Neigung Friedrichs zu kirchlichem
Prunk und seine Anhänglichkeit an die Institutionen der
römischen Kirche mit eingewirkt haben mag. So wurde
denn die Bulle des Papstes Julius II. vom 12. Juni 1507
erlangt, welche die Universität nochmals feierlichst bestätigt, alle etwaigen „defectus" heilt, die Verbindung der
Universität mit dem Stift der Allerheiligenkirche regelt und
die Grundzüge der Lehr- und politischen Verfassung der
Hochschule feststellt.

Es mag hier zur Erläuterung und näheren Bestimmung
der obigen aus Ranke entlehnten Mittheilung ein Auszug
aus der Bulle Platz finden, so weit sie sich auf die Einrichtung des Collegiatstiftes und die Incorporation desselben
in die Universität bezieht.

Bis dahin hatte das Stift aus einer Präpositur und
mehreren Canonicaten herzoglichen Patronates bestanden.
Die Präpositur wurde nun in ein Decanat (mit cura in
divinis und Leitung des Capitels) umgewandelt und daneben
fünf Dignitäten (eine neue Präpositur, Archidiaconat, Can-
torei, Custodia, Scholastria) nebst einem officium (Syndicat)
errichtet; anstatt der bisherigen fünf vicarii herzoglichen

---

angeführte Satz ausgesprochen ist: Muther, Aus dem Universitäts- und
Gelehrtenleben im Zeitalter der Reformation (1866) S. 69 ff., besonders
S. 75 u. ö.

1) Einen Ueberblick über die Dotationen dieser Kirche giebt nach
Wernsdorf, historische Nachricht von der Schloss- und academischen
Stiftskirche zu Allerheiligen in Wittenberg (1730, Grohmann a. a. O.
S. 46 ff.

Patronates wurden fünf Canonicate („herzogliche Präbenden") geordnet.

Der Decan sollte also die Pfründe der bisherigen Präpositur erhalten. Zur Dotation aber

der neuen Präpositur	wurde incorporirt	die Landpräpositur in Kemberg (60 Fl.),
des Archidiaconates	„ „	„ Pfarrkirche in Orlamünde (40 Fl.) [1],
der Cantorei	„ „ „ „	in Eisfeld (45 Fl.) [2],
der Custodia	„ „	„ Landpräpositur in Clöden (28 Fl.),
der Scholastria	„ „ „ „	in Schlieben (21 Fl.),
des Syndicates	„ „	„ Pfarrkirche in Schmiedeberg (12 Fl.),
des ersten Canonicates	„ „	„ Kapelle auf dem Kirchhof beatae Virginis in Wittenberg (10 Fl.),
„ zweiten	„ „ „	„ Pfarrkirche in Schalkau (10 Fl.),
„ dritten	„ „ „ „	„ in Liebenwerda (10 Fl.),
„ vierten	„ „ „ „	„ in Weider (10 Fl.),
„ fünften	„ „ „ „	„ in Jessen (9 Fl).

Präpositur, Decanat und Scholastria sollen mit DD. iur. can. besetzt werden und die Inhaber in der Universität lesen:

---

1) Hierauf gestützt begab sich 1524 Karlstadt nach Orlamünde und vertrieb daselbst den Pastor M. Conradus Glück. Vgl. Seckendorff, Commentar. de Luther. III 9. 2 Add. a. Als Archidiaconus des Stiftes der Allerheiligenkirche war Karlstadt allerdings Rector der Kirche zu Orlamünde, aber er vergass, dass der Vicarius, als welcher M. Glück fungirte, nicht von seiner Willkür abhing, sondern auch nach Massgabe der Bulle fest angestellt war.

2) Die Kirche zu Eisfeld im Herzogthum S. Meiningen bewahrt noch ein Andenken an diese Verbindung, ein Epitaphium Ulrichs von Dinstedt:

der Präpositus ordinarie in iure canonico,

der Decan in den Decretalen am Sonntage,

der Scholaster im liber sextus oder den Clementinen.

Vom Syndicus wird verlangt, dass er D. iur. civilis sei, und hat derselbe die lectura institutionum zu verwalten. Archidiaconus, Cantor, Custos müssen MM. in theologia sein, die ersten beiden haben drei Mal wöchentlich, der letzte immer am Freitag (singulis sextis feriis) theologische Vorlesungen zu halten.

Die Canonici sollen Baccalaurei in theologia sein. Der erste davon hat Disputationen der Scholaren in der Artistenfacultät zu leiten, die vier anderen lesen in derselben Facultät.

Die Wahl und Nomination der Prälaten und Canonici steht dem Universitätssenat, die Präsentation dem Kurfürsten, die Institution dem Universitätscanzler zu.

An den incorporirten Pfarreien etc. sollen Vicarii bestellt werden, welche in gleicher Weise nominirt, präsentirt und instituirt werden.

Die Incorporation der auswärtigen Pfründen gewährt der Papst nur unter der Bedingung, dass der Kurfürst für die Dotation der Dignitäten, des Officium und der Canonicate noch die Summe von 2000 Ducaten aufwende.

Ueberhaupt muss man sich von der Vorstellung frei halten, als ob durch Incorporation des Allerheiligenstiftes die sächsischen Fürsten aller weiteren Ausgaben für die Universität überhoben gewesen wären. Denn die mit Lecturen belasteten Prälaten bezw. Canonici „bildeten" nicht,

SOLI . DEO . OPTIMO . VDALRICVS .
DE . DINSTET . IVRIS . PONTIFICV .
DOCTOR . EXEMTE . ECCLESIE . WIT-
TENBERGEN . CANTOR . ET CANO-
NICVS . HVIVS . TEMPLI . RECTOR .
CENOTAPHIVM . POSTERITATI . RE-
LIQVIT.

Vgl. C. F. Dietzel, Eissfeldische Stadt-Historie (1721) p. 42.

wie v. R a n k e sagt, die Facultäten, vielmehr waren in diesen
auch andere, von dem Stift unabhängige ordentliche Lehrerstellen (ordinariae lecturae) geordnet, so z. B. in der Juristenfacultät eine lectura ordinaria Digestorum und eine lectura
ordinaria Codicis. Ausserdem aber hatten auch cooptirte
DD. und MM. in den Facultäten Sitz und Stimme.

Aeusserlich betrachtet liegt in dem Umstand, dass man
sechs Jahre nach Stiftung der Universität noch eine förmliche päpstliche Bestätigung einzuholen für nöthig hielt, ein
Sieg der römischen Curie gegenüber der Idee, dass den
Kaisern das Recht, Universitäten mit allen Facultäten zu
errichten, zustehe. In Wirklichkeit aber war es doch mehr
eine der Rechtssicherheit wegen für dienlich erachtete Form,
die beobachtet, und eine Finanzmassregel, die durchgeführt
wurde. Die Thätigkeit des Papstes erstreckt sich auch, wie
aus der Bulle selbst erhellt, lediglich darauf, dass er die bis
ins Detail ausgearbeiteten Vorschläge des Kurfürsten bestätigt.

S t a u p i t z hatte die Ausfertigung der Bulle in Rom
betrieben und dieselbe persönlich in Empfang genommen.
Als er nach Wittenberg zurückkehrte, ging man eifrig daran,
die neue Ordnung ins Leben überzuführen.

Da trat denn zunächst das Bedürfniss nach umfassenden,
die Universitäts- wie Facultätenverfassung regelnden Statuten
in den Vordergrund.

Es ist ein alter Irrthum, dass die Hochschule zu
Wittenberg solche Statuten schon im Jahre ihrer Gründung
erhalten habe. Er ist zurückzuführen auf J o h a n n e s
Z a n g e r , welcher in seiner am 1. November 1602 gehaltenen Saecularrede [1]) sagt: Kurfürst F r i e d r i c h hat 1502
die Academie eingeweiht

„ac usque ad annum 1508 certis statutorum formulis,
uti opinor, gubernandam curauit".

---

1) Abgedruckt bei S u e v u s l. l. Sign. Dd. 3ᵇ sq.

Was Zanger von einzelnen, gelegentlich gefassten statuta-
rischen Bestimmungen verstanden haben mag und obendrein
nur als Vermuthung ausspricht, haben Spätere auf ein förmlich ausgearbeitetes Statut gedeutet und als unumstössliche
Wahrheit angenommen. [1]

Wer die Existenz Wittenberger Statuten aus der ersten
Zeit der Universität behaupten will, wird gut thun, nachzuforschen, ob sich noch irgendwelche Reste derselben vorfinden, oder ob er irgendwelche sichere Nachricht von
Existenz derselben nachweisen kann.

Wenn C. E. Förstemann die von ihm heraus-
gegebenen Statuten der theologischen Facultät ins Jahr 1502
setzt [2]), so hat er dafür gar keinen Grund, als etwa, dass
dieselben zu Anfang eines sicher erst nach 1508 angelegten
Decanatsbuches stehen und hätte ihn vor diesem Fehler
schon der Umstand bewahren sollen, dass ein den Statuten
beigefügtes und im Decanatsbuch ůnmittelbar folgendes
„Privilegium Magistrorum Sacre pagine in Gymnasio Witten-
bergen. promotorum" die Jahreszahl 1508 trägt. [3])

Bloss von der Artistenfacultät sind uns in späterer
Abschrift „Priora Statuta Collegii ˙Artistici de ao. 1504"
überliefert. [4]) Zu Ende derselben heisst es:

> Exarata sunt haec statuta, revisa et correcta anno
> Domini ·millesimo quingentesimo quarto sub Decanatu

---

1) Vgl. des Weiteren Muther, Statuta Facultatis Iureconsultorum
Vitebergensium a⁰ MDVIII composita (1859) p. IX sq.

2) C. E. Förstemann, Liber Decanorum Facultatis Theologicae
Academiae Vitebergensis (1838) p. V.

3) Grohmann a. a. O. S. 202 spricht von a⁰. 1505 bestätigten
Universitätsstatuten. Allein da die Stelle, welche er abdrucken lässt, der
kurfürstlichen Publication der Statuten von 1508 angehört, steht 1505
wohl bloss als Druckfehler.

4) Herausgegeben von Muther im XIII. Bd. der Neuen Mittheilungen
aus dem Gebiet historisch-antiquarischer Forschungen (Halle 1871)
p. 177 ff.

celeberrimi Magistri sacraeque Theosophiae Baccalaurei, Magistri Thomae Köllin, Suevo ex Gamundia
tunc Facultatis Decano et manutentore diligentissimo.
Diese Endnotiz, wie auch der Inhalt, ergiebt, dass hier nur
die einzelnen früheren Beschlüsse der Facultät zu einem
Ganzen zusammengestellt sind, also, um eine neuerdings
vorgeschlagene Terminologie zu brauchen, dass eine Incorporation vorgenommen ist, nicht eine Codification beabsichtigt wurde.

Das Recht unter Zustimmung des Kurfürsten „con-
dendi et faciendi statuta et ordinationes iuxta consuetudinem
ceterarum Vniversitatum" hatte die Universität Wittenberg
allerdings schon durch das Privilegium Kaiser Maximilians
erhalten und es soll durch vorstehende Ausführung nicht
etwa in Abrede genommen werden, dass die Universität
wie die Facultäten von diesem ius statuendi hie und da
durch einzelne Beschlüsse Gebrauch gemacht haben mögen.

Als es sich nun darum handelte, die erste umfassende
rechtliche Ordnung der neuen Hochschule ausgehen zu
lassen, hätte es nahe gelegen, dass die Universität selbst
als ihre eigene Gesetzgeberin aufgetreten wäre. So war es
bisher überall gehalten worden, wo Universitäten errichtet
waren. Zwar hatten die Stifter bisweilen in die Stiftungs-
urkunden auch eingehendere Bestimmungen über die Cor-
porationsverfassung und die Organisation als Lehrkörper
aufgenommen, eigentliche Statuten aber waren lediglich von
den betreffenden Corporationen selbst berathen und beschlossen worden, landesherrliche Bestätigung war mitunter
nachgefolgt, mitunter nicht für nöthig erachtet. Selbst noch
die „erste förmliche Ordnung und Verfassung der hohen
Schule zu Tübingen" von 1481 war nicht in Form eines
einseitigen gesetzgeberischen Actes des Landesherren ausgegangen, sondern war vielmehr ausser vom Grafen Eber-
hard von Würtemberg auch von einem apostolischen Com-

missarius kraft päpstlicher Vollmacht, dem Rector der
Universität, dem Propste und dem Capitel des Stiftes zu
Tübingen untersiegelt worden. [1]

Anders in Wittenberg. Hier sanctionirte Kurfürst
Friedrich die Statuten der Universität unter dem 1. October
1508. Von einer Theilnahme oder auch nur Vorberathung
der Universität ist nirgends die Rede. Der Kurfürst allein
hat „nach Anhören des Rathes seiner Weisen", worunter
schwerlich die Universitätscorporationen, vielmehr die gelehrten Hofräthe — unter denen allerdings auch Universitätslehrer sich befanden — zu verstehen, geordnet, was er
der Corporation für dienlich hielt, und hat Gesetze „als
Richtschnur des Lebens" niederschreiben lassen. Nicht
bloss die Universität als solche erhält solche Gesetze,
sondern auch für die einzelnen Collegien, in welche sie
zerfällt (die Facultäten), sind Ordnungen beigefügt („in calce
subiecta sunt cuiusque collegii instituta propria").

So sollen denn diese Statuten nicht eine Aufzeichnung
der bisherigen Beschlüsse und Observanzen enthalten, eine
umfassende Regelung des ganzen Universitätslebens durch
neue aus fürstlicher Machtvollkommenheit erlassene Vorschriften wird beabsichtigt. Um es anders auszudrücken:
Kurfürst Friedrich erlässt ein octroyirtes Statut, welches
unter den Gesichtspunkt einer modernen Codification fällt.

Von den Statuten der Juristenfacultät wissen wir, dass
sie am 15. October 1508 im Hause des damaligen Rectors
Theodorich Bloch (Block) im Beisein eines der Reformatoren den versammelten Doctores iuris durch Verlesen
publicirt worden sind. [2] Es liegt nahe anzunehmen, dass
die Publication der Universitätsstatuten und der Statuten
der anderen Facultäten in ähnlicher Weise und um die

1) Bök a. a. O. S. 21, 22 Not. a.
2) Vgl. Muther, Statuta p. X.

nämliche Zeit erfolgte. Letztere anlangend erregt indessen Bedenken, dass Christoph Scheurl in einem Briefe an Ulrich von Dinstedt vom 27. Juni 1510 die Statuta als „nondum edita" bezeichnet [1]) und ferner der Umstand, dass in der Einleitung der Universitätsstatuten, obschon sie vom 1. October 1508 datirt ist, Henning Göde, welcher erst im October 1510 in Wittenberg eintrat, als Praepositus bezeichnet und zum Reformator ernannt wird. Möglich immerhin dass die officielle Zufertigung der Statuten an die Universität erst um oder nach der zuletzt angegebenen Zeit erfolgt ist.

Es drängt sich, ehe wir auf den Inhalt der erlassenen Statuten eingehen, die Frage auf: Wen hatte Kurfürst Friedrich mit Conception derselben beauftragt?

Unter allen Gelehrten, welche Wittenberg jener Zeit aufzuweisen hatte, erscheint keiner befähigter zu solcher Arbeit, als Christoph Scheurl.

Neun Jahre lang hatte er zu Bologna unter Johannes Campeggius und Ludovicus Bologninus die Rechte studirt, in den Auditorien von Philippus Beroaldes und im engen persönlichen Verkehr mit demselben sich die elegante Bildung sowie den Stil italienischer Humanisten angeeignet. Im Jahre 1504 war er zum Syndicus [2]) der beiden Universitäten der Citramontaner und Ultramontaner erwählt worden. Als solcher hatte er Gelegenheit die innere Einrichtung der italienischen Hochschule genauer kennen zu lernen. 1505 hielt er seine patriotische Rede: De laudibus Germaniae et Ducum Saxoniae. [3]) Damals hatte er schon Beziehungen zu Wittenberg gewonnen, er war mit Staupitz

1) Christoph Scheurl's Briefbuch hrsg. von v. Soden u. Knaake Bd. 1 (1867) p. 60, 61.

2) Ueber dieses Amt s. v. Savigny, Gesch. des röm. Rechts im Mittelalter. Bd. 3 (2. Ausg.) S. 200.

3) Den Inhalt der Rede scizzirt Muther, Universitätsleben S. 84 ff.

bekannt geworden [1]), von diesem und Anderen dem Kurfürsten F r i e d r i c h empfohlen, hatte er einen Ruf an die neue Universität Wittenberg erhalten. Im Januar 1506 sagte er sein Kommen zu [2]), am 23. December desselben Jahres erlangte er den Doctorgrad in beiden Rechten, dann zog er über die Alpen, dem nördlichen Bestimmungsort zu. Am 8. April 1507 kam er zu Wittenberg an. [3])

S c h e u r l war damals 25 Jahre alt [4]), eine schöne jugendliche Gestalt, voll glühenden Eifers für seine Aufgabe, die Einrichtung der neuen Universität vollenden zu helfen. In seiner lebhaften Phantasie hatte er sich ein glänzendes Bild des Ortes und seines Wirkungskreises ausgemalt. „Kurfürst F r i e d r i c h“, hatte er damals in Bologna, als er die Rede zum Lobe Deutschlands vortrug, ausgerufen, „verwandelte Wittenberg, ein abgelegenes Winkelnest, in eine Marmorstadt“. Doch wie mögen seine Erwartungen herabgesunken sein, als er in die Thore Wittenbergs einreitend anstatt der geträumten luftigen und reinen Strassen, statt der rauschenden Marmorbrunnen und Paläste elende Hütten mit Strohdächern und plumpe Bürgerhäuser, schmutzige Plätze und enge Wege fand, die jeglichen Schmuckes anmuthiger Kunst entbehrten!

Unter diesen Eindrücken schrieb er seinem Oheim S i x t u s T u c h e r: Er vermisse den erheiternden geselligen Verkehr, in welchem er zu Bologna mit vielen Bürgern der schönen Stadt gestanden, die vielseitige geistige An-

---

1) v o n S o d e n, Christoph Scheurl der zweite und sein Wohnhaus in Nürnberg (1837) S. 8.

2) Schreiben C h r i s t o p h S c h e u r l's an S i x t u s T u c h e r zu Nürnberg d. d. Bonon. 15. Cal. Febr. a. 1506, abgedruckt im Libellus De Laudibus Germanie et ducum Saxonie editus a C h r i s t o p h o r o S c h e u r l o. Lips. 1508. Sign. C.

3) v. S o d e n a. a. O. S. 9 ff.

4) Geb. 11. Nov. 1481. v. S o d e n a. a. O. S. 7.

regung, die er dort, besonders von Nichtjuristen, empfangen
habe. In Wittenberg sei das Leben öde, die Beschäftigung
ohne erfrischenden Wechsel: selbst Sonnabende und Sonntage — zum Ausruhen von den Vorlesungen bestimmt —
verwende man zum Vortrag von Spruchsachen und zur Berathung darüber. Dann folgen Klagen über das rohe, un-
mässige, dem Trunke ergebene Volk. [1]

Noch zwölf Jahre nachher erinnert sich S c h e u r l
seiner Betrübniss beim ersten Anblick des Wittenberger
Treibens. „Das Bier verabscheute ich", schreibt er, „und
fand daher bei einigen Artisten wenig Beifall." [2]

Doch je weniger dem neuen Legenten des liber sextus
und der Clementinen („ordinarius iurium novorum") [3] die
Wittenberger Zustände behagten, desto mehr imponirte
seine vornehme Erscheinung der studirenden Jugend und
seinen Collegen. Er trat sein Amt mit einer Rede an,
worin er die Studenten zum Fleiss, zur Enthaltsamkeit und
Mässigkeit mahnte. Zu seiner Hauptvorlesung meldeten
sich 30 Scholaren, darunter 20 Presbyter und Magistri. [4]
Bereits am 1. Mai 1507, also kaum 4 Wochen nach seiner
Ankunft, wurde er einstimmig zum Rector der Universität
für das Sommersemester erwählt. [5] Man hatte ihm diese
Ehre schon vor seiner Ankunft zugedacht: „nach der
Meinung meiner Collegen", schreibt S c h e u r l, „keine geringe

1) v. S o d e n, Beiträge zur Geschichte der Reformation und der
Sitten jener Zeit mit besonderem Hinblick auf Christoph Scheurl II.
(1855) S. 12, 13. Christoph Scheurl's Briefbuch Bd. 1 S. 44.

2) v. S o d e n a. a. O. S. 82.

3) S c h e u r l erhielt für diese Stelle 80 Fl. Besoldung, während
seine Vorgänger höchstens 60 Fl. erhalten hatten. Für Vorträge in den
Artes war Scheurl ein besonderes Stipendium zugesagt. v. S o d e n,
Beiträge S. 12.

4) v. S o d e n, Beiträge S. 12.

5) v. S o d e n a. a. O. Vgl. Album acad. Viteberg. ed. Foerstemann
(1841) p. 21.

Auszeichnung, besonders weil der Rector die abwesenden
Fürsten vertritt, den anwesenden vorgeht und die Gerichtsbarkeit ausübt".

S c h e u r l verwaltete das Rectorat mit grossem Beifall. Er
war der erste Wittenberger Rector, der einen „Rotulus Doctorum
Wittembergae profitentium" d. h. ein Verzeichniss der Lehrer
nach Facultäten geordnet mit Angabe ihrer Vorlesungen im
Druck ausgehen liess. [1]) Die voraufgeschickte Anpreisung
der Universität Wittenberg schliesst mit einer Einladung an
die studirende Jugend, dieselbe zu besuchen. „Glaubt mir",
sagt S c h e u r l, „der ich in Italien erzogen bin und dieses
Land fast ganz durchwandert habe, so viele und allseitig
gelehrte Männer besitzt weder Padua, noch selbst die Mutter
der Studien: Bologna".

Die Wittenberger Matrikel rühmt, S c h e u r l habe sein
Rectorat mit Würde, Glanz, Humanität und unter allgemeiner
Beliebtheit geführt. „Er untersagte den Besuch von Schenken
trinkenshalber und das Waffentragen bei Strafe eines halben
Goldguldens; dem Stadtrath gab er Anlass, den Bürgern
die Waffen während dieser Zeit zu verbieten. Und so wurde
in grossem Frieden, in Ruhe und Stille, ohne das irgend
welcher Tumult vorgekommen wäre, den Wissenschaften
obgelegen." Das Lehrercollegium erhielt Verstärkung, die
Zahl der inscribirten Studirenden betrug 112.

S c h e u r l selbst söhnte diese erfolgreiche Wirksamkeit mehr und mehr mit Wittenberg aus. Er fand vertraute
Freunde, wie O t t o B e c m a n n, U l r i c h v. D i n s t e d t
und Andere. Bei den Fürsten gelangte er bald zu grosser
Gunst. Im Juli 1508 („circa festum Ste. Annae") wurde
er unter die Räthe derselben aufgenommen, am 19. December

---

1) „Auf Folio patenti und den Lettern nach zu urtheilen in Nürnberg bei Peypus gedruckt." So S t r o b e l (Neue Beiträge III 2 S. 57),
der den Rotulus wieder abdruckt. Von S t r o b e l hat denselben G r o h -
m a n n, Annalen II 79 ff. entlehnt.

desselben Jahres zum Beisitzer des gemeinschaftlichen
sächsischen Oberhofgerichtes zu Altenburg und Leipzig
ernannt. [1])

So war' denn S c h e u r l zur Zeit als man an die Aus-
arbeitung der Statuten ging, Mitglied des kurfürstlichen
Rathes. Auf ihn mussten zuerst die Augen fallen, als man
den Referenten für diese Angelegenheit bestimmte.

Es bedürfte nicht der in dem Decanatsbuch der Juristenfacultät uns erhaltenen Nachricht, dass S c h e u r l für Verabfassung der Statuten zehn Goldgulden erhalten habe [2]),
um darthun zu können, dass dieselben seiner Feder ent-
stammen. Die fliessende, aus classischen und barbarischen
Elementen seltsam gemischte Latinität der Statuten gleicht
aufs Haar derjenigen, welche wir in der Oratio de laudibus
Germaniae finden, einzelne Stücke, z. B. fast der ganze
Eingang der Statuten der Juristenfacultät sind jener oratio
geradezu entnommen. Die Benennung der Schutzheiligen
als dii tutelares, an welcher ein Theologe der spätern Zeit
sich ärgert (s. meine Ausg.: Stat. Theol. p. 15 not. 2), entspricht ganz den häufig in halbes Heidenthum verfallenden
Anschauungen der damaligen italienischen Humanisten.
Mehrere Capitel (z. B. Un. St. cap. 20) verrathen einen
Juristen, welcher den Lapidarstil römischer Gesetze kennt
und nachzuahmen bemüht ist.

Trotz aller Ausstellungen, die man im Einzelnen
haben mag, sind die Statuten, ihre Fassung anlangend, ein
gelungenes Werk. Klar und verständlich, mit einem

---

1) Nach einer bei v. S o d e n, Beiträge S. 15 abgedruckten Aufzeichnung aus dem Scheurl'schen Familienarchiv. Vgl. auch C h r.
Scheurl's Briefbuch S. 55.

2) Decanatsbuch Fol. 134ª. Vgl. M u t h e r Statuta p. XIII, XVII.
Ich habe dort die Notiz bloss auf die Statuten der Juristenfacultät bezogen,
sie ist aber, wie schon das für jene Zeit sehr bedeutende Honorar von
10 aurei beweist, von der Gesammtheit der Statuten zu verstehen.

Schimmer classischer Eleganz, wenn auch nicht überall knapp, sind die Hauptpunkte, welche im Universitätsleben einer Regelung bedürfen, behandelt. Die Universitäts- und Facultätsstatuten bilden ein Ganzes: sowohl in der Einleitung jener werden die letzteren angekündigt, als auch in dem Eingang des Statuts der theologischen Facultät ist auf die „praefatio superioris voluminis" zurückverwiesen. Sämmtliche Facultätsstatuten sind nach der Schablone gearbeitet: nicht nur dieselben Capitelüberschriften kehren in gleicher Reihenfolge wieder, sondern auch der Inhalt ist zum Theil wörtlich übereinstimmend. Die ganze Anlage erinnert lebhaft an die Versuche, welche unsere Zeit mit Codification von Universitäts- und Facultätsstatuten gemacht hat.

Und so präsentiren sich denn diese Statuten schon in ihrer äusseren Erscheinung als Marksteine der alten und neuen Zeit.

Nicht die selbständige unter Schutzhoheit der Kirche stehende Corporation hat sie beschlossen, sondern der Landesherr, nicht einzelne durch concrete Fälle und das jedesmalige Bedürfniss hervorgerufene Beschlüsse in unbeholfener Sprache werden geboten, sondern ein wohlüberlegtes und geordnetes Ganze in einer nach classischer Vollendung ringenden Form.

Das Erstere anlangend, so erblicken wir darin einen weiteren Beweis, dass damals schon die Entwicklung begonnen hatte, welche die deutschen Universitäten aus eng mit der Kirche verbundenen Corporationen in reine Staatsanstalten schliesslich umgewandelt hat.

Die dominirende Stellung, welche den mittelalterlichen deutschen Universitäten gegenüber die Cancellarii derselben eingenommen hatten, ist bekannt.[1]) Sie waren gewisser-

---

1) Im Allg. s. darüber H a u t z a. a. O. I S. 65 ff.

massen die den Papst an Ort und Stelle vertretenden Commissarien. Die den Rectoren durch die päpstlichen Erections-bullen verliehene Jurisdiction war eine geistliche; deshalb konnte von den Erkenntnissen jener an den Papst appellirt werden; meistens aber war dessen Vertreter, der Cancellarius, auch zum delegirten Appellationsrichter der Universität bestellt worden. Ausserdem stand den Cancellarii de iure allerdings nur die Befugniss zu, die päpstliche Autorisation zu den Promotionen oder richtiger, die kirchliche licentia, den Grad anzunehmen, im einzelnen Fall zu ertheilen, de facto aber konnte ohne ihre Zustimmung nichts beschlossen, nichts eingerichtet, nichts umgeändert werden. Und in welchem Tone diese päpstlichen Universitätscuratoren — wenn man diesen modernen Ausdruck gestatten will — mit den untergebenen Corporationen zu reden gewohnt waren, zeigt sich z. B. in einem fulminanten Erlass aus dem Jahre 1444, in welchem Bischof J o h a n n e s zu Merseburg als Canzler der Universität Leipzig die dortige Artistenfacultät wegen Missbrauchs des Promotionsrechtes zurechtweist. [1])

In unseren Wittenberger Statuten lesen wir vom Cancellarius der Universität nichts, ausser dass seines Antheiles an den Promotionshonoraren und der Ertheilung der Licentia gedacht ist. Es mag dabei bemerkt werden, dass nicht, wie häufig anderwärts, ein Bischof zum Canzler des Studiums ernannt war, sondern ein Prälat niederen Ranges: G ö s w i n v o n O r s o y, Präceptor der Antonierherren zu Lichtenburg, der seine Stellvertretung bereits 1502 auf Martin P o l i c h von Melerstat, den ersten Rector der Universität, dauernd übertragen hatte. Der Canzler war somit von Beginn der Universität in den Hintergrund getreten. Er scheint weder Einfluss auf dieselbe erstrebt, noch gewonnen zu haben,

---

1) Abgedruckt bei Z a r n c k e, Statutenbücher p. 367.

wenn auch die Fundationsbulle von 1507 ihm die Institution
der nominirten und präsentirten Canonici überträgt.

Dagegen treten in den Statuten uns die Generales Reformatores studii gewissermassen als Häupter des Universi-
tätsorganismus entgegen. Sie sind Vertreter des Kurfürsten
an Ort und Stelle und ähneln den heutigen Universitätscuratoren in mancher Beziehung.

Wohl war es schon früher vorgekommen, dass die Landesherren an die Universitäten Specialbevollmächtigte verordnet hatten. Herzog Ernst von Oesterreich hatte 1406
der Universität Wien eigenmächtig einen Curator oder In-
spector unter dem Namen eines Superintendenten gesetzt.[1]
Heidelberg besass zu Ausgang des 15. und zu Anfang des
16. Jahrhunderts in dem kurfürstlich pfälzischen Gross-
canzler Johann von Dalberg „das Vorbild eines Cura-
tors".[2] In Leipzig war 1438 vom Landesherrn in Verbindung mit dem Bischof von Merseburg als Canzler des
Studiums die Wahl von vier „Speciales universitatis . . . in
suis defectibus reformatores" angeordnet[3], 1446 aber von
den Nämlichen die beabsichtigte Reformation der Universität
vier „inquisitores" und „reformatores speciales" aufgetragen
worden.[4]

Doch wir haben es hier überall nur mit vorübergehenden,
durch besondere Umstände hervorgerufenen Einrichtungen
oder gar nur mit der mehr zufälligen einflussreichen Stellung
zu thun, welche eine hervorragende Persönlichkeit durch ihr
Interesse für das Universitätswesen gewonnen hatte.

Eines deutschen Vorbildes entbehren die Wittenberger
Generales Reformatores. Höchstens liesse sich ein Tübinger
Muster herbeiziehen. Hier galt der Canzler — herkömmlich

---

1) Aschbach a. a. O. S. 180.
2) Hautz a. a. O. S. 324.
3) Zarncke, Statutenbücher p. 8.
4) Zarncke a. a. O. p. 10, vgl. p. 58.

war seine Würde mit der Stelle eines Propstes der St. Georgenkirche verbunden — nicht bloss als Vertreter der päpstlichen Curie, sondern auch der Landesregierung. Er führte die Controlle über die Verwaltung der Universität und bildete mit einigen Senatsmitgliedern die Appellationsinstanz gegen Verfügungen des Senats. [1]

Der halb geistliche, halb weltliche Canzler der Universität Tübingen mit seinen Gehülfen ist nun aber in Wittenberg in die lediglich weltlichen Reformatoren verwandelt. Ihnen wird dauernd „die höchste und absolute Gewalt" verliehen:

1) die Universität zu regieren,

2) die Statuten zu interpretiren und abzuändern;

zugleich sollen sie:

3) als Appellationsrichter fungiren bei Berufungen gegen die Bescheide der Universität.

Ihre Competenz entspricht also, was den dritten Punkt betrifft, derjenigen der alten Cancellarii. Nur wird ihre Jurisdiction, da sie landesherrliche Commissäre sind, nicht als geistliche aufgefasst werden dürfen und folgerichtig müssen wir annehmen, dass auch die Gerichtsbarkeit der neuen Universität als weltliche betrachtet wurde.

Die beiden ersten Punkte anlangend, so ist den Reformatoren dasjenige gesetzlich zugesprochen, was früher den Cancellarii de facto zugestanden hatte. Ja ihre potestas gubernandi erstreckt sich noch weiter, wenn ihnen mit der Aufsicht über das Finanzwesen der Universität das Recht ertheilt ist, besoldeten Lehrern ihr Gehalt wegen Nachlässigkeit zu entziehen und umgekehrt Besoldungen zu ertheilen.

Auch hier drückt sich also der Gedanke aus, dass die ausschliessliche Justiz- und Verwaltungshoheit über die Universität der weltlichen Macht zustehe. Somit steht die

---

1) Klüpfel, Geschichte der Universität Tübingen (1849) S. 6.

Wittenberger Einrichtung der Reformatoren mit der alten deutschen kirchlichen Universität in schneidendem Contrast. Und in der That wissen wir jetzt aus S c h e u r l's Brielbuch (S. 55), dass die Reformatoren Nachbildung eines Bologneser Musters sind.

Wenn das Institut der Reformatoren in Wittenberg keine rechte Bedeutung gewinnen konnte und bald ganz verschwand — schon in den zwanziger Jahren des 16. Jahrhunderts ging es zu Grunde — so hat das seinen Grund einestheils in der unpraktischen Organisation desselben als collegialische Behörde in Verbindung mit dem Umstand, dass die Landesherren persönlich der Universität stete Aufmerksamkeit widmeten und dasjenige, was den Reformatoren übertragen war, zum grössten und wichtigsten Theil selbst besorgten, anderntheils und hauptsächlich aber darin, dass die Zeit noch nicht erfüllt war, wo die Universitäten alle autonome Selbständigkeit und ihre auf dem Princip der Gleichberechtigung ruhende corporative Verfassung verlieren sollten.

Die deutschen Hochschulen waren freilich von Anfang an nicht Vniversitates Scholarium, wie die italienischen. Das Aeusserste, wozu man sich entschloss, war eine Vniversitas Doctorum, Magistrorum et Scholarium. Das älteste Siegel der Wiener Universität (1365) trägt diese Umschrift. Allein gar bald (1397) liess man ein neues Siegel stechen, welches sich als „Sigillum Doctorum et Magistrorum Vniversitatis studii Wienensis" ankündigt.[1]

Das Hauptstück in der Verfassung der italienischen Vniversitates Scholarium, die Gliederung in Nationen, hatte nur in Prag, Wien und Leipzig Eingang gefunden.[2] Und

---

[1] Vgl. die Abbildungen der Siegel bei A s c h b a c h a. a. O. Taf. III; vgl. dazu ebendas. S. 15, 37, 163.

[2] Mitunter wird unter Berufung auf V a l e n t i n. R o t m a r u s behauptet, auch in Ingolstadt hätten Nationen bestanden und das Recht der Rectorwahl besessen. Ich kann in Valentini Rotmari Annal. Acad. Ingolstad.,

auch hier war mehr das Muster von Paris als dasjenige Bologna's nachgeahmt worden. Dort aber hatte man nach
Entstehung der Facultäten die vier Nationen zusammen-
genommen als eine einzige vierte Facultät (die der Artisten)
zu behandeln angefangen und so aus ihrem ursprünglichen
Verhältniss allmählich verdrängt.[1]) Wenn auch die Scholaren neben den Graduirten noch zu den Nationen zählten,
so blieben sie doch von der Universitätsversammlung, die
nach Faculitäten zusammentrat, ausgeschlossen.[2])

In Prag waren von Anfang an Faculitäten eingerichtet.[3])
Doch ruhte die politische Verfassung der Hochschule auf
den Nationen, in welchen MM. und Scholares sich vereinigt
fanden.[4]) Die Vniversitas wird repräsentirt durch die Versammlung aller Mitglieder der Hochschule einschliesslich
der Scholaren, daneben bestand das Consilium Rectoris, eine
Behörde, zusammengesetzt aus den acht Procuratoren oder
Räthen (consiliarii) der Nationen, denen nur in besonders
gearteten Fällen acht Deputirte der Faculitäten zur Seite
standen.[5]) Seit 1391 ging die gesetzgebende Gewalt auf
das Consilium über, welches nunmehr aus sämmtlichen MM.
der Universität bestand, die Universitätsversammlung aber
verlor ihre ursprüngliche Bedeutung.[6])

---

abgedruckt bei M e d e r e r, Annal. Ingolstad. Acad. I p. XIII sq., nichts
finden, was zu der Behauptung und dem Citat berechtigte. Die ersten
Statuten der Universität von 1472 beweisen vielmehr das Gegentheil.
Cf. M e d e r e r l. l. p. IV p. 58 ff., besonders p. 56, 60. S. ietzt
hierüber P r a n t l a. a. O. p. 25.

1) v o n S a v i g n y, Geschichte des römischen Rechts im Mittelalter.
Bd. 3 (2. Ausg.) S. 350.

2) v. S a v i g n y a. a. O. S. 347.

3) T o m e k a. a. O. S. 6.

4) T o m e k a. a. O. S. 8, 9.

5) T o m e k a. a. O. S. 8, 9, 49.

6) T o m e k a. a. O. S. 12, 13.

Aehnlich wie Paris und Prag besitzt auch Wien Facultäten, welche in die Verfassung der politischen Corporation zunächst nicht eingreifen. Die Nationen dagegen, die Scholaren in sich schliessend[1]), sind nicht ohne Bedeutung. Doch eine Universitätsversammlung, zu welcher neben den Lehrern auch die Studenten berufen waren, kommt nur ganz im Anfang der Universität vor (1385).[2]) Schon die ersten Universitätsstatuten (1385) lassen zu den allgemeinen Versammlungen lediglich Graduirte, einschliesslich der Baccalaurei, zu, jedoch mit der ausgesprochenen Absicht, diess Verhältniss nur so lange bestehen zu lassen, bis eine hinreichende Anzahl von MM. und DD. vorhanden sei, um sie — wie in Paris — allein zur Berathung zu ziehen.[3]) Das Consistorium Rectoris bestand aus den vier Procuratoren der Nationen[4]), welche nach der Visitationsreformation von 1436 aus der Reihe der MM., die schon drei Jahre docirt hatten, gewählt werden mussten.[5])

Auch in Leipzig gliedert sich die Vniversitas als politische Corporation in 4 Nationen, als Lehrkörper in die 4 Facultäten. Aber zur politischen Corporation gehört nur, wer schon in die lehrende aufgenommen ist[6]), also die Graduirten. Nur aus solchen besteht auch das Consilium Rectoris.

Das Privilegium für Heidelberg durch Kurfürst Ruprecht I. von der Pfalz (1. October 1386) ordnet die Theilung der Universität in vier Nationen nach Muster von Paris zwar an[7]) und überträgt die Civilgerichtsbarkeit dem Rector

---

1) Aschbach a. a. O. S. 38.
2) Aschbach a. a. O. S. 109.
3) Aschbach a. a. O. S. 49.
4) Aschbach a. a. O. S. 50.
5) Aschbach a. a. O. S. 273.
6) Zarncke, Urkundl. Quellen p. 518.
7) Hautz a. a. O. II. S. 315.

im Verein mit den „quatuor Procuratores quatuor Nationum Facultatis Artium" [1]), allein dass diese Einrichtung ins Leben getreten, davon findet sich keine Spur. [2]) Das ius statuendi wurde im Anfange der Universität von allgemeinen Universitätsversammlungen (congregationes Magistrorum et Scholarium) ausgeübt [3]), bald aber wurden zu diesen nur die MM. und DD. — nicht auch die Licentiati — zugezogen, welche nach Facultäten abstimmten. Im Consilium Vniversitatis (dem engeren Rath) standen dem Rector acht Mitglieder, darunter fünf Artisten, zur Seite. [4]) Im Jahre 1452 verordnete die Reformation des Kurfürsten Friedrichs I.: Ad senatum gehören der Rector, die DD. der höheren Facultäten, aus der Artistenfacultät lediglich der Decan und vier MM. [5])

Cöln, Erfurt, Rostock und alle späteren deutschen Hochschulen waren von Anfang an lediglich in Facultäten sich gliedernde Vniversitates Magistrorum. Schon der nunmehr üblich gewordene officielle Titel Vniversitas studii Coloniensis, Erfordiensis etc. deutet diess an.

Die Cölner Statuten von 1392 rufen neben den MM. und DD. aller auch die LL. und unter gewissen Voraussetzungen die Baccalaurei der oberen Facultäten zur Universitätsversammlung, welche nach Facultäten abstimmt. Diess soll jedoch, wird, wie in Wien, hinzugefügt, nur so lange dauern, bis eine ansehnliche Versammlung von MM. und DD. vorhanden: „ut tandem fiat hic velut Parisiis, ubi solum MM. et DD. intrant congregationem. [6])

1) Hautz a. a. O. II S. 323.
2) Hautz a. a. O. I S. 56.
3) Hautz a. a. O. I S. 156.
4) Hautz a. a. O. I S. 141—143.
5) Hautz a. a. O. I S. 300.
6) von Bianco, Versuch p. 417, 418.

Erfurt hat ein allgemeines Universitätsconsil, bestehend
aus den DD. und MM., fehlt es in einer Facultät an drei
„Birretati", so treten LL. so lange für sie ein, bis die Drei-
zahl der Doctoren wieder erreicht ist. Dem Rector, an
dessen Wahl auch die Scholaren in beschränkter Weise
theilnehmen, sind acht consiliarii, je zwei aus jeder Facultät,
beigegeben. [1])

In Greifswald kommen allgemeine Versammlungen (con-
vocationes) der Lehrer vor, neben dem Rector stand ein
Consilium, ohne dass Näheres über seine Zusammensetzung
ersichtlich. [2])

Das Consilium generale der Universität Ingolstadt besteht nach den Statuten von 1472 aus den DD. und LL.
aller Facultäten, sowie den MM. in artibus. [3])

Eine merkwürdige Entwicklung hat Basel durchgemacht.
Dort begehrten 1462 in Verbindung mit einigen DD. und
MM. die Scholaren der Rechte nach dem Vorbild von Bo-
logna ihren eigenen Rector und gingen 1466 so weit, dem
statutenmässig gewählten Rector einen adeligen Studenten des
Civilrechts als Scholarenrector gegenüberzustellen. Die Statuten von 1477 lassen nun wohl den Scholaren einigen
Antheil an der Rectorwahl, aber das nach Facultäten stim-
mende Consilium Vniversitatis wird lediglich durch die Gesammtheit der DD. und MM. aller Facultäten gebildet.
Unter den Consiliarii Rectoris sind neben 2 DD. und 2 MM.
AA. auch 2 Scholaren. Die Betheiligung der Studirenden
an der Rectorwahl, sowie an dem Consistorium Rectoris
wurde bald noch mehr beschränkt und 1500 trat man in
eine ganz neue Phase der Entwicklung, indem der alte grosse
Universitätsrath beseitigt, das regimen Vniversitatis aber einem

1) Constitutt. Vniv. studii Erford. bei Motschmann a. a. O.
p. 624 ff. 637, 645.
2) Kosegarten a. a. O. I 73.
3) Mederer l. l. IV p. 59. Prantl a. a. O. p. 35.

Collegium der ordentlichen besoldeten Lehrer von 15 Mitgliedern, einschliesslich des Rectors (Regencia, Consilium Vniversitatis), übertragen wurde. [1]

Dieses endliche Ueberragen der besoldeten, ordentlichen Lehrer ist nicht ohne frühere Vorbilder. Das Consilium der Universität Rostock bestand von Anfang an nur aus den besoldeten Lehrern (stipendiati), die nach Bedürfniss zwei oder drei angesehene Graduirte, aber nicht mehr, cooptiren durften. [2] Aehnlich scheinen in Freiburg seit der Gründung allein die ordinarii lectores, d. h. die mit besoldeten ordentlichen Lehrämtern Betrauten die Repräsentation der Universität gebildet zu haben. Dem Rector stehen hier zwei Assessores zur Seite, darunter der abgegangene Rector, sowie ein Consistorium (auch: Senatus), bestehend aus den Assessores, dem Decanus facultatis AA. und noch einem Mitglied. [3]

Die eigenthümliche Verkürzung der Artistenfacultät, zu welcher man in Heidelberg gelangt war, kehrt in Tübingen wieder. Der Senat besteht daselbst aus den Doctores regentes, von den Artisten aber befinden sich nur der Decan und zwei andere MM. in demselben. Die Universitätsordnung von 1491 enthält für die Wahlen zu Lehrämtern besondere Bestimmungen, wobei die Theilnahme der Artisten noch mehr beschränkt ist. [4]

Wir erkennen, die Zeit war vorgeschritten von der Vniversitas DD., MM. et Scholarium zur Vniversitas DD. et MM. und gerade, als Wittenberg gegründet wurde, war letztere schon im Absterben begriffen und der Uebergang zur Vniversitas professorum, d. i. der Corporation der angestellten und besoldeten Lehrer, nicht ferne.

---

1) Genaueres bei Vischer a. a. O. S. 101—125.
2) Krabbe a. a. O. S. 81, 82.
3) Schreiber, Universität Freiburg II S. 45.
4) Klüpfel a. a. O. S. 6—8.

Man glaube nicht, dass diese Entwicklung unabhängig sei von der Wandelung, welche in der Stellung der Universitäten überhaupt vorgegangen war. Von kosmopolitischen, dem geistlichen Schwert dienenden und von demselben in Abhängigkeit gehaltenen Wissenschaftssitzen, welche, um ihre kirchliche Mission auszuführen, unabhängiger politischer Stellung und eines regen, durch demokratische Institutionen in steter Gährung gehaltenen Corpsgeistes bedurften, waren sie mehr und mehr, besonders in Deutschland, zu provinziellen Unterrichtsanstalten herabgesunken. Als solche lieferten sie der sich ausbildenden und befestigenden Landeshoheit der Fürsten brauchbare Werkzeuge, standen daher in hoher Gunst und erfreuten sich sorgsamer Pflege, wurden aber bald, wie sie nunmehr Staatszwecken dienten, zu Staatsanstalten und verwandelten sich aus freien Corporationen in landesherrliche Collegien.

Unsere Wittenberger Statuten fallen in den Anfang dieser zuletzt charakterisirten Entwicklungsphase. Die in denselben der Universität gegebene Verfassung schliesst sich an die Heidelberg-Tübinger Modification der Vniversitas MM. et DD. an, trägt jedoch die Keime zu einer blossen Vniversitas professorum bereits in sich. Jener Anschluss erklärt sich aus den engen Beziehungen, in welchen Staupitz und andere Wittenberger Lehrer zu Tübingen als dort Graduirte und von dort Berufene standen, Scheurl aber hatte, ehe er nach Bologna ging, einige Jahre zu Heidelberg studirt.

Die „Vniversitas studii Wittenburgensis" (Un. St. cap. 6. i. f.) ist eine Corporation (unum corpus) bestehend aus den vier Facultäten, mit einem Rector als Haupt jener, vier Decanen oder Prioren an der Spitze dieser. Gliederung in Nationen wird — wohl nur im Hinblick auf das benachbarte Leipzig — verworfen (Un. St. c. 1). Die gleichmässig untersagten „conventicula aliquorum, quas ipsi appellant Sanctorum solennitates", scheinen Vorläufer unserer heutigen

Studentenverbindungen, jedenfalls stehen sie zur corporativen Verfassung der Universität in keinem Bezug.

Von einer allgemeinen Versammlung sämmtlicher Universitätsangehörigen ist nicht die Rede, nicht einmal von einer Versammlung sämmtlicher Graduirten. Die Universität wird — wie schon die Fundationsbulle anordnet — allein repräsentirt durch einen Senat, welcher aus den DD. der höheren Facultäten, dem Decan und 2 MM. der Artisten, sowie den fünf canonici ducales (s. ob.) besteht (Un. St. cap. 3). Diese letzteren bilden ein Element, welches auf die zukünftige Vniversitas professorum hinweist. Denn re vera sind die Canonici ducales nichts anderes als besoldete, von der Universität nominirte, vom Kurfürsten aber vocirte Docenten der Artistenfacultät. Die Abstimmung geschieht nach Köpfen, nicht nach Facultäten (Un. St. cap. 4. 6). Die dem Senat nicht angehörigen Graduirten haben eben so wenig corporative Rechte, wie die Studirenden.

Eine genauere Umgrenzung der Competenz des Senates wird nicht gegeben, nicht einmal das durch die kaiserliche Stiftungsurkunde verliehene ius statuendi ist bestätigt, vielmehr haben, wie wir sahen, die Reformatoren das ius Statuta commutandi et interpretandi. Beiläufig werden als Geschäfte des Senates erwähnt: Mitausübung der Jurisdiction, ohne dass deren Umfang erkennbar wäre (Un. St. cap. 4 i. f.), Wahl des Rectors (Un. St. c. 5), Wahl und Nomination geeigneter Persönlichkeiten für die erledigten Prälaturen bei der Stiftskirche; also auch für die mit jenen verbundenen ordentlichen Lehrerstellen (Un. St. cap. 8). Dass jedoch der Senat auch in anderen wichtigen Sachen zur Mitwirkung berufen war, unterliegt keinem Zweifel.

Ein engeres Consilium des Rectors ist nicht geordnet. Doch stehen ihm die vier Decane bei Ausübung der Gerichtsbarkeit (Un. St. cap. 19, 20, 25), bei der Signatur von Urkunden (Un. St. cap. 6) und anderen Geschäften zur Seite.

Vorsitzender des Senates ist der Rector. Er wird, wie es auch die Statuten fast aller früheren Hochschulen bestimmen, halbjährig — am Tage des Evangelisten Lucas (18. October) und der Heiligen Philippus und Jacobus (1. Mai) — aus den DD., LL. und MM. quatuor annorum erwählt, doch ist auch ein Nichtgraduirter wahlfähig, wenn er von edlem Blut und guten Sitten ist oder durch eminentes Wissen sich auszeichnet (Un. St. cap. 5). Diese Bestimmung zielt lediglich darauf ab, die Wahl von vornehmen, bei der Universität immatriculirten Jünglingen oder hochgestellten Männern, welche noch keinen Grad erlangt hatten, zu ermöglichen. Aehnliche Clauseln finden sich auch in den Statuten anderer Hochschulen und die Universität Ingolstadt hatte 1486 ein besonderes Statut über die Wählbarkeit der Scholaren unter gewissen Voraussetzungen beschlossen, um einem Grafen Joachim von Oettingen das Rectorat antragen zu können. [1]) Solche jugendliche Rectoren kommen in Wittenberg häufig vor, da es — wie früher Erfurt — von Prinzen und andern Gliedern des hohen Adels frequentirt zu werden pflegte. Meistens war bloss der Name und die Ehre des Amtes bei dem Erwählten, die Geschäfte führte ein aus der Zahl der Universitätslehrer deputirter Vicerector. Man benutzte solche Gelegenheiten um angesehene Docenten, denen es aus irgend welchem Grund, etwa weil sie verheirathet waren, an der Wählbarkeit fehlte, zur Leitung der Universitätsangelegenheiten gelangen zu lassen. Dass der zum Rector zu erwählende Clericus sei, wie die meisten älteren Universitätsstatuten vorschreiben, wird in Wittenberg nicht verlangt, aber das ist geblieben, dass er unverehelicht sein müsse. Der Rector hat die Ehre, das Ansehen und die Würde seines Amtes zu wahren, daher soll er nur selten, in ehrbarem Aufzuge und in Begleitung auf der Strasse

---

1) Mederer l. l. I p. 31.

erscheinen. In Cöln war dereinst noch hinzugefügt worden, dass er auch „cum honestiore more quam fecerat, antequam esset Rector" einherschreiten solle. [1]) — Ohne Zustimmung der Reformatoren soll der Rector nicht über Nachts ausserhalb der Stadt verweilen.

Der Umfang der Amts befugnisse des Rectors ist durch die eminente Stellung, welche die Reformatoren einnehmen, sehr beschränkt und mit der Macht der Lenker älterer Universitäten, welche wie Häupter aristokratischer Republiken herrschen, nicht vergleichbar. Freilich ist der jeweilige Rector auch Reformator, aber als solcher eben doch nur Mitglied eines Collegiums, in welchem die Majorität den Ausschlag giebt. Sehen wir ab von der allgemeinen Phrase, dass der Rector die Aufnahme der Universität sich angelegen sein lassen und dieselbe vor Schaden bewahren solle, so bleiben (Un. Stat. c. 6, 15, 17 u. a.):

1) Bewahrung der Privilegien und Statuten;
2) Aufzeichnung wichtiger Vorkommnisse;
3) Convocation und Präsidium des Senats;
4) Leitung der laufenden Geschäfte: Intitulatur, Vorlesen der Statuten, Publication von Verordnungen, Signatur schriftlicher Ausfertigungen, Empfang von Gästen, Sorge für die Festlichkeiten, Oratio ad clerum;
5) Visitation der Collegien;
6) Einnahme der Inscriptionsgebühren und mancher Strafen;
7) Jurisdiction und Disciplinargewalt über Lehrer und Scholaren innerhalb nicht erkennbarer Grenzen in Verbindung mit dem Senat oder den Decanen und unter Provocation an die Reformatoren und ´den Kurfürsten.

---

1) Statuta antiqua Vniv. Colon. d. a. 1392 bei von Bianco, Versuch p. 416.

Als Beamte der Corporation werden erwähnt der Notarius (Un. St. c. 15) und die Bidelli (ibid. c. 26). Uni-
versitätssyndicus ist nach der Fundationsbulle der Syndicus
des Allerheiligenstifts, in den Universitätsstatuten wird er
übergangen.

Diess die Grundzüge der Wittenberger Universitätsver-
fassung, wie sie in den Universitätsstatuten von 1508 sich
darstellt.

Wie derselben eine freiheitliche corporative Grundlage
in der Facultätenverfassung geblieben, welche noch auf
Jahrzehnte hinaus die Universität vor bureaukratischer Ver-
knöcherung bewahrte, habe ich an anderem Orte darzulegen
versucht. Indem ich daher auf diese meine frühere Arbeit [1])
verweise, zu welcher der gegenwärtige Aufsatz in dem Verhältniss eines ersten Theiles zum zweiten steht, unterlasse
ich es, hierauf einzugehen. Eben so wenig soll der weitere
Inhalt unserer Statuten, so lehrreich er sich auch wie für
Culturgeschichte überhaupt, so insonderheit für die Geschichte des wissenschaftlichen Studiums erweist, einer Betrachtung unterworfen werden.

Doch Eines will nicht übergangen werden, welches auch
das schon oben hervorgehobene Bestreben, der Fassung
unserer Statuten ein classisches Colorit zu geben, im rechten
Licht erscheinen lässt. Ich meine die Gleichstellung der
Poëtae laureati mit den MM. AA. (Un. St. c. 9). Auch hierin
spiegelt sich der Geist der neuen Zeit, unter dessen Einfluss
Wittenberg gegründet wurde, wieder. Die Poeten dürfen
wir als Vertreter des Humanismus betrachten. Dass sie in
diesen Statuten der gelehrten Corporation einen Platz neben
den Graduirten erhalten, beweist, dass die barbarische Aera
jener alten MM., welche in den Epistulae obscurorum viro-
rum conterfeit werden, vorbei war.

---

1) „Zur Verfassungsgeschichte der deutschen Universitäten" in:
Muther, Aus dem Universitäts- und Gelehrtenleben S. 31—63.

Der Untergang der alten Wittenberger Universitäts-
einrichtungen ging mit dem Fortschreiten der Kirchenreformation Hand in Hand. Schon vor Beginn derselben
hatte man eingesehen, dass die Statuten vom Jahre 1508
„an etlichen Stücken kleinen Mangel" trugen, Martin
Polich von Mellerstadt brachte im Jahre 1512 eine Reformation derselben bei dem Kurfürst Friedrich in Anregung.[1] Im Jahre 1516 aber trug die Universität dem
Kurfürsten ausführlich vor, es sei ein grosser Mangel, „dass
keine Lection fundirt und ewiglich also zu bleiben gestiftet
sei, ausgenommen, was auf die Geistlichkeit geordnet ist".
Daher seien solche Stiftungen und Fundationen in allen
Facultäten nöthig, dass gelehrte und berühmte Personen
„stifft und fundirt seien, die nit von hinnen, als bissher
geschehen, trachten". Was die Artisten anlange, sei die
dauernde Dotation von 5 oder 6 Stellen Bedürfniss; des-
gleichen von zwei Stellen für Mediciner, wovon der eine
„trefflich und berümpt" sein müsse; ebenso Stellen für zwei
Juristen, „die leges lesen, aber gelehrt und erfahren Leut".

„Auff dass Ew. Kurfürstl. Gnaden Universität nicht
als Greifswald, Maintz, Trier, Basel und andere Universitäten, die auch allein auf der Geistlichkeit fundirt
sein, desolirt, wüst und zu nicht werde. Darumb
wollt E. K. G. solche berumpte Leuthe stifften, die
des Dings warten und den der Hauff der Studenten
nachzeuget.[2]

Kurfürst Friedrich, welchem die Verbindung der
Universität mit dem Capitel der Allerheiligenkirche sehr am
Herzen lag, liess antworten:

1) Schreiben Mellerstat's an den Kurfürsten dat. Wittenberg
Mittwochs nach Arnolffi a⁰ domini XVᶜ zwelff im Weimarer Communalarchiv R. O. S. 134 DDD nr. 1.

2) Bericht der Universität an den Kurfürsten ohne Datum (Sommersemester 1516) im Weimarer Communalarchiv R. O. Lit. QQ fol. 111—114.

„So haldet es S. K. G. nicht dafür, dass dy Vniuer-
sität zergehn solde, wie in den vbergebn verzaichnis
gemeld wirdet, dieweil die Vniuersitet vnd das Capitel
der Stiftkirche alhie zusamen verbleybt und ein
Ding sey."[1]

Darauf die Wittenberger: dass die Universität „gar zu
gehen sollte" halte man auch nicht dafür, aber sie sei
gleichwohl noch nicht genugsam fundirt, obwohl sie mit dem
Capitel verleibt sei. Neben den „auff der Geistlichkeit"
gestifteten Lectionen, sei die Dotation von Stellen für weltliche Personen, die lesen, erforderlich: „nemlich als tzwei
Legisten, ein Medicus auffs wenichste vnnd fünff Artisten.
Doch steht es zu E. K. G. Gefallen".[2]

Wollte man annehmen, das Vorgehen der Universität
habe seinen Anlass in einem Mangel an tüchtigen Lehr-
kräften gehabt, so würde man für jene Zeit kaum das
Richtige treffen. Ich will zum Beweise eine dem zuletzt
erwähnten Universitätsbericht entnommene Uebersicht der
Besetzung der Facultäten einschliesslich der theologischen,
obwohl dieselbe als ausserhalb des zu Sprache gebrachten
Uebelstandes stehend, nicht in Betracht kommt, folgen
lassen.

I. Lecturen der Theologie:

1) Petrus Lupinus, Inhaber der mit der Custodia
bei der Stiftskirche verbundenen Lectura in Theologia,
er hat jeden Freitag in Theologia zu disputiren, da
jedoch die anderen DD. theol. ihn hierin unterstützen,
liest er früh um 8 Uhr die Lection, die vordem
D. Mellerstat († 1414) gelesen in via Thomae.

---

1) Schreiben des Kurfürsten an die Universität im Weimarer Communalarchiv R. O. S. 113 QQ nr. 5.

2) Bericht der Univ. an den Kurfürsten im Weimarer Communalarchiv R. O. Lit. QQ fol. 111—114.

2) Martin Luther, Lectura in Biblia auf das Augustinerkloster gestiftet, liest um 1 Uhr (sollte eigentlich früh
um 6 lesen).

3) In Vertretung des damals abwesenden [1]) Karlstadt,
welcher Besitzer der mit dem Archidiaconat an der
Allerheiligenkirche verbundenen theologischen Lectur
war und eigentlich um 1 Uhr lesen sollte, las
Lic. Amsdorff in Gabriele 4 Uhr Nachmittags, da
Martin Luther die Stunde um 1 Uhr occupirt hatte.

II. Juristische Lecturen:

1) Henning Göde, Präpositus der Stiftskirche, las
als solcher ordinarie in iure canonico und zwar in
decretalibus früh um 6 Uhr.

---

1) Ueber die Abwesenheit Karlstadts finden sich im Weimarer
Communalarchiv R. O. S. 30 LLL nr. 2 folgende Nachrichten. Unter
dem 12. Juni (Dienstags nach Corporis Christi) 1515 berichtet die Universität an den Kurfürsten, von Karlstadt sei vorgetragen worden, wie er vor
5 Jahren, als er in Aengsten und Gefährlichkeiten in seiner Feinde
Hände gefallen, eine Romfahrt dem allmächtigen Gott und seinen Aposteln
gelobt und bisanher verzogen habe. An solcher Wallfahrt sei Karlstadt
nicht füglich aufzuhalten, doch mit dem Anhang, dass er dieselbe aufs
längste in 4 Monaten nach seinem Auszug von Wittenberg vollbringe
und dann wieder in Wittenberg eintreffe bei Verlust seiner Pfründe.
Karlstadt habe auch weiter beantragt, ihm zu gestatten anderswo als in
Wittenberg zu studiren. Das sei nach Ansicht der Universität unthunlich.
Denn nachdem Karlstadt in freien Künsten und in der heil. Schrift Doctor
geworden und seine Endschaft darin erlangt, sei es ihm im weltlichen
Recht auch öffentl. lectiones zu hören durch das geistl. Recht verboten.
Man halte dafür, es sei gut Karlstadt eidlich angeloben zu lassen, unter
solcher Pilgrimschaft nichts auszubringen, was der Universität und des
Stifts Statuten zum Nachtheil sei.

Der unstete Mann hatte also, wie es scheint, vor, die Theologie
aufzugeben und unter einem Vorwand nach Italien zu ziehen, um dort
zum Juristen sich auszubilden (Vgl. hierzu Scheurl's Briefbuch I S. 70).

Unter dem 23. Febr. 1516 erging ein kurfürstl. Rescript an Karlstadt,
sich bis Johanni (24. Juni) wieder nach Wittenberg zu fügen, und das,

2) Laurentius Schlamau, Decan der Stiftskirche, las als solcher am Sonntage um 1 Uhr in den Decretalen.

3) Matthias Beskau (Torgensis, daher Doctor Torgau), Scholasticus der Stiftskirche, las als solcher in Sexto um 12 Uhr.

4) Kilian Reuther aus Mellerstadt las nach dem um jene Zeit erfolgten Tod des Stiftssyndicus Doctor Paulus Penkau (Penkow) „an Stadt eines Sindici" Institutionen um 7 Uhr Morgens.

5) Hieronymus Schürpf, zeitweise angestellt als ordinarius Codicis mit einer Besoldung von 100 Gulden, las in Codice im Sommer um 8, im Winter um 9 Uhr.

6) Wolfgang Stehelin, zeitweise angestellt als ordinarius legum mit einer Besoldung von 160 Gulden, las in Digesto veteri um 2 Uhr.

7) Christian Beyer, zeitweise angestellt als ordinarius legum mit einer Besoldung von 80 Gulden, las in Digesto novo um 3 Uhr.

III. In der medicinischen Facultät ist ein einziger Docent: Doctor Schwabe zeitweise angestellt, mit einer Besoldung von 70 Gulden, liest um 2 Uhr Nachmittags.

IV. Artistenfacultät.

1) Lic. Amsdorff hat das erste Canonicat an der Stiftskirche inne und liest Logicam Aristotelis secundum viam Scoti um 5 Uhr Morgens im Sommer, um 6 Uhr im Winter.

2) M. Feltkirchen hat ein Canonicat an der Stiftskirche und liest in Physica naturali secundum viam Scoti um 7 Uhr.

---

was ihm mit Predigen, Lesen und Anderem zu thun gebühre, abzuwarten. Unter dem 4. Juni e. a. gab der Kurfürst dem Capitel der Stiftskirche hiervon Notiz, hinzufügend: Karlstadt sei jetzo am Hof in Torgau gehorsamlich erschienen.

3) Lic. Sebastian Küchenmeister hat ein Canonicat an der Stiftskirche (das 4.) und liest in Petro
Hispano secundum viam Scoti um 12 Uhr „nach
essen".

4) M. Staffelsteyn hat ein Canonicat an der Stiftskirche (dessen einverleibte Pfarrei aber noch nicht
verfallen ist) und liest in Petro Hispano˙ secundum
viam Thomae um 12 Uhr.

5) Ein Magister zu den Augustinern auf das Kloster gestiftet in Ethica um 12 Uhr.

6) Magister Bruck, zeitweise angestellt mit 20 Gulden,
liest Aristotelem (Logik) secundum viam Thomae.

7) M. Joh. Gunckele, zeitweise angestellt mit 20
Gulden, liest in Physica secundum viam Thomae um
7 Uhr Morgens.

8) M. Phach, zeitweise angestellt mit 30 Gulden, liest
um 8 Uhr Morgens in Poetica, um 4 Uhr Nachmittags in Rhetorica.

9) M. Otto Becmann, zeitweise angestellt mit 20
Gulden, liest in Grammatica 4 Uhr Nachmittags.

10) M. Premsel von Torgau, zeitweise angestellt mit
20 Gulden, liest um 3 Uhr Nachmittags Metaphysica.

11) M. Czorbig, zeitweise angestellt mit 20 Gulden,
liest um 2 Uhr Nachmittags in astronomia et mathe-
matica.

Somit waren fest dotirt und „auf die Geistlichkeit" gestiftet nur die Stellen der theologischen Facultät, in der
Juristenfacultät die Stellen 1—4, in der Artistenfacultät die
Stellen 1—5. Dabei erhält jedoch eine Stelle (IV 2) eine
persönliche Zulage von 20 Gulden aus der Kammer, eine
andere (IV 4) wird mit 20 Gulden allein aus der Kammer
besoldet, da die dem damit verbundenen Canonicat einverleibte Pfarrei noch nicht erledigt ist, und aus gleichem
Grunde ist wohl das fünfte Canonicat an der Stiftskirche

unbesetzt. Alle übrigen Lehrerstellen, also in der Juristenfacultät nr. 5—7, die medicinische Lectur, in der Artistenfacultät nr. 6—12, erhalten ihre Besoldung aus der kurfürstlichen Kammer, theilweise mit einem Zuschuss aus Uni-
versitätsmitteln (bei IV 8 aus der Univ. 10 Gulden), eine
Stelle (IV 10) steht ganz auf der Universität.

Die Belastung der kurfürstlichen Kammer mit Besoldungen betrug daher im Jahre 1516 im Ganzen 550 Gulden,
diejenige der Universitätscasse (aus eigenem Erwerb) 30
Gulden.

Zwischen den Inhabern der mit einem Canonicat verbundenen Pfründen und den auf die Kammer angewiesenen
Lectoren bestand nun ein gewaltiger Unterschied. Denn
während die ersteren sich zunächst als kirchliche Personen
fühlten und ihre Kirchenämter vertraten, zu denen sie
häufig aus anderen Gründen, als wegen ihrer wissenschaftlichen Tüchtigkeit und Lehrgabe gelangt waren, dabei aber
ihre Pfründe als dauerndes „Lehen“ lebenslänglich inne
hatten, waren die letzteren, die eigentlichen Fachleute und
ziehende Berühmtheiten ihrer Facultät, immer nur zeitweise
(meistens auf 5 Jahre) von dem Kurfürsten angestellt. So
standen sie denn stets auf dem Sprunge, suchten sich daher
durch anderweitigen Erwerb, die Juristen insonderheit als
Advocaten und Rechtsconsulenten, Vermögen zu erwerben,
vernachlässigten dabei ihr Lehramt und waren stets bereit,
bei sich darbietender Gelegenheit einträglichere Stellungen
anzunehmen. Der Kurfürst war in solchem Falle rechtlich
nicht verbunden, die erledigte Stelle wieder zu besetzen, er
konnte sie zum Vortheil seiner Kammer eingehen lassen.

Daraus erklären sich die oben mitgetheilten Anträge
der Universität.

Aber auch andere Unzuträglichkeiten führte die ge-
schilderte Einrichtung mit sich. Der Kurfürst hatte das
beinahe selbstverständliche Bestreben, die Kammer mög-

lichst von Ausgaben für die Universität zu entlasten. Er
mochte bei Stiftung derselben die Hoffnung gehegt haben,
dass nur im Anfange Zuschüsse aus der fürstlichen Casse
nothwendig seien, dass aber, sobald die Universität zu
Glanz gelangt, der eigene Erwerb derselben nebst der aus
Kirchengut beschafften Dotation des incorporirten Collegiat-
stifts ausreichen werde, um die Hochschule zu erhalten.
Das war nun anders gekommen. Was Wunder, dass der
Fürst sich mit peinlicher Genauigkeit nach den Einkünften
der Universität erkundigt und Einnahme und Ausgabe bei
Heller und Pfennig nachrechnen will?

In dem ersten der bereits erwähnten Universitätsberichte
aus dem Jahre 1516 ist mitgetheilt, die Universität habe
300 Floren in fisco, andere 500 Floren habe man angelegt
und 25 Floren jährlichen Zins davon gekauft. Hierauf
werden die Zugänge und Ausgaben der Universität im Allgemeinen angegeben. Als Zugänge werden lediglich die
Promotionsgelder aufgeführt unter dem Beifügen: es sei
billig, dass die Hälfte dieses Geldes, wie bei anderen Universitäten, den Facultisten als Lohn für ihre Mühewaltung
bei den Promotionen zukomme, so würde es die Universität
längst gehalten haben, wenn der Kurfürst nicht die neuen
Statuten von 1508 „wider Willen" der Universität mit dem
Befehle, sie zu halten, hätte überantworten lassen. Ausgaben
der Universität von dem Geld in fisco seien: ein Lector' in
metaphysica, ein Schreiber, 10 Floren Zulage für M. Phach,
da er 2 lectiones lese „und viele andere nottürftige, zufällige
Expens und Zerung", sonderlich das Gebäude, das neue
Haus sei noch nicht ausgebaut, ferner sei nöthig zu bauen
ein steinerner Thurm für das heimliche Gemach, das alte
werde bald einfallen. Auch brauche man Geld für Processe, um der Universität Privilegia zu schützen, dann zu
Geschenken für ehrliche Personen und Gäste, sowie zu
anderen Ausgaben „die uns itzund nicht einfallen". Die

Universität könne daher das Geld nicht entbehren und von
sich geben.

Darauf erwiderte der Kurfürst: er wolle einen „klaren
Verstand" haben, was das Einkommen der Universität an
jährlicher Nutzung und Zugängen sein möge, sonderlich, wie
viel Promotionen vorgekommen, was von einer jeden gefallen sei, auch was der Keller und das Getränk das Jahr
über trage, daher möge die Universität über die letzten
3 Jahre Rechnung legen, ferner sei anzugeben, warum die
500 Fl., so angelegt, erübrigt, auch woher die 300 Fl.
kommen, endlich sei rücksichtlich der Ausgaben näher anzuzeigen, was für Bücher gekauft und zu welcher Zeit, wann
die Szepter gekauft, woran das Geld verbaut sei. Es achte
auch der Kurfürst dafür, „dass die Statuta des Vermögens
nicht seien, dass man von dem Geld, welches von den Promotionen gefallt, Ymants etwas geben durff anders, den das
es an der Vniuersitet gemeinen Nutz sol gewandt werden".

Die Universität gab die verlangte Auskunft, indem sie
zusammenstellte, wie viel für jeden Grad zu zahlen sei, woran
sie eine Uebersicht über die Zahl der Promotionen in jedem
Jahr seit dem Wintersemester 1509 (erst von da an habe
man angefangen „gelt zu nehmen") anschloss. Von den
Promotionen sei alles Geld, welches vorhanden, angelegt
und ausgegeben ist, hergekommen, ein kleiner Theil nur von
dem Zins des Collegiums. Der Keller trage der Universität
gar nichts. Andere Nutzungen und Zugänge derselben seien
gering. Die Intitulaturgebühr betrage 2 Gr. bei einem
semesterweisen Zugang von etwa 80, mitunter 90, zu Zeiten
aber nur 60 Ankömmlingen; diese Intraten seien allzeit
verwendet und verausgabt worden für Botenlohn und die
sieben Messen, welche die Universität im Jahre singen und
halten lasse. Von den 32 Stuben des Collegii sind den
regierenden Mgri desselben 6 vorbehalten, sowie der dritte
Theil des Zinses, der von den Häusern gefällt. So bleiben

noch 26 Stuben zinsbar und eine iegliche giebt des Jahres
7 Schock. Die Dachkammern (23 im neuen Collegio, 20 im
alten Collegio) stehen leer, weil Niemand in ihnen wohnen
will, ebenso 8 Kammern in der Mauer des neuen Collegii,
von den 8 Kammern in der Mauer des alten Collegii giebt
jede jährlich 10 Groschen. — Die Bücher seien für die
Thomisten in Logica durch D. Mellerstat gemacht und zu
Leipzig gedruckt im 12. Jahr, im 14. Jahr [1]) sei die physica
D. Mellerstats ebenfalls für die Thomisten der Artistenfacultät in Leipzig gedruckt worden. Die Szepter seien
1509, als das neue Statut gegeben wurde, mit kurfürstlicher
Bewilligung von Nürnberg angeschafft. Folgen nähere Angaben über die Bauten. Rücksichtlich ihres Antrages, die
Vertheilung der Hälfte der Promotionsgelder unter die Facultisten betreffend, bemerkt die Universität, derselbe ziele auf
das Gedeihen der Hochschule ab und sei in deren wohl-
verstandenen Interesse, da sonst Niemand in den Facultäten
bleiben und examiniren wolle.

Die Verhandlungen des Jahres 1516 verliefen ohne ein
wesentliches Ergebniss zu ergeben. Erst im Herbste des
Jahres 1517 wurden dieselben wieder aufgenommen, indem
Kurfürst Friedrich zu einer Visitation der Universität seine
Räthe Fabian von Feylitsch und Hans von Taubenheyn
abordnete, welche, nachdem sie am Montag den 21. Sept.
gegen Abends in Wittenberg eingekommen waren, am folgenden
Tag „Handelung und erfarung vff ubergeben artikel" mit
einzelnen Mitgliedern der Universität vornahmen. Die Ver-
nehmungen bezogen sich vorzugsweise auf das „versäumliche
Lesen" der Doctoren, insonderheit der Juristen. Wieder begegnen wir der Entschuldigung, es sei denselben nicht anders
möglich, den nöthigen Unterhalt zu gewinnen. Auch Finanz-

---

1) Es bleibt dabei kaum zweifelhaft, dass das 12. resp. 14. Jahr des
Jahrhunderts gemeint ist.

sachen, besonders das Einkommen der Stiftskirche, bilden den Gegenstand von Unterredungen. Im Winter 1517 liess sich der Kurfürst nochmals die Zahlen aller Promotionen, welche seit Beginn der Universität vorgekommen, einsenden. Es würde indess zu weit führen, diess Alles im Einzelnen zu verfolgen. Wir erkennen schon aus dem Mitgetheilten: der neue Geist, welcher in den Statuten von 1508 weht und das Bedürfniss der Zeit vertrugen sich nicht mehr mit der auf die Auctorität und das Gut der päpstlichen Kirche basirten ursprünglichen Fundation der Wittenberger Universität.

Darzustellen wie erst nach Kurfürst Friedrichs Tod die völlige Secularisirung des Stiftsvermögens und damit verbunden die selbständige Dotation der Universität unter Ablösung derselben von der Allerheiligenkirche ernsthaft in Angriff genommen wurde, wie aber die Verhandlungen darüber über ein Jahrzehnt sich hinzogen, bis es 1536 zu einer neuen rein weltlichen („Inn des Sechssisch new Lehennbuch" eingetragenen) „Fundation vndt Widmung der Vniuersitet zu Wittenberg" (abgedruckt im Codex Augusteus Tom. I [1724] pag. 951 ff.) kam, muss ich mir für eine andere Stelle vorbehalten.

Vorbei war die Zeit der „Dunkelmänner", vorbei aber auch die Zeit der politischen Selbständigkeit und mehr oder minder demokratischen inneren Organisation der Hochschulen. Seltsam: Mit dem Aufblühen der Wissenschaften geht der politische Fall der die Wissenschaft repräsentirenden Corporation Hand in Hand. Diess hat den tiefen Sinn, dass das Reich der Wissenschaft nicht ein sichtbares, äussere Macht und Ansehn erstrebendes sein und bleiben kann, das Reich der Wissenschaft war, ist und bleibt ein ideelles, welches keine Machtentfaltung kennt, als die der Ueberzeugung, das mit inneren Mitteln wirkt und nicht mit äusseren.

Diese wahre Macht der Wissenschaft der Welt zum Bewusstsein zu bringen, war Wittenberg ·unter den deutschen Hochschulen zuerst berufen. Was kümmert es daneben, dass es die letzte Universität war, deren Verfassung noch Reste der mittelalterlichen politisch - selbständigen Corporation in sich birgt, zugleich aber die erste, in deren Statuten alle Keime zum Wachsthum der modernen Staatshochschule verborgen liegen?

Die deutschen· Fürsten haben es verstanden, die Universitäten den Staatszwecken dienstbar zu machen und ihre Autonomie zu brechen, sie haben aber auch — hoch sei es gepriesen! — nicht der Erkenntniss sich verschlossen, dass nur die unbehindert nach Wahrheit strebende Wissenschaft fruchte. So ist denn unter ihrer Pflege die Wissenschaft zu einer Blüthe und Bedeutung gelangt, wie keine Vergangenheit sie aufzuweisen hat.

Wohl mag man sagen, die Päpste liessen dereinst den Universitäten politische Freiheit, fesselten aber die Geister, die deutschen Fürsten dagegen nahmen die corporative Selbständigkeit, befreiten aber den Gedanken.

Was widrige Einflüsse, welche auch die politische Entwicklung Deutschlands in unglückliche Bahnen drängten, an den Universitäten geschädigt haben mögen, die politische Wiedergeburt des Vaterlandes wird es heilen. Die deutschen Hochschulen werden sicher einer der Würde der Wissenschaft entsprechenden Umformung ihrer gegenwärtigen Verfassung sich zu erfreuen haben.

Achter Aufsatz.

Doctor Conrad Lagus.

Ein Beitrag zur Geschichte der Systematik des Civilrechts und der Lehre vom Autorrecht.

Conrad Lagus ist geboren zu Kreutzburg in Hessen [1]) zu Ende des 15. oder zu Anfang des 16. Jahrhunderts. Näheres konnte ich nicht ermitteln. Die Eltern des Lagus werden bezeichnet als „ehrbare Leute" (honesti homines), was auf bürgerlichen Stand und Nahrung hindeutet. Glieder der Familie bekleideten um die Mitte des 16. Jahrhunderts in der Vaterstadt öffentliche Ehrenämter. [2])

Dass der Name Lagus ($\Lambda\acute{\alpha}\gamma o\varsigma$) der Sitte der Zeit gemäss den deutschen Vaternamen griechisch wiedergebe, erhellt auf den ersten Blick. Wir werden also denselben übersetzen dürfen mit: Hase oder Hasse, vielleicht auch Hesse, was bei der vielfach wechselnden und ganz unsicheren Namenschreibung des 16. Jahrhunderts sich nicht bestimmen lässt.

In die Matrikel der Universität Wittenberg ist „Conradus Häss de crutzbergk magun. diöc." unter dem 16. Nov. 1519 eingetragen [3]).

---

1) Diess bezeugt Ioannes Hoppe in seiner Oratio funebris de obitu clarissimi viri Cunradi Lagi, iurium Doctoris etc. (Regiom.) 1548 8⁰. Sign. A 7a.

2) Hoppe a. a. O.

3) Album acad. Viteberg. ed. Foerstemann p. 87.

Es wird berichtet, dass Conrad Lagus schon von früh auf sorgfältigen Unterricht genossen habe [1]. Auf den Universitäten Leipzig und Wittenberg vervollkommnete er seine philologische Ausbildung, zugleich studirte er mit höchstem Eifer die philosophischen Disciplinen. Von seinem gewaltigen Lerneifer erzählt ein wohlunterrichteter Biograph [2], dass er ohne Unterlass bei Tag und bei Nacht der Arbeit obgelegen und von zeitraubenden Jugendvergnügungen sich fern gehalten habe. Er erwarb sich dadurch den Beifall und die Liebe der ausgezeichnetsten Lehrer an beiden Hochschulen.

Unsere Quellen geben keine sichere Auskunft, ob Lagus zuerst in Leipzig und dann in Wittenberg studirte. Beglaubigt ist, dass er hier wie dort auch als Lehrer in der Artistenfacultät auftrat [3], er selbst giebt als die Zeit, innerhalb deren er zu Wittenberg docirte, die Jahre 1522—1540 an. [4]

Wahrscheinlich ist, dass Lagus vor 1519 Leipzig, nachher Wittenberg besuchte. Ob er von da an in Wittenberg blieb und erst im Jahre 1522 dort zu dociren anfing, oder ob er von Wittenberg nach Leipzig zurückkehrte und sich dann Anno 1522 wieder nach Wittenberg wendete, oder endlich, ob er vielleicht nach einem dritten Ort sich von Wittenberg aus begeben hatte, ehe er 1522 seine Docentenlaufbahn an dieser Universität begann, darüber vermag ich nicht einmal eine Vermuthung auszusprechen.

Bemerkenswerth ist, dass unter dem 28. December 1521 ein „Conradus Hasse Brunsvicensis" in Wittenberg immatriculirt wurde [5], ohne dass jedoch dessen Identität mit Conrad Lagus sich nachweisen liesse.

1) Hoppe a. a. O.
2) Hoppe a. a. O. Sign. A 7b.
3) Hoppe a. a. O. Sign. A 8b.
4) Protestatio Cunradi Lagi adversus improbam suorum commentariorum de doctrina iuris editionem ab Egenolpho factam. Gedani 1544 Sign. A 3b.
5) Album acad. Viteb. p. 109.

Ein späterer Biograph[1]) des Lagus vermuthet, dass
derselbe im Jahre 1522 oder 1525 von Leipzig nach Witten-
berg gegangen sei, da in diesen Jahren Herzog Georg zu
Sachsen starke Verfolgungen über Luther's Anhänger in
Leipzig verhängt hatte, so dass die Studirenden in hellen
Haufen nach Wittenberg zogen.

Mag dem nun sein, wie ihm wolle, wir können Lagus'
Thätigkeit erst vom Jahre 1522 an verfolgen. Er scheint
zunächst als Privatlehrer sich in Wittenberg niedergelassen
zu haben. Den Grad eines Magister artium hat er nach
glaubhafter Nachricht erst später erlangt. So stand er denn
vorläufig in keinem äusseren Zusammenhang mit der Universität. Er hielt wahrscheinlich, wie diess damals nicht
selten zu geschehen pflegte, eine Privatschule mit Pensionat.
Oeffentliche Anstalten, welche bestimmt waren, für die Universität vorzubereiten, waren noch sehr selten: die Kenntnisse, welche man heut zu Tage auf Gymnasien sich erwirbt,
erlangte man durch den Unterricht von Privatlehrern, welche
am Sitze einer Hochschule oder auch anderwärts Wohnung
genommen und mitunter ziemlich umfangreiche und gut
organisirte Lehranstalten begründet hatten. — Wahrscheinlich
war Lagus damals schon verheirathet; seine Ehefrau war
gebürtig aus Zwickau.

Der lateinischen und griechischen Sprache vollkommen
mächtig, ja selbst im Hebräischen bewandert, hatte Lagus
auch die sonstigen, in den Artistenfacultäten gepflegten
Wissenschaften mit Eifer getrieben; so konnte es denn nicht
fehlen, dass sein Unterricht in den Disciplinen, „welche
zur Pflege des richtigen Ausdrucks eingeführt sind", vielen

---

1) „Erneuertes Andenken des ersten Danziger Syndicus, Dr. Conrad
Lagus" in: Preussische Sammlung allerley bisher ungedruckter Urkunden,
Nachrichten und Abhandlungen (von Prof. Hunov). 1. Bd. (Danzig 1747)
S. 107.

Beifall fand [1]). Auch in späteren Zeiten war er seinen
Schülern ein strenger Mahner, es mit dem Studium der
artistischen Fächer nicht leicht und obenhin zu nehmen,
sondern mit Ausdauer und Fleiss dabei zu verweilen. [2])

Doch auch den Umfang seines eigenen Wissens zu
erweitern, war Lagus noch eifrig bemüht. Die geistige Bewegung jener Zeit concentrirte sich im theologischen Gebiet.
Ein aufgeweckter und gewissenhafter Mann, wie Conrad Lagus,
konnte demselben nicht vorbeigehen, ohne zu versuchen,
durch eigenes Studium sich den Weg zur selbständigen
Lösung der wichtigen Streitfragen, welche die christliche
Welt in Aufregung versetzten, zu bahnen. Lagus widmete
mehrere Jahre seines Lebens dem ernsten Studium der
heiligen Schriften und erlangte, durch seine treffliche humanistische Bildung unterstützt, eine nicht gewöhnliche Kenntniss derselben. Auch hierin schritt er so weit fort, dass
er im Stande war, Andere zu unterrichten. [3])

Neben den theologischen betrieb Lagus juristische
Studien. Um jene Zeit machte er sich mit den Elementen
der Rechtslehre bekannt, so dass er seinen Privatschülern
die Justinianischen Institutionen zu erklären vermochte. [4])
Lagus folgte hierin nur der Sitte seiner Zeit und dem Gebot
der Nothwendigkeit: denn die Väter der ihm anvertrauten
vornehmen Zöglinge mussten verlangen, dass ihre Söhne
auf diese Weise in die Rechtswissenschaft eingeführt würden,
da es sonst keinen Weg gab, sie zum Verständniss der
exegetischen Vorlesungen der Rechtsprofessoren vorzubereiten.

Der Sommer des Jahres 1527 war für Wittenberg ein
überaus trauriger. Eine jener ansteckenden Krankheiten,

1) Hoppe a. a. O. Sign. B 1b.
2) Hoppe a. a. O. Sign. A 7b.
3) Hoppe a. a. O. Sign. B 2b.
4) Hoppe a. a. O. Sign. B 4a und Protestatio Sign. A 4a.

welche man als Pest bezeichnete, suchte die Stadt und
Umgegend stärker, denn je zuvor, heim. Die Universität
wurde im Monat August zeitweise nach Jena verlegt. Von
da siedelte sie nach einiger Zeit (15. September) nach
Schlieben über.

Ob Lagus der Universität nach Jena folgte, ist zweifelhaft, darüber aber sind wir unterrichtet, dass er sich nicht
in Schlieben, sondern in Bautzen einige Zeit aufhielt[1]. Hier
wurde er, wie uns erzählt wird, vom Rath und der Bürgerschaft gut aufgenommen, bei den Vornehmen der Stadt,
besonders bei dem Canonicus Christoph von Haugwitz, kam
er in grosse Gunst. Haugwitz lud ihn mit gastfreier Gesinnung ein, Wohnung in seinem Hause zu nehmen. Lagus
bewies seine Dankbarkeit dadurch, dass er auf Bitten seines
Gastfreundes für diesen, sowie für dessen Collegen und Freunde
Vorlesungen über das Evangelium Marci hielt. Er richtete
dabei sein Augenmerk darauf, den Unterschied des Gesetzes
und des Evangeliums seinen noch an der Lehre von der
Gerechtigkeit der Werke festhaltenden Zuhörern klar zu
legen.[2]

Die Universität kehrte im April 1528 nach Wittenberg
zurück. Lagus nahm nunmehr den Grad eines Magister
artium an[3], wodurch er in nähere Verbindung mit der
Universität kam. Wenn er auch kein besoldetes Lehramt
erhielt, so war er doch als recipirter Magister Mitglied der
Artistenfacultät und hatte als solches die Befähigung zum
Decanat. Von seinen Vorlesungen erfahren wir, dass sie
sich über die philosophischen Disciplinen erstreckten. Zugleich
aber erklärte er in einem sehr zahlreichen Auditorium die
reine Lehre von Gott aus den biblischen Schriften „auf
eine gewisse methodische Weise". „Durch diese seine

1) Hoppe a. a. O. Sign. B 3.
2) Hoppe a. a. O. Sign. B 3.
3) Hoppe a. a. O. Sign. B 3b.

Mühe war er den Studien Vieler förderlich, so dass diese
später die erkannte Lehre der evangelischen Religion in
der Kirche weit verbreiteten". [1]

Auch das Pensionat im Hause, sowie die Privatschule
wurde nicht aufgegeben. Damals befand sich unter Lagus'
Zöglingen ein Knabe aus Bautzen, Namens Johann Hoppe [2],
der nachmals seinem, wie einen zweiten Vater verehrten
Lehrer ein biographisches Denkmal setzte. Diesem danken
wir vorzugsweise unsere Kenntniss vom Wesen und Wirken
des Mannes.

Die Privatlectüre der Institutionen, welche Lagus mit
seinen vornehmen Schülern zu treiben genöthigt war, zog
ihn allmählich mehr und mehr zur Jurisprudenz hin. Er
fühlte einen starken Trieb, sich für den Dienst des öffentlichen Lebens tüchtig zu machen, und da ihm auch seine
besondere Beanlagung für die Rechtswissenschaft nicht lange
zweifelhaft bleiben konnte, fasste er den Entschluss, sich
ganz auf diese Studien zu verlegen. Bald hatte er es so
weit gebracht, dass er in seinem Hause juristische Privatvorlesungen halten konnte, auch fing er an, wie es damals
viele Magistri artium thaten, als Advocat zu practiciren. [3]

Lagus selbst erzählt [4]), es sei zu Jena gewesen, wo er
zuerst dem Verlangen seiner Schüler nachgegeben und für
sie die Elemente der Rechtslehre zu einem Dictat zusammengestellt habe. Wahrscheinlich ist damit nicht der Aufenthalt in Jena im Jahre 1527 gemeint, sondern die spätere
Uebersiedelung im Sommer 1535. Auch damals wüthete die
Pest in Wittenberg, und Lehrer wie Studirende begaben sich
der gesunderen Luft wegen nach der von Bergen umgebenen

---

1) Hoppe a. a. O. Sign. B 3b.
2) Hoppe a. a. O. Sign. A 2 und A 6b.
3) Hoppe a. a. O. Sign. B 4 und 5.
4) Protestatio Sign. A 3b.

thüringischen Landstadt. Der geordnete Gang der herkömm-
lichen Vorlesungen war unterbrochen, Docenten wie Hörer
suchten daher auf ausserordentlichen, ungewöhnlichen Wegen
ihre Ziele zu verfolgen. So war im Jahre 1527 bei dem
Aufenthalt der Universität in Schlieben D. Johann Apel auf
seine „Anwendung der dialektischen Kunst auf die Rechtswissenschaft" gekommen. Und jetzt machte Conrad Lagus
den Anfang mit einem dogmatisch-systematischen Compendium des Civilrechts, welches kaum von minderem Gewicht
ist, als die Arbeiten Johann Apel's. — Wir werden unten
hierauf zurückkommen, vorläufig wollen wir den einfachen
Lebensgang des Conrad Lagus verfolgen.

Im Wintersemester 1531/32 finden wir ihn als Decan
der Artistenfacultät, er promovirte als solcher 12 Magistri
(darunter den späteren schwarzburgischen Canzler Benedict
Reinhard, welcher sich durch seine Differentiae iuris civilis
et saxonici bekannt gemacht hat); dann bekleidete er das
Decanat wieder im Sommer 1538, diesmal 14 Magistri
promovirend. [1]) Eine „Rede über Plato", welche er bei
dieser Gelegenheit hielt, ist uns noch erhalten. [2]) Sie zeichnet
sich aus durch gutes Latein, Belesenheit in den griechischen
und römischen Classikern, und giebt eine Erzählung vom
Leben und den Schriften des Plato. Melanthon schickte
die Rede unter dem 15. Octbr. 1538 an Everhard Rogge
aus Danzig, Bürgermeister in Culm. [3]) — 1539 wird Lagus
unter denjenigen Magistri artium aufgeführt, welche „disputirt

---

1) Sennert, Athenae etc. ed. II p. 122. Es ist unrichtig, wenn
behauptet wird, Lagus habe nächst Melanthon die höchsten Promotions-
zahlen erreicht.

2) Oratio de Platone habita a Cunrado Lago, cum decerneret
titulum Magisterij quibusdam studiosis. Anno MDXXXVIII. Vitte-
bergae. 8⁰.

3) Corp. Reform. ed Bretschneider III p. 588.

Muther, Zur Gesch. d. Rechtswissenschaft.   20

haben", d. h. ihrer Pflicht, die vorschriftsmässigen Disputationen zu leiten, genügten. [1]

Als Consulent in Rechtsangelegenheiten und Advocat erlangte Lagus bald ein grosses Ansehen. Hatte er zu reden, so geschah es mit Ernst und Umsicht; beim Auseinandersetzen von Streitigkeiten trug er nicht bloss dem Rechtsgefühl und der Billigkeit Rechnung, sondern er zeigte auch, wie es zur Humanität sich neigenden Naturen eigen ist, ausnehmende Milde, Höflichkeit und Bescheidenheit: höflich und bescheiden setzte er seine Worte nicht bloss bei wichtigen Verhandlungen vor öffentlichen Behörden und Richtern, sondern auch bei häuslichen Zusammenkünften und in Privatgesprächen. Er erkannte, dass einem braven Manne wohlanstehe, beim Urtheilen die Verschiedenheit der Personen und Umstände zu berücksichtigen. Zuverlässigkeit, Fleiss, Ausdauer zeichnete seine Geschäftsführung aus. [2]

Das Vertrauen, welches er sich erwarb, drückt sich darin aus, dass ihm das Amt eines gelehrten Notarius der Universität übertragen wurde. Er musste in dieser Eigenschaft bisweilen auch dem Kurfürsten von Sachsen, so wie der Landschaft dienstlich sein. [3]

Weit über Wittenberg hinaus verbreitete sich sein Ruf. Als man in Zwickau, der Vaterstadt seiner Ehefrau, daran ging, das Stadtrecht zu reformiren, übertrug man ihm diese Arbeit. Er vollendete sie zu grosser Zufriedenheit seiner Auftraggeber. [4]

Wenn nun auch Lagus, wie wir sahen, mancher Erfolge sich erfreuen konnte, so nahm er doch bei der Universität eine hervorragende Stellung nicht ein. Er selbst spricht sich

---

1) Grossherzogl. und herzogl. sächsisches Hauptarchiv in Weimar Reg. O. Lit. BBB. Fol. 126.
2) Hoppe, a. a. O. Sign. B 7a 8.
3) Hauptarchiv in Weimar Reg. O. Lit. BBB. Fol. 126.
4) Hoppe a. a. O. Sign. B 8.

darüber in späterer Zeit folgendermassen aus: „Niemand ist, der zwischen den Jahren 1522—1540 an der Hochschule sich aufhielt, der nicht wusste, dass ich dort niemals ein öffentliches Lehramt bekleidete, sondern dass ich es nur — ich weiss nicht, ob es so mein Schicksal bestimmte, oder ob Ungunst der Menschen gegen mich, oder meine eigene Nachlässigkeit die Ursache war — dazu brachte, Privatvorlesungen zu halten."

Es ist sehr wahrscheinlich, dass gewisse reformatorische Ideen bezüglich der Unterrichtsmethode, welchen Lagus nachhing, den Grund abgaben, weshalb man ihn bei Besetzung der ordentlichen Lehrerstellen überging.

In einem Rescript des Kurfürsten Johann Friedrich von Sachsen d. d. Sonnabends nach Galli 1538, allerlei Gebrechen der Universität Wittenberg und deren Abstellung betreffend, heisst es: Da sich mehrere unterstehen, in iure zu lesen, die zuvor keine ordentliche Schule durchgemacht, und sogar gegen die hergebrachte Lehrmethode aufzutreten, so soll denselben ihre Anmassung untersagt und ihr etwaiger Ungehorsam dem Kurfürsten angezeigt werden. [1])

Wir werden kaum fehlgreifen, wenn wir annehmen, dass die Verordnung vorzugsweise gegen Lagus sich richtete. Er war, wie aus dem bereits Erzählten sich ergiebt, in der Jurisprudenz Autodidact, sein grosser Einfluss aber auf das Studium der Rechte in Wittenberg wird aus dem unten Mitzutheilenden hervorgehen.

Das schon angezogene kurfürstliche Rescript kommt mehrmals auf diejenigen Magistri artium, welche mit den Scholares iuris Institutiones lesen und dieselben in grammatica und institutiones üben, zurück. Auch bei der Bestimmung, dass denselben gestattet sein solle, für ihren Unterricht und ihre Aufsicht jährlich 10 Gulden zu berechnen,

---

1) Muther, Universitäts- und Gelehrtenleben S. 299.

wird die Bedingung hinzugefügt: Doch sollen solche Magistri
selbst praeceptores in iure gehört haben und ziemlich in
Rechten instituirt sein. [1)]
  Diese Verordnung war erlassen nach einer Berathung
mit den Seniores der Universität: D. Martin Luther,
D. Justus Jonas, D. Hieronymus Schürpf, D. Augustin
Schürpf und dem Rector des Sommersemesters 1538:
M. Philipp Melanthon. In den Acten der Vorverhand-
lungen ist bezüglich der Institutionen lesenden Magistri nur
der Kostenpunkt erwähnt, die auf die Lehrmethode abzielende
Bestimmung muss daher auf privatem Weg bei den kurfürstlichen Räthen in Anregung gebracht sein. Vielleicht
war es Hieronymus Schürpf, welcher den Neuerungen in
der Methode des Rechtsunterrichts entgegenzuwirken sich
verpflichtet fühlte. In der kurfürstlichen Canzlei aber waren
Männer, wie D. Melchior von Osse, bei denen es nicht
vielen Mahnens bedurfte, um sie gerade in dieser Richtung
in Bewegung zu setzen.

  Den elenden Zustand des Rechtsunterrichts auf deutschen Universitäten während des ersten Viertels des 16. Jahrhunderts habe ich an anderer Stelle geschildert. [2)] Reform-
pläne tauchten hie und da auf. Einer der bedeutendsten
ist derjenige Johann Apel's, welcher auf eine dogmatische
und systematische Behandlung der Rechtslehre hinauslief.
Auch in dieser Beziehung darf ich auf meine frühere Arbeit
verweisen. [3)]
  Interessant bleibt es, dass noch vor dem Druck oder
kurz nach dem Erscheinen von Apel's auf Verbesserung des
juristischen Studiums gerichteter Hauptschrift (Methodica
dialectices ratio ad iurisprudentiam adcommodata 1535) ein

---

1) Hauptarchiv in Weimar R. O. Lit. RR. Fol. 115 116.
2) Muther a. a. O. S. 234 ff.
3) Muther a. a. O. S. 268 ff. 288 ff.

anderer Wittenberger, eben unser Conrad Lagus, bereits Hand ans Werk legte und eine „Methodus" des damaligen gemeinen Rechts verabfasste. Lagus hat dabei von Apel's Bestrebungen wahrscheinlich Kenntniss gehabt. Hatte er doch mit demselben in Wittenberg längere Zeit zusammengelebt, war doch Apel's Werk noch vor der Herausgabe in vielen Abschriften verbreitet worden. Dennoch lässt sich nicht sagen, dass Lagus lediglich auf Johann Apel's Schultern stehe: sein Plan geht ein gutes Stück über Johann Apel's ursprüngliche Idee hinaus. Während dieser das ganze Gewicht auf die dogmatisch-dialectische Behandlung der einzelnen Materien legt und erst später zu dem Gedanken einer systematischen Verbindung derselben fortschritt, hat Lagus gleich von vorne herein das System in den Vordergrund gestellt. Bis dahin hatte man die Quellen des römischen und des canonischen Rechts streng getrennt und deren Inhalt im Anschluss an die Texteslectüre abgesondert vorgetragen. Lagus zuerst unternahm es, dieselben zu einem Ganzen zu verbinden und das durch das canonische Recht modificirte römische Recht in einem systematischen Compendium dogmatisch darzustellen.

Ich glaube nicht zu irren, wenn ich Melanthon als das Vorbild bezeichne, welchem Lagus auch in dieser Beziehung nachzueifern bemüht war. Im Jahre 1521 hatte der „Lehrer Deutschlands" zum ersten Male seine Loci communes erscheinen lassen, eine systematische Zusammenfassung der Glaubenslehren, welche als erstes Compendium der evangelischen Dogmatik gelten kann. Der grosse Erfolg, welchen diess Buch erzielte, der bedeutende Einfluss, welchen dasselbe auf das Studium der Theologie gewann, regte an, für andere Fächer, und insonderheit für die Jurisprudenz, Aehnliches zu versuchen.

Lagus hatte bei seinen Privatvorlesungen über Institutionen nicht unbeachtet gelassen, dass dieselben nach Kaiser

Justinian's Anordnung als systematisches Lehrbuch für den
ersten Rechtsunterricht dienen sollten. Er ging daher auf
die methodus, d. i. das System, des Buches näher ein. Diess
gab seinen Zuhörern Veranlassung, ihn zu bitten, eine mehr
detaillirte systematische Ausführung der Rechtslehre, als diejenige der Institutionen ist, zu bearbeiten. „Denn es schien
diese zu knapp, um daraus ein umfassendes und scharfes
Bild der gesammten Rechtslehre zu entnehmen, welches den
Lernenden beim Eingehen auf einzelne Rechtsfragen und
deren umfangreiche Literatur gleichsam als Wegweiser dienen
könnte."[1]

Lagus konnte seinen Zuhörern nicht Unrecht geben,
„da nach dem Urtheil aller Gelehrten die methodus der
Weg ist, auf welchem durch Sammeln der allgemeinen Sätze
(communium observationum) irgend einer ganzen Disciplin
der Zugang geöffnet wird zur Uebung in derselben an Bei-
spielen über einzelne Punkte und Fragen, die in der Praxis
vorkommen können".[2]

Wir entnehmen einer späteren Schrift des Lagus noch
folgende Betrachtungen, welche ihn geneigt machten, dem
Wunsche seiner Schüler zu willfahren.

„Die gebräuchlichen Institutionen-Commentare", sagt er,
„enthalten zwar viele nützliche und brauchbare Dinge, aber
die Verfasser haben sie häufig, um ihr Talent oder ihre
Gelehrsamkeit zu zeigen, mit den fremdartigsten Materien
angefüllt. Diess gilt hauptsächlich von den Abschweifungen,
welche, sobald sich eine entfernte Gelegenheit bei irgend
einem Worte zeigt, lediglich um die Subtilität im Anknüpfen
zu beweisen, beliebt werden. Solche Behandlung der Institutionen zerstreut und umflort die Geister der Lernenden;
erst auf Umwegen und spät erreicht man das Ziel. Doch

1) Protestatio Sign. A 4b.
2) Protestatio l. c.

das ist eine alte Klage. Johannes Faber und Panormitanus
haben sie längst ausgesprochen.

Was die ausführlichere Behandlung der einzelnen Rechtslehren anlangt, so knüpfen die Juristen dieselbe an die sogenannten loci ordinarii, d. h. Stellen der Rechtsbücher,
welche das Herkommen dazu bestimmt, an. Allein jene
Stellen sind von dem noch Unerfahrenen nicht leicht zu
finden, weil bisweilen der Ordinarplatz für eine Materie
wechselt, oder mitunter eine Lehre an verschiedenen Orten
behandelt wird. Auch wurden dieselben nie in eine solche
geordnete Verbindung gebracht, dass aus ihrer Stellung
schon die Lernenden ersehen könnten, welches der Zusammenhang unter ihnen sei und wie sie in diesem gewissermassen ein Compendium der gesammten Rechtslehre
darstellen.

Ein Fortschritt in dieser Beziehung ist allerdings in
den sogenannten Summen zu finden, unter denen die des
Azo und Hostiensis sich besonders auszeichnen. Allein das
Bestreben der Summisten ist nicht gewesen, die Rechtsmaterien in gewisse Hauptglieder des ganzen Körpers zu
vertheilen, sondern sie sind nur bemüht, den Inhalt der
einzelnen Titel in der nämlichen Ordnung, in welcher sich
dieselben in dem Codex Justin. und in den Decretalen vorfinden, auf eine didaktische (dogmatische) Weise darzustellen.
Daher hat man hier mehr Auszüge aus den einzelnen Titeln,
als ein Rechtssystem (methodum iuris) vor sich."[1]

Indem Lagus diess in Erwägung zog, liess er sich bestimmen, den Versuch zu wagen: „ob die Rechtsmaterien
sich in einen Körper vereinigen liessen, an welchem der
Lernende sofort wahrnehmen könnte, aus welchen Haupt-
gliedern die Rechtswissenschaft und deren System im Allgemeinen bestehe". Wenn jede Materie gewissermassen an

[1] Protestatio Sign. B 1a.

ihrem Sitz für den Herantretenden locirt sei, meinte er, werde schon durch die Stellung auf dieselbe mehr Licht geworfen, als es durch den längsten Commentar geschehen könne. [1])

Den Anfang mit seinem Werk machte Lagus, wie bereits erwähnt, zu Jena. Er unternahm es, mit Hülfe eines sehr geringen Büchervorrathes die Lehren vom Ursprung des Rechts und von den Personen in einer dogmatisch-systematischen Weise darzustellen. Später setzte er in Wittenberg die Arbeit fort. Allein obwohl er hier einen ausreichenden literarischen Apparat zur Hand hatte, so sollte doch die jetzige Arbeit bloss ein Versuch sein, ob der Grundgedanke überhaupt sich realisiren lasse. Deshalb bemühte sich Lagus, rasch zu Ende zu kommen, die weitere Ausführung der Zukunft überlassend. Er will daher dasjenige, was er zusammenbrachte, mehr als eine Materialiensammlung und rohe Formirung des Stoffes als ein vollendetes Werk betrachtet wissen. [2])

Ohne ausreichende Muse — denn seine Zeit gehörte dem Erwerb des Unterhaltes — ohne nennenswerthe Vorarbeiten Anderer — denn die erwähnten Summae, so wie die bis dahin als Lernbücher dienenden Expositiones sive declarationes titulorum, nebst dem Viatorium seu directorium iuris Johannis Berberij (verabfasst 1475) und den Compendia iuris civilis und canonici des Petrus Ravennas sind kaum als solche zu betrachten — brachte Lagus eine „Summa iuris" oder „Methodus iuris" zusammen, welche ihm die Gewissheit gab, dass sein Plan ausführbar sei.

Ueber die Schwierigkeit der Arbeit spricht sich Lagus folgendermassen aus: Cicero meine, es sei ein Leichtes, das ungeordnete (diffusum) und zerstreut liegende (dissipatum)

---

1) Protestatio Sign. B 1b.
2) Ibid. Sign. B 2a f.

Recht unter gewisse Theilungsglieder und so in ein wissenschaftliches System zu bringen. [1]) Das würde wahr sein, wenn
bloss die Natur der Sache (naturalis ratio) in rechtlichen
Dingen massgebend wäre. Allein da nicht sowohl diese,
als das Bedürfniss des Verkehrs den Rechtsinstituten ihre
Gestalt gebe, müsse anders geurtheilt werden, zumal, wenn
man bedenke, wie gross die Reihe der Gesetze und Verordnungen des römischen Rechts sei, welches als gemeines
Recht diene. Zur Zeit Cicero's allerdings habe sich diess
anders verhalten, wie schon der Ausspruch desselben über
die zwölf Tafeln beweise. Da war das Recht kurz, klar,
einfach und in wenigen Capiteln jenes Gesetzes zusammengefasst. In der Gegenwart aber müsse das Corpus iuris
civilis in seinen einzelnen Bestandtheilen und obendrein das
canonische Recht, welches einen nicht geringen Theil des
bürgerlichen Rechts auf die Normen des göttlichen Rechts
zurückführe, berücksichtigt werden. Daher dürfte Niemand
leugnen, „dass grosse und beinahe unüberwindliche Schwierigkeiten dem entgegenstehen, welcher es bei dem weiten
Umfang und so grosser Verschiedenheit der überlieferten
römischen Rechtsquellen unternimmt, das Recht in gewisse Hauptstücke zusammenzuziehen, Niemand möchte
tadeln, dass man für solches Werk viele Muse in Anspruch
nimmt". [2])

Lagus dictirte das vollendete Werk seinen Zuhörern.
Dabei schärfte er ihnen nachdrücklich ein, es solle dasselbe
lediglich zu ihrem Privatgebrauch dienen, Veröffentlichung
wünsche er nicht.

---

1) Lagus bezieht sich hier auf die bekannte Stelle Cic. de
orat. II 33. Er folgt dabei der in älteren Ausgaben durchgehenden
Lesart: „ad artem facile redacturum." Einen richtigeren Sinn gewinnt
die Stelle, wenn man mit Neueren die auch handschriftlich beglaubigte
Lesart: „ad artem facilem" vorzieht.

2) Alles nach Protestatio Sign A 4a ff.

„Denn ich wusste wohl", sagt er, „dass solche Weise,
das Recht zu lehren, allen denen verhasst und ridicül sei,
welche im Besitz der Katheder und anerkannter Autorität
an der hergebrachten Methode festhalten. Sie sind in dieselbe so verstrickt, dass sie vermeinen, die Rechtslehre lasse
sich wegen der Verschiedenartigkeit und Verwicklung der einzelnen Lehren überhaupt nicht in ein Compendium zusammen-
fassen. Und eben so befangen urtheilen einige von ihnen
über die Personen, welche, in humanistischer Schule gebildet,
von dem ausgetretenen Weg der traditionellen Lehrmethode
abzuweichen sich erkühnen: sie halten dieselben für un-
tauglich zum Lehramt. Auch kann ein nicht oberflächlicher
Beobachter der sogenannten öffentlichen Meinung sich nicht
verhehlen, dass der Haufe der lernenden Juristen dasjenige
missachten werde, was in der angegebenen Weise gesammelt
wurde. Denn jene Menschenclasse wird in Folge der Un-
reife des Alters, oder der Unkenntniss und Vernachlässigung
der schönen Wissenschaften und Künste, mehr durch an-
scheinende und leicht begreifliche Beispiele angezogen, als
durch eine sichere und richtige Methode im Betreiben des
Studiums." [1])

Werfen wir nunmehr einen Blick auf das System, wie
es sich unter den Händen des Lagus gestaltete.

Die Rechtslehre zerfällt nach ihm in einen philosophischen und einen historischen Theil. Der erstere beschäftigt sich mit Untersuchung der Ursachen der bindenden
Kraft des Rechts, der andere mit Betrachtung der einzelnen
Rechtsfiguren (Rechtsinstitute), welche für die Geschäfte des
menschlichen Verkehrs, für die Ahndung der Verletzungen
Anderer die Normen abgeben sollen. Jener ist rein philo-
sophisch, d. h. den wahren Grundlagen allen Rechts, inso-
weit der menschliche Verstand sie verfolgen kann, nach-

---

1) Protestatio Sign. A 3b.

forschend, dieser historisch, da jene Figuren, obwohl sie
gewisse unwandelbare Grundlagen haben, doch dem Wechsel
unterworfen sind je nach Bedürfniss des Lebens, was sich
hauptsächlich in Umänderung und Verbesserung der Gesetze zeigt.

Nach diesen einleitenden Bemerkungen (Pars I c. 1)
und Darlegung seines Planes (P. I c. 2) beginnt Lagus
seinen ersten Haupttheil der Rechtslehre. Vom natürlichen
Recht; vom Recht, welches die öffentliche Gewalt einführt;
vom Gewohnheitsrecht handeln die folgenden Capitel (P. I
c. 3, 4, 5). Dann: Eintheilungen des Rechts (P. I c. 6),
Anwendbarkeit des Rechts („de obligatione iuris“, P. I c. 7),
Auslegung und Ergänzung des Rechts. Letztere Lehre erstreckt sich über eine Reihe von Capiteln, welche die Ueberschriften tragen: Von der Interpretation der Gesetze und
Statuten (P. I c. 8); von der einschränkenden Interpretation
der Gesetze und Statuten (P. I c. 9); von der ausdehnenden
Interpretation der Gesetze und Statuten (P. I c. 10); von
der Rechtsfiction (P. I c. 11); von den Arten der Alle-
gation der Gesetze (P. I c. 12); von der Vernunft anstatt
des Gesetzes (P. I c. 13); welche von mehreren Meinungen
im Zweifel vorzuziehen sei (P. I c. 14).

Der historische Theil zerfällt in folgende Unter-
abtheilungen:

1) Personenrecht (de iure personarum);
2) von dem Erwerb, der Veräusserung und dem Verlust
   der Sachen;
3) von Verträgen und Obligationen;
4) von Klagen und Einreden;
5) vom Process (de iudiciis);
6) von Privilegien und Rechtswohlthaten.

Diese „Capita secundae partis“ sind in den gedruckten
Ausgaben in sofern in einige Unordnung gekommen, als
nur nr. 1 und 2 unter der Ueberschrift: „Pars secunda“

stehen, nr. 3, 4, 5 und 6 aber mit resp. Pars tertia, P. quarta, P. quinta, P. sexta überschrieben sind. Wir werden beim Citiren den Editionen folgen müssen.

Es ist kein unebener Gedanke, dass Lagus die Lehre von der Entstehung des Rechtes oder den Rechtsquellen der Rechtsphilosophie zuweist. Denn wenn auch in dieser Beziehung das positive Recht Normen aufstellen muss, so kommen dieselben doch immer gewissermassen erst in zweiter Linie in Betracht, die Hauptuntersuchung muss von dem Wesen des Rechts ausgehen und durch Verstandesoperationen die Factoren feststellen, welche zur Rechtserzeugung dienen. Dass dagegen die Frage nach den Ordnungen des Verkehrs, welche das Gemeinleben der Menschen ermöglichen, auf dem Wege historischer Forschung zu beantworten ist, möchte heut zu Tage keiner besonderen Vertheidigung bedürfen. Die Anordnung des historischen Theils ruht im Wesentlichen auf dem römischen Institutionensystem, doch nicht ohne Anfänge selbständiger Formation. Wir haben hier schon die auch bei Neueren wiederkehrenden Kategorien: Personenrecht, Sachenrecht, Obligationenrecht. Nur das Erbrecht als selbständiges Hauptglied fehlt und ist nach Vorgang der Römer im Anschluss an das Sachenrecht vorgetragen. Dass Actionenrecht und Process als besondere Glieder der Privatrechtslehre abgehandelt werden, entspricht dem römischen Muster. Eine eigenthümliche Idee aber bleibt es, alles anomale Recht (privilegia und iuris beneficia) in einem Abschnitt zusammenzufassen und dem normalen Recht gegenüberzusetzen.

Die Darstellung des Einzelnen schliesst sich an die Dogmen der mittelalterlichen Italiener an. Deshalb ist das Buch noch heute brauchbar. Wer sich rasch über die Gestalt einer Lehre, welche dieselbe unter den Händen der Glossatoren und Commentatoren im Grossen und Ganzen gewonnen hatte, belehren will, thut am besten, Conrad Lagus nachzuschlagen. Ohne viele Mühe wird er wenigstens in so weit sich orientiren, um beurtheilen zu können, ob weitere Untersuchung erspriesslich oder nicht. Beispielsweise zeige ich hier auf die Lehre von den Naturalobligationen hin, welche Pars III c. 2 sich findet. Diese gerade habe ich aus- gewählt, weil Lagus an die mittelalterliche italienische Doctrin eine eigene Untersuchung knüpft, welche beweist, dass Probleme, deren Lösung noch die Gegenwart beschäftigt, schon das Nachdenken unseres Autors reizten. Mag Vieles, was wir hier lesen, uns noch so befremdlich erscheinen, es bleibt erspriesslich unseren unter dem Einfluss der französischen Schule des 16. Jahrhunderts stehenden Dogmen gegenüber, die trotz des Scheins der Quellenmässigkeit doch oft sehr willkürlich sind und von der römischen Auffassung abweichen, selbständige Gedankengänge kennen zu lernen, zu welchen, anknüpfend an die mittelalterliche Doctrin, durch frisches Quellenstudium gerade deutsche Juristen des 16. Jahrhunderts nicht selten gelangten. Deshalb hat denn das Werk nicht bloss ein dogmengeschichtliches Interesse.

Seine treffliche humanistische Bildung verwerthete Lagus in vielen historischen Excursen. So findet sich ein Capitel: De mutatione Imperii Romani, und manche geschichtliche, antiquarische, philologische Bemerkung nicht ohne Hinweis auf die grossen historischen Entwicklungsgänge und die gewaltige Kluft zwischen antiken und modernen Anschauungen: diess Alles in der hinlänglich bekannten Manier Melanthon's.

Auch an gelegentlichen politischen und religiösen Auslassungen fehlt es nicht. In ersterer Beziehung erklärt sich Lagus für die Monarchie. Diese hält er für die löblichste Staatsform, denn, „wie Manche es gar nicht ungeschickt zusammengefasst haben, gleichwie eine Sonne ist, welche die Welt erleuchtet, so ist es nützlich, dass ein Regiment den Erdkreis beherrsche. Und es findet sich bei Herodot im 3. Buch eine elegante Discussion über die Staatsformen,

welche bei den Persern geführt wurde, als die Frage entstand, unter was für einem Regiment zu leben sei. Schliesslich einigten sich Alle, dass die Monarchie den Vorzug
verdiene, das, was auch Homer gewollt zu haben scheint
mit seinem εἷς βασιλεύς ἔστω. Und die Erfahrung Vieler
bezeugt es, dass wegen des Zwiespalts, welcher über Re-
gierungsfragen zu entstehen pflegt, es nützlich für die Staaten
sei, wenn bei einem Einzigen die höchste Gewalt sich befinde, besonders in gefahrvollen Zeiten (P. II c. XXII)".

Man vermeine nicht, dass Lagus in dieser Beziehung
nur der seiner Zeit herrschenden Ansicht nachgehe. Denn
gerade die neuerwachte Begeisterung für das classische
Alterthum bewog Viele, die Demokratie im Princip für die
beste Regierungsform zu erklären. Ja selbst Melanthon steht
nicht an, einer aristokratischen Republik (freilich wohl mit
besonderem Hinblick auf das deutsche Reich) seinen besonderen Beifall zu schenken.

In religiöser Beziehung steht Lagus, wie wir kaum zu
erinnern brauchen, auf dem Standpunkt der Reformation.
Er polemisirt mitunter gegen Einrichtungen und Gesetze der
römischen Kirche, z. B. gegen das Cölibat (P. I c. 7),
gegen den Papst (P. VI c. 4 und 5 u. f.) u. s. w., doch
warnt er ausdrücklich davor, das canonische Recht zu missachten, besonders für das Gerichtswesen sei dasselbe sehr
wichtig, da seine Processordnung mehr für Beförderung der
Rechtspflege geeignet erscheine (P. V c. 1).

Die Darstellung des Rechtsganges in Pars V nimmt
etwa ein Viertel des Raumes, welchen das ganze Werk aus-
füllt, ein und geht mehr ins Detail, als manche selbständige
Schriften über Process. Deshalb wird Lagus mitunter —
und zwar nicht mit Unrecht — den Processschriftstellern
beigezählt, wenn es auch schwer sein möchte, eine abgesondert erschienene „Practica Conradi Lagi", von der Manche
faseln, nachzuweisen. Ich kann nicht umhin, auf diese Partie

von Lagus' Buch besonders hinzuzeigen, sie ist dem Besten
an die Seite zu stellen, was im 16. Jahrhundert über Process geschrieben wurde. Wer sich überzeugen will, lese nur
das 1. Capitel: De iudiciis eorumque differentiis, und in
demselben die Auseinandersetzung über iudicia ordinaria,
i. extraordinaria, processus de plano et sine figura iudicii,
summatim cognoscere u. s. w. [1])

Neben seiner Methodus iuris civilis, die wir mit mo-
derner Terminologie als ein systematisches Lehrbuch des
Pandekten- und Processrechtes bezeichnen dürfen, unternahm
Lagus noch eine andere Arbeit. Hören wir darüber den
späteren Herausgeber derselben, D. Joachim Gregorij aus
Prietzen zu Magdeburg, welcher unter dem 10. März 1597
Folgendes schreibt[2]):

„Vor sechtzig Jaren vngefehrlich, hat sich der hoch-
gelahrter Herr Cunradus Lagus, der Rechten Doctor vnd
Professor in der Vniuersitat zu Wittenberg, vber den Sachsenspiegel, Weichbild vnd Lehnrecht gemacht, vnd sich zum
höchsten beflissen, auss den dreyen vnterschiedenen Büchern
Sächsischen Rechtens ein Compendium vnd richtigen kurzen
ausszug zu begreiffen, in etliche gewisse Bücher vnd titulos
zu fassen, vnd die zusamen gehörende materias in gewisse
locos vnd titulos zu redigiren vnd zu vermelden, was in
den Texten vnd Glossen nit zu finden, das solchs in den
gemeynen Kayserlichen Rechten zu suchen vnd zu sup-
pliren sey."

---

1) Die ganze vorstehende Ausführung stützt sich, wie nicht weiter
ausgeführt zu werden braucht, auf Lagus' nachmals unter dem Titel
„Methodica iuris utriusque traditio" öfter gedrucktes Werk selbst. Ich
benutzte dabei die Ausgabe: Lugduni apud haeredes Seb. Gryphii.
1562. 8⁰.

2) Compendium Iuris Civilis et Saxonici (s. S. 326 Not. 1) in der
Widmungsepistel.

Diess Compendium iuris Saxonici ist also um das Jahr
1537, somit nach der Methodus iuris civilis, in deutscher
Sprache verabfasst. Eine Vergleichung der Inhaltsübersichten
lehrt, dass Lagus im Grossen und Ganzen das System,
welches er für den Vortrag des römischen Rechts aufgestellt,
auch für die Darstellung des sächsischen oder deutschen
Rechts, wie wir sagen würden, beibehält. Lagus selbst
deutet in der Vorrede: „Die weise zu studiren im Rechten"
seinen Plan an:

„Hierumb so ist es mein fürsatz, die gemeinen Fälle
des Sächsischen Rechts gegen dem Keyserlichen geschriebenen Rechten zuuergleichen vnd anzuzeigen, wo sie von
denen gesondert, vnd wil das thun nach ordentlicher art
vnd weise, wie sie an jhnen selbst zu handeln seind."

Dann folgt die Uebersicht der „Capittel der Hauptsachen in den Rechten":

I. „Wie die Rechten auffkommen, oder auffgehoben
werden" (De origine et abolitione).

II. „Wie eine Person vber die andere ein Recht gewinne" (De iure personarum).

III. „Wie einer des andern Gut zu eigen oder ein
Recht daran vberkomme" (De iure rerum et modis acqui-
rendi Dominia et possessiones rerum).

IV. „Aus was Handlungen die leut vnter einander
verbunden werden, oder in eine verpflichtung fallen" (De
pactis et obligationibus).

V. „Von Misshandlungen in gemein" (De delictis in
genere).

VI. „Was oder welcher gestalt einer vor Gericht sich
beklagen (oder schützen) möge" (De iure actionum).

Den hier angedeuteten „Capitteln" entsprechen in der
Ausführung selbst die Bücherüberschriften.

Buch I zerfällt in 5 Titel.

Tit. 1: „Von des Rechts Hendeln vnnd Vrsachen" giebt einen kurzen Auszug aus den ersten Capiteln des philosophischen Theils der Methodus.

Tit. 2: „Wie aus dem angebornen vornemen des Rechten, ein Recht erwachse" (in margine: „Quomodo natura ius constituatur") entspricht dem 3. Capitel des ersten Haupttheils der Methodus.

Tit. 3: „Wie aus befehl der Obrigkeit ein Recht komme", correspondirt Method. I c. 4: „Quomodo instituatur ius auctoritate publica".

Tit. 4: „Wie ein Recht aus alter gewonheit entstehe" giebt den Inhalt von Method. I c. 5: „Ex consuetudine quomodo ius oriatur".

Tit. 5: „Wie weit sich ein jedes Recht erstrecke" behandelt das, was in der Method. I c. 7, unter der Ueberschrift: „De obligatione iuris" (s. oben) vorgetragen ist.

Die in der Methodus nun folgende Lehre von der Interpretation fehlt in dem Compend. iuris Saxonici.

„Das Ander Buch" enthält in

Tit. 1: eine „Vorrede auff die Fünff folgende Bücher der Hauptsachen im Rechte". Unser Autor macht darauf aufmerksam:

„Das in allen den Capitteln oder Titeln, die hernach folgen, die Rechte nicht dargethan oder gesatzt werden, wie sie am billichsten seyn sollten, Sondern wie sie die Sachsen jhnen gewillkört haben, vnd durch die Römischen Keyser neben dem gemeinen Recht des Reichs jhnen aus gnaden nachgelassen sein worden." Daher soll bloss angezeigt werden, was der Text des Sachsenspiegels und Weichbildes dargiebt. Was die Glossen hie und da zur Erfüllung des sächsischen Rechtes dazu setzen, soll nicht berücksichtigt werden, „damit wir nicht, wie man sagt, das hundert in das tausend werfen, vnd die gemeinen

Keyser-Rechte mit den Sechsischen vermischen". Wo aber die Glosse das sächsische Recht erklärt, soll sie dankbarst benutzt werden.

Daraus ergiebt sich, dass der Titel: „Compendium iuris Civilis et Saxonici", welchen Joachim Gregorij wählt, in soweit er des Civilrechts, d. i. des römischen Rechts gedenkt, falsch, und wohl nur aus Speculation also gefasst ist. Der unrichtige Titel hat übrigens zu dem allgemeinen Irrthum geführt, das von Gregorij herausgegebene Compendium enthalte nur eine Uebersetzung oder deutsche Bearbeitung der Methodus, so dass man beide Werke höchst verkehrter Weise identificirte.

Der Inhalt der folgenden Titel des zweiten Buches des Compendium ist folgender:

Tit. 2 : „Wie eine Person vber die ander ein Recht gewinne in gemein."

Tit. 3 : Väterliche Gewalt.

Tit. 4 : Vormundschaft.

Tit. 5 : Von der Herren Gewalt.

Tit. 6 : „Von mancherley Stenden der Personen."

Tit. 7 : „Von vnrechten vnd Ehrlosen Leuten."

Tit. 8 : „Von weltlicher Herrschaft."

Tit. 9 : „Von Geistlichen Obrigkeiten."

Das „Dritte Buch" ist überschrieben: „Von der Güter Recht oder Eigenthumb vnd Gewehr etc."

Tit. 1 : „Wie einer ein Gut zu Eigen, oder ein Recht daran bekomme, nach aller Welt Recht."

Tit. 2 : „Von der vorjährung "

Tit. 3 : „Von Ubergaben oder Geschencken."

Tit. 4 : „Von Erbgerechtigkeit."

Tit. 5 : „Von den Gliedern der Sippschaft oder derselbigen Erbnemung." In diesen Titel ist eingefügt: „Delineatio Saxonicae cognationis. Folget der Baum der angebornen Magschafft, vnd des angebornen Geblüts, nach gemeiner sechsischer sprach."

Tit. 6: „Von den Diensten der Güter."

„Das Vierde Buch": „Von Verpflichtungen" ,etc. hat folgende Titel:

Tit. 1: „Von Verpflichtungen in gemein."

Tit. 2: „Von Gelübden in gemein."

Tit. 3: „Vom Leihen vnd Borgen."

Tit. 4: „Von Dingen, die zu getrewen Henden oder Pfande gegeben werden."

Tit. 5: „Von Handgelübden vnd Bürgschafften."

Tit. 6: „Von Brieffen."

Tit. 7: „Von Keuffen und Verkeuffen."

Tit. 8: „Von Mieten, Vermieten vnd Erbzins."

Tit. 9: „Von Gesellschaften."

Tit. 10: „Von der Ehe" („Die Ehe ist in viel Stücken gleich einer Gesellschaft").

Tit. 11: „Von Befehlich vnd Vollmachten."

Tit. 12: „Von vngenandten Gedingshandlungen" („Hiervon ordnen die Sechsischen Rechte nichts." Es sind die Innominat - Contracte gemeint).

Tit. 13: „Von Pflicht der Handelungen, die ohne Geding die Leute binden" (Quasicontracte).

Das „Fünfte Buch".

Tit. 1: „Von Misshandelungen im gemein."

Tit. 2: „Von Gotteslesterung."

Tit. 3: „Von Trewlosen Leuten."

Tit. 4: „Von Todtschlegern vnd Mördern."

Tit. 5: „Von Freuelern vnd Friedebrechern."

Tit. 6: „Von Ehebruch vnd Hurerey."

Tit. 7: „Von Dieberei vnd Reuberey."

Tit. 8: „Von denen, die da fälschlich andere mit worten beschweren."

Tit. 9: „Von denen, die mit bösen Begierden den andern hindern."

21*

Tit. 8 : „Wie einer vmb das vnuolkomliche eigenthumb seines wolgewonnen Guts rechten möge."

Tit. 9 : „Wie man vmb gedingte oder verwirckte pflicht, einen zu Rechte fürnemen möge."

Tit. 10 : „Wie einer von dem andern begeren müge jhres gesambten guts theylung."

Tit. 11 : „Wie vmb Marckscheiden geklagt möge werden."

Tit. 12 : „Durch was Klage einer möge gewiss gemacht werden, dess das er suchet, so er zweifelt, was er eigentlich bitten möge."

Tit. 13 : „In was Fällen sonderliche Klage zu Rechte geordnet oder nicht."

Tit. 14 : „Wie von wegen der Gewalt vber eine gemeine eine klage erhoben möge werden."

Tit. 15 : „Was sonderlicher klagen von wegen der gewalt, die einer vor sich selbst, vber einer andern person gewonnen, erhoben mögen werden."

Tit. 16 : „Wie vmb Güter, die wir nach aller welt Recht weyse bekommen, gerechtet werde."

Tit. 17 : „Wenn einer von wegen der verjährung ein gut ansprechen möge vor das seine oder nicht."

Tit. 18 : „Wie man vmb gegebene Güter rechten möge."

Tit. 19 : „Was vor klagen vmb angestorben Erbe mögen vorgenommen werden."

Tit. 20 : „Wie vmb Dienste der Güter gerechtet werde."

Tit. 21 : „Wie vmb schuldt und geliechen Ding geklagt werde."

Tit. 22 : „Wie vmb vertrawet Gut vnd pfandt geklaget werde."

Tit. 23 : „Wie vmb Handgelübte vnd Bürgschafft geklagt werde."

Tit. 24 : „Wie vmb kauff vnd Miethe geklagt werde."

Tit. 25 : „Wie vmb Misshandlunge vnd vngerichte möge geklaget werden."

Diess der Inhalt des Compendium iuris Saxonici. Nicht
ohne Grund haben wir uns so lange bei dieser Uebersicht
verweilt, denn abgesehen davon, dass die Exemplare des
Buches recht selten geworden zu sein scheinen [1]), so be-
ansprucht der erste Versuch, das sächsische Recht in die
römischen Kategorien methodisch einzuordnen, und dabei
principiell alles aus nichtsächsischen Quellen entstammende
Recht auszuschliessen, unser besonderes Interesse. Lagus
erscheint auch in dieser Beziehung als Vorläufer der Gegenwart, wenn auch aus seinem Werke direct gewiss nur wenige
der modernen Germanisten geschöpft haben.

Was die Behandlung der einzelnen Lehren anbetrifft,
so haben wir es im Wesentlichen nur mit einer Zusammenstellung des häufig missverstandenen Quelleninhalts zu thun.
Das dogmengeschichtliche Interesse möchte nicht allzuhoch
anzuschlagen sein. Diess thut jedoch der Bedeutung des
Buches keinen Abbruch. Es wird heut zu Tage Niemandem
einfallen, daraus deutsches oder sächsisches Recht lernen
zu wollen. Wohl aber ist es von hohem Belang, dass
geraume Zeit vor Georg Beyer († 1714) ein erst in vielen
Abschriften verbreitetes, dann zu Ausgang des 16. und zu
Anfang des 17. Jahrhunderts mehrfach gedrucktes systematisches Lehrbuch des deutschen Rechtes aus den sächsischen Quellen existirte.

———————

Wir kehren zum Lebenslauf des Verfassers der eben
besprochenen Arbeiten zurück.

Von Lagus' Beschäftigung mit juristischer Praxis und
dem Ruhme, welchen er als Consulent erlangte, ist bereits
die Rede gewesen. Als nun die Stadt Danzig im Jahre
1538 eines Syndicus bedürftig war, schickte sie ihren

———————

1) Ich habe ein Exemplar der Ausgabe von 1603 benutzt, welches
auf der Erlanger Bibliothek (A. 7. 384. 4) sich befindet.

Secretär,' M. Georgius Donner, nach Wittenberg, um dort nach einer passenden Persönlichkeit sich umzusehen. Durch Philipp Melanthon wurde Donner's Aufmerksamkeit auf Conrad Lagus gelenkt. Die hierauf angeknüpften, erst mündlich, dann schriftlich gepflogenen Unterhandlungen führten zu keinem definitiven Abschluss. Lagus versprach nur, sich nach Danzig zu begeben und dort dem Rathe vorzustellen.

Als aber drei Vierteljahre verflossen waren, ohne dass Lagus die Reise unternahm, erliess unter dem 29. März 1539 der Danziger Rath an ihn ein Schreiben[1]), worin der Verabredung: „Das sich E. Achtpar! das erste als müglich hieheer vorferttigen, sich nit unns sehenn und weyther ein notigk vornemen auf eine ezcliche Condition (die ihrer persoen nutzlich und alszo ferner unser gemeynen Stadt zcirlich sein muchte) mit unns zcu haben" gedacht wird Daran knüpft der Rath das Ansinnen: E. Achtpar! „wolle unns nicht lenger auffhaltenn, szunder sich zcu disser farth mit den unsern[2]), und im fall, do sie es unsicherheit halben nicht thuen dorffte, sich auff unser kosten mit etzlichen Rewtheren bisz in die Orther, dar sich E. Ach! W. forth mehr keiner unvorhofften zcufelle zcu befhahen habe, vorsehen und also hieheer begeben wolle: sich darop mit unns zcu beredenn auch gelegenheit unser stadtt unnd eigentschafft der gemeynen eynwhoner antzumerkenn und allso ferner bey einander seinde beider seits notturft unnd obligen bewoge und was sunst zcu solcher Condition von nothen alles mit fleiss beredt und bedocht werden moge".

Ob Lagus sich nun nach Danzig verfügte oder ob die weiteren Verhandlungen schriftlich geführt wurden, ist nicht

---

1) Danziger Archiv: Libri Missivarum 1537/39. Fol. 393. — Herrn Prof. Dr. Theodor Hirsch (jetzt in Greifswald) verdanke ich die abschriftliche Mittheilung.

2) Damit sind wohl Danziger Messkaufleute gemeint.

ersichtlich. Wir wissen nur, dass der Rath der Stadt Danzig
unter dem 17. Juni 1539 eine Bestallung für Lagus ausfertigen liess, aus der wir Folgendes hervorheben:

„Wiewol seine Erbarheit uns auf sulchs hett anzeigen
lassen die stattliche Besoldunge und Zugänge so er bei der
Universitaet zu Wittenberg hätte, welche zu begeben Ihme
beschwerlich, und sunderlich diweil er keine Ursach hätte,
warumb Er sich derselbigen mit Billigkeit begeben möchte;
dennoch angesehen seines vielgeliebten Herrn Praeceptoris
Philippi Melanchtonis Raht und bewegen, wie och eines
Erbahren Rahts dieser Königlichen Stadt freundl. Anlangen,
hätte er sich entschlossen, 2 Jahre dieser Königlichen Stadt
und einem Erbahren Raht derselbigen zu dienen .... Hier
entkegen hatte gemeldter Herr Magister vor sich bedinget
und ausberedt: dass er och sich in keine offentliche Con-
tention diese oder jehne Religion zu erhalten keine Wege
einlassen will, als welches seiner Vocation, als der Jura und
nicht Theologiam profitiret hat, entkegen ist. Hiemit aber
will er sich nicht entziehen dieser gutten Stadt und E. Ehr-
bahren Rahts Notturfft zu reden, so viel als ihme aus ge-
meinem Beschluss Eines ehrbaren Rahts im Befehl möge
gegeben werden, vor Königl. Mayt. und sunst alles darin
zu reden, do E. Ehrbar Raht in Sachen der Religion angefochten möchte werden. Zum dritten, weil obgemeldter
Magister Conradus in Bluttsachen bisz anhero von keinem
Fürsten oder Potentaten sich zu gebrauchen hat bewegen
lassen, will Er sich das och vor Gerichte vor Jedermäniglich
lich zustehen und in keinen Miszthaten zur rechtlichen
Straffe zu verfordern gäntzlich entschlagen und begeben
haben. Im Fall aber, do die Stadt von einem offenbahren
Feinde angefochten wurde, über solch einen zu klagen und
alle Nohtdurft der Stadt wieder denselben offentlich zu
reden, wil er sich och bisz auf Verhafftungen desselbigen
nicht ausziehen. Da aber ein solcher in Verhafftunge ge-

bracht und alsdann weiter peinliche Straffe vor Gerichte
über denselbigen zu fürdern nötig sein würde, dieweil zu
sulcher Furderunge die rechte Procuratores verordnen und
benennen, wil er sich als das seinem Beruffe und Stande
von Nachtheil ist, nicht verpflichten. Den Procuiatoren
aber, so ein Erb. Raht zu sulchen Handelen bekommen,
sol dennoch seine Erbarh. mit Raht und Schrift wasz zu
derselbigen peinlichen Furderunge nötig sein wurde Aufsatz
zu setzen und zu unterrichten pflichtig sein. . . . . Hierneben
hat sich och obgemeldter Herr Magister versprochen Unser
Jugend oder sunst, die solches zu hören begierig seyn
werden, eine Lection in den Rechten zu thuende, zu
gelegenen Zeiten und Stellen, do er sich sulches nach
seiner und eines Erb. Rahts Bedenken und Gelegenheit
bereden wird." [1])

Aber Lagus zögerte immer noch, nach Danzig über-
zusiedeln. Am ersten Ostertag des Jahres 1540 richtete
er von Wittenberg aus ein Entschuldigungsschreiben an den
Danziger Rath, welches wir hier in extenso mitzutheilen
nicht unterlassen können. [2]) Es lautet:

Meyne gefliessene dienste zuuor, gestrengen ehrnfesten,
erbarn wolweyse groszgünstige lieben herren. Ich hab
E. W. schriefftliches begeren neben des gestrengen herrn
Hansen von Werden schreyben yres inhalts gnugsam vor-
numen. Und wue ich eyniges weges hette vormocht sollchem
yrem begeren unnd schreyben nachzwkommen, so solt E. W.
mich gancz bereyt darzw befunden haben. Es hatt aber

---

1) Vgl. Preussische Sammlung a. a. O. S. 118—121. Leider kann
ich einen genaueren und vollständigeren Abdruck der Bestallung nicht
darbieten. Herr Prof. Dr. Th. Hirsch hat im Danziger Archiv nach
derselben gesucht, sie war aber nicht aufzufinden.

2) Nach einer durch die Güte des Herrn Prof. Dr. Th. Hirsch
mir aus dem Danziger Archiv (Acta Internunciorum 1539/40) zuge-
kommenen Abschrift.

E. W. gesandter fuhrman gesehen, wie übel meyn weyb unnd kindelleyn dieses mal yrer krangkheyt halben zw wandern geschigkt geweffzt, also das, wen ich gleych sunst keyne hinderung gehabt, ich mit ynen mich auff den wegk nicht hatte kunnen begeben ane groffze gefahr yrer gefzuntheyt zw vorlieren daruber.

Zw dem so haben die sterbens leuffte, die den wintter über allhie gewesen, die herren der Juristenfacultet also zurstrewet gehabt, das ich yrer vorsamlung nicht eh hab kunnen haben unnd in yrer gegenwart können disputiren pro gradu doctoratus dan auff den nechst vorschienen freyttag nach letare. Derwegen sie dan auch meyner promotion zwgewartten entschloffzen allerst zw auszgange des Leypzischen margktes. Unnd sintemal die nicht eynheymisch, die am meysten darzw zw thun dieses mal haben, mag sollche yre entschliessung nicht hinttergangen adder die malzeyt, die darauff gehaltten nicht anderst angeschlagen werden, umb yrer bestellung willen mit wiltprett unnd anderer notturfft, die hie schwerlich auff eyne eyl zw bekommen ist. Derhalben so hab ich den fuhrman darauff zw wartten nicht wollen auffhaltten, sondern ym auffgeladen das er auff seynen wegen hatt künnen bringen. Ich wöllt ym woll alles auffgeladen haben, das ich bedacht auff dieses mal mit myr zw nemen, wan grösser gefeffz auff seynen wagen zw seczen geweffzt wer, damit E. W. die unkosten nicht vorgebens gethan hette mit ym. Nachdem auch E. W. gewillt, das ich yn alhie und auff dem wege, so ich mit ym gezogen, vorzehrete, so habe ich vor yn in der herbergk geben vier fl. VI gr. unnd IIII pf. unnd zur zehrung auff dem wege sechs tahler. Unnd bitte E. W. wollen mich angezeygter verhinderung halben entschuldiget nemen, das ich auff dieses mal mit ym nicht zw E. W. kommen bin. So ferne mich gottes gewaldt nicht verhindern wirdt, so will ich auff den vierden odder drietten tag vor pfingsten zw eynes erbarn Radts geschigkten gen

Stetin mich verfügen mit meynem gesindleyn. Unnd sintemal E. W. begeren, das ich mich alda von meynem armen
heuffleyn scheyde, so bitte ich eyn erbar Radt, wöll umbe-
schweret seyn, yemandes mit yren geschigkten dahyn abzw-
ferttigen, der meyn weyb unnd kinderleyn follents bisz gen
Danczig beleyte, auff das sie one mich nicht gancz elendig-
lich in umbekantten landen unvorwufszt der weg und ge-
legenheyt der herbergen ziehen müfszen. Das verdiene ich
umb E. W. über meyne pflicht, damit ich eynem erbarn
Radte zwgethan nach allem meynem vormügen willig unnd
fleyssiglich. Hiemit befehle ich E. W. dem schucze des
almechtigen. Gegeben zw Wittenbergk am ostertage im
xl. iahr.

E. E. H.

Diener

Conradus Lagus.

Nunmehr wurde es mit dem Abzug von Wittenberg
Ernst. Wie es in dem mitgetheilten Schreiben angekündigt
war, geschah es. Nachdem Lagus zum Doctor beider
Rechte promovirt war [1]), verliess er mit den Seinigen um
Pfingsten Wittenberg. In Stettin trennte er sich von seiner
Familie. Diese zog ostwärts gen Danzig, er schlug auf
Befehl seiner neuen Herren den Weg nach Lübeck ein.
Damals suchten die Danziger Ersatz des Schadens, den sie
durch die Lübecker zur See erlitten hatten. Eine Danziger
Gesandtschaft war zu diesem Behufe im Monat Mai des
Jahres 1540 bei der „hansaverwandten Zusammenkunft" zu
Lübeck erschienen. Lagus wurde den Danziger „Sendboten"
beigeordnet. Die Verhandlungen zogen sich durch beider
Parteien Rede und Widerrede bis Anfangs Juli hin. [2]) Zwei

---

1) Lagus' Name fehlt zwar in den mir bekannten gedruckten und
handschriftlichen Verzeichnissen der in Wittenberg promovirten Doctoren,
allein jene sind überhaupt unvollständig und wenig zuverlässig.

2) Nach G. Lengnich, Geschichte der preussischen Lande I 216.

Briefe des Lagus aus Lübeck an den Rath in Danzig vom
23. Juni und 3. Juli 1540 befinden sich noch im Danziger
Archiv. [1]) Um jene Zeit war die Danzig - Lübecker Sache
spruchreif. Allein die Versammlung der Hansaverwandten
schritt nicht sofort zur Fällung des Urtheils, sondern fand
es für gut, die von Bremen, Rostock, Lüneburg und Stettin
zu Schiedsrichtern zu ernennen. Vor diesen sollte ein
schriftliches Verfahren bis zur Quadruplik stattfinden und
dann ein unbedingt bindender Spruch erfolgen. Diess Resultat entsprach den Wünschen der Danziger Abgesandten
nicht, und sie zogen es vor, mit den Lübeckern einen Vergleich zu schliessen, kraft dessen die Letzteren eine Ent-
schädigungssumme von 8000 Mark Lübisch innerhalb zehn
Jahren (jedes Jahr 800 Mark) zu zahlen hatten. [2])

Nunmehr folgte Lagus den Seinigen nach der nordischen
Stadt, welche dort, wo unabsehbare, mit blinkenden Wohnungs-
stätten besäete Ebene zum grünbewaldeten Hügelland empor-
steigt, wo das rege Leben des mächtigen Stromes zum Ausgang in den dunkelfarbigen Hintergrund des ewigen Meeres
eilt, im Schmuck erhabener Kunst sich erhebt, durch den
Ernst und die Zierlichkeit ihrer Bauten nicht minder als
durch die Anmuth der Umgebung, wie vor Alters, so noch
heute, den Sinn des Beschauers fesselnd, dessen Erinnerung
bei ihr zu weilen stets von Neuem geneigt ist. Lagus
wurde ehrenvoll („magna gratulatione totius civitatis propter
salutem publicam") empfangen. [3]) Bald wusste er sich
grosses Ansehen und allgemeine Gunst zu erwerben.
„Man suchte sein Haus, wie ein Orakel, wenn er daheim
war", sagt einer seiner Biographen [4]), „er war so beliebt,
dass man ihn für einen Mann vom Himmel gesendet

1) Mittheilung von Prof. Dr. Hirsch.
2) Lengnich a. a. O.
3) Hoppe Sign. B 8.
4) In der Preussischen Sammlung a. a. O. S. 122.

ansah", der andere.[1]) Hervorgehoben wird seine intime
Freundschaft mit dem Danziger Rathspräsidenten Ritter
Johann von Werden.[2]) Darauf gründet sich die Vermuthung,
dass Lagus nicht ohne Antheil gewesen sei an Fortpflanzung
der evangelischen Wahrheit in Danzig.[3])

Die amtliche Stellung des Lagus als Syndicus brachte
es mit sich, dass er, um wichtigen Verhandlungen Namens
der Stadt beizuwohnen, vielfach verreisen musste. So finden
wir ihn im November 1541 zu Marienburg.[4]) Von da begab
er sich nebst einem Rathmann nach Königsberg, um nach
gehabter Audienz bei Herzog Albrecht in Preussen und ge-
pflogener Unterhandlung mit dem Rath der Stadt, die Reise
nach Wilna fortzusetzen.[5]) Dort langte man am 7. Januar
1542 an, suchte beim polnischen Hof durchzusetzen, dass
die littauischen Zölle wieder auf den alten Fuss gebracht
würden, aber vergeblich, und kehrte dann nach Danzig
zurück.[6])

Auf dem Landtage zu Marienburg wurde 1542 eine
Revision des Culmschen Rechtes in Anregung gebracht.
Eine Commission, bestehend aus dem Canzler des Bischofs
zu Culm, dem Woywoden von Marienburg, „der in alten
Landesgebräuchen grosse Erfahrenheit hatte", und Conrad
Lagus, sollte in Marienburg Montags nach Johannis (26. Juni)
zusammentreten, um die Arbeit in Angriff zu nehmen. Allein
der Woywode wurde krank, und so lud der Bischof von

---

1) Hoppe a. a. O.

2) Johanni de Werden „Gedanensis Reipublicae Administratori
primario" ist Hoppe's Oratio funebris gewidmet.

3) Preussische Sammlung a. a. O. S. 124.

4) Briefe von Lagus aus Marienburg vom 26. und 30. November 1541
befinden sich im Danziger Archiv. Mittheilung von Hirsch.

5) Lengnich I S. 234.

6) Lengnich a. a. O. Ein Brief des Lagus aus Wilna vom
23. Januar 1542 im Danziger Archiv. Mittheilung von Hirsch.

Culm, welcher die Leitung des Revisionswerkes übernommen
hatte, die Danziger ein, auf Jacobi e. a. ihren Syndicus nach
Löbau zu senden. Der Danziger Rath aber entschuldigte
sich, da er D. Lagus nicht entbehren könne: es sei dessen
Verschickung in hanseatischen Angelegenheiten nothwendig.[1])
Es wird vermuthet, dass eine Sendung des Lagus an den
dänischen Hof gemeint sei, wegen des von Dänemark ge-
sperrten Seehandels nach den österreichischen Niederlanden.[2])

Im Februar 1543 finden wir Lagus in Krakau. Er
wünschte damals, dass man ihm eine Reise nach Deutschland verstatten möge. Der Danziger Rath stellte unter dem
17. Februar 1543 die Gewährung dieser Bitte unter gewissen
Eventualitäten in Aussicht.[3]) Ob es zu dieser Reise kam,
weiss ich nicht zu sagen. Vielleicht hing der Plan, sie zu
unternehmen, zusammen mit den Verhandlungen über die
Stellung Danzigs zum deutschen Reich. Letzteres hatte die
Stadt schon mehrfach zu Reichstagen und zum obersäch-
sischen Kreistag eingeladen, während dieselbe, als zur Krone
Polen gehörig, sich weigerte, zu erscheinen.[4])

Im December des Jahres 1544 rief Lagus seine Amts-
pflicht wieder an den polnischen Hof, der damals in Krakau
residirte. Eine Danziger Rechtssache („die Putziger Sache")
schwebte dort in der Appellationsinstanz. Zur Rechtfertigung
der Appellation wurde Termin auf den 23. Februar 1545
anberaumt. Zu demselben erschienen ausser Lagus noch ein
Danziger Bürgermeister und ein Rathmann. Am 9. März hatten
die Gesandten Audienz beim Könige. Der Process aber
zog sich in die Länge und Lagus hatte um so weniger
Aussicht, bald zu den Seinigen zurückzukehren, als unter dem

1) Lengnich I S. 242, 243.
2) Preussische Sammlung S. 123.
3) Mehrere Briefe des Lagus aus dieser Zeit, denen die obigen
Notizen entnommen sind, im Danziger Archiv. Mittheilung von Hirsch.
4) Lengnich I S. 222, 234, 235, 236.

27. März die Stadt von dem Reichs-Instigator des Verbrechens der beleidigten Majestät angeklagt wurde. Von dieser Beschuldigung erlangten die Abgesandten Absolution. Allein in der Putziger Sache fiel die Entscheidung nicht zu ihren Gunsten aus. Das Erkenntniss wurde am Sonnabend vor dem 3. Mai (Fest des heil. Kreuzes) gefällt. [1]) Briefe des Lagus über diese Angelegenheiten vom 3. und 6. März, so wie vom 2. Mai 1545 befinden sich noch im Danziger Archiv.[2])

Lagus kehrte in die Heimath zurück. Doch schon im folgenden Winter musste er wieder die beschwerliche Reise nach Krakau antreten. Unter dem 17. März 1546 schrieb er von dort an den Danziger Rath. [3])

Während Lagus ein vielbewegtes und aufreibendes Geschäftsleben im Dienste seiner Stadt führte, konnte er kaum daran denken, das wissenschaftliche Unternehmen fort und zu Ende zu führen, dessen wir oben gedachten. Aber es wurde von anderen, wenn auch unberechtigten Händen dafür gesorgt, dass seine Methodus der Nachwelt nicht verloren gehe. Sie war bei den Studirenden in grosse Gunst gekommen und wurde abschriftlich nicht bloss in Wittenberg, sondern durch ganz Deutschland in vielen Exemplaren verbreitet. [4])

Man schrieb das Jahr 1539, als eines Tages bei dem Buchdrucker und Verleger Christian Egenolf in Frankfurt am Main ein junger Mann eintrat, welcher sich für einen ehemaligen Wittenberger Studenten ausgab. Er legte Egenolf ein starkes juristisches Manuscript vor und bot es demselben zum Kaufe an. Egenolf trug Bedenken, auf den Handel

---

1) Lengnich I S. 245 f. Documente S. 262.

2) Mittheilung von Hirsch.

3) Danziger Archiv. Mittheilung von Hirsch.

4) Defensio Christiani Egenolphi ad Domini Conradi Lagi Iureconsulti protestationem. Francof. 1544. 4. Sign. B 2a C u. ö.

einzugehen, weil ihm das Buch unbekannt war und für die Publication zu umfangreich erschien.

Als aber der Verkäufer ihm mittheilte, es seien Concurrenten für den Kauf vorhanden, zögerte Egenolf nicht länger, den mässigen Kaufpreis zu zahlen und sich in Besitz des Manuscripts zu setzen. Dasselbe enthielt eine fehlerhafte Abschrift der Dictate, welche Conrad Lagus seinen Zuhörern als Methodus iuris civilis gegeben hatte.

Egenolf legte das Buch vorläufig bei Seite. Als aber Schreiben einliefen von „Solchen, die um den Handel wussten", mit der Mahnung, Egenolf möge dem allgemeinen Bedürfniss zu Hülfe kommen und jenes Werk, welches einen kostbaren Schatz enthalte, den Rechtscandidaten nicht länger vorenthalten, befragte sich derselbe bei Gelehrten und erfahrenen Geschäftsmännern, ob das Manuscript der Herausgabe würdig sei. Die Antwort fiel bejahend aus, besonders deshalb, weil in dieser Wissenschaft Niemand vorher ein System (eine Methodus) geschrieben habe.

Diess die eigene Erzählung Egenolf's.[1]) Wir werden kaum irren mit der Annahme, dass unter den „Gelehrten und erfahrenen Geschäftsmännern", welche Egenolf um ihr Gutachten anging, Justinus Gobler sich befand, ja, dass vielleicht auf seine alleinige Person der von Egenolf gebrauchte Plural zu reduciren sei. Gobler unterstützte die vielfach mit geraubtem Material arbeitende Bücherfabrik Egenolf's durch seinen literarischen Beistand: er schweisste fremde Arbeiten zu voluminösen Compilationen zusammen, oder lieferte auch, je nach Umständen, ohne weitere Zuthaten fremde Bücher unter die Presse.

Egenolf nahm nunmehr den Druck der Methodus in Angriff. Doch scheinen ihm nachträgliche Bedenken über seine Berechtigung gekommen zu sein. Im Frühjahr 1543

---

1) Defensio A 3.

schrieb er wiederholt an Lagus, um dessen Erlaubniss zur
Publication zu erlangen. [1] Lagus antwortete in einem
längeren Schreiben und versagte unter Ausführung der
Gründe seine Einwilligung. Er mahnte Egenolf, von Veröffentlichung des Buches wider seinen, des Verfassers,
Willen abzustehen.. Auch will er — was jedoch Egenolf
leugnet — gedroht haben, falls die Mahnung unbeachtet
bliebe, mit einer Diebstahlsanklage gegen den Drucker vor-
zugehen. [2]

Als dieser Brief in Frankfurt ankam, war „die Sache
schon so weit vorgeschritten, dass Egenolf ohne grossen
Vermögensverlust das Unternehmen nicht wieder aufgeben
konnte" [3], d. h. wohl: der Druck war schon vollendet oder
seiner Vollendung nahe.

So erschien denn im Jahre 1543 bei Christian Egenolf
zu Frankfurt a. M. ein stattlicher Folioband unter dem Titel:
„Iuris utriusque traditio methodica". Die Ueberschrift des
auf dem 5. Blatt des Buches beginnenden eigentlichen Werkes
heisst: „Iuris civilis traditio methodica, per clarissimum
Iure consultum Dn. Conradum Lagum, Ordinarium Vite-
bergensem publice praelecta." Egenolf stand also bei Beginn des Druckes in dem Wahne, Lagus habe als ordentlicher
Rechtslehrer (ordinarius) die Methodus in Wittenberg öffentlich
vorgetragen. Als der Titel des Buches gesetzt wurde, was
damals schon, wie auch heut zu Tage, erst bei Beendigung
des Druckes zu geschehen pflegte, war er davon unterrichtet,
dass Lagus weder das Amt eines Ordinarius in Wittenberg
bekleidet, noch die Methodus öffentlich vorgetragen hatte,
denn es heisst daselbst: „Ex ore doctissimi Conradi Lagi
Iureconsulti annotata" etc. Jedenfalls also hat Egenolf wäh-

1) Protestatio A 2b.
2) Protestatio A 2b, cf. Defensio A 4b B 1a.
3) Defensio B 1a.

Muther, Zur Gesch. d. Rechtswissenschaft.   22

rend des Druckes diese Kenntniss erhalten, und vielleicht
war es gerade das Bedenken, ob er eine Privatvorlesung zu
veröffentlichen befugt sei, welches ihn veranlasste, die schon
erwähnte Anfrage an Lagus zu richten.

In seinem Vorwort „an den Candidaten des Rechts-
studiums" führt Egenolf aus, er habe gewünscht, die Herausgabe des Werkes bis auf gelegenere Zeit zu verschieben,
bis er selbst mehr Muse hätte gewinnen können und zugleich die Revision des Autors dem Buche zu statten gekommen wäre. Allein dieser Plan sei mehr durch Zufall
als durch seine (Egenolf's) Schuld vereitelt worden. Denn
die so nothwendige Revision des Conrad Lagus sei nicht
zu erlangen gewesen wegen grosser Occupation des Mannes
in Staats- und advocatorischen Geschäften. Der Herausgeber würde daher die Publication lieber unterlassen haben,
wenn nicht das Bitten und Drängen der jungen Rechts-
beflissenen zu heftig gewesen wäre. „Daher will ich", fährt
Egenolf fort, „vor allen Dingen Zeugniss ablegen, nicht
nur, dass Conrad Lagus diese Publication keineswegs veranlasst, sondern dass er nicht einmal etwas davon gewusst
hat. Denn wenn er geneigt gewesen wäre, seine bessernde
Hand anzulegen, so würde zweifelsohne das Buch weit
correcter und in allen Beziehungen vollkommener in die
Oeffentlichkeit gelangt sein. Darauf habe ich mit Nachdruck
aufmerksam machen wollen, damit der Leser, wenn ihm
Dunkelheiten oder sonstige Unvollkommenheiten aufstossen,
diess nicht etwa dem Lagus als Nachlässigkeit anrechnet,
sondern vielmehr der Fehlerhaftigkeit der Abschrift, welche
mir in die Hände kam, zuschreibt. . . . . Herr Conrad Lagus
wird über die Veröffentlichung des Buches in dieser Gestalt
nicht ungehalten sein dürfen, denn dieselbe geschah nicht,
um Jemand Unrecht zu thun, sondern sicherlich nur zur
Bequemlichkeit der Studirenden und zum Vortheil der
Wissenschaft."

Egenolf's böses Gewissen drückt sich in dieser Vorrede sichtlich aus, noch mehr aber kam seine mala fides im weiteren Verlauf der Angelegenheit zu Tage.

Lagus war nicht gewillt, die ihm widerfahrene Unbill hinzunehmen. Schon im März des folgenden Jahres liess er eine kleine Schrift unter dem Titel: „Protestation des Conrad Lagus wider die unberechtigte Herausgabe seiner Commentare über die Rechtslehre durch Christian Egenolf" erscheinen. Dieselbe ist an den Baseler Drucker Johannes Oporinus gerichtet und bei demselben, obwohl sie als Erscheinungsort Danzig bezeichnet, wohl auch gedruckt.

Die Protestatio führt aus:

Zur letzten Frankfurter Messe habe der Buchdrucker Christian Egenolf eine unvollkommene Compilation von Ausführungen über Rechtsmaterien herausgegeben, der ein unverschämt anmassender Titel unter Beifügung des Namens des Verfässers der Protestatio, als ob die Compilation einem Dictat desselben in öffentlicher zu Wittenberg gehaltener Vorlesung entstamme, vorgesetzt sei. Diess bringe Lagus grosse Schande bei angesehenen und gelehrten Männern, und da die Speculation offenbar auf den Geldbeutel unvorsichtiger Käufer es absehe, könne sich Schreiber nicht enthalten, diese Gegenschrift ausgehen zu lassen, um seine Ehre zu wahren und die Rechtsstudiosen zu warnen, sich nicht in den Schlingen des unredlichen Speculanten zu fangen. Bloss Gewinn habe der Letztere beabsichtigt, diess zeige sich schon darin, dass er gar keine Sorgfalt auf die Herausgabe verwendet: es sei kaum eine Zeile in dem Buch zu finden, die nicht von Grammatikalien strotze.

Dass die Publication ohne Wissen des Lagus geschehen, vermelde der Herausgeber selbst, er hätte aber auch hinzufügen müssen, dass er dieselbe wider den ausdrücklich erklärten Willen des Verfassers unternommen habe.

Daher könne sich Egenolf nicht beklagen, wenn ihn
Lagus des Plagium beschuldige. „Denn da Plagiarius der
heisst, welcher einen fremden Menschen demjenigen, in
dessen Gewalt sich dieser befindet, entzogen hat: was steht
entgegen, dass dieses Verbrechens jener für schuldig erachtet
werde, welcher wissend und sehend, dass er gegen meinen
Willen und meinem Protest zuwider die Herausgabe meiner
Commentarien vornehme, sich nicht abschrecken liess, sein
Vorhaben auszuführen: das Vorhaben unter Missachtung
meiner Ehre, meines Rufes, meiner Glaubhaftigkeit, wider
meinen Willen meine Dictate sehr fehlerhaft zu publiciren."[1]
Um sein Vergehen für Unkundige zu verdecken, erwähne
Egenolf unverschämt genug, Lagus habe die Compilation in
Wittenberg öffentlich als Ordinarius dictirt, natürlich, damit
er dem Vorwurf des Diebstahls eines noch unveröffentlichten
Geistesproductes ausweiche. Wahrlich sehr fein, wenn man
dolose Verschlagenheit überhaupt loben dürfe, aber uner-
träglich unverschämt, denn es sei notorisch, dass Lagus
nicht einmal ein öffentliches Lehramt, geschweige denn das
Ordinariat — die erste Stelle in der Juristenfacultät —
bekleidet habe.

Nun folgt die Erzählung von der Entstehung und die
Ausführung über den Plan der Methodus, welche wir bereits
kennen. Lagus legt Gewicht darauf, dass er seinen Schülern
die Veröffentlichung des Dictates verboten. Die Unvoll-
kommenheit derselben entschuldigt er mit seiner Occupation
durch die Praxis. Er habe sich durch seinen Versuch ver-

1) Den Ausdruck plagiarius für Einen, der sich die Veröffentlichung
eines fremden Geistesproductes anmasst, finden wir schon früher. Von
einer Leipziger Universitätsverhandlung ai 1528 über eine Disputation des
Mr. Muschler, in welcher ein sophisma de plagiarijs und eine quaestio de
plagiarijs et librorum subductoribus proponirt war, wie es scheint mit Beziehung
auf einen concreten Fall, in welchen die MM. Curio und Laurentius Siben-
eichel verwickelt waren, berichtet Zarncke, Acta Rector. p. 27, 28.

gewissert, dass er etwas Besseres zu Stande bringen könne,
wenn ihn ein Mäcen unterstützen und so viel Muse gewähren
wollte, dass er Dasjenige, was er gesammelt, fleissig ergänzen
und sorgfältig überarbeiten könnte. Ohne eine solche Hülfe
aber sei er betreffs der Vollendung des begonnenen Werkes
etwas zu versprechen ausser Stande.

Wenn man aber zugeben müsse, dass zur Ausführung
eines Planes, wie er dargelegt worden, ruhige Muse und viele
Zeit gehöre, so seien alle Fehler der von Egenolf veröffentlichten Compilation der Unverschämtheit des Druckers anzu-
rechnen. Derselbe gestehe selbst, eine fehlerhafte Abschrift
angekauft zu haben. Das zeige sich auch in dem Druck.
Denn nicht bloss die zahllosen Styl- und grammatischen
Fehler seien zu rügen, es sei auch Vieles ausgelassen und
manches Fremde beigemischt: die abgedruckte Handschrift
sei, wie sich nicht bezweifeln lasse, aus vielen Fragmenten
zusammengesudelt. Und das könne nicht anders sein, da
es sich um ein nachgeschriebenes Dictat handle. Solche
nachgeschriebene Hefte seien immer ungenau und von einander abweichend. Manche Fehler des Druckes aber mögen
nicht einmal in dem Manuscript gestanden haben, so kindisch
sind sie, sie fallen lediglich dem Drucker zur Last.

Lagus habe anfänglich daran gedacht, Einiges nachzutragen und zu verbessern, da aber die Auslassungen, Zusätze, Sprach- und andere Fehler in zu grosser Menge
vorhanden, müsse von jeder Correctur Abstand genommen
werden.

Deshalb lasse er das von Egenolf unter seinem Namen
Veröffentlichte als ἀνέκδοτα jetzt uncorrigirt, und was ihm
davon nicht angehöre, wolle er als Nichtanerkanntes verworfen haben.

Wer Lagus tadle, dass er so grosse Schwierigkeiten
mache, den ersten Druck seines Werkes selbst zu besorgen,
der möge bedenken, dass der Autor hierauf schon längst

seinen Wunsch gerichtet habe, dass aber derselbe oft gezwungen sei, seine Lieblingspläne hintanzusetzen und der
Nothwendigkeit des Augenblicks zu gehorchen.

Sollten unter den Käufern der Compilation sich solche
finden, welche über die Hälfte verletzt zu sein glauben, da
der Inhalt des Buches dem Titel nicht entspricht, so können
sie mit der Wandelklage (actio redhibitoria) wider den Verkäufer klagen. „Denn obwohl es bisher nicht üblich war,
die Redhibition von Büchern abseiten der Verkäufer zu
erlangen, wenn nach der Tradition sich herausstellte, dass
dieselben fehlerhaft seien, so ist doch, da jene Klage gegeben wird, damit der Käufer nicht durch die Arglist des
Verkäufers getäuscht werde bezüglich eines verborgenen
Fehlers des Viehes und eines nicht offenbaren Mangels der
Waare überhaupt, kein Hinderniss, dieselbe auch Bücher-
käufern zu gestatten. . . . . Was gegen den zu erkennen sei,
welcher wider den ausgesprochenen Willen des Autors bei
dessen Lebzeiten ein Buch herausgiebt, untersuche ich jetzt
nicht und überlasse die Ahndung des Delicts dem Richter.“

Möchten doch, wenn die Zulässigkeit der genannten
Klagen bezweifelt werden sollte, die Staatsregierungen bestrebt sein, durch Gesetze die Zügellosigkeit der Drucker
zu beschränken, wenigstens die Insolenz der schlechte Ausgaben besorgenden Drucker, z. B. des Egenolf in Frankfurt,
welchen dieser Vorwurf besonders treffe.

Schliesslich wendet sich Lagus an den Drucker Oporinus in Basel und schreibt ihm die Protestatio zu. Schon
oft habe Oporinus den Verfasser um die Erlaubniss gebeten,
die Methodus publiciren zu dürfen, doch habe er stets
dessen abschlägliche Antwort respectirt.

So weit unser protestirender Autor.

Egenolf liess im September 1544 eine „Vertheidigung
auf die Protestation des Herrn Conrad Lagus etc.“ erscheinen.

Es wird hier behauptet, Lagus sei weniger aus eigenem Antrieb, als angestachelt von Concurrenten Egenolf's — damit ist Oporinus gemeint — so heftig aufgetreten. Deshalb sei Antwort überflüssig, allein auf den Rath seiner Freunde wolle Egenolf die Injurien des Lagus zurückweisen. „Denn es ist wohl Niemand, der, wenn er meine Absicht beim Druck jener Commentare über die Rechtslehre kennt, mir heftig zürnen, geschweige denn, dass er mich des Plagium oder eines anderen öffentlichen Vergehens. mit Recht beschuldigen könnte."

Erzählung von dem Kauf des Manuscripts und Egenolf's anfänglichem Zögern mit der Publication.

Der Beweggrund der letzteren sei lediglich in dem Bestreben zu suchen, den Rechtsstudirenden nützlich zu werden. Dass Egenolf das Buch als verkäuflich auf den Markt gebracht habe, könne ihm Niemand, der bei Verstand, verargen, da er doch für seine Auslagen und seine Mühe etwas haben dürfe. Hätte er heimlich und arglistig handeln wollen, so würde er nicht erst brieflich den Lagus um die Erlaubniss zur Veröffentlichung angegangen haben, er hätte ja auch die Methodus ohne Nennung seines (des Druckers) Namens herausgeben können.

Die Beschuldigung des Plagium sei haltlos Dieses Vergehen sei bloss an freien Menschen möglich, nie an Sclaven, und sei nicht abzusehen, wie an dasselbe bei diesem durch ganz Deutschland verbreiteten Buch gedacht werden könne. Lagus habe es auch unterlassen, die Klage, mit der er gedroht, anzustellen.

Der Druck sei für das Buch nur vortheilhaft. Die unzähligen Abschriften, die gefertigt wurden, seien von Tag zu Tag fehlerhafter geworden, die gedruckte Ausgabe aber könne von Fehlern allmählig gesäubert werden. An Arbeit habe es Egenolf bei der Herausgabe nicht fehlen lassen: die Correctur mangle nirgends, es sei unbillig, wenn Lagus sage, dass kaum einige Zeilen von grammatikalischen Fehlern frei sein.

Hätte Lagus sein Buch im Schreibtisch behalten und die Abschrift nicht gestattet, so würde die Sache ganz anders liegen. Da er diess aber nicht that, vielmehr das Werk überall in den Bibliotheken der Studiosen anzutreffen ist, that der Drucker nichts Unziemliches, als er es herausgab. Der Name des Lagus ist auf den Titel gesetzt nicht aus Speculation, sondern um dem Autor den Ruhm seiner Arbeit nicht zu entziehen.

Es sei zu verwundern, dass Lagus sich entschlossen habe, ein Pasquill, angefüllt mit Drohungen, Schmähungen etc., gegen Egenolf zu veröffentlichen, da ihm doch der viel ehrenvollere Weg der Klage offen gestanden habe. Wenn er diesen nicht habe einschlagen wollen, hätte er wenigstens Beleidigungen vermeiden sollen. Egenolf lebe in seiner Stadt länger denn 13 Jahre in grossem Ansehen, Jedermann sei überzeugt, dass die Protestation des Lagus unbegründet und durch den Neid Uebelwollender angeregt sei.

Was die Wandelklage anlange, so sei dieselbe schon deshalb unzulässig, weil in der Vorrede ausdrücklich bemerkt werde, der Druck sei nach einer fehlerhaften Abschrift besorgt und Conrad Lagus sei keineswegs der Urheber, ja nicht einmal der Mitwisser der Publication.

Den Titel Ordinarius habe Egenolf dem Lagus beigelegt, weil er ihn mit vielen Anderen dafür gehalten, nicht aus einem anderen Grunde.

Es sei nicht der Mühe werth, von diesem Druck eines handschriftlich sehr verbreiteten und vom Verfasser denen, welchen er es dictirte, verkauften Buches so viel Aufhebens zu machen. Vor etwa 30 Jahren seien viele Schriften des Erasmus und Ph. Melanthon, selbst Privatschreiben derselben an Freunde, veröffentlicht worden, ohne dass der Zustimmung der Verfasser gedacht wäre.

Manche Commentare des Zasius zu verschiedenen Titeln
der Rechtsbücher seien erst nach dessen Tod gedruckt, obwohl der Autor sie gewiss nicht zur Publication bestimmt
und mit geringerer Sorgfalt ausgearbeitet hatte. [1] Doch das
habe dem Ruhme des Zasius, besonders in Italien, keinen
Eintrag gethan. Wer es nicht glaubt, höre die Erzählungen
der aus Italien oder Frankreich zurückkehrenden Studenten.
Wäre es wohl wünschenswerth, dass die Vorlesungen des
Zasius ungedruckt geblieben? handelte es sich bloss um die
wissenschaftliche Ehre des Mannes, dann gewiss, da aber
hier die Rücksicht auf den Nutzen der Fachgenossen massgebend ist, bleibt es dankenswerth, dass jene Ausgaben
veranstaltet wurden.

Vor einigen Jahren ist ein Werk des Andreas Alciat
unter dessen Namen sogar wider seinen offenbarten Willen
herausgegeben worden, ohne dass der Drucker mit einem
Wort den Leser von diesem Umstand benachrichtigte. Hierüber
schrieb Alciat an den Bischof von Bologna: „Vor Kurzem
hat irgend ein Verleger mein Buch über den Titel: „Si
certum petatur" aufgekauft und veröffentlicht. Ich würde
mich darüber nicht sehr grämen, wenn nur etwas mehr
Fleiss angewendet, so dass die Ausgabe correcter und un-
verstümmelt in die Hände der Käufer gelangt wäre. Aber
es fehlen im Druck nicht bloss einige Zeilen, sondern an
einer Stelle ganze Blätter."

„Das ist nun doch", fährt Egenolf fort, „etwas ganz
anderes, als was ich gethan habe. Gegen den, welcher im
bösen Glauben eine fremde Sache öffentlich feil hält, als
wenn der Eigenthümer das erlaubt hätte, möchte die Wandel-

---

1) Nicolaus Freigius (Frey), der Vater von Johann Thomas
Freigius, hatte mehrere Vorlesungen des Zasius nach dessen Tode
herausgegeben. Keineswegs aber ohne Widerspruch der Erben des
grossen Juristen; denn diese schlugen den Rechtsweg gegen Freigius ein.
Vgl. Schreiber, Universität Freiburg II S. 220 ff. 329, 330.

klage eher zulässig sein. Dass aber ich Niemanden über-
vortheilt habe, geht schon daraus hervor, dass ich von
allen Seiten um Erneuerung der Auflage angegangen werde,
was gewiss nicht geschehen würde, fände das Buch keinen
Absatz. Doch ich werde mich hüten eine neue Ausgabe
zu besorgen. Wenn auch mein Gegner sagt, ich sei aus
Gewinnsucht zu allem fähig, so wird er doch in meinem
Verlag nicht ein Buch nachweisen können, welches einen
falschen Titel trägt, oder den Ort der Herausgabe aus
Hinterlist falsch angiebt. Aber bei jener Protestation ist es
erlogen, dass sie zu Danzig gedruckt sei. Wer ist der
Drucker, welchem Lagus das Pasquill zur Veröffentlichung
gab? Wer glaubt es, dass Papier aus Lerch, einem Dorf
in Baden („bapyrus formata Lerchij Marchionis Badensis
vico"), welches kaum eine deutsche Meile von Basel entfernt liegt, bis nach Danzig transportirt sei? Als ob es
da an Papierfabriken fehlte und man nöthig habe, um ein
Heft für drei Pfennige (librum triobolarem) zu drucken,
das Papier über hundert deutsche Meilen weit herzuholen.
Das Papierzeichen beweist deutlich, dass der Druckort der
Protestatio erlogen ist. Was hat sich der Drucker gedacht,
als er diese Schrift wider mich druckte? Hielt er mich
für so bornirt, dass ich den Rauch nicht durchschauen
würde? Stellt man mein Benehmen und das jenes be-
scheidenen Druckers, welcher ein Werk, das mich zu in-
famiren bestimmt war, nicht bloss mit Verheimlichung seines
Namens, sondern auch unter falscher Ortsangabe druckte,
gegenüber, so neigt sich die Wagschale sehr zu meinen
Gunsten. Wer eine Schrift von dem Charakter der Protestatio
druckte, der musste eigentlich rein von allem Makel dastehen. Denn obwohl er die Protestatio nicht schrieb, so
hat er es doch an Hetzen nicht fehlen lassen und die Unterstützung seiner Arbeit geboten. Er ist also gleicher Theil-
nehmer der That des Lagus, aber hassenswerther, da ihn

die Sache gar nichts anging und er bloss aus Neid oder Gehässigkeit handelnd seine Ehre aufs Spiel setzte.

Lagus aber möge seine Hörner nicht bloss gegen mich erheben, sondern auch seinen Drucker an dessen Pflicht erinnern; dieser hat durch Angabe des falschen Druckortes gelogen und verdient daher Schandtitel aller Art. Ich habe lediglich aus Irrthum — wie ich dazu kam, ist bereits erzählt — zum Namen des Lagus den Titel ordinarius gesetzt. Und ärgert dieser Titel den Lagus gar zu sehr, so möge er ihn ausstreichen, oder die Methodus ganz verleugnen; das soll mir gleich bleiben. Die Studenten freuen sich über das Buch und fragen nichts nach dem Verfasser. Dass ich ihnen durch den Druck der Methodus diese Freude bereitete, ist mir eine grosse Genugthuung, so dass ich darüber keinem Menschen Rechenschaft geben werde, es müsste denn sein, dass der Weg Rechtens beschritten würde. Und das Geschäft, wider mich zu klagen, wird Lagus keinem Hitzigeren übertragen können, als Oporinus, welchem es ihm beliebte, die gedruckte Protestatio zu übersenden. Denn Oporinus hat sich um die Verbreitung der Schrift sehr verdient gemacht, indem er sie Jedem, der mit ihm in Berührung kam, überreichte. Daher hätte Lagus gewiss gut gethan, die Protestatio dem Oporinus zum Druck zu übersenden. Dieser würde sicherlich grosse Mühe darauf verwendet haben. Manche wollen behaupten, Oporinus habe in der That die Protestatio gedruckt. Allein das glaube ich nicht, denn Oporinus ist ja ein Biedermann. Sollte es aber so sich verhalten, so will ich nicht unterlassen, Oporinus zu seiner ausgezeichneten Ehrbarkeit zu gratuliren, denn dann hat gewiss er allein unter allen Druckern niemals etwas begangen, was Tadel verdiente, sicherlich hat er nie ein Buch ohne Zustimmung des Autors gedruckt, sondern offen, bieder, anständig, wie es einem braven Manne zukommt, hat er Alles angefangen; wenn dem so ist, beim

Zeus! dann wird er mit Recht bis in den Himmel erhoben und durch die Schriften der Gelehrten mit ewigem Ruhme verherrlicht."[1]

Dass diese dumme und unverschämt freche Vertheidigung, deren Concipient wohl ein Schmierer wie Justinus Gobler war, mehr gegen den Rivalen Oporinus als gegen Lagus gerichtet ist, braucht kaum bemerkt zu werden. Oporinus beneidete Egenolf um das gute Geschäft und dieser wirft jenem Uncollegialität, so wie Gewerbsbeeinträchtigung vor. Der arme Autor diente im Streite der erbitterten Drucker nur als Werkzeug. Der Protestatio des Lagus ungeachtet wurde später das Werk seines Schweisses noch oftmals von gewinnsüchtigen Druckern, ja auch von Oporinus in verderbter Gestalt ins Publicum geschleudert. Der Verfasser hatte den Aerger, wurde von den Katheder-besitzern todt geschwiegen und, als sein Buch ausser Cours kam, ganz vergessen, doch die Buchdrucker mästeten sich bis ins 17. Jahrhundert hinein mit seinem Werk.

Conrad Lagus überlebte die widerrechtliche Veröffentlichung seiner Methodus nicht lange. Auf der obgedachten Reise nach Krakau wurde sein Wagen umgeworfen und er erhielt dabei einen Stoss auf die Brust. Seitdem litt er an einer gefährlichen Affection der Lunge. Trotz der Hülfe der Aerzte wuchs das Uebel, heftige Blutauswürfe schwächten seine Kraft, am 7. November 1546 gab er unter Anrufung von Christi Barmherzigkeit den Geist auf.[2]

---

1) Die Titel der hier ausgezogenen Streitschriften s. oben S. 300 Not. 4 u. S. 335 Not. 4.

2) Nach Hoppe B 8. Die genaue Angabe des Todestages findet sich bei Paul. Eber, Calendar. p. 358.

Sein Schüler Johann Hoppe, der, durch Christoph Jonas
empfohlen, seit 1'542 an der neuerrichteten Gelehrtenschule
zu Königsberg i. Pr. wirkte [1], hielt ihm bald nach seinem
Hintritt eine Gedächtnissrede. In derselben wird der Wunsch
ausgesprochen, es möge sich Jemand finden, welcher die
Methodus des Lagus aus den in der Nachlassenschaft des
Verfassers sich vorfindenden Materialien bearbeite und vollende.
Ein späterer Danziger Biograph des Lagus aber [2] versichert,
ein hinterlassenes Manuscript der Methodus sei nicht aufzufinden. Auch auf meine Nachfrage ist eine ähnliche Antwort
erfolgt. Doch führen vielleicht erneute Nachforschungen zu
einem günstigeren Resultat.

Die Egenolf'sche Ausgabe der Methodus wurde bis ins
17. Jahrhundert hinein oftmals abgedruckt. Das Werk diente
als Lehr- und Lernbuch, bis es durch neuere Compendien
verdrängt wurde. Mir sind neun Drucke desselben bekannt.
Auch der Wunsch des Lagus, dass eine castigirte Ausgabe
seines Werkes veranstaltet werde, ging später in Erfüllung,
doch schwerlich im Sinne des Verfassers. Wegen der in
demselben enthaltenen Polemik gegen manche Einrichtungen
der römischen Kirche kam das Buch auf den Index; da es
aber bei den Studirenden für unentbehrlich galt, veranstaltete
man mehrere katholisch-kastrirte Ausgaben, die sich freilich
auch rühmen — ob mit Grund? das möchte fraglich sein
— die übrigen Fehler beseitigt zu haben.

Das Compendium iuris Saxonici gelangte, wie bereits
erwähnt, erst lange nach dem Tode des Lagus unter die
Presse. Mir sind drei Ausgaben desselben vorgekommen,
doch scheinen die Exemplare des Buches äusserst selten
geworden zu sein.

Obwohl später der Name des Lagus verscholl und seine
Bücher vom Staub der Bibliotheken überdeckt wurden, lässt

1) Königsberger geh. Archiv 3. Schrank Fach 40 n. 19.
2) Preussische Sammlung S. 126.

sich doch nicht behaupten, dass sein geistiges Schaffen ohne
nachhaltige Wirkung geblieben sei. Freilich wird sich schwer
ermitteln lassen, wie viel davon und was in unser heutiges
Lehrgebäude des Civilrechts übergegangen ist. Allein dass
ein Buch, welches fast ein Jahrhundert lang als Lernbuch
gebraucht wurde, nicht ohne Einfluss bleiben konnte auf die
Gestaltung der Wissenschaft, versteht sich von selbst.
Ueberdem haben sich an Lagus' Arbeit nachweisbar weitere
wissenschaftliche Bemühungen angeschlossen. Es ist in
Literargeschichten viel die Rede von dem Einfluss,
welchen in der zweiten Hälfte des 16. Jahrhunderts die
Philosophie des Petrus Ramus auf die Behandlung der
Rechtswissenschaft geübt habe. Namentlich sind es die
Schriften des Joh. Thomas Freigius [1]), in welchen sich die
Ramistische Philosophie unverkennbar spiegeln soll. Diess
mag im Allgemeinen nicht unrichtig sein. Aber bezüglich
eines Hauptwerkes des Freigius, welches wiederholt gedruckt
wurde und entschieden Einfluss auf die Systematik des
Civilrechts geübt hat, bleibt es zweifellos, dass es nicht
sowohl auf Ramistische Principien, als auf die Methodus
des Conrad Lagus zurückzuführen ist. Ich meine die
Partitiones iuris utriusque des Freigius.

Die erste Ausgabe dieses Werkes erschien Basil. 1571
Fol. Trotz des auf die Justinianischen Rechtsbücher als
Hauptquelle hinweisenden Titels finden wir in demselben
kaum etwas Anderes als einen schematisirten Auszug aus
Lagus. Freigius erkennt diess auch an, denn auf der Hinter-
seite von Bl. III findet sich die Ueberschrift:

„Elenchus partitionum iuris Ex Conradi La. Methodo."

---

1) Sohn des Nicolaus Freigius (s. Note S. 345). Joh. Thomas
Freigius ist geboren 1543, lehrte zu Freiburg, Basel, Altorf, war begeisterter
Anhänger des Petrus Ramus und † 16. Januar 1583 zu Basel. S. über
ihn Schreiber, Universität Freiburg II S. 220—232. Stintzing
in Pözl's Vierteljahrsschrift III S. 626.

In einer späteren Ausgabe der Partitiones (Basil. 1581 Fol.) ist sogar der Titel des Werkes berichtigt und heisst nunmehr derselbe:

> „Ioannis Thomae Freigii partitiones iuris ex Conradi
> Lagi methodo expressae" etc.

Spätere haben Lagus wohl benutzt, aber den Namen desselben kaum genannt. Nur bei Hermann Vultejus, dessen Iurisprudentiae Romanae a Justiniano compositae libri duo (zuerst 1590) immer noch gangbar sind, steht im προλεγό-μενον de studio iuris zu lesen, es sei das Compendium des Lagus keineswegs zu verwerfen, wenn auch die studirende Jugend vorzugsweise auf das Studium der Quellen und der an diese enger sich anschliessenden Schriften hingewiesen werden müsse.

Unter den juristischen Literarhistorikern berichtet nur C. F. Hommel[1]) etwas ausführlicher über die Methodus. Doch scheint er die Arbeit des Lagus nicht allzu hoch anzuschlagen. Derselbe habe, meint er, nichts Anderes gethan, als das natürliche, bürgerliche und canonische Recht in ein System zusammengezogen.

---

1) Litteratura iuris § 65.

Kleiner Beitrag zur Vorgeschichte der sächsischen Constitutionen.

Gewöhnlich wird angenommen, dass die Constitutionengesetzgebung des Kurfürsten August von Sachsen vom Jahre 1572 in erste Anregung gebracht worden sei durch die kursächsischen Stände, welche im Jahre 1565 unter Anderem auch das „Bedenken" vorbrachten: „Es werden in den Schöppenstühlen in Ew. Churf. Gn. Landen in vielen Fällen ungleiche und widerwärtige Urthel gesprochen, daraus nicht kleine Unrichtigkeiten erfolgen; bitten deshalb unterthänigst, Ew. Churf. Gn. geruhen gnädigst etzliche fürnehme Juristen beneben etzlichen der Landschaft, so der Landesbräuche kundig, zu verordnen, die solcher streitigen Fälle halber sich nothdürftig unterreden und wie hinfüro darin gesprochen werden soll, vergleichen." [1]

Gewiss ist dieses „Bedenken" nicht ohne Wirkung geblieben und immerhin mag man es als nächste Veranlassung der Constitutionengesetzgebung betrachten, dennoch würde man sehr irren, wenn man der Ansicht wäre, dass damals erst ein Bedürfniss nach Codification des bestehenden Rechts in Sachsen gefühlt und laut geworden sei. Georg Menius irrt wohl nicht, wenn er berichtet, Kurfürst August habe schon längere Zeit vorher eine amtliche Feststellung

---

[1] Schletter, die Constitutionen Kurfürst Augusts S. 38, 39; Böhlau in der (heidelb.) Krit. Ztschr. Bd. V S. 108. ·

des Verhältnisses zwischen Sachsenspiegel und römischen Recht beabsichtigt, denn die Nothwendigkeit solcher Feststellung war in Sachsen von competenter Seite bereits seit dem Ende des 15. und im Laufe des 16. Jahrhunderts oft anerkannt worden.

Um das Jahr 1493 fanden bei dem gemeinschaftlichen sächsischen Oberhofgericht zu Altenburg und Leipzig Berathungen über eine neu zu erlassende Oberhofgerichtsordnung statt. Letztere kam auch wirklich zu Stande und ist uns erhalten, sie steht z. B. abgedruckt bei C. G. Kretschmann, Geschichte des kurfürstl. sächs. Oberhofgerichts etc. S. 45 ff. Die aus der Vorberathung des Hofgerichts selbst aber hervorgegangenen Vorschläge befinden sich handschriftlich im grossherzogl. und herzogl. sächs. gemeinschaftlichen Archive in Weimar in einem Fascikel: „Schriften das Hoffgericht zu Leipzig belangende" (R. O. fol. 383—385). Unter den Vorschlägen interessirt uns hier vorzugsweise einer, welcher in den Artikel gefasst ist:

> „Item das der Sachsenspiegel gereformirt werde also das man nach lantleuffiges Sechsischs Rechts spreche."

Dieser Wunsch blieb für damals unerfüllt. In der wahrscheinlich 1495 publicirten Oberhofgerichtsordnung des Kurfürsten Friedrich und der Herzoge Johann und Georg wird vielmehr verordnet:

> „Item Sechsische Recht wie dy aufsgedruckt zcu halten, ausgeschlofsen dy artigkell von der heiligen kirchen abgethann vnnd reprobiret."

Hierin scheint gegenüber der Oberhofgerichtsordnung des Herzogs Albrecht von 1488 sogar eine saxonisirend-reactionäre Tendenz enthalten zu sein, denn jene hatte vorgeschrieben:

> „Es sullen auch alle Sachenn vor dem gerichte nach Sechfsigischenn Rechtenn, wu das rechtlich vnd bestendigk, ausgedruckt, vorsprochenn werddenn wu

es aber vnaufsgedrucket tunkel adder vnvornemlich
ist, Sal es erföllunge vnd dewtunge nach gemeynen
Rechtenn nehmen."

Dem sei aber wie ihm wolle : die Opposition, welche
im Schooss des Gerichts wider die unmittelbare und ausschliessliche Anwendung des Sachsenspiegels sich erhoben
hatte, dauerte fort und ist nicht bloss dem Einfluss der
rechtsgelehrten Mitglieder des Gerichtshofs zuzuschreiben.
Vielmehr verstand man ganz allgemein den Sachsenspiegel
nicht mehr und kam bei sein er Anwendung jeden Augenblick
in Verlegenheit.

Für diese Behauptung berufe ich mich auf eine im
grossherzogl. und herzogl. sächsischen gemeinschaftlichen
Archive in Weimar (R. O. p. 385 und 386 ℜ. P.) befindliche interessante Urkunde.

Im Jahre 1534 hatte Kurfürst J o h a n n F r i e d r i c h dem
Oberhofgericht einen Gesetzentwurf zur Begutachtung zugehen
lassen, welchen dasselbe mittelst Berichts dd. Dienstags
nach Trinitatis 1534 remittirte. Darin heisst es : von dem
Oberhofgericht sei den Artikeln, welche der Kurfürst zur
Begutachtung habe übergeben lassen, eine fleissige und eingehende Berathung gewidmet worden. Man befinde, dass
der Kurfürst geneigt sei, die alte Ehrbarkeit zu erhalten und
allerhand neue Laster zu strafen, auch was. „irrige und
ungewisse Rechtsfälle sind, dieselben in gewisse Ordnung
zu bringen und reformiren zu lassen." Trotz aller Anerkennung dieses Bestrebens sei es dem Oberhofgericht unmöglich, die vorgelegten Artikel in „Beschluss und Ordnung"
zu bringen. Der Gründe seien mehrere, besonders aber
hebe man hervor, dass noch viele andere Fälle, Sachen
und Missbräuche in des Kurfürsten Landen einer Besserung
und Reformation bedürften :

„Sunderlich das vnvorstentlich Buch des Sachssen-
spiegels durch des zwespoldigen vorstandt vilerley vnbiliche

vrtail gefallen vnd im lande vil Zcang (Zank) vnnd
hadder Auch verletzung der lewthe eyngefurt werde,
Also wo dem keyne enderung vnnd reformation gemacht wirdet, das man durch dysse E. C. F. G. vnd
andere mehre artickel alleyn vnsers vnderteningen
bedenkens den Missbrauch im lande nicht vfhebenn
noch vorkommen magk. Vnnd habenn derhalb vf
Ew. Ch. G. vnd derselben Vettern Verbesserung
gedocht das dyss der beste vnd fuglichste Wegk seyn
solte, dafs Ew. Churf. g. vnd derselben Vetter, wie
vormals auch vor beqwem angesehenn durch etliche
Irer gelarten vnd erfarnen laysche Rethe den Sachsenspiegel vornehmen liesen, das sye die Artickel dy
Nymandts vorstehet vnd dy nicht Im gebrauche Auch
an Inen selbst vnrecht vnnd beschwerlich vnnd dye
Im rechten albereit vorsehenn seyn sampt den vnschick-
lichen glossen dovon theten vnd dy nutzlichen Artickel
dy Im gebrauche, der billickeit vnnd rechten gemefs
seyndt In eyne guthe ordenung Nach den Tittln
brechten, Unnd dobey dysse Ewere Churf. g. vnnd
andere mehr Artickel dye zu erhaltung guter polizey
vnd rechtens Im lande vor guth angesehenn, Addition
Weyse adder hynden am ende ordenthenn sampt
anderen allen Eure Churf. g. vnd derselben Vettern
albereit aufsgegangenen guten ordenungen des Obernhof-
gerichts, der Wucherer, bevehder, blackerey, Müntz
vnnd des lehengerichts halber etc. domit man alfso
in E. C. f. g. vnnd derselben vettern landen eyn stadt-
lich vnnd gewifs landtsrechtbuch hette, des sich ein
Yder zugebrauchenn wufste neben dem keyserrecht.
In den fellen dy In solchen des landes Rechtbuche
nicht aufsgedruckt seynt, vnnd mvsten dye gemeynen
felle wodurch Eyner Ehrlofs lehnlofs anruchtig wirdet,
was wucher sey clar aufsgedruckt vnd eyn statlicher

23*

procefs vnd form . . . . .[1]) vnd beneben dem andern
In druck bracht werden, dornach sich eyn Yderman
wufste zu richten vnd sich mit kayner vnwissenheit
zu entschuldigen hatte, vnnd das solchs alfsdann
E. C. F. G. zugeschickt wurde ferner zu beradt-
schlagen vnndt was E. C. f. g. vetter vnd. E. C. f. g.
sich darauf entschliessen wurden, das solchs beider-
seits landtschaft vorgetragenn vnnd also eyn besten-
digk Rechtsbuch ordenunge vnd policey mit der
landschaft bewilligung gemacht vnd in druck bracht
wurde."

Der Kurfürst Johann Friedrich antwortete dem Oberhofgericht, der Vorschlag wegen Reformation des Sachsenspiegels sei zu weit aussehend, man möge daher zunächst
die auf Beseitigung des dringendsten Bedürfnisses berech-
nenden Artikel berathen.

Dennoch scheint der Plan, den Sachsenspiegel zu
reformiren, dem Kurfürsten nicht missfallen zu haben. Dem
zum Beweise und um zu zeigen, dass der Gedanke des
Oberhofgerichts später in beschränkter Weise auf Privatweg
zur Ausführung kam, will ich noch ein Schreiben des
berühmten Wittenberger Juristen D. Melchior Kling (s.
ob. S. 149) an Kurfürst Johann Friedrich zu Sachsen,
dd. Sonntags nach Allerheiligen 1542, folgen lassen, dessen
Original im Weimarer Communalarchiv (R. O. lit. CCC [nr. 3.]
Fol. 159) aufbewahrt wird.

Im ersten Theil des Briefes entschuldigt sich Kling,
dass er sein beifolgendes Institutionenwerk dem Kurfürsten
nicht gewidmet habe, „wie er doch billig hette thun sollen,
weil er's in S. Kurf. Gnad. Universität geschrieben;" Grund
dieser Unterlassung sei die beabsichtigte Dedication der von
Kling besorgten, demnächst erscheinenden Ausgabe der

---

1) Nicht lesbar.

Consilia D^{ris} Henningi (Goede) an den Kurfürsten. Hierauf fährt M e l c h i o r K l i n g fort:

„Zum Andern, Gnedigster Churfürst und Herr wissen E. C. Gn. gnediglich wie gantz ane ordnung das Sechsisch Recht geschriben ist, das sich schir Niemandts dorein Richten kan. Vnnd ist doch in teglicher vbung. Da Ich aber gehort habe das e. ch. g. sambt derselbigen Vettern zum offtermal fur-gehabt etliche Rethe zusamen zuordnen die den Sachsenspiegel Inn ein ordnung brechten die auch statlich darfür haben besoldt werden sollenn, vnnd aber gleichwoll solchs bis anhero verbliben, So were ich des vnderthenigen erbietens wo e. c. g. mich fur solche mue die mit grofsem vleis geschehen muss gnediglichen bedenken, vnnd solchs derselbigen gefallen wollt, das Sachssisch Recht In eine Solche ordnung zubringen das es ein Jeder leichtlich ver-stehen vnnd sich drein richten solt, vnnd wolt e. c. g. als dem Burggrauen vnnd obersten Haupt vff Sechs-sischem poden derselbigen zuschreibenn. Die ordnung aber die Ich halten wolt solte die sein, das ich den Sachssenspiegel In vier teil teilen vnnd dorein alle die Materien so dorinne begriffen bringen wolte Das Erste teil solten sein die tittl von den personen als von Römischen konig, von Burggrauen, schultheis, Scheppen, fronebot, vorspreche, Cleger, Beclagter, Anwald, Vormunde, Zeugen, vnnd dergleichen, vnd was von einem Jetzlichen dar Inne befunden wurt auch was sein Ambt ist das wolte ich ordenlich vnndter einen jetzlichen tittl bringen, Das Ander teil solt sein der proces als von Citation, vngehorsam, Clag, Anthwort, beweisung mit Zeugen oder briefflichen vrkunden, Eidesleistung, vrteil, straffung der vrteil, Executio, vnnd was dergleichen mehr befunden zum

proces gehorende. Das dritte teil solte sein von
allerley Clagenn als wen zu einem guet oder Anderer
gerechtigkeit geclagt wurde, darein wirt komen von
eigenthumb vbergab verjarung posses, Erbgerechtigkeit
als Erbgeradt, Morgengab, Muefsteil, Hergewet, Item
von dienstbarkeiten, als trifft, vnnd dergleichen
gerechtigkeiten die einer vff eines andern grundt vnnd
poden hatt. Item die personliche Clage die aus den
contracten herfliefsen als vom leihen, hinterlegen, pfandt-
schaft, zusage mit handtgebender trew, verpflichtung
mit brief unnd sigil, burgschafft, kauffen, verkauffen,
mieten, vermieten, Gesellschafften vnnd dergleichenn,
das vierte teil solte sein von peinlichen sachen wie
die burglich oder peinlich solten gesucht werden
dorein wurt auch kommen von pufs, wehrgelt, wette
vnnd dergleichenn, vnnd wolte es mit gueten verstendigen
deutzschen wortenn, vermittelst gottlicher hülffe dermassen schreiben das In gantzen Sachssenspiegel nicht
ein einige Zeil sein solte, die nicht vnter Iren orden-
lichen tittl gebracht were. Wo nue solchs e. c. g.
gefallen vnnd dieselbig mir das widerumb gnediglich
antzeigen wurden, so wil ich das werk so bald vor
die handt nehmen vndt also furdern das es e. c. f. g.
meines verhoffens gefallen vnd der landtschafft nutz
sein solte. Vnndt e. c. g. meines vermugens zu dienen
bin ich zu vndterthenigkeit ganz willig." Dat. etc.

Hierauf antwortete Kurfürst Joh. Friedrich aus
Lochau unter dem Datum: Montags nach Elisabeth 1542.
Er versichert, es gern zu hören, dass Melchior Kling
den Sachsenspiegel in Ordnung bringen wolle und ermuntert
ihn, das Werk in Angriff zu nehmen und zu fördern. Bevor
jedoch dasselbe in Druck gegeben werde, solle es ihm (dem
Kurfürsten) zur Durchsicht eingereicht werden. Für seine
Mühe und Arbeit soll Kling eine „stattliche Verehrung" erhalten.

In der That ging Melchior Kling an's Werk. Doch die
Arbeit zog sich länger hinaus als er vermuthet hatte. Kurfürst
Joh. Friedrich hatte längst die Kurwürde und den Kurkreis
verloren, ja er hatte bereits das Leben verlassen, als ein
Jahr vor Publication der Constitutiones Augusteae Melchior
Kling's Buch: „Das Gantze Sechsisch Landrecht mit
Text vnd Gloss, in eine richtige Ordnung gebracht" zu Leipzig
in Folio erschien. Der Autor selbst war vor Vollendung
des Drucks um Ostern jenes Jahres zu seinen Vätern eingegangen, er erlebte es also nicht mehr, dass anstatt eines
reformirten Sachsenspiegels eine umfassende neue Gesetzgebung Grundlage der Weiterentwicklung des sächsischen
Rechts wurde.

Zur Literaturgeschichte des Civilprocesses.

1) Walther, O. A., Kreisgerichtsrath zu Sondershausen, Die Literatur des gemeinen, ordentlichen Civil-Processes und seine Bearbeiter bis auf die Zeiten des jüngsten Reichsabschieds. Ein Beitrag zur Culturgeschichte des gemeinen deutschen Civil-Processes überhaupt. Auf Grundlage selbstständiger (sic) Forschung bearbeitet von etc. Mit einem Autoren-Register. Nordhausen. Ferd. Förstemann's Verlag. 1865. XIV u. 81 p. gr. 8.

2) de Wal, Dr. J., ord. Prof. der Rechte in Leyden, Beiträge zur Literatur-Geschichte des Civil-Processes. Aus den „Nieuwe Bijdragen voor Regtsgeleerdheid en Wetgeving" übersetzt. Mit Zusätzen des Verfassers und einem Vorworte herausgegeben von Dr. R. Stintzing. Erlangen. Verlag von Andr. Deichert. 1866. VI u. 98 p. 8.

Der Verfasser von Nr. 1 versichert im „Vorwort": „dass das lebende juristische Publicum im Allgemeinen — besonders was die Zeit hinter der Schwelle des 18. Jahrhunderts anlangt — im Zustande einer höchst dürftigen Kenntniss der Civilprocess-Literatur sich befinde." Zu meinem lebhaften Bedauern bin ich nicht im Stande, dieser Behauptung zu widersprechen. Ja ich muss gestehen, dass der erste Blick auf den Titel der Walther'schen Schrift ein wohlthuendes Gefühl in mir hervorrief, ein Gefühl der Befriedigung, dass der Gegenstand, mit welchem ich mich lange andauernd

und mit Eifer beschäftigt, auch das Interesse eines Anderen
erweckt und endlich einer eingehenden Bearbeitung sich zu
erfreuen gehabt habe.

Allein schon die Lecture des vollständigen Titels des
Walther'schen Buchs verringerte mein Vergnügen und,
als ich „Vorwort", sowie einen Theil des Inhaltes gelesen
hatte, konnte ich mich des Bedauerns nicht erwehren, dass
ein wohlmeinender und fleissiger Dilettant gerade an diesem
Gegenstand sich hatte versuchen müssen.

Wohlmeinend ist Walther, denn er sucht nach
Kräften der Wahrheit auf den Grund zu kömmen, fleissig
ist er, das beweist jede Seite seines Buches, Dilettant aber
bleibt er die Literaturwissenschaft anlangend trotzdem, denn
er befindet sich weder in dem Besitz des nothwendigsten
Handwerkszeuges, d. h. des nothwendigen literarischen
Apparates, noch hat er sich die Fertigkeit angeeignet,
dasselbe schulgemäss — wenn man diesen Ausdruck nicht
missverstehen will — zu benutzen.

Als ich diese Ueberzeugung erlangt hatte, beschloss
ich, die Walther'sche Schrift zu ignoriren, meinend, es
würden Andere eben so urtheilen, wie ich, und man werde
über dieselbe einfach zur Tagesordnung übergehen. Allein
bald zeigte sich, dass ich hierin irrte. Ein bekannter
Bibliograph, Petzhold, lobte das Werk, auch anderwärts
— z. B. in den Glaser'schen Jahrbüchern — erschienen
lobende Recensionen, überall wurde der Verfasser ermuntert,
den betretenen Weg fortzusetzen. Nur das „Literarische
Centralblatt" brachte aus sachkundiger Feder eine vernich-
tende Beurtheilung.

Während ich nunmehr zweifelhaft wurde, ob ich nicht
auch meinerseits die Pflicht habe, auf die grossen Mängel
und unerhörten Fehler der Walther'schen Schrift hinzuweisen, erhielt ich von befreundeter Seite die Nachricht,
dass ein holländischer Gelehrter dasjenige in gründlicher

und eingehender Weise ausgeführt habe, was ich, dass es geschehe, für wünschenswerth halten musste.

In den Nieuwe Bijdragen voor Regtsgeleerdheid en Wetgeving, Deel XV, Stuck 4, bl. 576 war ein Aufsatz erschienen unter dem Titel: Opmerkingen betreffende de literatuur van het Procesregt in burgerlijke zaken vóór het midden der zeventiende eeuw. Naar aanleiding van Walther's werk: „Die Literatur des gemeinen ordentlichen Civil-Processes und seine Bearbeiter", door Mr. J. de Wal, Hoogleeraar te Leiden".

Mit grosser Befriedigung und reichem Gewinn für mein Wissen studirte ich diese Arbeit und freue mich, dass dieselbe nunmehr durch Stintzing's Vermittlung dem deutschen Publicum als selbständige Schrift unter dem oben sub 2 abgedruckten Titel vorliegt.

Auf diese vortreffliche Arbeit hinzuweisen, mochte ich mir nicht versagen, dabei konnte aber eine nochmalige Besprechung des Walther'schen Werks nicht füglich umgangen werden.

Ich referire zunächst über den Eingang von Nr. 2.

de Wal geht aus von dem, was Stobbe, Geschichte der Rechtsquellen II 77 und 256, über den Mangel einer Literaturgeschichte des Processes ausführt. „Man möchte fast auf die Vermuthung gerathen, Stobbe's Worte hätten den Kreisgerichtsrath Walther zur Abfassung seines Werkes veranlasst, überzeugte man sich nur nicht schon bei der ersten flüchtigen Durchlesung, dass er von dem Erscheinen des Stobbe'schen Buches keine Kunde gehabt." Dass Walther mit „den Zeiten des J. R. A." abschliesst, findet de Wal gerechtfertigt. Dagegen tadelt er die Periodisirung: „bis zum Schlusse des Mittelalters (1492)" und: „Vom Schlusse des Mittelalters an". Die natürliche Grenze wäre, nach de Wal, die Errichtung des Reichskammergerichts.

Wenn Walther, die Begrenzung seines Stoffes anlangend,
sich auf den gem. deutschen Civilprocess beschränkt, so
ist an das, was Stobbe (II 256) über die Wichtigkeit der
Particularrechte gerade für die Geschichte des Processes
ausführt, zu erinnern. Ein Zusammenschmelzen der Quellen
mit der Literatur aber, wie es Walther nicht selten sich
erlaubt hat, ist durchaus unzulässig.

Nunmehr geht de Wal darauf über, Walther sein
Dilettantenthum nachzuweisen. Es wird dargethan, wie in
einer angestrebten haarspaltenden Genauigkeit bezüglich der
Namensschreibung und Angabe von Jahreszahlen sich oftmals gerade Unwissenheit zeigt. Ferner wird Walther's
literarischer Apparat geprüft. „Hier verräth sich die geringe
Befähigung Walther's auf eine augenfällige Weise. In der
ersten Periode ist natürlich v. Savigny der Führer, dem
er gefolgt ist. Schon bei § 1 erklärt er: „„Zweite Ausgabe. Heidelb. 1834, nach der ich nun stets citire"".
Sollte man glauben, dass im ganzen Buche durchgängig
die erste Ausgabe citirt wird? Und dass von allen den
Zusätzen, die die zweite Ausgabe bereichern, keiner ver-
werthet ist?" Für die zweite Periode folgt Walther Jöcher
und König; zuverlässigere Gewährsmänner, wie Jugler,
die Schriftsteller über die Literatur einzelner Landesstriche,
die Geschichtsschreiber einzelner Universitäten, sogar hervorragende Monographieen über wichtige Schriftsteller kennt er
nicht. Seine Auswahl derer, die er als Processschriftsteller
behandelt, ist höchst willkürlich. Einige Schriftsteller über
Particularprocess, oder über den Reichsgerichtsprocess
werden genannt, andere nicht, mehrere Autoren de actionibus
werden ausführlich behandelt, andere mit Stillschweigen
übergangen. Am Schlimmsten aber steht es um die Verfasser von Consilia und mit den Sammlungen von Decisiones.

de Wal nimmt hier Gelegenheit, auf die grosse Wichtigkeit dieses Literaturzweigs für die Geschichte der Wissen-

schaft hinzuweisen. „In vielen dieser Sammlungen trifft man
wider Erwarten Consilia von Rechtsgelehrten an, die allein
als Lehrer, nicht als Autoren bekannt sind. Für die
„ „Literaturgeschichte" " wäre es ein in jeder Beziehung
nützliches Werk, aus allen den grossen Sammlungen zu
ermitteln, was von jedem Autor herrührt." Diese Ausführung illustrirt de Wal mit einem interessanten Beispiel
aus Henning Göde's Consilia, welches man in der
Schrift selbst (S. 9) nachlesen mag. Ich will anstatt dessen
ein Exempel aus meinem Vorrath mittheilen, welches nicht
minder die Wahrheit und das Treffende der de Wal'schen
Bemerkung in's Licht stellt.

Niemand, der nicht den Namen des kursächsischen
Canzlers Christian Beyer gehört hätte. Er war es,
der 1530 das deutsche Exemplar der Confessio Augustana
mit so fester und lauter Stimme vor den Ständen des Reiches
verlas, dass jedes Wort auch im Hofe unter dem Sitzungs-
saale verstehbar war (Corp. Ref. II 154). Das wird in jeder
Reformationsgeschichte erzählt. Weniger bekannt sind die
Lebensumstände des Staatsmannes. Ich theile daher einige
Data zu seiner Biographie mit.

1500. Winter: Christannus peyer de minori lanckeym („dedit totum") wird in Erfurt immatriculirt (Erfurter Matrikel). [1])

1503. Sommer: „Christannus bauari de lanckhem"
wird in Wittenberg immatriculirt (Album acad. Viteb.
ed. Foerstemann p. 8).

1507. Christian Beyer kommt in dem gedruckten
Lectionscatalog der Universität Wittenberg aus diesem
Jahr unter den Artisten vor.

---

1) Beyer mag also zwischen 1480 und 1490 geboren sein. Sein
Geburtsort ist wohl Langheim in Franken.

1510 die lunae post Martini (Martini fällt 1510 selbst auf Montag) verheirathet sich Dr. Christianus mit „Madalena". (Scheurl's Briefbuch I S. 62, 64).

1511. Christianus Bayoarius I. V. D. wird als recipirtes Mitglied der Juristenfacultät Wittenberg verzeichnet (handschriftl. Decanatsbuch).

1512. Nach Abgang Christoph Scheurl's erhält Chr. Beyer lectionem in ff. novo und die Assessur im Oberhofgericht mit 80 Fl. Besoldung (Weimarer Communalarchiv R. O. Lit. qq., fol. 111—114).

1512 (Winter), 1519 (Sommer), 1522, 1527 ist Beyer Decan der Juristenfacultät (Decanatsbuch).

1513 (?). Beyer wird Bürgermeister in Wittenberg (Seckendorff, Comm. de Luth. I § 130 1 und Add. I). „Christanno Bayario burgimagistro" schreibt Scheurl 13. Juli 1513 (Scheurl's Briefbuch S. 119).

1528 (December ?). Beyer übernimmt an Stelle des damals erkrankten D. Gregor Brück das Canzleramt bei Kurfürst Johann. [1]

1529. 16. October wird Christannus Bayer, filius cancellarii Principis Electoris Saxoniae in Wittenberg immatriculirt.

1530. Beyer in Augsburg.

1532. Beyer wird mit Metsch auf den Convent nach Braunschweig geschickt.

1535 wird Christianus Bayerus unter den Schiedsrichtern zwischen dem Kurfürsten und Herzog Georg von Sachsen erwähnt.

1535 (21. October) stirbt Beyer.

Obwohl nun Beyer lange Jahre als Rechtslehrer in Wittenberg gewirkt hat und von ihm erzählt wird:

---

1) Schon vor 1525 soll Beyer eine Zeit lang bei Herzog Johann in Weimar Canzler gewesen sein. Cf. Seckendorff l. l. Schol. ad Indic. I.

A Luthero notatur ut captiosus et singularibus opinionibus deditus, veterisque iuris Canonici scitis plus iusto inhaerens (Seckendorff l. l.),

so ist er doch bis jetzt als juristischer Autor meines Wissens nicht genannt worden.

Nun finden sich aber in Laurentius Kirchhoff's grosser Consiliensammlung (Responsorum sive consiliorum.... Tom. I—V. Francof. 1568 — 1578. Fol.) mehrere Consilien über pommersche Rechtshändel aus der Zeit Herzogs Bogislav X., unterzeichnet: Christianus Bergerus I. V. D. et LL. imperial. ordinar. Vuitebergensis (T. IV Cons. XXII p. 177 sq. Cons. XXIII p. 184 sq. Cons. XXXV p. 251 sq.). Ein Ordinarfus des Civilrechts dieses Namens hat in Wittenberg weder damals noch später existirt und es liegt demnach die Vermuthung nahe, dass Bergerus ein Lese- resp. Druckfehler sei für Beyerus. Christian Beyer möchte daher auch in den Catalog der juristischen Autoren zu recipiren sein.

Aus der Kirchhoff'schen Consiliensammlung hätte Walther überhaupt für die Literargeschichte des Processes gar Vieles entnehmen können. Die Notiz z. B., dass Ulrich Fabricius „eigentlich Windemacher" heisst (Walther p. 38), macht einen höchst seltsamen Eindruck im Zusammenhalt mit der Bemerkung des Vorworts: „die Schwierigkeit liegt .... häufig .... auch in dem ausschliesslichen Gebrauch von Ehren-, Spitz-, Tauf- und fingirten Namen, statt der eigentlichen Familien-Namen, z. B. ... Windemacher statt Ulrich Fabricius". Hätte Walther Kirchhoff's Consiliensammlung durchblättert, so würde er daraus (II p. 246, 255 u. an vielen anderen Stellen) ersehen haben, dass Fabricius gerade mit seinem Familiennamen Windemacher hiess, und er würde nicht Gefahr gelaufen sein, jene von Wetzell (System. 2. Aufl. p. 15 not. 17), wie es scheint, meiner Gewissensvertretung (S. 24 Zeile 7 von unten) entnommene

Notiz auf so eigenthümliche Weise zu verwerthen. Ich selbst
habe in meiner Gewissensvertretung es unterlassen, die
Quelle, aus der ich schöpfte, zu citiren. Das geschah,
weil ich an jener Stelle Citate nicht häufen wollte und —
möge es nur zugestanden werden — weil ich einmal versuchen wollte, was man mit einer literarhistorischen Notiz,
die wie aus den Wolken geschneit kam, anfangen werde.
Und, siehe da, Walther hat etwas damit angefangen!

Den einleitenden Bemerkungen de Wal's zu seiner
Recension Walther's hätten wir noch Eines hinzuzuwünschen:
eine Kritik der Art und Weise, wie Walther Literargeschichte
als „Beitrag zur Culturgeschichte des gemeinen Civilprocesses
überhaupt" zu schreiben unternimmt. Es ist ganz löblich,
wenn Walther sich der Culturgeschichte erinnert; die Literargeschichte ist in der That ein wichtiger Theil der Culturgeschichte, aber diese besteht sicher nicht in trockner Aufzählung von Personen, biographischen Notizen und Bücher-
titeln. Wer Literar g e s c h i c h t e schreiben will, darf sich
nicht auf das einfache Registriren nackter Thatsachen beschränken, er muss zum mindesten die literarischen Leistungen
characterisiren, wenn er nicht, was allerdings der Literargeschichte erst ein höheres Interesse verleiht, vermag, die
einzelnen Arbeiten als Stadien der Wege, welche die Wissenschaft durchlaufen hat, erscheinen zu lassen. Nur so treten
die Zusammenhänge hervor, in welchen die Bücher und
deren Autoren mit der geistigen Cultur ihrer Zeiten stehen,
nur so gewinnt die Literargeschichte eine höhere Bedeutung,
als die einer blossen Hülfswissenschaft für die Dogmengeschichte.

de Wal macht in der deutschen Bearbeitung (Seite 8,
Note *) eine in dem holländischen Originale fehlende Bemerkung über „den Unterschied zwischen bibliographischer
Genauigkeit und Kenntniss der Literargeschichte". Es ist
gewiss zutreffend, in dieser Weise zu unterscheiden, wie

denn auch die Eintheilung in Biographie, Bibliographie und
Geschichte der Wissenschaft bei Literarhistorikern gewisser-
massen traditionell geworden ist. Allein die Aufgabe der
Literargeschichte ist es m. E., jene Factoren zu einem
Ganzen zu verarbeiten, nicht dieselben, wie es früher
geschah, getrennt zur Darstellung zu bringen.

Die Arbeiten, welche wir bis jetzt für die Literargeschichte des Processes besitzen, sind mehr oder minder
ungenaue Bibliographieen mit dürftigen biographischen Notizen.
Der Erste, welcher eine derartige Uebersicht zusammenstellte,
war Samuel Stryck in seinem Collegium practicum, dessen
sectio I^a.: „De notitia praecipuorum autorum, qui de processu iudiciario commentati" handelt. Ihm folgte Wilhelm
August Friedrich Danz (Grundsätze des gem. ordentl.
bürgerl. Processes §§ 19—22) und diesem wieder fast alle
Neueren. Manche Fehler und Versehen, welche schon bei
Stryck und Danz sich eingeschlichen haben, ziehen bis in
die neuesten Bearbeitungen sich durch.

Ein beachtenswerther Versuch, den Adolf Martin
in seiner im Jahre 1823 erschienenen Inauguraldissertation
(Specimen historiae studiorum et meritorum quibus in theoria
ordinis iudiciorum privatorum per Germaniam excolenda
tam legislatores quam iureconsulti nostrates excelluerunt.
Sect. I^a. Ienae. 71 pp.) machte, eine „Culturgeschichte
des gemeinen Civilprocesses" in Angriff zu nehmen (p. 7
der Dissertation) scheint wenig bekannt geworden zu sein
und ist heutzutage ganz vergessen. Auch Walther citirt
dieselbe nicht, und doch: welch sonderbares Zusammen-
treffen in dem Ausdruck: „Culturgeschichte des gemeinen
deutschen Civilprocesses"!

Rudorff hat das Verdienst, in seinem „Grundriss"
zu Vorlesungen über den gemeinen und preussischen Civilprocess (1837) ein reicheres Material sowie vielfache Berichtigungen und Verbesserungen geboten zu haben. Doch

auch seine Darstellung soll und kann auf den Namen einer
Literargeschichte des Processes keinen Anspruch machen.
Und fragen wir, was durch Walther gewonnen ist, so
können wir leider Rudorff gegenüber nur einen Rückschritt
gewahren. Der ebengenannte Schriftsteller hat es wenigstens
versucht, sein bibliographisches Material zu gruppiren, es
fällt ihm nicht ein „die romanistischen Processschriftsteller
bis ins 16. Jahrhundert" mit den „deutschen Processschriftstellern" seit Einführung der fremden Rechte in einen Topf
zu werfen. Walther dagegen zählt als „Bearbeiter" des
„gemeinen ordentlichen Civilprocesses" ebensowohl Petrus,
den Verfasser der Exceptiones legum Romanorum, als den
„Vater des sächsischen Processes", Chilian König, auf,
und zwar diese wie alle Uebrigen in einer Reihe, chrono-
logisch geordnet. Dem entsprechend ist die einzige Scheide-
wand, die er errichtet, eine chronologische: die schon von
de Wal gerügte Jahreszahl 1492 trennt die „Bearbeiter des
gemeinen ordentlichen Civilprocesses" bis auf den J. R. A.
in zwei Hälften. Wollte Walther einmal den romanisch-
canonistischen Process des Mittelalters als „gemeinen Process" auffassen, so musste er zum mindesten trennen
zwischen Italienern und Deutschen, und die Letzteren anlangend war zu scheiden zwischen Denen, welche sich bemühen, lediglich das mittelalterliche romanische Processrecht zu reproduciren, und Jenen, welche das deutsche
Processrecht beschreiben, wie es sich unter dem Einfluss
der fremden Rechte gestaltete. Den passendsten Abschluss
hätte für die Literargeschichte nicht ein Gesetz, der J. R. A.,
sondern eine literarische Grösse ersten Ranges, Benedict
Carpzov, geboten. Auch die Errichtung des Reichs-
kammergerichtes — so wichtig sie auch sonst für die Geschichte des Processes sein mag — bietet für die Literargeschichte keinen passenden Einschnitt. Nach 1495 treten
deutsche Processschriftsteller zahlreicher auf, als vorher,

allein diess ist nicht hinreichend, um eine „neue Periode"
der Literatur von jener Zeit zu beginnen.

Den Namen einer „Literargeschichte des Processes"
müssen wir demnach Walther's Buch auf das Entschiedenste
verweigern.

Fragt sich daher, ob es für die Biographie der Processschriftsteller und für die Bibliographie etwas leistet?

Diese Frage hat nun d e W a l auf das Gründlichste
beantwortet, indem er (S. 9 ff.) Walther von Paragraph zu
Paragraph, von Schriftsteller zu Schriftsteller folgend, dessen
grobe Ignoranzen, Nachlässigkeiten, Missverständnisse und
andere Fehler nachweist. Dabei giebt de Wal selbst sehr
werthvolle Beiträge für die in Rede stehenden Disciplinen.
Mit Recht führt daher S t i n t z i n g in seinem Vorwort aus,
dass de Wal's Arbeit geeignet ist, „das Walther'sche Buch
unschädlich zu machen für unser deutsches Publicum". Mit
mehr Zurückhaltung ist Stintzing's weitere Aeusserung auf-
zunehmen, dass durch de Wal's Beiträge Walther's Werk
selbst eine gewisse Brauchbarkeit erlánge. „Wer de Wal's
Ergänzungen und Berichtigungen zu Hülfe nimmt, sagt
Stintzing, der kann immerhin ohne Gefahr das Walther'sche
Buch als einen literargeschichtlichen Leitfaden benutzen,
zumal wenn er, durch de Wal's Kritik belehrt, auch
auf den von diesem nicht unmittelbar berührten Punkten
die Walther'schen Notizen mit der nöthigen Vorsicht auf-
nimmt."

Allein diese Mahnung zur „nöthigen Vorsicht" zeigt
an, dass Stintzing keineswegs unbedenklich war, als er diesen
Satz niederschrieb. Wir werden zu untersuchen haben, ob
wir denselben adoptiren können, oder nicht.

Zunächst war beabsichtigt, eine Untersuchung über die
Frage nach Autorschaft des Processwerkes, welches dem
Italiener Nicolaus de Tudeschis und gleichermassen dem

Deutschen Iohannes Urbach zugeschrieben wird, hier folgen
zu lassen. Allein äussere Umstände bewogen mich, meine
bereits druckfertig liegende Ausführung noch zurückzuhalten.
Man vgl. einstweilen die im Ganzen richtigen Resultate, die
Bethmann-Hollweg (Civilprocess VI 1 p. 260 ff.) aus
dem in meiner Ausgabe von Ioannis Urbach Processus
iudicii (Hal. 1873) dargebotenen Material gewonnen hat.
Doch ist die Art und Weise, wie Walther den an die
Namen Nicolaus de Tudeschis und Joh. Urbach
sich anknüpfenden Fragen gegenüber sich verhält, zu
charakteristisch für seine Arbeit, als dass ich es unterlassen könnte, wenigstens einige Bemerkungen in dieser
Beziehung zu machen.

„Der Canonist Nicolai de Tudeschis", lesen wir bei
Walther § 59, „.... schrieb (ältester Name) einen „„Processus judiciarius"", später auch „„Practica aurea"" und
„„Judiciarii ordinis processus"" genannt, inc.: „„Rex pacificus cunctorum causa effectiva"" etc. *Handschriften* unbekannt". Mit diesem lakonischen: *„Handschriften* unbekannt" schrieb Walther sein literarisches Urtheil, ohne auch
nur eine Ahnung davon zu haben. Denn er hätte, wenn er
auf den Namen eines sorgfältigen Literarhistorikers Anspruch
macht, nicht ignoriren dürfen, dass Steffenhagen zwei
Handschriften von „Nicolaus de Tudeschis, processus iudiciarius" beschreibt (Catal. codd. mss. biblioth. Regimont.
nn. LXXXIX 19 und CXXIV 1). Wenn Steffenhagen sich
in seiner Bestimmung des Verfassers geirrt hat, so ist das
eine Sache für sich, die Walther, da er die Handschriften
nicht gesehen hat, keineswegs abhalten konnte, eine Notiz
zu geben, die von beachtenswerther Seite geboten wird.
Wenn daher dennoch das *„Handschriften* unbekannt" eine
Wahrheit enthalten sollte, so ist dieselbe bloss einer Ignoranz unseres Autors zuzuschreiben. Von den ältesten Ausgaben des „Processus iudiciarius panormitani" oder „practica

24*

de modo procedendi in iudicio" — Benennungen, welche von Anfang an neben einander vorkommen, von denen also keine als „ältester Name" sich darstellt — bei Hain (Repertor. 12360, 12362—12368) hat Walther natürlich keine Ahnung. Er thut sich vielmehr etwas ˙darauf zu Gute, drei bei L i p e n i u s nicht angeführte Ausgaben zu kennen, nämlich zwei aus dem 16. Jahrhundert — deren Titel augenscheinlich recht incorrect abgedruckt werden — und eine s. l. e. a. Von letzterer heisst es:

„Processus judiciarius" s. l. e. a. unpaginirt, gr. 8. (in Göttingen), beschrieben in meiner genet. Entwickel. der Lehre vom s. g. Manif.-Eide S. 34, nr. XIII u. Not. 56."

Und˙ was lesen wir für eine Beschreibung der fraglichen Ausgabe in O. A. W a l t h e r's Genet. Entwicklung etc.?

„Die Ausgabe, welche ich aus der Göttinger Bibliothek benutzte, gehört jedenfalls dem Ende des 15. Jahrhunderts an und enthielt weder die Angabe des Druckorts noch die Jahreszahl. Sie war nicht paginirt und nach ihrer äusseren Form gr. 8."

Wozu die Verweisung? Bemüht Walther nur darum den Leser seiner „Literatur", seine „Genet. Entwicklung" nachzuschlagen, um ihm zu beweisen, dass er auch unmässig breit zu schreiben versteht?

Ein sicheres Urtheil über die beschriebene Ausgabe vermag man sich aus den Angaben sowohl der gedrängten wie der breiten Beschreibung nicht zu bilden. Nur so viel möchte sich annehmen lassen, dass die Ausgabe mit keiner der von Hain beschriebenen Editionen zusammenfällt, da diese alle in folio oder 4⁰ erschienen sind. Doch könnte auch Walther's Angabe „gr. 8" auf einer Verwechselung mit stark beschnittenem 4⁰ be-

ruhen [1]) und zweifellos ist die Behauptung: „gehört jedenfalls dem Ende des 15. Jahrhunderts an" ganz willkürlich, wenn nicht ein einziges bibliographisches Merkmal
zur Unterstützung derselben sich anführen lässt.

Aber wenn Walther nur eine Ausgabe kennt, die seiner
Meinung nach „jedenfalls dem Ende des 15. Jahrhunderts"
angehört und „Handschriften unbekannt" sind, wie ist es
möglich, dass er sich nicht fragt: „Worauf gründet sich
die Angabe, dass dieser Process Nicolaus de Tudeschis
zum Verfasser habe?" Denn dass ein dem Ende des
15. Jahrhunderts entstammender Druck keinen vollgültigen
Beweis für die Autorschaft eines 1445 verstorbenen
Schriftstellers erbringe, liegt auf platter Hand. Und
diese Frage wird um so bedenklicher, wenn man weiss,
dass allerdings eine Reihe von Handschriften existirt, welche
denselben Process — mit unwesentlichen Aenderungen —
einem Anderen, nämlich Ioh. Urbach zuschreiben. Doch
bei Diesem wirft Walther nicht einmal die Frage auf, ob
Handschriften vorhanden. Er ist vielmehr seiner Sache
ganz sicher: „Jetzt ist man indessen darüber im Klaren,
dass dieses Werk (Urbach) eine, mit nur sehr geringen
Aenderungen erfolgte Aufwärmung des § 59 genannten
Processes des Panormitan. ist". So weit folgt Walther
einer vielfach nachgeschriebenen Aeusserung Rudorff's.
Aus eigener Wahrnehmung fügt er noch hinzu: „Beide
haben s o g a r dieselben, § 59 auch erwähnten, Anfangsworte". Damit ist die wichtige und schwierige Frage
über das Verhältniss der beiden Processe zu einander, oder
vielmehr 'die Frage nach der Autorschaft des e i n e n Processes abgethan. Den Namen des Ioh. Urbach anlangend

---

[1]) Diess ist in der That der Fall: die von W a l t h e r beschriebene
Ausgabe ist identisch mit H a i n 12360. Cf. die Praefatio zu meiner
Ausgabe von Ioannis Vrbach Proc. iudicii p. XIX.

schreibt Walther: „Joh. v. Auerbach, auch, aber gewiss unrichtig, v. Aurpach, v. Aurbach, von Urbach, Joh. Urbach".
Wie kommt es denn aber, fragen wir, dass gerade die
ältesten Ausgaben übereinstimmend den Autor Ioh. Urbach
nennen? Dass auch viele Handschriften diess thun, keine
aber „Auerbach" hat, konnte freilich Walther, da er sie
übersieht, nicht wissen.

Anders wie Walther stellt sich de Wal zu Ioh. Urbach.
Er erkennt an, dass hier „eine genaue Untersuchung unum-
gänglich nöthig", ohne aber selbst in dieselbe einzutreten.
Er warnt nur vor Verwechselung mit einem späteren
baierischen Juristen Ioh. Aurbach, der „Epistolarum juridi-
carum, quae consiliorum vice esse possunt libri IV (Col.
1566 8)" herausgab. Diese „Briefe sind alle zwischen
December 1560 und Mai 1566 geschrieben"(?). Der Verfasser
ist, wie mir scheint, identisch mit Ioh. Aurbach, D. et Can-
cellar. Episc. Ratisbon., von welchem ein Iudicium De duobus
insciis parentibus inter se matrimonium contrahentibus in
Georgii Dedekennii Thesaur. Consilior. Append. Vol. III
p. 33 vorkommt. Er wird auch anderwärts erwähnt, z. B.
in der Reformationsgeschichte der Grafschaft Ortenburg
(vgl. Mehrmann, Geschichte der Gemeinde Ortenburg in
Niederbayern. 1863. p. 38). [1])

Ob nicht auch noch vor Verwechselung mit M. Joh. de
Aurbach, Vicar. Bambergensis, Verfasser der bei Hain
2123—2125 aufgezählten Drucke, zu warnen sei, will ich
dahin gestellt sein lassen. [2]) Zuerst wurde der Process
Ioh. Urbach's unter dem Namen Ioh. de Auerbach gedruckt
zugleich mit der lectura Ioh. ab Eberhausen 1489 (vgl.
Hain 2126. Muther, Gewissensvertretung p. 23 not. 23).
Ueber letztere s. zur Berichtigung Walther's meine schon

1) Vgl. nunmehr Allg. dtsche. Biographie I S. 692.
2) Vgl. indess nunmehr Allg. dtsche. Biographie I S. 688.

citirte Praefatio zu Urbach p. XVII f. — Walther schliesst daraus, dass in der Ausgabe des Eberhausen'schen Commentars von 1512 Eberhausen „quondam huius ... facultatis ordinar." genannt wird, während dieser Zusatz in der Ausgabe von 1489 fehlt, dass Joh. v. Eberhausen zwischen 1489 und 1512 zu Leipzig verstorben sei. Allein das Unsichere dieses Schlusses liegt auf der Hand. Schon die Ausgabe von 1489 sagt: Non sine exactissimo consilio doctorum correctus, was nicht auf den Verfasser als Herausgeber hindeutet. Und in der That ist Eberhausen schon 1479 verstorben. Vgl. auch de Wal p. 29 und oben p. 86.

Was Walther über den Vocabularius utriusque iuris und den Modus legendi abbreviaturas in utroque iure beibringt, zu ergänzen und zu berichtigen, würde zu weit führen. Auch de Wal spart sich diese Mühe. S. jetzt Stintzing, Populäre Literatur S. 129 ff., 18 ff.

Nunmehr wende ich mich zu den Ausführungen Walther's über einen vielgenannten Autor des 15. und 16. Jahrhunderts, der wohl verdiente, Gegenstand einer ausführlicheren und gründlichen Untersuchung zu werden. Man schlage S. 37 §. 73 des Walther'schen Buches auf, da steht zu lesen:

„Henning Goden — nicht „„Göden"", wie er bisher mit Ausnahme von Schletter und Wetzell übereinstimmend genannt worden ist — aus Havelberg, Prof. zu Erfurt und Wittenberg, † 1521, schrieb einen, schon Berufungen auf sächs. Processrecht enthaltenden, ordentlichen Process etc."

Hierzu bemerke ich:

1) Namen anlangend. Das Epitaphium des Mannes in Erfurt hat die Form Goden (Autopsie), ebenso das Epitaphium in der Stiftskirche zu Wittenberg (cf. Suevi Acad. Witteb. Sign. Mmm 3); Goeden hat die Umschrift eines von Lucas Cranach gemalten Bildes (cf. Suevi Acad. Witteb. Sign. Mmm 3); die Erfurter Matrikel wechselt zwischen Goden, Gode und Göde; Wimpina (ed. Merzdorff p. 79)

schreibt G o e d e , ebenso M a t t h e s i u s (nach Hallisch. Beitr. II p. 91 n. y). Auch in den Tischreden L u t h e r's ist die Form G ö d e gebraucht, daneben aber auch G o d e. In den Consilien findet sich am häufigsten die Unterschrift G o d e. Das Rectorenverzeichniss der Universität Erfurt bei M o t s c h m a n n (Erford. lit. 3 Samml. Sect. I p. 360) hat G o e d e. Das meiste Gewicht aber kommt zweifelsohne zu der in diplomatisch genauem Abdruck uns vorliegenden gleichzeitigen Inscription im Wittenberger Album:

> „Hennyngus göde de haffellburgk arcium et vtriusque Juris doctor ecclesie Beate marie virginis Erfordennsis scolasticus et canonicus" (Alb. p. 31).

Wie kommt nun Walther dazu, uns zu versichern, die einzig richtige Form des Namens sei G o d e n, „nicht G ö d e n"? Antwort: Die Ausgabe des Processes von 1538 — 17 Jahre nach des Autors Tod — hat G o d e n, das ist für Walther so entscheidend, dass er die Berechtigung jeder anderen Schreibweise leugnet.

Ich werde mir trotzdem erlauben, noch jetzt „Göde" zu schreiben, wie denn auch K a m p s c h u l t e (Universität Erfurt I p. 39 ff.), welcher aus Erfurter handschriftlichen Quellen schöpfte, dieser Form den Vorzug gegeben hat. — Auch de Wal tadelt den Orakelton, mit welchem Walther „Goden" decretirt.

2) Von den Lebensumständen Göde's hätte Walther wohl etwas mehr mittheilen dürfen, als die dürre Notiz: „Prof. in Erfurt und Wittenberg", was nicht einmal ganz correct ist, da der „Ordinarius in iure canonico" nicht völlig unserem heutigen Professor entspricht. Zur Biographie Göde's geben M o t s c h m a n n, Erford. literata (4. Fortsetz. 1736 p. 506 bis 515) und die Hallischen Beiträge II p. 73 ff., in neuerer Zeit Kampschulte a. a. O. gute Beiträge. Ich stelle unter Verweisung auf ob. S. 121 f., 147, 235 folgende Data zusammen:

Geburt: um 1450.

1464. Eröffnung der wissenschaftlichen Laufbahn zu Erfurt.

1474. M. artt.

1478. Reise nach Rom in öffentlichen Angelegenheiten (Umwandlung des Klosters auf dem Cyriaksberg in eine Festung).

1486 (Winter). M. Henningus Göde, de Havelberg, I. V. Baccal. & durante Rectoratu Lic., Collegii Maj. Collegiatus Rector der Universität Erfurt.

1489. D. iur. utr. und in demselben Jahre zum zweiten Mal Rector.

1509. Rebellion in Erfurt. Göde (damals ordinar. iuris canon., canonicus et scholasticus eccl. B. Mariae virginis, Syndicus civitatis) entfernt sich am 13. Juli aus der Stadt sich nach Gotha zu Kurfürst Friedrich v. Sachsen wendend, an dessen Hof er mehrere Jahre weilte. Cf. Erphordensis antiquitatt. Variloquus bei Mencken. Scriptor. II 512.

1510 (Sommer). Henning Göde in das Album der Universität Wittenberg immatriculirt (s. oben). Am 10. October begann er seine Vorlesungen mit dem Decretalentitel de constitutionibus. Scheurl, Briefb. I p. 62. 64.

1511. „D. Henningus Gode iur. utr. D. beatae Virginis Erfordensis Scholasticus, Omnium Sanctorum Wittenburg. Praepositus et ordinarius" als oberstes Mitglied der Juristenfacultät Wittenberg im Decanatsbuch aufgeführt.

1516. 25. October. Vertrag zu Naumburg: Aussöhnung der sächsischen und mainzischen Partei in Erfurt. „Göde's Werk", wie berichtet wird. Göde kommt wieder nach Erfurt, wo er mit grossem Pomp empfangen wird. Cf. Euricius Cordus, De reditu Henningi Goede in libr. I Epigrammat.

1517. Göde Decanus IC^torum Vitebergensium; ist aber — wie es scheint längere Zeit — abwesend.

1519 Ostern bis in's Jahr 1520. Göde von Wittenberg abwesend, wahrscheinlich zur Wahl und Krönung (?) Kaiser Karl's V.

1521. 21. Januar. ✝ Göde zu Wittenberg mit Hinterlassung einer bedeutenden Erbschaft (12000 aurei?).

Zur Biographie und besonders Charakteristik Göde's sind — ausser den bereits citirten Schriftstellern — nachzusehen die in den Hallischen Beiträgen a. a. O. p. 74 Not. 6 verzeichneten Schriften. Ausserdem: Luther's Briefe (de Wette) I 36, 415, 418, 534; Luther's Tischreden (Förstemann-Bindseil) I p. 252, 253, II 292, III 282 (?). Corp. Reform. I 279, 390, 392, 393, 590 f. Manlii locor. comm. coll. (ed. Basil. 1562) II 163, 164 III 623; Muther, Aus dem Universitäts- und Gelehrtenleben p. 226 und die im Namenregister s. v. Göde verzeichneten Stellen.

3) Betreffs des Processwerkes Göde's erregen schon die Worte Walther's: „schrieb einen ordentlichen Process" das Missverständniss, als ob wir es hier mit einem zur Publication bestimmten Product schriftstellerischer Muse zu thun hätten. Wir besitzen vielmehr, wie ich schon in meiner Gewissensvertretung S. 47 bemerkt habe, nur das nach dem Tode Göde's herausgegebene Collegiendictat desselben. Das erzählt der Herausgeber Johann Braun aus Wittenberg in seiner vom 15. März 1538 datirten Widmung an den Markgrafen Johann von Brandenburg mit dürren Worten („— — ingenue dico, me usum esse multis exemplaribus, quae partim ab ore Henningi excepta, partim ab alijs transscripta erant, omnia tamen dissimillima"). Dass die Herausgabe des Heftes erst 17 Jahre nach Göde's Tod erfolgte, wird Niemanden

Wunder nehmen, der das Bücherwesen des angehenden
16. Jahrhunderts kennt. Die Dictate berühmter Lehrer wurden
immer und immer wieder abgeschrieben und existirten oft
in zahllosen Exemplaren, ehe ein speculativer Buchhändler
sich ihrer annahm und sie abdruckte.

Den Charakter eines Collegienheftes trägt der Göde'sche
Process durchgängig. Allerdings enthält derselbe Berufungen
auf sächsischen Process — und nicht bloss an zwei Stellen,
wie Wetzell versichert —, allein diese Berufungen sind gelegent-
liche Notizen, die der Vortragende einstreut in seine Darstellung des canonistischen Processes, mehrere derselben
zeigen sogar eine antisaxonisirende Tendenz (vgl. meine
Gewissensvertretung S. 71). Der canonistische Process aber
ist kurz, klar, übersichtlich vorgetragen und wir haben in
dem Werke den Beweis vor Augen, dass Göde allerdings
auf den Namen eines ausgezeichneten Juristen und Univer-
sitätslehrers Anspruch hatte.

Damit aber von Walther's kurzem Satz: „— schrieb einen
— — ordentlichen Process" auch nicht eine wesentliche
Angabe als vollkommen richtig bestehen bleibe, muss ich
noch bemerken, dass W a l t h e r Rubr. X: Causae privile-
giatae in quibus simpliciter et de plano absque judiciorum
strepitu et figura procedi potest, sowie Rubr. XL sq. —
der Ausführungen innerhalb der einzelnen Titel nicht zu
gedenken — entweder übersehen oder nicht verstanden hat.
Er übersetzt kurzweg Iudiciarii ordinis processus mit „ordentl.
Process", ohne darum sich zu kümmern, was der Titelver-
fasser damit ausdrücken wollte.

4) Unter den von Walther aufgeführten Ausgaben des
Processes ist zweifelsohne die sub 2 genannte von 1538 die
erste. Diess steht auch auf dem Titel, welchen Walther —
allem Anschein nach fehlerhaft genug, z. B. formatissimique
statt famatissimique, Propositi statt Praepositi — abdruckt,
mit ausdrücklichen Worten: „nunc primum — — in lucem

editus". Ohne Gründe darf man doch eine derartige Angabe nicht unberücksichtigt lassen. Ueberdem aber stimmt die Jahreszahl mit dem Datum der Widmung des Herausgebers. Walther bemerkt bei dieser Ausgabe: „Ohne Druckort". Da mir die Ausgabe nicht vorliegt, muss ich ununtersucht lassen ob der Druckort nicht an einer von Walther übersehenen Stelle angegeben ist. Alle Wahrscheinlichkeit spricht für Wittenberg und demnach möchte doch die von Walther angezweifelte Angabe von Bethmann-Hollweg u. A.: „Viteb. 1538" richtig sein. — Die Ausgabe Viteb. 1561 — Walther: „allein von Wetzell" — hat mir in Königsberg und Rostock vorgelegen. Die Cölner Ausgabe von 1552 (Walther nr. 3) besitze ich selbst. Ferner habe ich gesehen (Königsberg) die Cölner Ausgabe von 1582 (Walther: „nur von Danz").

Rücksichtlich der von Walther sub 1 aufgeführten Ausgabe s. l. e. a. — „nach (Walther's) Dafürhalten die Ed. princeps" — habe ich mich die Mühe nicht verdriessen lassen, das Citat:

„vergl. Meine genet. Entwickelung der Lehre vom s. g. Manifestat-Eide. Marb. 1858. §. 8 nr. 7 und Not. 69, mit §. 6 Not. 28."

nachzusehen. Und was fand ich? Die Not. 69 bemerkt zu den Worten „H. Goeden — — iudiciarii ordinis processus": „Die von mir benutzte Ausgabe war dem Not. 28 erwähnten ordo judiciar. von Roffred. Benevent. angebunden, und trug weder einen Druckort noch Jahrzahl". Not. 28 cit. aber heisst es: „Rofredi Benevent. ordo judiciar. Lugd. Apud hered. Jac. Juntae. 1561. fol." So steht denn in den beiden Citaten noch weniger, als was uns der Verfasser jetzt mittheilt, dass nämlich die fragliche Ausgabe sich zu Göttingen befindet. Es ist mir nicht unwahrscheinlich, dass dieselbe mit dem im Göttinger Exemplare angebundenen Ordo iudiciar. Roffredi Benev. zusammengehört, wie ich mich denn auch erinnere, eine Ausgabe Lugd. 1561 citirt gefunden zu haben. Doch lässt sich darüber ohne genauere bibliographische Angaben, die wir bei unserem Autor vergeblich suchen, nichts entscheiden.

de Wal (S. 37) bemerkt zu Walther's Auslassungen über Göde: „Von den consilia von Goden, von Melchior Kling herausgegeben, spricht W. kein Wort" etc. Damit thut de Wal Walther Unrecht, denn es heisst bei diesem nach der sub 5^d aufgeführten Ausgabe des Processes — aber ohne Absatz, in derselben Zeile fortgehend —: „Uebrigens schrieb H. Goden auch nach (sic) „„Consilia" ", worauf die Ausgaben — diessmal richtig, wie es scheint nach Haubold — aufgezählt werden.

Damit verlassen wir Walther's Ausführungen über Göde und wenden uns zu dem folgenden von ihm behandelten Processualisten: Georg v. Rotschitz.

Nach dem gewohnheitsmässigen: „irrig auch Roth-schütz" etc., heisst es: „im Jahre 1529 unzweifelhaft Churf. Sächs. Canzler zu Freyberg". Nun ist allerdings die Widmung des Processus Juris an Wolff von Schön-burg dd. Dinstags in heiligen Pfingsten 1529 unterzeichnet: „Geörg von Rotschitz, die zeit Freybergischer Cantzler". — Woher aber weiss Walther, dass Rotschitz „unzweifelhaft" „Churfürstlich Sächsischer Canzler" war? Antwort: Er weiss das jedenfalls nicht, sondern er vermuthet es, und diese Vermuthung ist nur möglich, weil er ignorirt, dass jener Zeit Freiberg der Sächsisch - Albertinischen Linie — auf welche die Kurwürde erst in Folge des Schmalkaldischen Krieges überging — gehörte und dass daselbst Herzog Heinrich zu Sachsen residirte. Hätte er daher geschrieben „herzogl. sächs. Canzler", so würde man ihn eines groben Fehlers nicht zeihen können, wenn man auch seine Genauigkeit nicht gerade loben würde, die verlangt, dass der Fürst, bei welchem Rotschitz Canzler war, genannt wird.

Dass Walther nichts weiter von Rotschitz anzuführen weiss,
nimmt nicht Wunder, denn es ist wenig von ihm bekannt.
In meiner Gewissensvertretung (S. 47 Not. 2) habe ich die
Notiz gegeben, dass schon 1499 ein Georg v. Rotschitz
als Küchenmeister Herzog Albrechts des Beherzten von
Sachsen vorkommt. Ob dieser identisch sei mit dem
Herausgeber des Processes, lasse ich dahin gestellt sein.
Dagegen ist es unzweifelhaft, dass solche Identität stattfindet
mit „George von rothschicz bischoflichs hoffes Meiffzen
canczler", wie er sich a⁰ 1521 selbst unterschreibt [1]), und
von dem S e i d e m a n n berichtet, dass er 1526 als Canzler
Herzog H e i n r i c h s d e s F r o m m e n in Freiberg vorkomme. Schon 1518 (27. April) finden wir denselben als
Syndicus des Domcapitels in Meissen in einer Urkunde
(Cod. diplom. Sax. reg. II III p. 336) und eine Registratur
vom 21. Sept. 1520 meldet, dass am genannten Tage durch
den öffentlichen Notar Georg v. Rothschitz, Syndicus des
Domcapitels zu Meissen, „sanctissimi domini Leonis div.
prov. pape X bulla contra Martinum Lutherum haeresiarcham
. . . in sancta et ingenua Misnensi ecclesia publicata et
debitae executioni mandata est ad requisitionem doct. Iohannis
Decii" (Ebendas. p. 339). 1523 (7. Sept.) wurde zu Stolpen
der Transsumpt der Canonisationsbulle des heil. Benno
gemacht praesentibus Paulo Dhum I. V. D., Georgio a Rotschitz Cancellario *etc*. (S e i d e m a n n, Erläuterungen S. 97).
Im Dome zu Meissen liegt ein am 8. Juli 1536 verstorbener
Domherr Georg von Roschitz (sic) begraben (G. F a b r i c i u s,
Annal. urb. Misn. p. 88). Ein späterer Herausgeber des
Processes, S c h u l t e s, nennt in seiner vom Tage Bartho-
lomaei 1598 datirten Widmungsepistel „George von Rotschitz, Thumb-Dechant des Stiffts Merseburg", des seligen

---

1) Cf. S e i d e m a n n, Erläuterungen zur Reformationsgeschichte
(1844) S. 16. vgl. S. 36, 97.

Autors des Processes Bruders Sohn. Wolff von Schönburg
kommt 1523 als Amtmann in Meissen vor. [1])

· Georg von Rotschitz schreibt bei Uebersendung des
Processes an Schönburg, letzterer sei „inn vorzeitten" —
also wohl als Beide in Meissen zusammen wirkten — an
ihn „gelanget", d. h. habe ihn gebeten, „ein Deutschs büchlein von ordenung der Gerichtsleuffte" etc. zu fertigen.
„Unter andren, die ich behendet (d. h. in Händen gehabt)
vnd gelesen, (ist) diss gegenwertig — so von hochgelerten
vnd der Recht wol verstendigen Doctorn zusammen getragen vnd beweret — meines wenigen verstandes E. G.
begir zu erfüllen vnd genug zu thun, nit für vndienstlich vnd
vnfruchtbar geachtet." Damit lehnt doch Rotschitz die
Autorschaft des Processes ab und schreibt sie „hochgelerten etc. Doctorn" zu. Weiter sagt er noch, er suche
nicht in dem, das er von seinen „Preceptoren als ein schuler
erlernet, ruhm". Daraus geht hervor, dass Rotschitz nicht
sein eigenes Buch, sondern wahrscheinlich ein Collegienheft
eines Anderen, giebt. Er nimmt nichts als· die Zusammenstellung der verschiedenen Bestandtheile (vgl. Stobbe,
Rechtsquellen II 179 ff.), aus welchen seine „kleine Papyrene
verehrung" an Wolff v. Schönburg besteht, für sich in Anspruch. Vielleicht ist ihm auch das Verdienst eines Ueber-
setzers — denn das lässt sich mit seinen Worten noch
reimen und Collegienhefte pflegten damals lateinisch vorgetragen zu werden — zuzuschreiben. Bedenken wir nun,
dass Rotschitz 1521 schon Canzler war, also wohl geraume
Zeit schon aufgehört hatte, ein „schuler" der Rechte zu
sein, „so werden wir kaum fehlgreifen, wenn wir die eigentliche Entstehungszeit des fraglichen Processlehrbuchs in das
Ende des 15. oder Anfang des 16. Jahrhunderts und den
Entstehungsort etwa nach Leipzig verlegen". So habe ich

---

1) Seidemann a. a. O. S. 57.

bereits im Jahre 1860 (Gewissensvertretung S. 47, 48 Not. 2) drucken lassen und halte auch heute noch an meiner Ansicht fest.

Die grosse Bedeutung des unter Rotschitz's Namen gehenden Werkes für die Dogmengeschichte des Processes ist allgemein anerkannt und bedarf es keines weiteren Beweises derselben. Wohl aber hätte Walther darauf aufmerksam machen müssen, dass es einen ganz anderen Charakter trägt als Göde's Heft, indem darauf ausgegangen wird, das damals in Sachsen praktische, aus romanischen und germanischen Elementen combinirte Processrecht darzustellen. Die Praxis des gemeinschaftlichen sächsischen Oberhofgerichts, sowie der Schöppenstühle zu Magdeburg und Leipzig wird mehrfach angezogen, ein Einfluss der Kirchenreformation ist nicht ersichtlich, vielmehr ist der „heyligen vnd Gotförchtige leut, als Barfusser brüder" etc. in einer Weise gedacht, aus der sich ergiebt, dass der Verfasser der römisch-katholischen Kirche anhing, was um so bemerkenswerther ist, als Heinrich der Fromme von Freiberg schon 1526 für die Reformation sich erklärt hatte.

Ob Walther den Titel der Ausgabe von 1529 richtig angiebt, kann ich nicht ermessen, da ich dieselbe nicht gesehen habe. Die Ausgabe von 1530 liegt vor mir, der Titel besagt ausdrücklich: „zum Andernmal Gedruckt", Drucker ist nicht Mich. Blum, sondern Melchior Lotther in Leipzig. Die dritte Ausgabe, welche Walther übersieht, besitze ich selbst: „Gedruckt zu Leiptzig durch Michel Blum. M.D.XXXV." kl. 8. Die vierte Ausgabe (in Walther's Besitz) Leipzig. 1539. 8. Von der Schultesschen Ueberarbeitung — nicht bloss Ausgabe, wie Walther meint — benutze ich den Abdruck von 1613 (Lips. ex officina Henningi Grosii. 4°), welchen Schultes selbst in der Vorrede als den dritten bezeichnet.

de Wal begnügt sich, rücksichtlich des Werkes von
Rotschitz auf Stobbe zu verweisen.

Auf Rotschitz folgt bei Walther: C h i l i a n G o l d s t e i n
— so schreibe ich trotz der Mahnung Walthers, dass wohl
G o l d t s t e i n allein richtig sei —. Walther legt ihm die
Titel bei: „Prof. beider Rechte, Senior und Syndicus zu
Halle a. S., dann Sachsen-Weimar. Rath und Canzler in der
ersten Hälfte des 16. Jahrhunderts".

Hier enthält beinahe jedes Wort einen Fehler.

Am bezeichnendsten für die Befähigung Walthers zu
dergleichen Arbeiten ist, dass er aus der Angabe auf dem
Titel des Processes: Auctore Chiliano Goldtstein V. I. D.
Seniore" etc. eine Amts- oder Ehrenbezeichnung herausliest:
„Chil. Goldstein, Prof. beider Rechte, S e n i o r und Syndicus" etc. Dazu gehört doch in der That übermenschliche
Gedankenlosigkeit! Dass der Sohn Chilian Goldsteins
auch Chilian hiess, V. I. D. war und daher „C h i l i a n
G o l d s t e i n V. I. D. iunior" genannt wurde, wusste allerdings Walther nicht, aber diess ist keine Entschuldigung
für den ridiculen Lapsus. Eher hätte gerade die Bezeich-
nung „Senior" auf dem Titel ihn bewahren sollen, Vater
und Sohn auf die seltsamste Weise zusammenzuwerfen.

d e W a l bemerkt: „Walthers Worte: „„Prof. beider
Rechte, Senior und Syndicus zu Halle a. S."" könnten uns
zu dem Irrthum verleiten, als wäre Goldstein Professor der
beiden Rechte zu Halle gewesen, anderthalb Jahrhunderte
vor der Stiftung der dortigen Universität! In Wittenberg
lehrte er, ehe er sich als Syndicus nach Halle begab. Niemand
hat bis jetzt die besste Quelle für seine Biographie, nämlich
einen Briefwechsel mit M e l a n t h o n, benützt. Selbst Carmina,
von ihm verfasst, finden wir im Corp. Reform. mitgetheilt."

Gegen die Bemerkung, dass noch Niemand das C. R.
zur Biographie G o l d s t e i n s benutzt habe, muss ich protestiren. So kurz die Notizen sind, welche ich in meiner

Gewissensvertretung S. 57 über Goldstein gab, so sind sie
doch nicht ohne Kenntniss und Berücksichtigung des C. R.
niedergeschrieben. Freilich lag es damals nicht in meinem
Plan, Ausführlicheres über Goldstein mitzutheilen. Doch
um die mehrfachen Zweifel, die ich seitdem vernommen, zu
entfernen, will ich jetzt das früher Unterlassene nachholen.
Zuvor möge jedoch noch bemerkt sein, dass es „Professoren
beider Rechte" im 16. Jahrhundert nicht gab, dass also
auch diese Notiz Walthers eine schon äusserlich erkennbare
Ungenauigkeit enthält. Und nun einige Mittheilungen über
das Leben Goldsteins:

1499. 25. März (Nachts 11 Uhr) wird Goldstein
zu Kitzingen in Franken geboren. Vater: Johann
Goldstein, Bischöfl. Würzburgischer Rath (Paul
Eber, Calendar. p. 119).

1521. (April.) „Kilianus goltstein de kitzingen dioc.
herbipo." in's Album der Universität Wittenberg eingetragen (Alb. p. 104).

1525 giebt Chilian Goldstein Melanthons
lateinische Grammatik heraus.

1529 (Sommer) ist Chilian Goldstein Decanus facultatis artt. zu Wittenberg.

? Hofgerichtsprocurator zu Wittenberg.

? Iuris utriusque Doctor.

1533 finden wir Ch. G. unter den Kirchenvisitatoren
im Kurkreis (er ist von Seite der Städte bestellt; unter
seinen Collegen: Jonas, Bugenhagen u. A.).

1539 wird „Chilian Goldstein, Doctor" Mitglied
(Präsident?) des neuerrichteten geistlichen Consistorium
zu Wittenberg.

1540. Dec. ist Goldstein mit Melanthon in
Worms beim Religionsgespräch. C. R. I 1199 u.
X 565.

1541. Januar ist Chil. Goldstein auf dem Colloq. in Worms mit Melanthon und Franz Burchart. C. R. IV p. 26.

1541 Sommer. „Chiliannus Goldstein, I. V. D." Rector der Universität Wittenberg.

1541. 1. October hat Chilian Goldstein das Rectorat niedergelegt und fungirt anstatt seiner der Vicerector Georgius Maior. Goldstein begab sich um diese Zeit mit Urlaub des Kurfürsten auf ein Jahr nach Halle, um das Syndicat zu übernehmen. Der Urlaub wurde später auf Bitten der Hallenser verlängert.

1546. Einnahme Halle's durch Herzog Moriz zu Sachsen und Vertreibung Goldsteins.

? Rückkehr nach Halle.

1568. 25. Jan. † Chilian Goldstein I. V. D. senior, Syndicus zu Halle a. S.

Zur Biographie und Charakteristik Goldsteins sind zu vergleichen: Luthers Briefe (de Wette) V 382, 434, 490, 618. VI 354. C. R. I 568, 902, 1199. II 450. IV 114, 652. V 358, 530. VI 178, 209. X 528, 531, 567. Ratzebergers handschriftl. Geschichte über Luther und seine Zeit hrsg. von Neudecker (1850) S. 188 ff. Dreyhaupt, Beschreibung des Saalkreises II 621. Eine juristische Professur, oder, um correcter zu reden, eine lectura ordinaria in iure hat, wie es scheint, Goldstein nie inne gehabt, doch zweifle ich nicht, dass derselbe vielleicht schon als M. AA., jedenfalls aber als recipirter D. iur. in Wittenberg juristische Vorlesungen gehalten hat.

Der schon erwähnte Sohn Chilian Goldsteins: Chilian G. der Jüngere ist geb. 20. August 1527, wurde in Wittenberg immatriculirt im Sommer 1538 und zum I. V. D. promovirt 1553 (oder 1554). Von 1569—1571 wurde er von Herzog Johann Wilhelm zu Sachsen zu vielen

25*

Geschäften gebraucht Joh. Seb. Müllers sächs. Annalen
fol. 154, 155, 157, 160 etc.); ob er aber zur Stelle eines
Canzlers gelangte, vermag ich nicht anzugeben.

Aus dem Vorstehenden ersieht man, wie arge Verstösse
Walther auch hier sich hat zu Schulden kommen lassen. Und
nun zum Buch, welches den Namen Chilian Goldsteins
trägt. Dreyhaupt (Beschreibung des Saalkreises II 621)
schreibt dasselbe Chilian Goldstein dem Jüngeren zu. Allein
diese Angabe wird durch den Titel, sowie durch das Vorwort des Druckers vom 1. August 1568 widerlegt. Auch
ist es, da das Enchiridion im Todesjahre Chilian Goldsteins
d. A. zum ersten Male erschien, höchst wahrscheinlich, dass
die Erben das Manuscript im Nachlasse des Vaters gefunden
und alsbald in den Druck gegeben haben. Ich habe nur
eine Ausgabe: Frankf. Egenolfs Erben 1579 8 — die bei
Walther fehlt — und die Schultes'sche Edition gesehen.
Auch dieses Werk trägt den Charakter eines Collegienheftes,
und vermuthe ich, dass es als solches von Chilian Goldstein d. A. in Wittenberg ausgearbeitet und vorgetragen,
später aber bei dem Uebergang zu einer rein praktischen
Berufsthätigkeit zurückgelegt worden war, bis es die Erben
der Vergessenheit entrissen.

Ich übergehe nun eine Reihe der von Walther behandelten
Schriftsteller und bemerke nur nebenbei zu Robertus Maranta,
dass Walther, wenn er dessen Buch einmal etwas näher
angesehen hätte, schwerlich unterlassen haben würde, zu
bemerken, dass dasselbe am 13. Nov. 1520 begonnen und
am 20. Sept. 1525 vollendet worden ist. Vor der Ausgabe
von 1544 liegt wahrscheinlich noch eine von 1540, denn
aus diesem Jahre ist die Widmungsepistel der Söhne des
Autors. Auch durfte bei dem Gewicht, welches Walther
auf die Namenschreibung legt, nicht übergangen werden,
dass in der Widmungsepistel der Autor wiederholt Robertus
de Maranta genannt wird.

Ueber Chilian König (Walther §. 83) habe ich an
mehreren Orten möglichst eingehende Personalnotizen gegeben.
Wenn Walther nur hie und da eine aus meinen Arbeiten in
die zweite Ausgabe von Wetzell's System hinübergenommene
Notiz — aber ohne Nennung der ursprünglichen Quelle —
benutzt, so liegt der Schade jedenfalls nicht auf meiner Seite.
Die kurze Biographie, die Walther von König giebt, strotzt
von Fehlern. König war in Zwickau nicht „Bürgermeister",
er war nicht „zuletzt" Canzler bei Herzog Georg, es ist
unwahr, dass man bis auf Wetzell (System. 1. Aufl.)
allgemein als Todesjahr Königs 1540 angenommen
habe, es ist zum Mindesten ungenau, dass Wetzell (in
der 2. Ausg. seines Systems) das Todesjahr des König auf
1526 „verlegt" habe, der ursprüngliche Titel des Processes
lautete nicht „Practica und Process der Gerichtsleuffte" etc.
Dass Walther an dem traditionellen Fehler, den späteren
Bearbeiter Königs: „Ioach. Greg(or) v. Pritzen" (cf. auch
§. 174) zu nennen, anstatt: „Joach. Gregorii von (d. i. aus)
Pritzen", festhält, ist selbstverständlich (s. oben S. 154 f.). Ich
kann mich nicht veranlasst sehen, hier überall berichtigend
aufzutreten, und das, was ich schon vor Jahren drucken liess,
nochmals vorzutragen. Wer sich für König interessirt s. oben
S. 108 und die im Buche: „Aus dem Universitäts- und Gelehrtenleben" im Index s. v. Chilian König angezeigten Stellen.

Nach König aber gelangt Walther „zu zwei Namen
bei denen sehr tüchtigen Rechtsgelehrten Arges passirt ist".
Diese Namen sind: Conrad Maurer und Conrad Mauser.
Da erfahren wir denn nach längerer Exposition:

> „bei gründlicher Prüfung der Umstände ergiebt sich
> folgende Wahrheit:
>
> Der Wittenberger Prof. Conrad Maurer im 16. oder
> 17. Jahrhundert ist mit seinem angeblichen Werke
> und dessen Ausgaben ein blosses Phantom: muss also
> aus der Reihe der Processualisten gestrichen werden".

Das hätte Walther in meiner Gewissensvertretung S. 56 in der Note weit kürzer lesen können und dabei würde er auch für seinen Satz: „Nur Conrad Mauser ist ächt" einiges aus ächten Quellen, nämlich aus archivalischen Actenstücken geschöpfte Material — das auch einen Theil der von de Wal S. 42 erhobenen Zweifel beseitigt — gefunden haben. Doch auch in dieser Beziehung beschränke ich mich auf ein repeto priora. Ausführlichere Behandlung des nicht uninteressanten Mannes behalte ich mir für eine spätere Gelegenheit vor.

de Wal (S. 42) regt bei Mauser die Frage an: Es bleibt zweifelhaft, wann die deutschen Ausgaben von Mausers Werk erschienen sind, indem nämlich ein (bei Walther nicht genannter) „Process der Churfürstl. Sächs. Hofgerichte" (Jen. 1610 4) von Einigen für ein vom „Gerichtlichen (nicht „Geistlichen", wie in der holländischen und deuschen Ausgabe de Wal's verdruckt ist) Process" (Jen. 1607 4) verschiedenes Werk angesehen wird. Existirt noch ein „Processus minor" in Handschriften? Ein Werk unter diesem Titel befand sich in der Bibliothek von J. P. von Ludewig.

An anderer Stelle (p. 78) fragt de Wal: Ist der von Walther unter „Joachim Gregor von Pritzen" verzeichnete „Kurzer und nützlicher Process, so vor 50 Jahren" etc. „wohl etwas anderes als der Processus minor von Conrad Mauser?"

Ich weiss auf diese Fragen kurze Antwort nicht zu geben Doch dienen folgende Umstände zur Klärung.

Joachim Gregorii aus Pritzen fügte seiner ersten Ausgabe von Conradi Lagi Compendium iuris Saxonici (1597 vgl. oben S. 319) „einen deutschen Process" bei und ist die Ausgabe jenes Compendium von 1603 mit „zweyen guten angesatzten kurtzen Processen in Druck verfertiget." Diese zwei „guten angesatzten Processe" sind im Druck so eingerichtet, dass sie auch abgesondert verkauft werden konnten. Ihre Titel sind:

1) Ein kurtzer vnd nütz- | licher Procefs. | SO vor funff-
   zig | Jahren nach Sächsischen | Rechten vnd vbungen,
   von einem | vornemen Doctore zu Wittenberg, | einem
   guten Freund zum be- | sten gestellet wor- | den. | ;
   Mit einer Vorrede, | D. Joachimi Gregorij | von Pritzen,
   jetzo zu Mag- | deburgk, etc.

2) Ein kurtzer Process, | wie der zu Magdeburgk, | vnd
   an andern orten, da Sächsisch | Recht in vbung ist,
   gemeinlich | gehalten vnd obser- | virt wird.

   Forma 4⁰. Keine Blatt- und Seitenzahlen, aber Custoden
   und Signaturen. Letzte Signatur: k iij, dann noch ein
   Blatt ohne Signatur. Anfang von nr. 2 mit Sign. g.
   Vorrede von Sign. a ij bis a (iiijᵃ).

Nr. 1 ist das von Hommel, Litter. iur. (Ed. I⁴ 1761
p. 162) beschriebene Werk. In der Vorrede sagt Gregorij,
er habe diesen Process vor 50 Jahren, da er zu Wittenberg
noch bei Lebzeiten Luthers und Melanthons studirt
und D. Hieronymus Schürpf, D. Melchior Kling,
D. Laurentius Zoch, D. Ulrich Mordeisen und
Conrad Mauser „alle der Rechte Doctores, Licenciat.
und Professores" gehört, von einem fürnehmbsten Doctore
und Practico überkommen.

Danach möchte denn schwerlich dieser Process
von Mauser herrühren, da nicht abzusehen wäre, warum
Gregorij, der kurz zuvor den Namen Mausers erwähnt hat,
nicht auch diesen als denjenigen, von dem er den Process
erhalten, benennen sollte. Ueberdem sagt Gregorij ausdrücklich, er habe den Process von einem Doctor erhalten, während
Mauser diesen Grad nie angenommen hat.

Möglich jedoch, dass die oben mitgetheilte Aeusserung
des Joachim Gregorij missverstanden und einem wiederholten
Abdruck des Processes Conrad Mausers Name vorgesetzt wurde.

In der That finde ich auch dem unter dem Titel:
„Gerichtlicher Process" etc. 1607 zu Jena gedruckten Buche

(S. 207—236) eine Schrift einverleibt, die mit Nr. 1 identisch ist und die Ueberschrift führt:

> Dn. Cunradi Mauseri I. V. Licentiati instructio, quomodo in foro versandum | sive Processes Iuris parvus, ad amicum | quendam scriptus.

Wir scheinen hier den „Processus minor" vor uns zu haben, aber die Autorschaft Mausers ist, wie man zugeben wird, schlecht genug beglaubigt und kann wohl auf das oben als möglich angenommene Missverständniss zurückzuführen sein.

Betrachten wir nun aber den „Gerichtlichen Process", welcher den Hauptbestandtheil des Buches (S. 1—206) bildet, etwas näher, so ergiebt sich sofort, dass er nicht eine deutsche Bearbeitung von Conrad Mausers Processus iuris ist. Schon der vollständige Titel des Buches ergiebt diess:

> Gerichtlicher Process, | Wie derselbige in allen | In-
> stantzen, von anfangs bis zum Ende, | vornemblich in
> Städten gebräuchlich ist, mit | zugehörigen formulis
> actionum vnd libellorum, | die hierinnen kürtzlich zu
> finden vnd auffs förm- | lichste gestellet: | Hierzu ist
> angedruckt ein richtige Information, wie | Rechtlichen
> zuvorfahren, durch den Ehrnvesten, Hochgelarten |
> Herrn Conradum Mausern, der Rechten Licentiaten
> vn | weiland Professorn zu Wittenberg: | Mit ange-
> hengten etzlichen andern nützlichen Tractätlein, die
> das | folgende Blat zeigen wird, allen Advocaten,
> Procuratorn, | Notarien, so wol des Ambts vnd
> Gerichts Vor- | waltern sehr nützlich und dienstlichen.
> | 1607. | Gedruckt zu Jehna. | 4⁰. Vier Bll. und 341
> bezifferte pag. dann nach 9 p. Index und 1 Bl., worauf:
> Gedruckt zu Jehna, | Durch Johan Weidnern, | (Holz-
> stock) | In Vorlegung Leonhardt Wipprechts, | Buch-
> führers daselbsten. | 1607.

In der Widmungsepistel an Bürgermeister und Rath zu Nordhausen theilt der Verleger mit, dass dieser Process von einem „Doctore oder Syndico eines Ehrnvesten vnnd Wolweisen Rahts Statt-Gerichte zu Nordhauszen" verfasst und für diese bestimmt sei. Die Publication geschieht ohne Autorisation des Verfassers und wird vom Verleger in Egenolf'scher (s. oben S. 343 ff.) Weise entschuldigt.

Was den „Process der Churfürstl. sächs. Hofgerichte" (Jena 1610 4) anbetrifft, so vermuthe ich, dass damit Christoph Friederichs Werk (Walther 202) gemeint ist. Die erste Ausgabe desselben, deren Titel Walther ziemlich genau wiedergibt, ist 1610 bei Wipprecht in 4⁰ erschienen und zwar ohne Nennung des Namens des Autors auf dem Titel. Friederich kann übrigens nicht erst, wie Walther angiebt, am 1. März 1674 verstorben sein, da Wipprecht in der Vorrede der Ausgabe von 1610 seiner ausdrücklich als verstorben gedenkt. Möglicherweise ist anstatt 1674 zu lesen: 1574.

So viel zur Beantwortung der de Walschen Fragen.

Jedenfalls ist es irrführend, wenn Walther (§ 174) schreibt: Dr. Joachim Gregor de Pritzen.... bearbeitete einen Process unter dem Titel: Kurtzer und nützlicher Process etc. Magdeb. 1615. 4.

Gregorij ist für die Geschichte der Processliteratur sehr wichtig durch seine Ueberarbeitung Kilian Königs. Denn diese ist eine wahre Fundgrube für die Dogmengeschichte. Deshalb will ich denn auch einige Personalnotizen über denselben mittheilen. Geboren ist Gregorij etwa 1527 und zwar zu Pritzen. Am 20. April 1545 wurde er zu Wittenberg immatriculirt (Joachimus Gregorius Pritzensis. Cf. Alb. p. 221). Seine Lehrer sind schon oben genannt. Als Ende Octobers 1546 die meisten Professoren und viele Studenten der Universität Wittenberg nach Magdeburg übersiedelten, um dem sich annähernden Kriegsgetümmel zu entgehen, folgte ihnen Gregorij und blieb auch in Magdeburg, als im folgenden Jahre die Universität nach Wittenberg zurückkehrte. Er widmete sich der advokatorischen Praxis, mit vielem Erfolg, wie es scheint. 1573 wurde Joach. Gregorii de Britzen in Erfurt zum Dr. iur. utr. promovirt (Erfurter Matrikel). 1577 wurde er an den Mecklenburgischen Hof nach Schwerin berufen: „archivi publici ergo". Doch setzte er seine advokatorische Thätigkeit fort, auch als er einige Jahre später — nach dem Tod seiner ersten Gattin — sich nach Lübeck begab und dort zum zweiten Male heirathete. Er blieb drei Jahre in Lübeck und kehrte dann nach Magdeburg zurück. Im Jahre 1599 erscheint er als I. V. D. und „desz alten Sächsischen Schöppenstuhls zu Magdeburg Assessor". Schon von Beginn seiner Praxis hatte er angefangen, das Material für seine Zusätze zu König zu sammeln. Er versichert, während seines ganzen Lebens diese Arbeit fleissig fortgesetzt zu haben. Erst im hohen Alter liess er das Werk in Druck erscheinen.

Wie es kommt, dass schon 1595 ein Process wegen Nachdrucks der Commentaria et annott. des „D. Joachim Gregorius von Magdeburg" zum Process Kilian Königs geführt werden konnte, während die Widmungsepistel Gregorij's erst vom 18. August 1599 datirt, vermag ich nicht zu sagen. Entweder liegt hier ein Leseirrthum oder Schreibfehler zu Grunde, oder es war die Arbeit Gregorij's schon früher in Abschriften verbreitet und von einem unberechtigten Drucker unter die Presse gebracht worden.

Unter die Processschriftsteller, „über deren persönliche Verhältnisse" Walther „nichts Näheres zu ermitteln vermochte", gehört Heinrich Knaust (§. 101). Hätte Walther das Album acad. Viteb. ed. Foerstemann angesehen, so würde er wenigstens gefunden haben (p. 165), dass im Sommer 1537 Heinrich Knaust aus Hamburg in Wittenberg immatriculirt worden ist. Aber es existiren auch sehr ausführliche Nach-

richten von Knausts Leben und zwar von ihm selbst her-
rührend. K n a u s t schrieb nämlich unter Anderem ein Werk
mit dem ergötzlichen Titel: „Fünff Bücher von der göttlichen
und edlen Gabe, der philosophischen, hochthewern und
wunderbaren Kunst, Bier zu brauen. 1575". In diesem
Buch giebt er eine Art Selbstbiographie. Wir erfahren, dass
er Hamburger von Geburt war (geb. 1524), in Deutschland
weit herum kam, eine Frau aus Berlin hatte, in Bremen
einige Jahre die Stelle eines Syndicus generalis versah. In
Danzig — wo er sich „legationsweise" einige Zeit aufhielt — mundete ihm das Bier am bessten. Später war er
Syndicus des Rathes in Demmin. Zur Zeit des Erscheinens
des Bierbuches nennt er sich: Beider Rechte Doctor, kaiser-
licher, gekrönter, laureirter Poet, Comes und Miles des Hoffs
zu Lateran. (Vgl. Europa 1858 nr. 18 [30. April]). 1558
hatte er sich in Erfurt niedergelassen und ein Canonicat bei
der ecclesia beatae Mariae virg. erlangt (vgl. [O s a n n] Erford.
litter. 3 Bd. 2 St. [1753] S. 128—134). Danach ist eben
nicht wahrscheinlich, dass Knaust — wie Walther, angeblich
nach S t r y c k, mittheilt — die Ausgabe seines „Feuerzeugk
gerichtlicher Ordnunge" etc. von 1601 noch selbst besorgt
hat, denn er würde damals schon ein Alter von nahezu
80 Jahren erreicht haben. Aber auch hier wieder zeigt
sich, mit welcher Sorglosigkeit Walther bei der Benutzung
seines geringen Quellenvorraths verfährt. Denn die Stelle
bei S t r y c k, auf welche er sich allein beziehen kann, lautet
nach der Ausgabe von 1726 wörtlich: „Pertinet huc etiam
Henrici KNAVSTENS Feuerzeug Gerichtlicher Processen,
Francof. in 8. 1616 editum, qui ipse Autor jam antea 1608.
Francof. in 8. ediderat Germanice Practicam Papiensem, non
quidem integram, sed praecipuas eius partes".

Hierzu bedarf es keines Commentars. Uebrigens ist Knaust
auch Verfasser eines Enchiridion procuratorum und anderer
Schriften, die sich am besten verzeichnet finden bei O s a nn a. a. O.

Wo man in das Walther'sche Buch hineinsehen mag, überall finden sich Nachlässigkeiten, Missverständnisse, Ignoranzen, Uebersehen und Gedankenlosigkeiten. Kein Wort ist in dem ganzen Werk, welchem man ohne Nachprüfung trauen dürfte. Die angeführten Beispiele sind hinreichend, um diess Urtheil, dessen Schwere ich wohl zu ermessen weiss, zu rechtfertigen. Wer aber durch das von mir Beigebrachte noch nicht überzeugt sein sollte, der sehe de Wal nach, wo er die Nachweisungen anderer Fehler nach Dutzenden, ja zu Hunderten zählen kann. Und dennoch war es, wie sich aus dem Obigen ergiebt, selbst für de Wal ein Ding der Unmöglichkeit, Alles zu rügen, was zu rügen ist.

Das Werk Walther's würde daher am bessten ganz vergessen. Selbst mit de Wal's Berichtigungen ist dasselbe, besonders für den Unkundigen, äusserst gefährlich.

Da indessen der Mangel einer zuverlässigen Literargeschichte wohl Manche treiben wird, sich Raths bei Walther zu erholen, so mag man wenigstens die Stintzing'sche Mahnung zur Vorsicht nicht vergessen. Und diese Vorsicht muss sich auf jeden Satz, ja auf jedes Wort erstrecken, sie wird also den Aufwand eigener Arbeit und Mühe nicht vermindern, eher erhöhen.

Die de Wal'sche Schrift dagegen bewahrt einen selbständigen wissenschaftlichen Werth durch die vielen interessanten Notizen und Früchte sorgfältiger Detailstudien, welche der Verfasser in ihr niedergelegt hat.

Beilagen.

Deutsche Rechtsstudenten auf ausländischen Hochschulen bis 1500.

Dass die Deutschen in grosser Menge auf den mittelalterlichen italienischen Hochschulen studirten, ergiebt sich
vor Allem aus der Thatsache, dass namentlich in Bologna
und Padua die dortselbst bestehenden deutschen Nationen
grossen Ansehens und besonderer Privilegien sich erfreuten.
In Bologna erhielt die deutsche Nation schon 1265 das
Recht, dass alle 5 Jahre der Rector der Ultramontani (es
gab 18 Nationen der Ultramontani) aus ihr genommen
werden sollte (v. Savigny, Rechtsgesch. III S. 188 Not. f).
Die Procuratores der deutschen Nation übten die Gerichtsbarkeit mit Ausschluss des Rectors sowohl als der städtischen
Gerichte aus (v. Savigny III S. 199). Aehnlich in Padua
(v. Savigny III S. 285), wo der deutschen Nation der erste
Rang und doppelte Stimme verfassungsmässig eingeräumt
war (v. Savigny III S. 284 besonders Not. e). Es ist wahrscheinlich, dass in älterer Zeit eine besondere Universität
der Deutschen neben Universitäten für die Franzosen, die
Italiener und Provenzalen dortselbst bestand (v. Savigny III
277, 311), eine Einrichtung, die auf Vicenza übergegangen
zu sein scheint (v. Savigny III 307) und von der sich Spuren
auch in Vercelli finden (v. Savigny III 308 ff).

Nicht zweifelhaft ist, dass die meisten der nach Bologna
und Padua wandernden Deutschen Jurisprudenz studirten,

das folgt für die ältere Zeit schon daraus, dass jene Schulen
ursprünglich ausschliesslich Rechtsschulen waren. Erst 1316
wurde in Bologna neben den Juristenuniversitäten die Universität der philosophi et medici anerkannt und erst in der
zweiten Hälfte des 14. Jahrhunderts kam auch noch eine
theologische Schule hinzu (v. Savigny III 178 ff). In Padua
wurde erst 1360 den Artisten (einschliesslich der Mediciner)
ein eigener Rector gestattet, eine theologische Schule fügte
der Papst 1363 hinzu (v. Savigny III 278 ff). Zum Studium
der Theologie und Philosophie begab man sich aus Deutschland vorzugsweise nach Paris, wo indessen auch canonisches
Recht betrieben und trotz des päpstlichen Verbots „einiger
Unterricht" selbst im römischen Recht ertheilt wurde
(v. Savigny III 374).

Wenn wir in dem Folgenden den Versuch machen,
einige Namen von deutschen Juristen aus dem 13. bis 15.
Jahrhundert zusammenzustellen, welche nachweisbar im Auslande studirt haben, so geschieht diess nicht in der Meinung,
als · ob daraus sich ein sicherer Schluss auf die grosse
Frequenz der ausländischen Rechtsschulen aus Deutschland
ergeben werde, der Natur der Sache nach sind es immer
nur einzelne seltene Exempel, deren Andenken zufällig meist
uns überliefert wurde. Es machen aber diese Exempel das,
was uns von dem Verhältniss der Deutschen an den mittelalterlichen Hochschulen sonst überliefert ist, anschaulich.
Bis in die Mitte des 14. Jahrhunderts darf man, da deutsche
Universitäten fehlen, ohne Weiteres von jedem deutschen
Rechtsdoctor annehmen, dass er seinen Grad im Auslande
erlangt habe. Die Zahl derselben würde sich sehr mehren,
wenn man auch diejenigen berücksichtigen wollte, welche in
Urkunden unter dem Titel von Magistri sich finden. Schon
im 12. Jahrhundert kommen solche nicht selten vor, mehre
noch im 13. Jahrhundert. Davon waren sicher viele Juristen,
die des Doctortitels nur deshalb sich nicht bedienten, weil

derselbe diesseits der Alpen noch wenig bekannt und nicht
in Uebung war. Selbst in Italien kommen noch im 12. Jahrhundert Rechtslehrer vor, die nur Magistri, nicht aber Doctores
genannt werden (v. Savigny III 207). Doctores decretorum
wurden überhaupt erst vom Ende des 12. Jahrhunderts an
creirt und noch Joh. Andreä († 1348) bemerkt ganz allgemein,
die Auszeichnung der Juristen durch den Doctortitel gehöre
Italien an, jenseits der Alpen (und es ist kein Grund vorhanden diess mit von Savigny bloss auf Frankreich zu beschränken) hiessen alle: Magistri. — Eine fernere sehr
bedeutende Vermehrung unseres Verzeichnisses würde sich
ergeben, wenn wir von allen im 14. und Anfang des 15. Jahrhunderts nachweisbaren LL. DD. und V. I. DD. ohne Weiteres
annehmen wollten, sie seien im Auslande promovirt. Bei
den meisten der dann zu nennenden würde unsere Annahme
sicher zutreffen, denn es ist mir noch kein Beispiel von
einem vor 1400 nachweisbar in Deutschland promovirten
LL. D. bekannt geworden. Allein die Möglichkeit ist, da
die neuen Universitäten Promotionsrecht auch in iure civili
besassen, nicht ausgeschlossen und so werden denn seit 1350
nur Solche in unserer Liste aufgeführt, bei denen ausdrücklich die urkundliche Ueberlieferung auf ausländisches Rechtsstudium hinweist. — Dass unsere Liste von Jedem, der
einschlagende historische Studien treibt, leicht vermehrt
werden kann, ist uns wohlbewusst, und sollte es uns sehr
freuen, wenn viele Bereicherungen derselben auf öffent-
lichem oder privatem Weg an uns gelangten.

Name und Stand.	Zeit und Ort des Vorkommens.	Acad. Grad.	Studienort und Zeit.	Ort und Zeit der Promotion.	Nachweis der Quelle.
Guarnerius (Warnerius) de Alemannia, rector pro universitate scholarium.	1205. 1206. Vicenza.		Vicenza 1205. 1206.		Savigny, Gesch. III 307 not. a.
Delhmarus, Abt des Michaelisklosters.	1220—1240 Hildesheim.	Doct. iuris.			Leibnitz Scriptor. II p. 400.
Albert I., Erzbischof von Magdeburg.	† 1232.		Bologna 1200.		Allg. dsche. Biogr. I 184.
Philippus, Canonicus maioris ecclesiae.	1239 Mainz.	Decr. Doct.			Stobbe, Rechtsq. I p. 626 n. 54.
Johannes (Semeca), Canonic. zu Goslar und Propst zu Halberstadt.	Um 1240 Halberstadt.	Decr. Doct.	Bologna, Schüler von Azo († 1220).	Bologna.	Stobbe I p. 627.
Magister Tidericus Bawr.	1265—1285 Hamburg. Um 1280 Erfurt.	Decr. Doct.			Stobbe I p. 627.
Nicolaus de Bibera.		Decr. Doct.	Padua um 1250.		Muther, Aufs. 2.
Heinrich v. Kirchberg, Rechtsbeistand.	1257—1282 Erfurt.	Decr. Doct.	Erfurt, Paris, Bologna, Padua um 1250.	Padua.	Carmen satiric. occulti Erfordens.
Frater Henricus.	1285. 1286 Preussen. 1267 Padua.	Decr. Doct.	Padua 1267.		Joh. Voigt, Cod. dipl. II 12. 15.
Johannes, praepositus natione Germanus.					Savigny III 292 Not. a.

Jacobus, Propst und General-vikar.	1279. 1281. 1291. 1304. 1305. Breslau.	Legum Doct.	⸗	Stobbe I p. 626, Schirr-macher, Urkunden-Buch p. 18. 19.
Heinrich v. Clingeberg, Canzler Kaiser Rudolfs I., Bischof von Constanz.	† 1306. Constanz	Legum (?) Doct. (Nach Anderen Decr. Doct.)		Casp. Bruschius, Monast. German. centur. I fol. 12.
Harbertus de Mandeslo, Decan. eccl. maior. Mindens.	ca. 1295 Minden.	In iure can, Lic.	.	Meibom, Rer. Germ. 1566.
Fredericus de Sultz, plebanus in Thorun.	1322 Thorn.	Decr. Doct.		Voigt, Cod. Dipl. II 132.
Joh. de Barbi, Procurator des Erzbisch. Günther v. Magdeburg.	1324.	Lic. in Decr.		de Ludewig Reliq. XI 483.
Ulrich Hofmeyer, Rath Ludwigs des Baiern.	Augsburg.	Kenner des canon. Rechts.	Paris 1340.	Bulaeus Histor. Univ. Paris IV 993.
Frater Johannes dictus de Zinna, Cisterzienser.	1333 Colbatz.	Theol. Doct. (Jurist. Schriftsteller.)	Paris unter Iu. de Borbonio Ende des 13. oder Anfang des 14. saec.	Muther, Zur Geschichte des röm. can. Proc.
Heidenreich v. Erffa, erwählter Erzbischof von Magdeburg.	† 1327 Magdeburg.	Decr. Doct. .		Ludewig, Rel. IV p. 414. 416. Meibom II 339.
Magister Henricus.	† um 1339 Halberstadt.	Decr. Doct.		Meibom II 383.

26*

Name und Stand.	Zeit und Ort des Vorkommens.	Acad. Grad.	Studienort und Zeit	Ort und Zeit der Promotion.	Nachweis der Quelle.
Gebhard Graf von Friburg, Präpositus in Strassburg.	Um 1312 Bologna.		Bologna, Schüler von Joh. Andreae († 1348).		Ioann. Andreae Novella in c. 5 (Sacris) X. de his quae vi (I 40).
Nicolaus Ebirhardi, official. curiae episcopal,	1348 Meissen.	Decr. Doct.			Cod. dipl. Sax. reg. II t. I p. 367 ff. cf. II t. IX p. 90.
Albertus de Hohenburg, Canzler Kaiser Ludwigs, Bischof.	1345 Bischof in Freisingen (nach Anderen in Würzburg 1349).	Lic. Decr.	Paris.		Bulaeus IV 948.
Leupold v. Bebenburg, Bischof zu Bamberg.	† 1363 Bamberg.	Decr. Doct.	Bologna, Schüler von Joh. Andreae.	Bologna.	Muther, Aufs. 1.
Henricus de Angern, Rechtslehrer.	Prag, Heidelberg, Erfurt.	Mag. in artib. et Decr.-baccal. (später Doct.)	Paris vor 1380.	Mag. Paris, Doct. Prag.	Muther, Aufs. 5.
M. Rulmannus de Confluentia.	1379 Prag.	Baccal.		Bologna.	Mon. Prag. III 11.
Joh. Berswort, can. eccl. St. Cuniberti Colon.	Um 1387 Heidelberg.	Baccal in legib.	Paris.		Hautz, Univ. Heidelb.
Joh. de Dulmen, Bischof in Lübeck.	1382 Prag, 1399—1419 Lübeck.	Baccal. in Decr. (später Decr. D.)		Paris.	Monum. Prag III 11.

Heinr. *Odendorp* aus Cöln, Rechtslehrer.	1383 Wien.	Lic. iur. utr. (später Doct.)	Paris.	Paris? Bologna?	Aschbach, Univ. Wien.
Guilielmus *Horborch*, Rechtslehrer.	Hamburg, Prag 1373—83.	Decr. Doct.	Bologna (Schüler v. Io. de Lignano) Paris.		Muther, Aufs. 3.
Nicolaus *Wurm*, Bediensteter des Herzogs Ruprecht v. Liegnitz.	† nach 1401 Liegnitz.		Bologna vor 1383, Schüler von Io. de Lignano. Paris, Orleans.		Stobbe I p. 380.
M. Bernhardus *Octyn* von Pingen.	1388 Cöln.	Bacc. in legib.		Orleans vor 1388.	v. Bianco, Alte Univ. Cöln. S. 86.
Joh. v. *Wallenrodt*, Erzbischof.	Riga (1393), Lütich (1418), † 1419.		Bologna um 1391—1393.		Scriptor. rer. Prussicar. III 386.
Giselbertus de *Reynen*, canon. Leodiens.	1399 Heidelberg.	in iure civil. Lic.		Piacenza.	Hautz, Univ. Heidelb.
Joh. *Naso*, Universitätslehrer, zeitweise Präsident der deutschen Nation auf dem Constanzer Concil, Auditor Rolae.	1402 Prag.	I. V. D.	Padua 1399. Lic. iur.		Catal. codd. mss. latin. Monac. I p. II S. 41 n. 334ª.
Mag. *Albicus*.	1407 Prag.	Decr. Doct.		Padua.	Mon. Prag. III p. 7.
Georg. *Parsperg*, Scolans Bononiae.			Bologna 1411.		Catal. codd. mss. lat, Monac. I p. III S. 95 n. 721.
Marquardus *Brand*, Pfarrer in Kiel u. regulirter Chorherr in Neumünster (Bordesholm).	1425 Kiel.	Lic. in iure canon.	Prag 1408. Bologna 1412—1414.	Bologna 1414. 4. April.	Ratjen, Kieler Univ. Bibl. p. 104—106.

Name und Stand.	Zeit und Ort des Vorkommens.	Acad. Grad.	Studienort und Zeit.	Ort und Zeit der Promotion.	Nachweis der Quelle.
Jacobus Radewitz, Rechtslehrer.	1405—1431 Erfurt, Leipzig.	Decr. Doct.	Erfurt 1405. Leipzig 1411. Padua 1413.	Padua 1414.	Muther, Aufs. 3.
Dietrich v. Schönberg, Bischof v. Meissen.	†1471 Meissen.		Brachte 1423 aus Italien eine Zahl. juristischer Bücher mit.		Cod. dipl. Sax. reg. II t. III p. 231.
Joh. Schele, aus Hannover, Bischof.	†1439 Lübeck.	Decr. Doct.		Bologna 1420.	Lunig p. II Spicil. Eccl. p. 388.
Nic. de Cusa.		Decr. Doct.			Biographieen.
Ioannes de Alamannia.		Später Doct.	Siena 1427. Schüler des Nic. Tudeschis. Perugia 1427.	Pavia 1424.	Nic. Tudeschis Quaest. VI i. f.
Jacobus Clinkebeyl, clericus	Samländische Diöcese.				Steffenh. Catal. CCCCI.
Melchior v. Soldau.	1440 Bologna.	Decr. Lic.	Bologna 1440.		Königsberger Archiv.
Joh. v. Godesberg, deutsch. Ordensbruder.	1440 Bologna.		Bologna 1440.		Königsberger Archiv.
Michael Ludwici.	1441—1449. Nürnberg.	Decr. Lic.	Padua 1441—1444. Padua 1441 (iur. utr. Scholaris).	Padua.	Ms. der Nürnberger Bibl.
Andreas Romel.	1474 Nürnberg.	I. V. D.			Mss der Nürnberger und Erlanger Bibl.

Name		Grad			Quelle
Jacob, Dechant zu Frauenburg.	1443.	Decr. Lic.	1443 Rector. ultramont. zu Bologna.	Bologna 1443.	Königsberger Archiv.
Peregrinus de Goch, Universitätslehrer.	1442—1462 Leipzig, Erfurt.	Decr. Doct.		Pavia vor 1442.	Erfurter Matrikel.
Georg Ehinger	von Ulm.	Decr. Doct.		Padua 1445.	Catal. codd. mss. latin. Monac. I p. 1 S. 68.
Joh. Selbach.			Padua 1446.		Catal. codd. mss. latin. Monac. II p. 1 S. 14. n. 1126.
Johann Fager de Monaco (München).			Padua 1446.		Serapeum 1843 p. 190.
Joh. Birkenrode.	† 1449.	I. V. D.	Siena 1449.		Königsb. Archiv.
Georg Pfintzing, Propst, Rathsconsulent.	† 1478. Nürnberg		Padua um 1450.		Stölzel Richterthum p. 48.
Martin, Deutschordens-Bruder.	1451 Perugia.		Perugia 1451 Rom		Königsb. Archiv.
Joh. Hinderbach v. Rauschenberg, Staatsmann.	† 1486 Wien. Regensburg.	Decr. Doct.	Padua um 1440. Rom Perugia?	Padua 1452.	Aschbach, Univ. Wien 561 ff.
Jacob Stolle (Deutschordensbruder?).	1453 Rom.				Königsberger Archiv.
Lampertus Voss, Universitätslehrer.	1436—1488 Erfurt.	Decr. Doct. (Später I. V. D.)		Bologna vor Somm. 1453.	Erfurter Matrikel.
Nic. Czamer aus Braunsberg.	1454 Bologna.				Königsberger Archiv.
Joh. Cryduis de Esslingen.	1455 Padua.	I. V. Dandus.	Bologna 1454. Padua 1455. Rector der Universität.	Padua 1455.	Wattenb. P. Luder p. 7. 75. 76.

Name und Stand.	Zeit und Ort des Vorkommens.	Acad. Grad.	Studienort und Zeit	Ort und Zeit der Promotion.	Nachweis der Quelle.
Johann Löffelholz, Rathsconsulent.	1478. Nürnberg	Lic. iur.	Padua nach 1450.		Stölzel p. 48.
Matthias Schumemann aus Danzig.	1455 Rostock. 1456 Greifswald.	Scholar (Institutionist).	Bologna zwischen 1450 u. 1460.		Steffenh. Cat. CIX.
Georg Walter aus Preussen, Universitätslehrer.	1450—1475 Greifswald.	Decr. Doct.	Bologna.	Bologna vor 1456.	Kosegarten, Greifsw. I 93.
Joh. Benedictus de Werlis, Universitätslehrer.	1464 Cöln.	Decr. Doct.		Siena vor 1464.	v. Bianco, Alte Univ. Cöln S. 218 n. 1.
Bernhard Rothasse (Rothose?), Rath des deutsch. Ordens in Lietland.	1470—1476 † Reval.	Decr. Doct.	Bologna 1445, Perugia.	Perugia zwischen 1445 u. 1464.	Königsberger Archiv. Pyl, Rubenow-Bibl. p. 53.
Georg Hollant aus Preussen, Propst.	Um 1476 Riga.	Decr. Doct.	Bologna unter Andr. Barbatia (1450). 1454 Rector der Juristen in Padua.		Pyl, Rubenow-Bibl. p. 58.
Georgius Hesler, Würzburger u. Cülner Canonicus, später Cardinal.	1460 Wien.				Schreiber, Univ. Freiburg.
Peter v. Andlo, Univ.-Vicecanzler und Propst.	† um 1480 Basel.	Decr. Doct.	Pavia um 1450.		Vischer, Univ. Basel 238.
Mattheus Hummel, Universitätslehrer.	1460 Freiburg.	Decr. Doct.		Pavia 1454.	Schreiber, Univ. Freiburg.

Name	Daten / Ort	Grad	Studium in Italien	Promotion	Quelle
Joh. v. Eberhausen, Universitätslehrer.	1464—1479 Leipzig.	Decr. Doct.	Padua unter Angelus de Castro 1460.		Muther, Aufs. 3.
Joh. v. Breitenbach, Universitätslehrer.	1465—1507 Leipzig.	I. V. D.	Perugia um 1460.		Muther, Aufs. 3.
Johann Byssinger, Universitätslehrer.	1461 Heidelberg.		Erhielt 1461 von der Univ. Heidelb. ein Stipendium, um 1½ Jahr in Italien Leges zu studiren.		Hautz, Univ. Heidelb.
Theodoricus Hochgesang de Cuba, Bischof von Samland.	1470 Preussen.	(Decr.) Doct.	Padua 1462.	Padua.	Steffenh. Cat. CLIII.
Johannes Pyrkheimer.	Nürnberg.	I. V. D.		Padua 1465.	Muther, Aufs. 3.
Rudolf Agricola.	† 1485 Heidelberg.		Padua um 1465 (studirte Civilrecht).		Serapeum 1849 p. 85 ff. 113 ff.
Ludovicus Ebner.			Padua um 1469.		Catal. codd. mss. latin. Monac. I p. III S. 10 n. 54.
Tilemann Brandis, Propst.	† 1524 Hildesheim.	I. V. D.	Padua vor 1477.	Padua (Promotor Alex. Tartagnus).	Muther, Aufs. 3.
Anselm von Eyb, Ritter.	Geb. 1444 Franken. 1473 Bologna.	LL. D.	Bologna 1470—1475 (?).	Pavia um 1470.	Vogel, Ludw. v. Eyb S. 28.
Pfarrer zu Fischau.					Königsberger Arch.
Ulrich Molitoris, R. Kammergerichtsprocurator.	1497—1501 Constanz.	Decr. Doct.		Pavia vor 1475.	Stintzing, Pop. Literatur 471.

Name und Stand.	Zeit und Ort des Vorkommens.	Acad. Grad.	Studienort und Zeit.	Ort und Zeit der Promotion.	Nachweis der Quelle.
Conrad Peutinger.	† 1547 Augsburg.	I. V. D.		Padua 1482—83. Bologna bis Florenz 1488. Rom	Lotter-Veith, Histor. Peutingeri (1783) p. 8—12.
Johann Rosa, Universitäts-lehrer.	1483 Ingolstadt.	D. iur.	Erhielt 1483 Urlaub, um in Italien zu promoviren.		Prantl, Lud. Max. Univ.
Gabriel v. Eyb.	Geb. 1455 Franken.	Decr. Doct.	Pavia (um 1575, 7 Jahre).	Pavia.	Vogel, Ludw. v. Eyb. S. 29.
Ulrich Kraft aus Ulm, Universitätslehrer, Pfarrer.	1474—1515 Freiburg, Basel, Tübingen, Ulm.	I. V. D.		Pavia.	Stintz. Zasius 312.
Sixtus Tucher, Universitäts-lehrer, Propst.	1487—1496 Ingolstadt. † 1507 Nürnberg.	I. V. D.	Pavia Padua Bologna vor 1487.	Bologna vor 1487.	Muther, Aufs. 3.
Gabriel Baumgärter, Universitätslehrer.	1487—1498 Ingolstadt. † 1507.	I. V. D.		Italien um 1487.	Prantl, Ludw. Max. Univ. I 72.
Vulkanus Portner, iur. utr. scholaris.			Padua 1488.		Catal. cotd. mss. lat. Monac I p. III S. 18 n. 122.

Theodoricus Arndes, Bischof.	1492—1500 Lübeck.	LL. Doct.	Perugia vor 1492.	Perugia vor 1492 (um 1470?). Bologna um 1490.	Meibom II 407.
Joh. Blankenfeld, Rechtslehrer, Bischof.	Geb. um 1471 Berlin, gest. 1533 Riga.	I. V. D.	Italien.		Seidel, Icones.
Kilian König, Syndicus.	1470—1526 Zwickau.	I. V. D.	Italien um 1491.		Muther, Aufs. 3.
Vulkanus Paumgarten.	Aus Kufstein.	I. V. D.	Pavia 1491.		Steffenh. CCCCIII.
Wilhelm Grieb, Rechtslehrer.	Aus Basel 1492.	I. V. D.		Siena vor 1492.	Vischer, Basel 242.
Conrad Mutianus, Canon.	† 1526 Gotha.	Decr. Doct.		Bologna um 1493.	Stobbe II 34.
Johannes v. Kitscher.	Um 1470 Meissen.	I. V. D.	Bologna um 1490.		Wimpina XCII.
Friedr. v. Kitscher, Propst.	Wittenberg.	Decr. Doct.		Siena vor 1492.	Wittenberger Univ.-Urk.
Johannes Mogenhouer (Monhofer).	Leipzig, Wittenberg.	I. V. D.		Perugia um 1480.	Wittenberger Univ.-Urk.
Willibald Pyrkheimer.	Nürnberg.		Padua 3 Jahre, Pavia 4 Jahre vor 1496.		Stobbe II 11. 61.
Ambrosius Vollant aus Grüningen, Universitätslehrer.	Wittenberg.	I. V. D.		Padua vor 1502.	Wittenberger Univ.-Urk.

Quellen der Biographie des Conrad Lagus.

A. Handschriftliche. Im Danziger Archiv sind Briefe
des Lagus und an denselben vorhanden. Herr Professor
Dr. Th. Hirsch (jetzt in Greifswald) hatte die Güte, mir
Einiges daraus mitzutheilen. Auch aus Urkunden des
grossherzogl. und herzogl. sächs. Hauptarchivs in Weimar
habe ich einzelne Notizen entnommen.

B. Gedruckte.

I. Gleichzeitige und spätere Lebensbeschreibungen.

1) ORATIO FV- | NEBRIS DE OBITV | CLARISSIMI
VIRI CON- | RADI LAGI, IVRIVM | *Doctoris consul-
tissimi, ac Gedanen* | sis Ciuitatis *Syndici: recitata* | *in
Academia Regiomontana,* | *Anno Domini* 1.5.46. | *Mense
Nouemb. quo* | *diem suum obijt.* AVTORE M. IOANNE |
Hoppio, Budissesi. | ANNO M. D. XLVIII. | MENSE
IANVARIO. 19 Bll. 8. Keine Blatt- und Seitenzahlen,
doch Custoden und Signaturen.

    Widmung an Joh. v. Werden, Gedanensis Reipublicae
Administratori Primario v. 1. Jan. 1548.

    Diese Biographie ist um so wichtiger und glaubhafter, als
Joh. Hoppe, ein geborener Bautzener, zu Wittenberg im Hause
des Lagus erzogen wurde und denselben als seinen Lehrer verehrt.

    Ich benutzte ein Exemplar der Königsberger Bibliothek:
Oe. 604. 8.

2) Erneuertes Andenken des ersten Danziger Syndicus,
Dr. Conrad Lagus. In: Preussische Sammlung
allerley bisher ungedruckter Urkunden, Nachrichten und
Abhandlungen (von Prof. Hunov). Erster Band. Danzig
1747 8 p. 105—131.

> Auszug aus nr. 1 nebst manchem Neuen entnommen aus
> dem Danziger Archiv und den Schriften des Lagus. Auch ein
> Verzeichniss der Ausgaben der Methodus Lagi liefert der
> Verfasser.

II. Wittenberger Universitätsurkunden und Schriften;
Preussische Geschichtswerke, namentlich: Lengnich, Ge-
schichte der Preussischen Lande. Bd. I.

III. Eigene Schriften des Lagus.

a) ORATIO | DE PLATONE HABI | ta a Cunrado Lago,
cum de- | cerneret titulum Magi- | sterij quibusdam studiosis. | Anno. | M. D. XXXVIII. | VITTEBERGAE.
Format 8. 2 Bogen. Signaturen und Custoden.

b) Methodus.

1) IVRIS VTRIVSQVE TRADITIO METHODICA, OMNEM OMNIVM TITVLORVM, | TAM PONTIFICII
QVAM CAESAREI IVRIS MATE- | riam & genus,
Glossarum item & Interpretum abstrusiora uoca- | bula
scienter & summatim explicata: postremo & Iudiciarij
ordinis | *modum, ad Practicam forensem accomodatum,
complectens. Ex ore Do- | ctissimi uiri Dn.* CONRADI
LAGI *Iureconsulti annotata,* | *atque; in gratiam & singularem utilitatem studiosorum,* nunc recens excusa & aedita. |
(Sign. Egenolfi) | Cum Gratia & Priuilegio Imperiali. |
FRANC. *Apud Chr. Egenolphum.*

In fine: FRANCOFORTI, Apud Christianum Egenolphum. | Anno M. D. XLIII.

Fol. 4 Bll. u. 265 bezifferte Bll. — Auf Blatt 2 (* ij):
CHRIST. EGEN. TYP. | IVRIS STVDII CANDIDATO

S. D. P. — Blatt 3 und 4 enthält: INDEX. Mit dem
5. Blatt (mit der Ziffer 1, Sign. A) beginnt das Werk.
Die Ueberschrift des auf dem 5. Blatt des Buches
(Blattzahl 1, Sign. A) beginnenden Werkes heisst:
IVRIS CIVILIS TRADITIO METHODICA, PER
CLA- | RISSIMVM IVRECONSVLTVM DN. CON-
RADVM | LAGVM, Ordinarium Vitebergensem, pu- | blicè
prælecta.

> Vgl. Preussische Sammlung a. a. O. S. 128.
> Exemplare auf der königl. Bibliothek zu Königsberg i. Pr.
> (Da. 5. fol.) und Univ.-Bibl. Jena (Jur. X, f. 74).

2) Methodica Iuris utriusque Traditio. Lugd. apud Sebast.
Gryphium. 1546 8.

> Vgl. Preussische Sammlung S. 128.

3) D. Conradi Lagi Methodica Iuris utriusque traditio,
repurgata ab iis ob quae a Caesarea Majestate fuerat
damnata. Lovanii 1550 8.

> Katholisch kastrirte Ausgabe mit kaiserl. Privilegium vom
> 27. April 1550. Ganze Zeilen und Seiten weggelassen; z. B.
> P. 1 c. 7 ist dasjenige getilgt, was von den Mönchen und ihrem
> Gelübde gesagt wird; P. VI ist das ganze 6. Capitel von den
> Reservaten des Papstes nicht zu finden.
> Vgl. Preussische Sammlung a. a. O. S. 128. 129.

4) Iuris utriusque Methodica traditio ex ore Conradi Lagi
annotata et emendatius edita. cum summariis et Scholiis
Iustini Gobleri JC[ti]. Frf. 1552 fol.

> Cf. Bibliotheca Gribneriana n. 2326. Diese neue Ausgabe
> des Egenolf stimmt im Ganzen mit der 1. Ausgabe überein.
> Bloss Summaria der Capitel und wenige Anmerkungen (Scholia)
> des Justinus Gobler sind hinzugekommen.
> Vgl. Preussische Sammlung a. a. O. S. 129.

5) IVRIS VTRI- VSQVE TRADI- | TIO METHO- | DICA,
* | OMNEM omnium Titulorum, tam Pontifi- | cij, quàm
Caesarei Iuris materiam & genus, | Glossarum item
& Interpretum abstrusio- | ra uocabula scienter & sum-
matim explicata: | postremo & Iudiciarij ordinis modum,

ad | Practicam forensem accomodatum, com- | plectens.
Ex ore doctissimi uiri Dn. CON- | RADI LAGI Iure-
consulti annotata, | atque in gratiam & singularem utili-
tatem | studiosorum, iterum excusa et emendatius ¡ edita,
unà cum Summarijs & Scholijs IV- | STINI GOBLERI
Goarini, Iure- | consulti. | *Adiecta sunt doctorum aliquot
uirorum opuscula, De ra- | tione docendi, discendique Iuris
ciuilis, quorum | Catalogum uersa pagina reperies.* |
BASILEAE, ANNO À CHRISTO NATO | M.D.LIII. |
8⁰. VIII unbezifferte Blätter, 1026 bezifferte Seiten,
doch hört die Methodus des Lagus schon auf S. 972
auf und es folgen dann kurze Schriften von Claudius
Cantiuncula, Chr. Hegendorff, Franciscus Duarenus,
Eguinarius Baro, Andr. Alciat über das jurist. Studium.
Blatt 2 — 4 Vorrede Goblers, datirt: Ex Dillenberga
vestra, Cal. Februarijs, Anno M. D. LIL

> Diese bei Oporinus gedruckte Ausgabe scheint ein blosser
> Abdruck von nr. 4 zu sein. Vgl. Preussische Sammlung a. a. O.
> S. 129. Ein Exemplar auf der Rostocker Bibliothek.

6) Methodica iuris utriusque traditio etc. Lugd. apud
haeredes Seb. Gryphii 1562 8.

> Abdruck von nr. 5. Dieselben Anhänge. Jenaer Bibliothek
> und in meinem Besitz. Vgl. auch Preuss. Sammlung S. 130.

7) D. Conradi Lagi Methodica juris utriusque traditio, nunc
postremum ita emaculata, ut nec ea propter quae liber
legi vetabatur, nec mendae, nec leges male citatae lec-
torem amplius offendere possint, additis Capitum summariis et indice per doct. Virum Christoph. Ghent
J. V. D. et in Acad. Lovan. Prof. Lovanii ea officina
Barthol. Grauii. 1565. 8.

> Vgl. Preussische Sammlung a. a. O. S. 130.

8) Lugd. apud Ant. Gryphium. M. D. LXVI 8.

> Rostocker Bibliothek.

9) METHODICA | IVRIS VTRIVSQVE | TRADITIO, | IN
SEX PARTES DIVISA. | OMNEM OMNIVM TITV-

LORVM, | tam Pontificij, quàm Caesarei Iuris materiam
& genus: | Glossarum item et Interpretum abstrusiora
voca- | bula scienter & summatim explicata: postre- |
mò & Iudiciarij ordinis modum, ad Practicam forensem
accom- | modatum com- | plectens. | *EX ORE DOC-
TISSIMI VIRI* | DN. CONRADI LAGI *Iureconsulti
annotata, atque* | *in gratiam & singularem vtilitatem studio-
sorum,* | *iterum excusa, vna cum Summarijs &* | *Scholijs*
IVSTINI GOBLERI, | *Goarini, Iureconsulti.* | Accesserunt
indices duo, prior quidem Capitum ˜ sive titulorum,
posterior vero rerum ac verborum memorabilium. |
(Signum Gryph. mit der Umschrift VIRTVTE DVCE,
COMITE FORTVNA.) | LVGDVNI. | *APVD ANT. GRY-
PHIVM.* | M. D. XCII.

8⁰. 8 Bll., 928 pp. u. 2¹/₂ Bogen alphabet. Index.
Erlanger, Rostocker und Jenaer Bibliothek.

c) Protestatio.

PROTESTA | tio Cunradi Lagi, ad | *VERSVS IM-
PRO-* | *BAM SVORVM COM'MENTARIORVM DE* |
DOCTRINA IVRIS EDI | *TIONEM AB EGE-* |
NOLPHO FA | *CTAM.* | *AD IOANNEM OPORI* |
num typographum Basiliensem. | GEDANI, M. D. | XLIIII.
mense Martio.

Form. kl. 4. 12 Bll., letztes Bl. leer, keine Seiten- u. Blattzahlen, doch Custoden u. Signaturen.
Königsberger Bibliothek (Db. 7. 4⁰).

Der Titel der Gegenschrift ist: DEFENSIO | CHRI-
STIANI EGENOLPHI, | ad Dn. Conradi Lagi, Iurecos.
Protestatio- nem, qua in eum, ob uulgatos de doctri- | na
Iuris Commentarios, publicè | edito Scripto inuectus est. |
(Sign. Egenolphi) FRANCOFORTI, *Ex Officina nostra.*

In fine: FRANCOFORTI, *Ex Officina nostra Typo-
graphica,* | *Anno* 1544. *Mense Septembri.*

Form. kl. 4. 16 Bll., keine Seiten- u. Blattzahlen, doch Custoden
und Signaturen.

d) Compendium iuris Saxonici.

1) Conradi Lagi Compendium Iuris civilis et Saxonici.
Ein gründlicher und ordentlicher Auszug der Kayserlichen
und Sächsischen Rechte, jetzt in VI Bücher und gewisse
Titel distribuiret, mit guten lateinischen Annotationibus,
allegationibus, Remissionibus und Differentiis Iuris nebst
einem deutschen Process, verbessert durch Joach. Gregorium von Prietzen. Magdeb. bey Joh. Franken. Anno
1597. 4⁰.

Vgl. Preussische Sammlung S. 130.

Der Titel sagt zu viel, wenn er auch einen Auszug aus dem
„Kayserlichen" Rechte ankündigt. Lagus beschränkt sich grund-
sätzlich auf die Sächsischen Quellen.

2) Compendium Iuris Civilis & Saxonici. | EIn gründlicher, |
ordentlicher auszzug, begriff vnd einhalt des Keys: vnd
Sächsischen Rechten, etwan | durch den Hochgelarten
vnd weitberümbten Herrn Cunradum Lagum | I. V. D.
vnd Professorem zu Wittenberg, in diesen Methodum
verfasset, vnd vor- | hin in Druck nicht auszgangen,
jetzt aber mit fleisse vbersehen, in sechs Bücher | vnd
gewisse Tittul distribuirt, mit Lateinischen annotationi-
bus, alle | gationibus, remissionibus vnd differentijs Iuris
verbessert, vnd | neben einem nützlichen Indice vnd
zweyen gu- | ten angesatzten kurtzen Processen in | Druck
verfertiget. | Durch | Den Hochgelahrten H. Ioachimum
Gregorii von | Prietzen, I. V. D. zu Magdeburgk.—Allen
denjenigen so sich Key: vnd Sächsischer Rechten gebrauchen, vnd sonderlich den jungen anfahenden Practi-
canten zum | andern mahl in Druck vorfertiget. |
[Zeichen: Kranich mit 1 Stein in der Kralle mit der
äusseren rothen Umschrift: CVM GRATIA ET PRIVI-
LEGIO, &c., und der inneren schwarzen Umschrift:
Vigilantibus Iura subveniunt] | Zu Magdeburgk, bey
Johann Francken, 1603 | Form. 4".

Titel, Widmung (datirt v. 10. März 1597), Register, Index

rerum et verborum 50 unbezifferte Bll. (bis Sign. ll iiij), dann das Werk auf 397 bezifferten S. — Die Widmung ist unterzeichnet: Joachim Gregorij der Rechten Doctor zu Magdeburgk. Sign. E ee iij schliesst das Werk, doch folgen auf S. (398) noch Errata.

Erlangen (A. J. 384. 4). Jena (Jur. XXII, q. 16).

Die auf dem Titel erwähnten „zwey guten angesatzten Processe" sind typographisch so eingerichtet, dass sie auch abgesondert verkauft werden konnten. Titel:

Ein kurtzer vnd nütz- | licher Process. | SO vor funffzig Jahren nach Sächsischen | Rechten vnd vbungen, von einem | vornemen Doctore zu Wittenberg, | einem guten Freund zum be- | sten gestellet wor- | den. | | Mit einer Vorrede, | D. Joachimi Gregorij | von Pritzen, jetzo zu Mag- | deburgk, etc.

4⁰. ohne Blatt- oder Seitenzahlen, aber Custoden u. Signaturen; letzte Signatur: fiij, dann noch 1 Blatt ohne Signatur.

Diess ist das von Hommel, Litteratura iuris (Ed. Iᵃ 1761) p. 162 beschriebene Werk. Sign. g beginnt ein besonderes Werk:

Ein kurtzer Process, | wie der zu Magdeburgk, | vnd an andern orten, da Sächsisch | Recht in vbung ist, gemeinlich | gehalten vnd obser- | virt wird.

In der Vorrede, die auf Sign. a ij beginnt und bis a (iiij a) geht, sagt Joachim Gregorij: Der Herausgeber habe diesen Prozess vor 50 Jahren da er zu Wittenberg noch bei Lebzeiten Luthers und Melanthons studirt und D. Hier. Schürpf, D. Melch. Kling, D. Laurent. Zoch, D. Udalric. Mordeisen und Cunrad. Mauser alle der Rechte Dres., Licenciat. u. Professores gehört, von einem fürnehmbsten Doctore u. Practico überkommen.

3) Magdeburg 1614. 4⁰.

Vgl. Preussische Sammlung a. a. O. S. 131 (nach Draudii Bibl. Class.).

Anhang.
Freigii partitiones iuris.

1) IOAN. THOMAE FREIGII | PARTITIO- | NES IVRIS
V- | TRIVSQVE | Hoc est, | OMNIVM IVRIS TAM |
CIVILIS QVÀM CANONICI MATE- | RIARVM, IN
TABVLAS APTA ET ILLVSTRIS digestio: ex ipsis Pan-
dectarum fontibus, simul & receptis earum in- | terpretibus,
cuiuslibet uim, amplitudinem, distributionem, adhae- | rentia
& consequentia, plenissimè monstrans: partiendi methodo
ta- | li serie deducta & ob oculos posita, ut in latissimo
Legum Oceano | nihil ad intelligentiam memoriamque
aptius esse uideatur, | opusque nō solum Iurisconsultis,
sed etiam caeteris | Sapientiae studiosis utilissimum
futurum sit, | AD | CLARISSIMVM VIRVM DN. WOLF-
GANGVM | *Streithium Iuris in Archigymnasio Friburgensi
antecessorem.* | HIS ADIECTAE SVNT PARTITIONES |
Feudales, ex clariss. I. C. *VDALRICI ZASII* | Epitome
deductae. | (Sign. Henricpetri) | Cum Priuileg. Caesar.
Maiestat. | BASILEAE, EX OFFICINA SIXTI HEN- |
RICPETRI, ANNO RECVPERATAE SA- | lutis humanae
M. D. LXXI. | Mense Martio. | Fol. Vorrede datirt Freib.
mense Decemb. 1570. — IIII u. 121 (gezählte) Bll. ohne die
partitiones feudales, die ebenfalls aus III u. 21 Bll. bestehen.'

Auf der Hinterseite von Bl. III des Hauptwerkes:

ELENCHVS PARTITIO- |
num Iuris
Ex Conradi La. Methodo

1 Philosophica
2 De Personis et Rebus
3 De Obligationibus
4 De Actionibus et Exceptionibus
5 De Iudiciis
6 De Priuilegiis

27*

Ex Zasio
Methodus feudorum.
In fine adiecta est idea ueri Iureconsulti etc.

2) Ioan. Thomae Freigij PARTITIONES | IVRIS VTRI-
VSQVE, | È CONRADI LAGI METHODO EXPRESSAE, |
et multis mendis purgatae, ita ut nouae quodam- modo
prodire uideantur. | His , Adiectæ sunt partitiones Feu-
dales, ex clarissimorum I. C. VDALRICI | ZASII, ET
FRANCISCI HOTOMANNI com- | mentarijs deductæ. |
(Signum Sebast. Henricpetri) | Cum Gratia et Priuileg.
Cæs. Maiest.' BASILEÆ | PER SEBASTIANVM HENRIC-
PETRI   Fol. — IV Bll. 121 bezifferte Bll.; auf Bl. 121ª:
BASILEÆ | PER   SEBASTIANVM   HENRICPETRI, |
ANNO À CHRISTO NATO CIƆ. IƆ. XXCI. | MENSE
SEPTEMBRI.

In der Widmung an den Ulmer Magistrat vom 1. April 1581
sagt Io. Th. Freigius, er habe unter den Methodikern Lagus immer
sehr hoch gehalten und vor 10 und mehr Jahren zu seinem Privatgebrauch schematische Uebersichten (Tafeln) excerpirt. Später habe
er die Excerpte drucken lassen und damit viel Beifall gefunden.

Register.

Druck von Fischer & Wittig in Leipzig.